W0033434

Kohlhammer

Peter Erath

Sozialarbeit in Europa

Fachliche Dialoge und
transnationale Entwicklungen

Verlag W. Kohlhammer

Dieses Werk einschließlich aller seiner Teile ist urheberrechtlich geschützt. Jede Verwendung außerhalb der engen Grenzen des Urheberrechts ist ohne Zustimmung des Verlages unzulässig und strafbar. Das gilt insbesondere für Vervielfältigungen, Übersetzungen, Mikroverfilmungen und für die Einspeicherung in elektronische Systeme.

Alle Rechte vorbehalten
© 2012 W. Kohlhammer GmbH Stuttgart
Umschlag: Gestaltungskonzept Peter Horlacher
Gesamtherstellung:
W. Kohlhammer Druckerei GmbH + Co. KG, Stuttgart
Printed in Germany

ISBN 978-3-17-021814-7

Vorwort

Dieses Buch ist vor dem Hintergrund zahlreicher europäischer Austauschprogramme, Forschungsvorhaben und Publikationsprojekte entstanden, die ich seit den 1990er Jahren durchgeführt habe. Es setzt sich zum Ziel, die Bedeutung der europäischen Dimension für die Sozialarbeit herauszuarbeiten und die wichtigsten derzeitig stattfindenden inter- und intrasystemischen Fachdialoge überblicksartig darzustellen. Auf diese Weise sollen Studierende und Lehrende der Sozialarbeit in Deutschland mit dem State of the Art der Sozialarbeitswissenschaft in Europa bekannt gemacht und zugleich zur aktiven Auseinandersetzung mit den aktuellen Themenstellungen der europäischen Sozialarbeit motiviert werden. Gerade die deutsche Sozialarbeit hat aufgrund ihrer jahrzehntelangen nationalen Selbstbezüglichkeit in vielen Punkten einen dringenden Aufholbedarf. Umso wichtiger ist es, programmatisch und praktisch an den bereits vorhandenen und kontinuierlich anwachsenden europäischen Wissensstand Anschluss zu finden.

Dieses Buch wäre nicht ohne langjährige Zusammenarbeit und kollegiale Partnerschaft mit den Mitgliedern des European Research Institute for Social Work (ERIS) möglich geworden. Insbesondere danke ich Oldrich Chytil (CZ), Brian Littlechild (UK), Emmanuel Jovelin (F), Miriam Sramata (SK), Davide Galesi (I) und Katazyna Pawelek (PL) für detaillierte Literaturhinweise und die Zurverfügungstellung von teilweise nicht veröffentlichten Manuskripten. Ein ganz besonderer Dank gilt meinem Mitarbeiter Markus Rossa für seine stete Bereitschaft zum Gespräch und seine konstruktive Kritik. Meinem studentischen Mitarbeiter Marcel Rossa danke ich für kontinuierliche Literaturrecherchen, meiner Tochter Devi für ihr überaus wertvolles Feedback. Schließlich danke ich meinem Kollegen Stefan Schieren für wichtige fachliche Hinweise bezüglich des zweiten Kapitels, meinem Arbeitgeber, der Katholischen Universität Eichstätt-Ingolstadt, für die Gewährung eines Forschungsfreisemesters und dem Kohlhammer-Verlag für das mir entgegengebrachte Vertrauen.

Dieses Buch ist meiner Frau Beatrix gewidmet. Ohne ihre vorbehaltlose Bereitschaft, meine zahllosen europäischen Auslandsaufenthalte mit zu tragen, hätte ich weder meine Freude an der europäischen Dimension der Sozialarbeit entdecken, noch die vielen Erfahrungen und Gespräche machen können, die dieses Buch erst ermöglicht haben.

Inhaltsverzeichnis

Einführung[1]

Sozialarbeit und Europa

Das Thema Europa ist nicht nur vielfältig und interessant, es ist auch geeignet, alle europäischen Bürger emotional anzusprechen und sie – zumindest derzeit – unmittelbar in eine Mehrzahl vehementer Gegner und eine Minderheit von Befürwortern zu spalten. Aber nicht nur die Bürger tun sich schwer mit Europa; auch den akademischen und berufsständischen Vertretern der Sozialarbeit ist es bis heute nicht gelungen, einen klaren Standpunkt zu entwickeln. Europa wird zwar einerseits als Chance für einen intensiven Austausch verstanden, der möglicherweise neue Erkenntnisse bietet, gleichzeitig aber auch als bedrohlich und besitzergreifend wahrgenommen.

Dies ist verwunderlich, denn schon die ersten Lehrenden und Praktiker der Sozialarbeit gingen relativ pragmatisch und methodisch sorglos bei der Wahrnehmung des Fremden, des Außergewöhnlichen und des Neuen vor. Während der Zeit des Nationalsozialismus kam dann jeder Austausch mit dem Ausland zum Erliegen, erst seit den 1960er Jahren wurde man sich der internationalen Dimension der Sozialarbeit wieder bewusst. Allerdings war man jetzt an Vergleichen nur mehr wenig interessiert. Die Vertreter der akademischen Sozialpädagogik waren davon überzeugt, dass die Sozialarbeit als kritisch-reflexive Profession je vor Ort – lokal, national, international – ihre eigene, einzigartige Gestalt kommunikativ entwickeln müsse. Die europäische Dimension wurde dann erst mit dem Vertrag von Bologna (1999) im Rahmen der Angleichung der Ausbildungssysteme, der Entwicklung von Mobilitätsprogrammen und der Finanzierung von gemeinsamen Forschungsprojekten verstärkt wahrgenommen. Allerdings wurde und wird sie teilweise bis heute als „aufgezwungen" und „ungewollt" empfunden. Zwei Argumente spielen dabei eine wichtige Rolle. Ein professionspolitisches Argument geht davon aus, dass bereits die vielen unterschiedlichen Berufsbezeichnungen deutlich machen, dass es kein gemeinsames Fundament im Bereich der Sozialarbeit gibt. Ein theoretisches Argument postuliert, dass sich Sozialarbeit transnational nicht mehr (wie bereits national geschehen) in eine sozialstaatliche Rolle drängen lassen dürfe (quasi als Sozialarbeit das Sozialstaates Europa), sondern sich im Rahmen einer Selbstzuschreibung als „Menschenrechtsprofession" international aufstellen und damit auf Semi-Distanz zu den jeweiligen politischen Regimes und deren Politiken gehen müsse.

Eine solche Ablehnung der europäischen Dimension ist, und das ist eine der zentralen Thesen dieses Buches, deswegen bedauerlich, weil die deutsche Sozial-

---

1 Der Autor ist sich durchaus bewusst, dass die Mehrheit der im Bereich der Sozialarbeit Tätigen weiblichen Geschlechts ist. Die durchgehende Verwendung der männlichen Form bei Begriffen wie z. B. „Sozialarbeiter", „Praktiker", etc. (außer im Rahmen von Zitaten) ist allein stilistisch begründet.

arbeit[2] sich dadurch nicht nur die Chance auf Selbstvergewisserung, sondern auch die Chance auf Optimierung ihrer Leistungen nimmt. Denn die Leistungsbilanz der Sozialarbeit fällt in allen Ländern Europas eher mäßig aus und das Image, das die Sozialarbeiter genießen, ist weitgehend abhängig vom Wohlwollen, das die Bürger gegenüber dem Sozialen aufbringen. Dabei bieten Theorien und Praxen aus anderen Ländern doch bei näherer Betrachtung teilweise überraschende Einsichten und zeigen oftmals elegante und schlüssige Lösungen für gleiche oder ähnliche Probleme auf. Seit 2000 wird dies zunehmend erkannt, allerdings bleibt die vergleichende Forschungs- und Publikationstätigkeit in Europa häufig auf solche fachlichen Dialoge und Kontroversen beschränkt, die politisch eine wichtige Rolle spielen: z.B. im Bereich des Kinderschutzes, im Bereich wichtiger Zielgruppen, wie z.B. alte Menschen, oder im Bereich des Managements. Eine um der Neugier willen und damit unabhängig von aktuellen Tagesthemen durchgeführte, alle akademischen und praktischen Bereiche umfassende europäische Diskussion findet erst in Ansätzen statt. Dabei muss sich doch die Sozialarbeit in allen Ländern Europas mit den gleichen fundamentalen Fragen auseinander setzen, die An Piessens so formuliert hat:

> „(1) What is the role of social work in society, (2) how does social work position itself on the balance between emancipation and control, (3) how can social work match with the needs of clients, and (4) what is professional social work?" (zitiert in: Roose/Choussée/Bradt 2010, S. 1)

Europa als Experimentierfeld

Betrachtet man die Theorien und Praxen der Sozialarbeit in Europa ausschließlich von einem phänomenologischen Standpunkt aus, dann lassen die scheinbar gravierenden länderspezifischen Unterschiede kaum Rückschluss auf Gemeinsames zu. Solche Unterschiede werden jedoch unwichtig, wenn man bereit ist, anzuerkennen, dass

1. die Sozialarbeit nicht als Profession, sondern als „Idee" (Soydan 1999), als Funktion (Bommes/Scherr (1996) oder „Programm" (Baecker 1994, S. 106) verstanden werden muss, unter dessen „Dach" sich unterschiedliche Theorien und Praxen, geprägt jeweils von unterschiedlichen politischen und kulturellen Bedingungen, versammeln lassen;
2. Europa als normative und soziokulturelle „Einheit" gedacht werden kann, die für einen Vergleich unterschiedlicher Theorien und Praxen der Sozialarbeit eine mögliche Basis bietet, ohne dass dadurch andere Einheiten, wie z.B. die Weltgesellschaft diskreditiert würden.

---

2 Andere Länder stehen in einem viel intensiveren europäischen und internationalen Austausch und nehmen theoretische Entwicklungen und empirische Daten überaus schnell wahr, so vor allem die nordischen Länder, England, die Niederlande und zunehmend auch einige osteuropäischen Länder.

Nur vor einem solchen, als Einheit gedachten Hintergrund wird die „funktionale Äquivalenz" (Schriewer 2000) der Sozialarbeit erkennbar, und kann somit eine Basis für Kommunikation und Vergleich entstehen. Dabei ist eine endgültige Entscheidung bezüglich einer genauen Definition dessen, was Sozialarbeit[3] ist oder sein soll, nicht erforderlich, es reicht im Rahmen dieser Metaperspektive aus, dass man „Ähnliches" meint. So schlagen z. B. Bommes/Scherr (1996) vor, Sozialarbeit als generalistische Praxis des Helfens dem Systems der Zweitsicherung zuzuordnen und ihm die Funktion der Inklusionsvermittlung, Exklusionsverwaltung und -vermeidung zu übertragen. Nach Hajuk Soydan, einem schwedischen Sozialarbeitswissenschafter, umfasst „the basic attitude (of social work as scientific idea) (...) three separate but connected elements: a theory of society and of man as a social being, a programme of how social problems can be handled, and a group of people who carry out the work of social change" (Soydan 1999, S. 8). Und nach Sylvia Staub-Bernasconi (1995) wird Sozialarbeit dort tätig, wo Individuen den Problemen der Bedürfnisbefriedigung und Wunscherfüllung ohne ausreichende Ressourcen gegenüber stehen und lernen müssen, innerhalb der Struktur sozialer Systeme und in Kooperation oder Konflikt mit anderen Menschen Lösungen zu finden.

Erkennt man die Gemeinsamkeiten bei der begrifflichen Umschreibung der Zielsetzungen, so lassen sich die unterschiedlichen Praxen der Sozialarbeit in Europa als Varianten eines Schlüsselkonzepts begreifen und werden insbesondere folgende Arbeitsschritte möglich: Jetzt kann man erstens versuchen, die externen Aspekte dieses Konzepts zu benennen und deren Einfluss zu verorten, zweitens verschiedene Formen der Sozialarbeit als unterschiedliche Lösungen des gleichen Problems wahrzunehmen und drittens die verschiedenen nationalen Lösungen nebeneinander zu stellen, zu vergleichen und soweit möglich bezüglich ihrer Leistungsfähigkeit zu bewerten. In einer vergleichenden Perspektive lassen sich möglicherweise die vorhandenen Lösungen als konkurrierend betrachten. Europa wird damit quasi zum Experimentierfeld unterschiedlicher sozialarbeiterischer Konzepte – bei permanent wechselnden soziokulturellen und ökonomischen Rahmenbedingungen. Dabei kann die Frage, ob Europa als eine politische Einheit betrachtet werden kann, ruhig der Politikwissenschaft überlassen bleiben. Hier wird lediglich unterstellt, dass die Länder Europas von verschiedenen Gesichtspunkten aus durchaus als einheitlich wahrgenommen werden können.[4]

---

3 In diesem Buch wird durchgängig der Begriff „Sozialarbeit" verwendet, da er anschlussfähiger an den Begriff Social Work erscheint, als der in Deutschland üblicherweise verwendete, sehr unspezifische Begriff „Soziale Arbeit". Zum Begriff Sozialarbeit siehe auch Baecker (1994, S. 106).

4 So geht etwa Müller davon aus, dass die europäischen Wohlfahrtsstaaten, da sie „die Synthese kapitalistischer und sozialistischer Ideologien reflektieren", sich vom US-amerikanischen Wohlfahrtsstaat, dessen Ziele „limitierter und an marktorientierte Prinzipien gebunden" sind, deutlich unterscheiden lassen (Müller 2010, S. 43, vgl. auch: Reisch 2009, S. 226, Jewell 2007 S. 183 und Kronauer 2010, S. 217 f.).

Auf dem Weg zur vergleichenden Sozialarbeitsforschung

Ist man einmal bereit, Europa als begriffliche Einheit zu denken, dann lässt sich der mögliche Erkenntnisgewinn erahnen, der sich aus solchen Vergleichen ergeben kann. Man muss jetzt nur bereit sein, den eigenen Standpunkt und die damit verbundenen Denk- und Handlungsweisen zu relativieren und Unsicherheit zuzulassen. Indem man auf Abstand zu den eigenen Routinen geht, entsteht die Möglichkeit, die nationalen Denk- und Handlungsmuster als unterschiedliche und (von außen betrachtet) gleichwertige Interpretationen der „Idee" bzw. des „Konzepts" Sozialarbeit wahrzunehmen und differenztheoretisch zu diskutieren. Auf diese Weise eröffnet sich der Sozialarbeit nicht nur die Möglichkeit, Erkenntnisgewinne zu erzielen; zugleich kann sie so ihre eigenen Handlungsoptionen steigern und ihre Abhängigkeit von externen Systemen reduzieren. Best Practice erscheint dann als ein gelungenes Nebenprodukt einer vergleichenden Sozialarbeitsforschung, der es vor allem darum geht, die Vielfalt der Denkmöglichkeiten und Handlungsoptionen systematisch darzustellen, um die damit verbundenen möglichen Erkenntnisse und Handlungsoptionen offen zu legen, erkenntniskritisch zu diskutieren und der Praxis zur Verfügung zu stellen.

Zielsetzung des Buches

Niemand wird erwarten können oder wollen, dass sich die Sozialarbeit in Europa am Ende eines gemeinsamen Auseinandersetzungsprozesses theoretisch oder praktisch angleichen wird. Eine in Europa entstehende Wahrnehmungs- und Diskussionskultur wird aber – und dies ist die hier im Buch vertretene These – zu inter- und intrasystemischen Dialogen führen, die wiederum transnationale Entwicklungen befördern werden.

- Unter intersystemischen Dialogen werden solche Kommunikationen verstanden, die sich zwischen der Sozialarbeit in Europa und anderen Teilsystemen der Gesellschaft, wie z. B. Politik, Ökonomie, Verwaltung, etc. abspielen.
- Intrasystemische Dialoge behandeln Themen, die innerhalb der Sozialarbeit in Europa in den Bereichen Wissenschaftsentwicklung, Professionsentwicklung und Praxisentwicklung stattfinden.
- Als transnationale Entwicklungen werden durch Vergleiche ausgelöste Prozesse bezeichnet, die zur Veränderung einer bestimmten, bislang rein national bestimmten Denkweise oder Praxis der Sozialarbeit in Europa geführt haben oder führen.

Natürlich können von einer einzelnen Person die vielfältigen, hoch differenzierten und elaborierten Dialoge und Entwicklungen nicht bis in jedes europäische Land hinein verfolgt werden. Dazu steht im Übrigen in vielen Ländern die fachliche Entwicklung noch zu sehr am Anfang und fehlt oftmals eine einschlägige Literaturbasis. Dies trifft nicht nur auf Länder wie z. B. Ungarn, Rumänien, die Türkei[5], etc., sondern auch mit Einschränkungen auf Länder wie z. B. Spanien[6], Portugal oder Italien[7] zu, wo aus historischen, kulturellen und materiellen Gründen ein hoher Professionalisierungsgrad und damit verbunden eine eigenständige wissenschaftliche Debatte noch nicht in dem Maße entstehen konnte, wie wir sie z. B. in den nordischen Staaten[8], England und Wales[9], den Niederlanden oder in den deutschsprachigen Ländern vorfinden.[10] Trotzdem werden, wo immer möglich und sinnvoll, inhaltliche Bezüge auch zu den Ländern hergestellt, die nicht intensiv an den jeweiligen Dialogen teilnehmen. Die Schreib- und Zitiersprache ist deutsch und englisch; nur teilweise finden sich für Interessierte einige wenige anderssprachige Quellenzitate in den Anmerkungen.

Insgesamt will das Buch den Lesern einen differenzierten Einblick in wichtige Dialoge und Entwicklungen der Sozialarbeit in Europa geben. Die dabei eingenommene Perspektive ist nicht nur (naturgemäß) deutsch, sondern auch wissenschaftstheoretisch eindeutig. Der Verfasser vertritt die Position, dass die Sozialarbeit in Deutschland nur dann zukunftsfähig ist, wenn sie europäisch anschlussfähig wird. Um dieses Ziel zu erreichen, muss sie eine klare Unterscheidung zwischen wissenschaftlichen, professionsspezifischen und praktischen Aussagen vornehmen und sich stärker als bisher an den jeweiligen Debatten beteiligen. Außerdem darf sie die dabei auftretenden, teilweise kontroversen Positionen nicht als Ausdruck von Uneinigkeit und Disharmonie interpretieren, sondern als Ausdruck von kultureller Vielfalt und als Aufforderung zu weiteren Forschungsanstrengungen und zu vertieftem Dialog (siehe dazu ausführlich Erath 2006).

Aufbau des Buches

Im ersten Kapitel werden die Gründe dargestellt, die dazu geführt haben, dass sich die deutsche Sozialarbeit aufgrund von politischen, methodischen und ideologischen Bedenken nur zögernd an der europäischen Debatte beteiligt hat. Sie sind darauf zurückzuführen, dass sich in Deutschland eine hermeneutisch-kritische Sozialpädagogik zur Leitdisziplin der Sozialarbeit entwickelt hat, die Europa weit-

---

5 Siehe dazu den ernüchternden Bericht von Süleyman Gögercin (2001).

6 Spanien verfügt über ein sehr stark von den 17 autonomen Regionen bestimmte Struktur der Sozialen Dienste und der Sozialarbeit. Ein wissenschaftlicher Diskurs befindet sich erst in den Anfängen (Anheier 2003, S. 357 ff., Züchner 2007).

7 Auch in Italien ist die fachliche Debatte nur sehr wenig entwickelt. So werden in Lehrbüchern (z. B. Ponticelli 2005) unter dem Begriff „Servizio sociale", wenn überhaupt, ausschließlich Theorien und Beispiele der Sozialarbeit dargestellt, die der europäischen oder internationalen Szene entnommen sind.

8 Wobei die Sozialarbeit in Dänemark und Litauen sehr stark durch schwedische Einflüsse gekennzeichnet ist (Campanini/Frost 2004).

9 Der Einfachheit halber wird zukünftig nur der Begriff „England" verwendet.

10 Eine sehr aktuelle Darstellung der Situation der Sozialarbeit in den einzelnen europäischen Ländern bietet Erath/Littlechild 2010.

gehend als sozialstaatlich-kapitalistische Bedrohung versteht. Ein unbefangenerer Umgang wurde erst mit der Relativierung dieses Paradigmas und durch die im Rahmen des Bologna-Prozess ausgelöste Pragmatisierung der europäischen Dimension möglich.

Im einem zweiten Kapitel wird dann gezeigt, wie ein konstruktives Verhältnis von Sozialarbeit und Europa entwickelt werden kann. Voraussetzung dafür ist, dass Sozialarbeit als Teilsystem moderner Gesellschaften verstanden wird, dessen Funktion es ist, zur Beseitigung sozialer Probleme beizutragen. Nimmt die Sozialarbeit diese Position ein, dann sieht sie sich nicht nur in einen nationalen, sondern auch europäischen Kontext eingebunden. Im Rahmen dieses Kontextes können andere Reflexionen und Praxen als funktional „gleichwertig" erkannt und verglichen werden. Unterschiedliche Ausprägungen müssen jetzt nicht mehr als nichtssagend oder unzutreffend diskreditiert, sondern können als intrasystemische Dialoge identifiziert und zur Anregung der eigenen Diskurse verwendet werden. Gleichzeitig kann sich Sozialarbeit auch mit den von anderen Teilsystemen der Gesellschaft, wie z.B. Sozialpolitik, Recht, Verwaltung, Wirtschaft ausgehenden Einflüssen im Rahmen intersystemischer Dialoge auseinander setzen.

Im dritten Kapitel werden dann die wissenschaftstheoretischen und methodischen Voraussetzungen für vergleichende Betrachtungen in der Sozialarbeit diskutiert und geschaffen. Dabei wird davon ausgegangen, dass Vergleiche nur dann möglich sind, wenn sich die Sozialarbeit als Wissenschaft, Profession und Praxis ausdifferenziert hat und wenn sie bereit ist, vergleichende Untersuchungen unter Einhaltung der methodisch einschlägigen Qualitätsstandards für solche Forschungen durchzuführen. Auf diese Weise lassen sich dann ein der Situation adäquates Forschungsprogramm und mögliche Desiderata bestimmen.

Im vierten Kapitel wird dargestellt, welche Auswirkungen verschiedene, von Europa ausgehende, politische, rechtliche, ökonomische, etc. Entwicklungen auf die Sozialarbeit in den einzelnen Ländern haben. Je stärker sich Europa von einer ökonomischen zu einer politisch-kulturellen und rechtlichen Einheit entwickelt, umso gravierender wirken sich gemeinschaftliche Überzeugungen, wie z.B. die Philosophie des Activating Welfare State, gesetzliche Grundlagen und Urteile der europäischen Rechtssprechung, die Strategie des New Public Management, etc. auf die Praxis in den verschiedenen Ländern aus. Systemtheoretisch gesehen ergeben sich hier konvergente und divergente Reaktionen der verschiedenen nationalen Sozialarbeitssysteme, je abhängig von ihrer jeweiligen Situation und den damit verbundenen Reaktionsmöglichkeiten.

In einem fünften Kapitel geht es darum, den Stand der wissenschaftlichen Auseinandersetzung im Bereich der Sozialarbeit in Europa überblicksartig und exemplarisch darzustellen. Dazu wird zum einen die theoretische Debatte in der Sozialarbeit ausgeführt und werden im europäischen Raum vorhandene „Metatheorien" (d.h. Theorien über einen Gegenstand), „Theorien" (d.h. Erklärungstheorien) und „Modelle" (d.h. Handlungstheorien) vorgestellt. Zum anderen geht es darum zu zeigen, welche spezifischen Probleme sich im Rahmen der Sozialarbeitsforschung ergeben und wie diese überwunden werden können. Dazu werden anhand von ausgewählten Beispielen aus dem europäischen Raum typische und allseits anerkannte methodische Vorgehensweisen für den Bereich der empirischen Forschung vorgestellt.

In einem sechsten Kapitel wird die Situation der Profession Sozialarbeit in einigen Ländern vorgestellt und typisiert. Gleichzeitig werden einige Entwicklungen, die sich auf Probleme der Auswahl von Studierenden, der Studienanforderungen und derzeitigen Arbeitssituation der Sozialarbeiter beziehen, dargestellt und problematisiert.

In einem siebten Kapitel werden dann wichtige, für die Praxis der Sozialarbeit relevante Dialoge aufbereitet und diskutiert. Insbesondere vier Themen erhalten derzeit eine hohe Aufmerksamkeit in den europäischen Fachzeitschriften. Ein erstes Thema stellt die Diskussion um Evidence-Based Practice dar. Es geht dabei um die Frage, wie stark sich Sozialarbeiter in ihrem Handeln an Modellen, Methoden und Standards orientieren sollen, die sich wissenschaftlich bewährt haben. Ein zweites Thema handelt vom Case Management. Die Frage stellt sich dabei, welcher Stellenwert diesem Modell im Bereich der Sozialarbeit in Europa zukommt und welche Problematik damit verbunden ist. Ein drittes Thema bezieht sich auf das Modell des Risikomanagements, das die Sozialarbeiter dabei unterstützen will, die Folgen ihrer Entscheidungen und Handlungen einzuschätzen und die Klientel vor schädlichen Folgen zu bewahren. Ein vierter Dialog beschäftigt sich schließlich damit, wie die Auswirkungen einer zunehmenden Bürokratisierung und Regulierung der Sozialarbeit abgemildert werden können.

Das achte Kapitel stellt dann Entwicklungen der Sozialarbeit vor, die sich innerhalb ausgewählter europäischer Staaten vollzogen haben. Am Beispiel der Tschechischen Republik, von Schweden, England und Deutschland wird gezeigt, wie sich die nationalen Sozialarbeitssysteme aufgrund europäischer Einflüsse verändern und sich dadurch neue nationale Dialoge ergeben, die die Praxis beeinflussen und verändern.

In einem abschließenden neunten Kapitel wird die Entwicklung der Sozialarbeit in Europa thesenhaft diskutiert und bewertet. Sozialarbeit erscheint als ein Schlüsselkonzept moderner Gesellschaften zur Bearbeitung von Exklusionsrisiken. Aufgrund der in Europa ähnlichen Rahmenbedingungen und Umweltkonstellationen lassen sich die verschiedenen nationalen Muster sinnvoll aufeinander beziehen, miteinander vergleichen und auf ihre Relevanz hin diskutieren. Auf diese Weise entsteht ein europäisch geprägter Dialog, an dem sich alle Länder mit ihren Erfahrungen und Erkenntnissen gleichberechtigt beteiligen können. Dieser Dialog sollte als Chance verstanden werden, über den Vergleich zu Erkenntnisgewinn und darüber hinaus zur Weiterentwicklung von Qualität und Effektivität der Sozialarbeit in Europa zu gelangen.

1 Sozialarbeit und Europa: Zur Geschichte eines komplizierten Verhältnisses

Die europäische Dimension im Bereich der Sozialarbeit in Deutschland ist bis heute im Verhältnis zu ihrer politischen Bedeutung und möglichen fachlichen Relevanz ein eher randständiges Thema gewesen. Nur wenige Wissenschaftler setzen sich mit ihr intensiv auseinander, die Mehrzahl von ihnen hält Sozialarbeit für eine vor allem national verortete professionelle Tätigkeit, deren identitärer Kern sich international formulieren, deren Praxis sich aber keinesfalls vergleichen lässt. Doch warum kann und soll Europa innerhalb dieses internationalen Kontextes der Sozialarbeit für Deutschland keine herausragende Rolle spielen? Dieser Frage soll in diesem ersten Kapitel nachgegangen werden.

Dazu wird in einem ersten Teilkapitel dargestellt, wie die ersten Lehrer und Praktiker der Sozialarbeit zu Beginn des 20. Jahrhunderts zunächst einen ganz unbekümmert-neugierigen Blick auf „Ausländisches" geworfen haben (Kap. 1.1). Nach dem Dritten Reich, vor allem seit den späten 1960er Jahren entwickelte sich dann, ausgelöst durch Überlegungen hermeneutisch-kritisch orientierter Sozialpädagogen, eine Debatte zur Internationalität und Interkulturalität in der Sozialarbeit (Kap. 1.2). Seit den 1990 Jahren kann und will sich die Sozialarbeit dann nicht mehr völlig der europäischen Dimension verschließen. Trotzdem betrachtet sie diese aber weiterhin eher distanziert. Die Zurückhaltung begründet sich neben politischen und methodischen Vorbehalten insbesondere darin, dass Vertreter einer vorwiegend kritisch ausgerichteten Sozialpädagogik befürchten, dass eine europäische Sozialarbeit lediglich die gleiche affirmative und legitimatorische Funktion für einen europäischen (Super-)Staat einnehmen könnte, wie das ihrer Ansicht die nationalen Praktiken tun (Kap. 1.3). Seit 2000 und insbesondere als Konsequenz der Bologna-Reform setzt dann ein Boom europäischer Projekte vor allem in Form von Austausch- und Forschungsprogrammen ein. Doch auch jetzt noch wird der europäischen Dimension lediglich eine formale, aber keine inhaltliche Bedeutung beigemessen (Kap. 1.4). Eine Zusammenfassung schließt das Kapitel ab (Kap. 1.5).

1.1 Internationale Öffnung von Anfang an: das unbefangene Interesse der Sozialarbeit der Gründerjahre (1900–1920) am Fremden

Die Frage, seit wann im Bereich der Sozialarbeit eine internationale Perspektive entstanden ist, lässt sich nicht genau beantworten. Konkrete Spuren einer Öffnung lassen sich jedoch seit den Anfängen der professionellen Sozialarbeit, also etwa seit dem Beginn des 20. Jahrhunderts, finden und verfolgen (siehe zusammenfassend: Friesenhahn/Kniephoff-Knebel 2011, S. 15 ff.).[11]

Ein erster Austausch von internationalen Modellen lässt sich im Bereich der Sozialarbeiterausbildung nachweisen (Hamburger 2009, S. 2). Im engeren Sinne war es vor allem Alice Salomon, die in den 1920er Jahren die internationale Ausbildungsszene aufmerksam beobachtet und verschiedene Erkenntnisse curricular aufbereitet hat (Konrad 2009, S. 22).

> „Wenn wir in der Sozialarbeit an besondere Aspekte der Methodenlehre oder die Theorie denken, dann kommen uns aus den ersten Jahrzehnten dieses Jahrhunderts sofort Namen wie Mary Richmond, Schweinitz u.a. in Erinnerung. (...) Die Kontakte der Zeit vor dem großen Emigrationsstrom verliefen aber nicht nur einseitig in Richtung von den USA nach Europa und Deutschland, sondern sie waren durchaus wechselseitig, wie wir etwa aus den verschiedenen Besuchen von Alice Salomon in Amerika wissen. Siddy Wronsky, eine deutsche Sozialarbeiterin, (...) war maßgeblich für die Entwicklung der Sozialarbeit und der sozialen Ausbildung in Palästina zuständig." (Pfaffenberger 2009,S. 8)

Auch Kreidenweis/Treptow (1990) weisen darauf hin, dass schon in den Anfängen der Verberuflichung der Sozialarbeit internationale Bezüge eine bedeutende Rolle gespielt haben. So war ihrer Ansicht nach insbesondere die Adaption der frühen amerikanischen Methodenlehre durch Alice Salomon (1926) eine wichtige Grundlage für die Ausbildung an der ersten „sozialen Frauenschule" in Berlin (Kreidenweis/Treptow (ebd. S. 40). Ute Straub weist zudem insbesondere auf die maßgebliche Rolle der Frauen für den Prozess der Internationalisierung hin.

> „Dies resultierte aus Synergie-Effekten zwischen den um die Verberuflichung der Sozialen Arbeit bemühten Gruppierungen und der in der westlichen Welt über den 1888 gegründeten International Council of Women (ICW) gut vernetzten bürgerlichen Frauenbewegung: viele der Pionierinnen Sozialer Berufsarbeit engagierten sich für die gesellschaftliche Teilhabe von Frauen, verfügten über Fremdsprachenkenntnisse und sorgten durch Studienreisen, Teilnahme an Kongressen und Auslandsstudium auf vielerlei Ebenen für die Verknüpfung von nationalen und internationalen, professionsbezogenen und frauenbewegten Reformbestrebungen." (Straub 2010, S.1103)

Eine herausragende Bedeutung für den internationalen Austausch kommt nach Franz Michael Konrad (ebd. S. 23 ff.) neben anderen Aktivitäten vor allem dem internationalen Kongresswesen (so z.B. der Internationalen Konferenz für Wohlfahrtspflege und Sozialpolitik) und den ersten internationalen Berufsvereinigungen (so z.B. dem Weltbund für Erneuerung der Erziehung, New Education Fellowship) zu. Im Mittelpunkt der Wahrnehmung stehen dabei – ungeachtet zeitbedingter Konjunkturthemen – Beiträge, die sich mit Fragen der Arbeiterbewegung, der Frauenbewegung, der Kinder- und Jugendfürsorge und ganz allgemein mit den „Randbedingungen und Voraussetzungen der Sozialarbeit/Sozialpädagogik" (ebd. S. 41) befassen. Dabei wird das Ausland vor allem unter dem

---

11 Hier gibt es verschiedene Wahrnehmungspunkte vor allem zur amerikanischen Sozialarbeit (Pfaffenberger 2009, siehe auch Staub-Bernasconi 2007).

Aspekt des durch interne Debatten erzeugten Informationsbedarfs interessant, wie z. B. die intensive Beschäftigung deutscher Rezipienten mit dem Social Case Work-Modell zeigt, das damals in den USA praktiziert wurde und als vorbildlich galt (ebd. S. 46). Zudem war oftmals der Wunsch nach Professionalisierung der Sozialen Arbeit und des eigenen beruflichen Werdegangs Ausgangspunkt dieser fachlichen Neugierde (Neuffer 2009 a, S. 128)[12].

Detailliert zeigt Franz-Michael Konrad im Rahmen einer quantitativ-qualitativen Untersuchung für den Bereich der sozialpädagogischen Reformdebatten in Deutschland zwischen 1900 und 1933 auf, wie eine solche „Auslandspädagogik" durchaus „rege" auftrat (siehe auch Pfaffenberger 2009, S. 8), letztendlich aber ausschließlich phänomenologisch und ekklektizistisch die jeweils erzielten Erkenntnisse im Rahmen von Vergleichen oder Analysen von „internationalen Transfer- und Rezeptionsprozessen" wahrgenommen hat.

Idealtypisch lassen sich demnach drei „rhetorische Formen" der Auslandsberichterstattung aufzeigen:

1. Information: Häufig wird über etwas Besonderes berichtet, das im eigenen Umfeld nicht vertraut ist oder nicht angemessen verstanden wurde und daher korrigiert werden muss. So sind etwa einige Beiträge von Alice Salomon zu verstehen, bei der sie über die wahre Bestimmung der angelsächsischen „Settlement-Bewegung" informieren will, oder von Ernst Münsterberg, der über die New Yorker Charity Organisation Societies schreibt (Konrad 2009, S. 50 f.).

2. Werbung: Häufig wird intendiert, „über eine positive Auslandsrezeption für eigene Reformanliegen bzw. die Akzeptanz des im Zuge der Reform bereits Erreichten" (ebd. S. 54, ähnlich Treptow 1996, S. 2) zu werben. So berichtet z. B. das Archiv deutscher Berufsvormünder über die Einrichtung einer Beobachtungsstation für verwahrloste Jugendliche in Ungarn. Nach Franz-Michael Konrad enthüllt sich „der tiefere Sinn dieser scheinbar absichtslosen Information dann, wenn man weiß, dass sich der Herausgeber der betreffenden Zeitschrift (...) zur selben Zeit in Deutschland für derartige Einrichtungen zur Abklärung von Maßnahmen, die im Falle offenkundiger Verwahrlosung ergriffen werden sollten, stark macht" (Konrad 2009, S. 55).

3. Kritik: Auf diese Weise wird Kritik an eigenen Verhältnissen und Entwicklungen im Umweg über das Ausland geübt. So soll z. B. ein Gesetzentwurf im Bereich der Fürsorge unter Hinweis auf ein als zu rigide empfundenes entsprechendes schweizerisches Gesetz verhindert werden (ebd. S. 56).

Insgesamt geht Franz-Michael Konrad davon aus, dass zwischen internen Diskursen und der Rezeption der Erfahrungen des Auslandes kein instrumenteller

---

12 „Erklärungsbedürftig bleibt allerdings weiterhin der Umstand, dass in den 20er Jahren im Zuge der Konstitution der modernen VEW keiner der führenden Hochschulpädagogen, hingewiesen sei auf Herman Nohl, Eduard Spranger oder Aloys Fischer, um die Behebung dieses Defizits bemüht war, obgleich gerade die Genannten führend an den sozialpädagogischen und sozialarbeiterischen Reformdebatten beteiligt und gelegentlich auch vergleichend tätig gewesen sind." (Konrad 2009, S. 21)

Zusammenhang nachzuweisen ist: „Die Rezeption ist vielmehr vielschichtig angelegt und wirkt wahrscheinlich im Blick auf ihre interne Verwendung subtiler und
nicht selten anders als prima facie zu vermuten war" (ebd. S. 57).

Während der 1930er Jahre werden dann die internationalen Tendenzen durch
die Nationalsozialisten zurückgedrängt. Viel später, in den 1960er Jahren mehren
sich dann die Stimmen, die die Zeit vor 1930 massiv zu kritisieren begannen:

> „Nicht nur die Institutionen und Strukturen der Sozialen Arbeit wurden – wie auf dem
> Jugendhilfetag 1970 in Nürnberg – massiver Kritik unterzogen, sondern gerade die Metho-
> den der Sozialen Arbeit – die Soziale Einzelfallhilfe im besonderen. (...) Die Soziale Arbeit
> wurde als Instanz des herrschenden Kapitalismus ausgemacht, die Ursachen von Proble-
> men unterdrückt und die Menschen zur Anpassung an diese Verhältnisse zwingt." (Neuffer
> 2009a, S. 143)

So kam es nach Manfred Neuffer zu einer Spaltung: die führenden Persönlich-
keiten in der Methodendiskussion, alles offensichtlich Frauen, wurden an den
Rand des Geschehens gedrängt und der „Bereich der Theorie und der Wissenschaft" von den Männern vereinnahmt (ebd. S. 144). Dieser Zustand der Metho-
denlosigkeit wurde dann erst in den 1980er Jahren wieder thematisiert und durch
die Orientierung an therapeutischen Konzepten (Gesprächspsychotherapie, Systemtheorie, etc.) vorläufig behoben. Erst danach kam es dann wieder zu einer
Auseinandersetzung mit der amerikanischen Literatur im Rahmen ganzheitlicher
Ansätze wie z. B. des Life Models von Germain/Gitterman (1988) oder des Case
Managements.

1.2 Zwischen 1945 und 1970: Die Überwindung des Unbehagens am Nationalen durch Hinwendung zu internationalen, interkulturellen und multikulturellen Fragestellungen

Hans Pfaffenberger erinnert daran, dass nach 1933 eine Vielzahl an Sozialarbeitern
als Emigranten in die USA und in andere transkontinentale Länder geflüchtet war
und es aufgrund der Politik der Nationalsozialisaten zu einer vollständigen Schließung der internationalen Dimension kam.[13]

---

13 „Die NS-Fürsorge hat vor allem durch Selektion in zwei Richtungen hin gearbeitet: Sie hat
   unterschieden zwischen förderungswertem und lebensunwertem Leben, d. h. die Förderung
   der Fürsorge war auf ‚rassisch und völkisch wertvolle Menschen' ausgerichtet; alles andere
   wurde als lebensunwert nicht mehr der Fürsorge würdig erachtet und entweder auf nied-
   rigstem Lebensstandard gehalten, völlig ausgegrenzt oder getötet." (Pfaffenberger 2009, S. 9)

Die Wiederaufnahme internationaler Beziehungen erfolgte daher nach 1945 eher zögerlich und war auf die Hilfe der westlichen Besatzungsmächte angewiesen; es galt sowohl einen Modernitätsrückstand aufzuholen als auch ein allgemeines Demokratiedefizit zu überwinden. Insofern erwiesen sich das „German Youth Activities-Programm" der amerikanischen Armee, die Rezeption des Case Work in den fünfziger Jahren sowie in den sechziger Jahren dann die Rezeption der Gemeinwesenarbeit aus den USA und Großbritannien als wichtige Impulse für eine sich im Wiederaufbau befindende Sozialarbeit (Kreidenweis/Treptow 1990, S. 40). Noch immer wurden – vor allem durch den Zeitgeist des Kalten Krieges verstärkt und durch die schleppende Entnazifizierung verursacht – deutsche und internationale Schriften unterdrückt, oder fanden weitgehend keine Beachtung, wie z. B. die von Siegfried Bernfeld, Herbert Marcuse oder Erich Fromm. Für Pfaffenberger erklärt sich daraus die heftige Reaktion der Studentenbewegung und das Problem, dass „durch die politische ‚Reaktion' vieles für die Weiterentwicklung der Sozialarbeit Relevante verloren gegangen und ein Aufgreifen von Impulsen und die Auseinandersetzung mit ihnen unterblieben" (Pfaffenberger 2009, S. 13) ist.

Die internationale Dimension entwickelte sich somit nur langsam, zumal es während der 1970er Jahre erneut zu einer Spaltung zwischen Praxis und Theorie kam:

Die Sozialarbeit als *Praxis* versteht unter Internationalisierung insbesondere eine Hinwendung zu den sozialen Problemen der 60er Jahre. Sie ergibt sich „aus grenzüberschreitender Migration von Flüchtlingen, Arbeitsemigranten ebenso wie aus der erhöhten Mobilität von Wohlstandsgesellschaften, aus der internationalen Verflechtung der Wirtschaft, der Konstitution und Verfasstheit von sozialpolitischen Problemen wie Problemlösungsansätzen" (Pfaffenberger 2009, S. 14). Nach Pfaffenberger ergibt sich daraus die Forderung nach einer Methodisierung der Ausländer-Sozialberatung, der internationalen Jugendarbeit und der Flüchtlingsarbeit.

Die Sozialpädagogik als *Theorie* der Sozialarbeit dagegen stellt – bedingt durch ihre einseitig gesellschaftskritische Ausrichtung – erneut die methodisch-praktischen Fragen zugunsten einer ideologiekritischen Betrachtung des Begriffs der Internationalität in den Hintergrund. Jetzt kommt es, wie oben bereits angemerkt, zu Gegenreaktionen und Widerständen gegen anglo-amerikanischen Ansätze und die damit verbundene „Methodisierung". Lediglich solche Konzepte, die als politisch korrekt galten, wie z. B. die Anti-Psychiatrie Bewegung aus Italien, werden aufgegriffen und thematisiert. Eine sich nun ansatzweise an den Universitäten entwickelnde vergleichende Sozialarbeit/Sozialpädagogik betrachtete transnationale Fragen jetzt weniger aus einer praktisch-methodischen Sichtweise, sondern vor allem aus der ideologisch unverdächtig erscheinenden Perspektive der „multikulturellen Gesellschaft" bzw. der „Weltgesellschaft" (Kreidenweis/Treptow 1990).

Im Rahmen solcher Vergleiche ergeben sich allerdings vielfältige Schwierigkeiten, da die den Begrifflichkeiten zugrunde liegenden „Konstruktionen von Fürsorglichkeit" nicht generalisierbar sind. Vor allem beim Vergleich von methodischen Vorgehensweisen in der Sozialarbeit ergeben sich Schwierigkeiten, da die Sozialpädagogik hier „(...) auf Grenzen eines ethnozentrisch geprägten Hilfe- und Beratungsverständnisses (stößt), z. B. wenn sensible soziokulturelle Kontexte der Herkunftsländer unbekannt sind, erst allmählich erschlossen werden müssen oder aufgrund institutioneller Rahmenbedingungen schlicht übergangen werden" (Kreidenweis/Treptow 1990, S. 36).

Sollen diese Probleme nicht wieder national verengt angegangen werden, muss eine internationale Sichtweise entwickelt werden. Als Lösung für diese Situation wird die Entwicklung einer „komparatistischen Forschung" vorgeschlagen, die entsprechende Informationen bereitstellen bzw. Forschungen durchführen soll, die es erlauben, praktische Handlungsbedarfe auf dafür relevantes Wissen zu beziehen. Nach Kreidenweis/Treptow ist jedoch eine solche vergleichende Sozialarbeitsforschung „noch nicht einmal in den Anfängen" (ebd. S. 37) vorhanden. Ähnlich negativ bewertet dies auch Belardi (1996). Als Zugang schlagen sie daher eine Kultur vergleichende Strategie vor dem Hintergrund der Dimensionen „Multikulturalität" – „Interkulturalität" und „Intrakulturalität" (Kreidenweis/Treptow 1990, S. 38) vor.

1. Multikulturalität: hier geht es um das Aufbrechen nationalistischer Einengungen und um internationale Verständigung.
2. Interkulturalität: mit diesem Begriff wird es möglich, „die *Art der Beziehungen* zu kennzeichnen, die zwischen einzelnen, im ‚multikulturellen' Ensemble zusammengefassten Kulturen aufgenommen, gepflegt und strittig werden" (ebd.).
3. Intrakulturaliät: damit sind die kulturellen Beziehungen innerhalb eines einzelnen kulturellen Zusammenhangs gemeint.

Zugleich wird zur Vorsicht mit Vergleichen geraten, da man davon ausgehen müsse, dass die verwendeten Begriffe als kulturelle Produkte westlicher Industriegesellschaften verstanden werden müssen, die sich in manche Sprachen gar nicht übersetzen lassen und auf eine ‚falsche' Fährte führen müssen.

Insgesamt beklagen die beiden Autoren, dass es nach dem 2. Weltkrieg noch zu keiner systematischen Aufarbeitung der vielfältigen internationalen Bezüge „mit ihren je spezifischen Innovationspotentialen und Problematiken" (ebd. S. 41) gekommen ist. Zwar gibt es ihrer Ansicht nach Ansätze zu einer zunehmenden Wahrnehmung internationaler Projekte und Reforminitiativen seit den 1960 Jahren, allerdings bewerten sie sowohl das quantitative Ausmaß (5 % der Beiträge in Fachzeitschriften beziehen sich auf die internationale Dimension) als auch die Qualität der Publikationen als dringend verbesserungswürdig und fordern vor allem eine stärker vergleichende Betrachtungsweise, da nur diese eine akzeptable Methode der wissenschaftlichen Erkenntnisgewinnung darstellt.

„Diese wiederum setzt ‚Internationalität' nicht als Selbstzweck der Überwindung einer kulturspezifisch eingeengten Sozialpädagogik, sondern macht den Aufweis von Eigenart und Differenz abhängig von sozialpolitisch thematisiertem Problemdruck und von sozialpädagogischen Theorie-, Forschungs- und Praxisinteressen. (...) Erst auf der Grundlage

> empirisch gewonnener Darstellungen zur Eigenart kulturell überlieferter Normalitäts- und Interpretationsstandards von sozialen Problemlagen, Lebensschwierigkeiten, von Hilfsbedürftigkeit und abweichendem Verhalten sowie der kulturellen Traditionen ihrer Bearbeitung gewinnt der ‚Vergleich' an Bedeutung." (Kreidenweis/Treptow 1990, S. 44)

Damit haben Kreidenweis/Treptow das Programm formuliert, allerdings legen sie keine Strategie dar, um es entsprechend den eigenen hohen methodischen Anforderungen umzusetzen. Ähnlich skeptisch bezüglich der Möglichkeiten einer sozialpädagogischen Komparatistik zeigen sich Homfeldt/Walser (2004). Ihrer Ansicht nach werden im Rahmen von Vergleichsverfahren insbesondere vier häufige Fehler gemacht:

(1) Fehlender Vergleich: verschiedene nationale Ausprägungen werden deskriptiv dargestellt aber nicht wirklich miteinander verglichen.
(2) Fehlende Äquivalenz: kulturgeschichtlich verwurzelte Begriffe und semantische Felder werden miteinander verglichen, ohne dass die jeweilige Eigenart der kulturellen Wahrnehmung in Rechnung gestellt wird.
(3) Ethnozentrismus: die eigenen kulturellen Muster des Forschers werden zum Maßstab der Wahrnehmung.
(4) Komplexität der Realität: lineare Annahmen sind im Vergleich meistens zu einfach und nehmen Interdependenzen nicht wahr.

Nach Homfeldt/Schneider (2006) spielt die Internationalität auch im Jahre 2006 für die deutsche Soziale Arbeit „noch immer nicht die Rolle, die ihr aufgrund weltgesellschaftlicher Problemlagen und Aufgaben zukommen sollte" (ebd. S. 5). Mit einer Rundschau über neun Veröffentlichungen im Bereich der Internationalen Sozialen Arbeit zwischen 1997 und 2006 beabsichtigen sie aber zu zeigen, dass sich inzwischen eine Entwicklung ereignet hat. Sie wollen die sich dabei abzeichnende Tendenz stärken, „den sozialpädagogischen Blick zu internationalisieren, besser noch zu transnationalisieren" (ebd. S. 6). Geschehen soll dies durch eine *„Transformation sozialer Arbeit in eine transnational agierende Disziplin und Profession"* (kursiv im Original, P.E.), die nicht mehr so sehr kulturtheoretisch auftritt, sondern stärker insbesondere theoretisch definierte Fragestellungen in den Blick rückt:

• Globalisierung: Soziale Arbeit soll nicht nur Reaktion, sondern Aktion sein, die auf allen Ebenen, wie z.B. Person, Disziplin, Ausbildung, etc. tätig wird. Sozialarbeit soll den Akteuren eine Stimme geben und ihnen helfen, ihr Fähigkeitspotenzial zu entwickeln und zu nutzen (siehe Pfau-Effinger et al. 2009).
• Armut: insbesondere strukturell bedingte Armut soll thematisiert und deren Bekämpfung als Querschnittsaufgabe der Sozialarbeit definiert werden. Konzepte des Empowerment sollen helfen, solche Benachteiligungen zu überwinden.
• Menschenrechte/soziale Gerechtigkeit: es gilt, die Voraussetzungen zu schaffen, damit im Rahmen eines dynamischen interkulturellen Dialogs Entscheidungsspielräume als Orte gegenseitiger Verständigung und Weiterentwicklung entste-

hen können (ebd. S. 14). Zugleich sollen sich die Akteure als „Experten ihrer Selbst"[14] wahrnehmen und Marginalisierungen überwinden.

- Internationale Organisationen/Organisationen internationaler Sozialer Arbeit: Sozialarbeit wird aufgerufen, sich ein globales gleichwie lokales politisches Mandat zu geben und international zu agieren. Professionelle Sozialarbeiter sollen sich in den internationalen Organisationen etablieren und parteilich wirken.
- Ausbildung/Professionalisierung: hier geht es um das Erreichen einer professionellen Sozialisation, die universell ist und die nicht auf nationalen Schwächen aufbaut, sondern transnationale Stärken erkennt und entwickelt.
- Social Development: Entwicklung wird als Empowermentprozess verstanden, als „a process of promoting people's welfare in conjunction with a dynamic process of economic development" (Midgley, zitiert in: Homfeldt/Schneider 2006, S. 21). In diesen Prozessen spielt Sozialarbeit eine wichtige Rolle, auch wenn es hier nicht immer nur um „Soziales", sondern z. B. um den Aufbau von Schulen, die Entwicklung von Kreditsystemen und die Gründung von Organisationen geht.

Verschiedene Texte zeigen ihrer Ansicht nach, dass die Sozialarbeit „ihre eigene Transformation zu einer transnational agierenden Disziplin und Profession" (ebd. S. 26) begonnen hat. Deshalb fordern sie eine Internationalisierung der Ausbildung und sehen darin „eine langsame Verabschiedung vom Hilfe-Paradigma hin zur Adaption einer auf den Prinzipien sozialer Gerechtigkeit und Partizipation aufbauenden agency-basierten Sichtweise unter dem Primat der Handlungsermächtigung" (ebd., Hervorhebung im Original).

Auch Ute Straub sieht die europäische Dimension der Sozialarbeit seit 1980 vollständig in die internationale Dimension eingebunden. Ihrer Ansicht nach muss die Sozialarbeit sich ihrer eigenen internationalen Tradition bewusst sein und daraus lernen. Und sie muss sich dazu ihrer selbst vergewissern, ihrer „Basis", die sie im Anschluss an Walter Lorenz nicht in der „internationalen Vernetzung in Ausbildung, Forschung und Praxis" sieht, sondern in „Sozialbürgerschaft und zivilgesellschaftlichen Perspektiven" (Straub 2010, S. 1107).

---

14 Im Englischen wird diese Positionierung des Klienten neuerdings mit dem Begriff „Expert by Experience" (McLaughlin 2009) bezeichnet.

1.3 Sozialarbeit zwischen 1980 und 1995: Europa als problematische Dimension

1.3.1 Politische Bedenken

Erst seit 1980 rückt das Thema Europa langsam in den Horizont der Aufmerksamkeit der Sozialarbeit. Dies hat nach Rudolph Bauer und Hans Pfaffenberger (2004) damit zu tun, „dass die Bedeutung, welche der Sozialpolitik auf europäischer Ebene in den vergangenen 45 Jahren zugestanden wurde, in proklamatorischer Hinsicht zwar erheblich und beeindruckend war, faktisch aber gering ist" (ebd. S. 53). Ihrer Ansicht nach lässt sich die Entwicklung der Sozialpolitik in Europa in drei Perioden unterteilen:

(1) Die Periode von 1957 bis zum Ende der 1960/Anfang der 1970er Jahre: In dieser Phase der Herstellung der rechtlichen Voraussetzungen für die Freizügigkeit der Arbeitnehmer und der Abstimmung der Sozialordnungen der Mitgliedsstaaten „werden keine Versuche unternommen, gemeinsam wohlfahrtsrelevante Politikbereiche zu definieren", die Sozialpolitik befindet sich „im Dornröschenschlaf" (ebd. S. 59).

(2) Die Periode von 1969 bis Mitte der 1980er Jahre: Jetzt werden einzelne Ziele und Aufgaben formuliert, die der gegenseitigen Anpassung im Bereich der Beschäftigungs- und Berufsausbildungspolitik dienen sollen. Lediglich die verschiedenen Armutsprogramme sowie Maßnahmen zur Deregulierung des Dienstleistungsmarktes wirken auf die Sozialarbeit ein, ohne jedoch zunächst nachhaltige Effekte bewirken zu können.

(3) Die Periode von 1985 bis zum beginnenden 21. Jahrhundert: Auch jetzt entsteht noch keine gemeinsame Sozialpolitik, da die Ansicht vorherrscht, die sozialen Verbesserungen würden sich automatisch als Folge des wirtschaftlichen Fortschritts einstellen. Bauer/Pfaffenberger glauben eine „Politik des Sozialdumpings" und eine „Politik des neoliberalen Sozialstaatsabbaus" (ebd. S. 66) erkennen zu können, die eindeutig die „sich weiterhin globalisierende Wirtschaftsmacht der internationalen Konzerne" (ebd. S. 67) bedient. Die Sozialarbeit darf sich ihrer Ansicht nach nicht dieser Entwicklung anpassen, sondern muss sich entsprechend kritisch positionieren.

So fordern sie, die Sozialarbeit dürfe sich jetzt nicht dem Marktgedanken anpassen oder sich in geschützte Nischen (wie z. B. EU-Programme) zurückziehen, sondern müsse Gegenmeinungen bilden, Gegenstrategien gegen die herrschenden negativen Tendenzen entwerfen und eine Gegenmacht mobilisieren und zu aktivieren bestrebt sein (ebd. S. 67).

Eine „neue Fachlichkeit" soll helfen, die soziale Frage zu „re-politisieren" und die Betroffenen zu „re-mobilisieren". Denn nach Hans Pfaffenberger (2009, S. 16) übersieht der beginnende Europäisierungsprozess das „sozialpolitische Moment", was zu einem Verlust an Sozialstaatlichkeit führen muss. Da die Vertreter der kommunalen und öffentlichen Wohlfahrtspflege nicht in den einschlägigen Ausschüssen vertreten sind, kommt es seiner Ansicht nach nicht zu einer „wissenschaftlichen Fundierung mit weiter Perspektive für die sozialpolitischen Prozesse, ihre Steuerung und Weiterentwicklung" (ebd. S. 16), sondern eher zu affirmativen und restaurativen Tendenzen. Dagegen gilt es seiner Ansicht nach die durch das Nebeneinander unterschiedlicher Sozialsysteme und Sozialsicherungssysteme gegebenen Probleme zu analysieren und ebenso die möglichen politischen Reaktionen und Antworten „nach den Alternativen ‚Harmonisierung nach unten' bzw. ‚Beibehaltung der unterschiedlichen Regulierungssysteme unter Überbrückung durch Koordinierung'" (ebd. S. 17) zu diskutieren.[15]

Ähnlich wie Hans Pfaffenberger betrachtet auch Franz Hamburger die europäische Dimension kritisch und befürchtet, dass damit eine wesensfremde Orientierung der Sozialarbeit an ökonomischen und liberalistischen Werten verbunden ist. Da die Sozialarbeit sich aber im Spannungsfeld der Durchsetzung partikularer Interessen und der Geltung universeller Ansprüche befindet, wie sie z.B. im Rahmen der Menschenrechte zum Ausdruck kommen, gälte es viel mehr, die Internationalisierung der Sozialarbeit als „widersprüchliche Strategie" vor dem Hintergrund eines Modells der „aktiven Professionalisierung" zu beschreiben (Hamburger 2000, S. 338).

Nach Wolfgang Berg erhält diese Orientierung zudem dramatische Züge, da sich innerhalb Europas eine „neoliberale Sicht" zunehmend durchsetzt, innerhalb derer „soziale Sicherung und Dienstleistungen als Kostenfaktoren" gelten, „die im Standortwettbewerb nur zum Nachteil gereichen" (Berg 2003, S. 243). Sollte sich die Sozialarbeit unkritisch auf Europa einlassen, könnte es demzufolge zu problematischen Konsequenzen kommen. Während nämlich eine kritische Sozialpolitik versucht, die Ökonomisierung des Sozialstaats zu unterlaufen, könnte eine affirmative Sozialarbeit diese Entwicklung gerade unkritisch durch die Suche nach einer Best Practice oder Cost Effective Practice unterstützen.

1.3.2 Methodische Bedenken

Zweifel gibt es auch daran, ob sich die Sozialarbeitssysteme verschiedener Nationen oder Kulturkreise überhaupt wissenschaftsmethodisch angemessen vergleichen lassen. So rät vor allem Treptow (2001, S. 110 f.) zur Vorsicht gegenüber allzu konkreten Vergleichen und weist auf die Gefahr hin, dass mit solchen Vergleichen lediglich strategische Ziele durchgesetzt werden sollen. Seiner Ansicht nach han-

---

15 „Der EU-isierungsprozess – gerichtet auf Wirtschaftswachstum, globale Wettbewerbsfähigkeit und freie Marktwirtschaft – hat überwiegend negative Folgen und Auswirkungen auf die sozialpolitischen, sozialstaatlichen Rahmenbedingungen der Sozialarbeit/Sozialpädagogik – und insoweit besteht für die Sozialarbeit/Sozialpädagogik kein Anlass für euphorische Reaktion, sondern mehr für Kritik, Widerstand und Bildung von Gegenmacht." (Pfaffenberger 2001, S. 41)

delt es sich beim sozialpädagogischen Handeln vorwiegend um eine reflexive Tätigkeit, bei der es darum geht, Einzelfälle zu bewerten und zu gewichten. Damit kommt nach Treptow dem internationalen Vergleich in der Sozialpädagogik nur eine eingeschränkte Bedeutung zu. Denn der Vergleich ist für sozialpädagogisches Denken grundsätzlich konstitutiv: Er ist

> „(...) immer dann notwendig, wenn im Hilfe- und Organisationsprozess etwas Gegebenes als Gegebenes identifiziert wird und von dort aus Differentes als Differentes festgelegt werden soll. (...) Die gleichsam alltägliche Verwendung der Vergleichsoperation, die für den nationalen Nahraum vorgenommen wird, rechtfertigt selbstverständlich keineswegs, sie allein zum Bestandteil einer Vergleichenden Sozialpädagogik zu machen." (ebd. S. 122 f.)

Treptow sieht die Gefahr, dass im internationalen Vergleich Bezugsbegriffe entstehen, die allzu plakativ wirken und somit der „hermeneutischen Sorgfalt" (ebd. S. 123) widersprechen.

> „Indessen gilt für sozialpädagogische Komparatistik, dass sie stets beide Sphären des Vergleichs, die der Pragmatik der Profession und die der Wissenschaft im Auge behalten muss und dass es gerade diese Spannung ist, die das Spezifikum einer Sozialpädagogik bildet, die sich nicht bloß szientistisch auf akademisch abgezirkelte, handlungsentlastete Reflexivität zurückzuziehen bereit ist. Denn selbst in dieses Konzept fließen die Erfahrungen einer vergesellschafteten, pädagogisierten Subjektkonstitution ein, die den Deutungshorizont aller Sozialpädagogik und Sozialarbeit durchziehen." (ebd. S. 124)

Nach Kreidenweis/Treptow müssen Vergleichsfragen daher mit entsprechender Vorsicht behandelt werden und sich vor allem auf die „Eigenart kulturell überlieferter Normalitäts- und Interpretationsstandards von sozialen Problemlagen, Lebensschwierigkeiten, von Hilfsbedürftigkeit und abweichendem Verhalten sowie der kulturellen Traditionen ihrer Bearbeitung" (ebd. S. 44) beziehen. Methodisch wird hier eine ideologie- und gesellschaftskritische Perspektive angemahnt, die nicht im Vordergründigen (Methodischen, Praktischen, etc.) stehen bleibt, sondern den jeweiligen Einzelfall rekonstruieren soll. Konkrete Vergleiche bleiben aber in einer solchen Sichtweise unzulässig.

Es ist klar, dass vor dem Hintergrund eines solchen Vergleichsverständnisses eine wissenschaftliche Vergleichsforschung nahezu unmöglich wird. Wissenschaft operiert mit Modellen und Konstruktionen, die, da sie wissenschaftlich sind, ja gerade auf Annahmen beruhen, die eine „theoretische" und damit kulturneutrale Geltung beanspruchen.

1.3.3 Identitätstheoretische Bedenken

Walter Lorenz hat sich aus einer etwas anderen Argumentation heraus ähnlich europakritisch ausgesprochen. Er – der sich schon sehr früh (Lorenz 1993) und in den letzten 15 Jahren sehr häufig und sehr dezidiert zum Verhältnis von Sozialarbeit und Europa geäußert hat – hält europäische Vergleiche für sinnlos und das

Bemühen um Kongruenz für unsinnig, da es seiner Ansicht nach nicht möglich ist, das „Universale an der sozialen Arbeit herausarbeiten zu können, den wissenschaftlichen Kern, die objektiven Richtlinien, nach denen sich professionelles Handeln ausrichten könnte" (Lorenz 2000, S. 61). Er konstatiert insbesondere drei „Holzwege", mit denen Kollegen die „Spaltungen des Berufsfeldes" ohne Aussicht auf Erfolg überwinden wollen:

1. Als „Methoden-Holzweg" bezeichnet er den Versuch, gemeinsame „Handlungsmuster" zu definieren, z.B. dadurch, dass man „die Selbstbestimmung der Klienten in den Mittelpunkt stellte" oder dass man versucht, unterschiedliche methodische Vorgehensweisen unter eine Art „Metatheorie" wie z.B. die Systemtheorie zu subsumieren (ebd. S. 61 f.).
2. Mit dem „Holzweg der Akademisierung" will Lorenz auf die teilweise gravierenden Unterschiede in der Ausbildung von Sozialarbeitern hinweisen. Seiner Ansicht nach entwickeln sich neue methodische und universitäre Ausbildungen, wie z.B. das Sozialmanagement, „ganz unabhängig von professionellen und akademischen Bahnen und such(en) ihr Wissen nach äußerst pragmatischen Kriterien" (ebd. S. 63).
3. Die Hoffnung auf die Schaffung eines einheitlichen europäischen Politikrahmens bezeichnet Lorenz als „Holzweg der sozialpolitischen Konvergenz". Auf sozialpolitischer Ebene zeichnet sich seiner Ansicht nach „eine Fragmentierung und Privatisierung nicht nur der sozialen Einrichtungen, sondern gerade auch des sozialen Konsenses selbst ab, der die unmittelbare Zeit nach dem 2. Weltkrieg, die Zeit des Aufbaus der umfassenden Wohlfahrtssysteme, bestimmt hatte" (ebd. S. 63 f.).

Vor diesem Hintergrund darf die Schaffung einer wie auch immer gearteten europäischen Identität gerade nicht das Ziel sein, da sie ansonsten zur „Konsolidierung und Legitimierung eines europäischen Quasi-Nationalstaats eingesetzt werden" könnte, „eines Europas, das sich wie ein Nationalstaat des 19. Jahrhunderts gebärdet, nationalistisch, patriarchalisch, exklusiv, rassistisch" (Lorenz 2000, S. 65). So ging es den meisten europäischen Nationalstaaten im Laufe ihrer Entstehungsgeschichte vor allem darum, „die für die Machtinteressen einer Elite gefährlichen Faktoren der Moderne" einzugrenzen und zu eliminieren (ebd.).

Nach Lorenz hat nun gerade dieses „Nationalstaatsprojekt" der Sozialarbeit Rolle und Identität vermittelt. Deshalb gilt es, „die Veränderungen in der sozialen Arbeit mit der Krise des Nationalstaats in Verbindung zu bringen, denn erst aus einer solchen Analyse lassen sich dann Richtlinien für eine bewusstere, kritische Neugestaltung der professionellen Identitäten und der damit verbundenen sozialen Aufgaben ableiten" (Lorenz 2000, S. 69).

Das europäische Projekt muss demnach als ein in sich geschlossenes, Sinn machendes abgelehnt werden. Es bietet seiner Ansicht nach lediglich noch einmal die Möglichkeit, eine „eigenständige transnationale Perspektive zu entwickeln und dazu zu benutzen, der sozialen Arbeit die Chancen einer kritischen, autonomen und gleichzeitig sozial verantwortlichen Gestaltung ihres Mandats, ihrer Methoden und ihrer Identitäten deutlicher vor Augen zu führen" (ebd. S. 71, ähnlich Straub 2010, S. 1107).

Ziel jeder Art von Sozialarbeit ist demnach die „Vermittlung einer Art der kollektiven sozialen Zusammengehörigkeit und Identität (aller Menschen, P. E.), die dennoch die Würde des Individuums und seine Individualität erschließt" (Lorenz 2000, S. 69). Eine solcherart ausgerichtete Sozialarbeit kann aber seiner Ansicht nach weder national, noch europäisch, sondern muss stets international sein. Richtungsweisende Beispiele für kritisches und sozialpolitisches Denken in der Sozialarbeit sind seiner Ansicht nach das Modell einer Economie Sociale (siehe dazu Elsen 2007) sowie das Modell des Citizenship (siehe dazu Ewijk 2009). Beide Modelle entstammen der Logik eines kritisch-sozialpolitischen Denkens und machen sich doch unabhängig von bestehenden Formen des ökonomischen bzw. politischen Handelns. So zielt nach Lorenz Sozialarbeit auf die „radikale Hinterfragung" der mit den Nationalstaaten verbundenen „Kompromisse"; ihre transnationale Gemeinsamkeit besteht in der Aufgabe, die Gesellschaft und das Soziale „nicht als natürlich gegebene Phänomene" zu betrachten, „sondern als erst noch zu gestaltende Lebensbedingungen" (Lorenz 2000, S. 76). Sozialarbeit darf demnach nicht zu einer standardisierten Profession werden, ihre Aufgabe besteht also darin, theoretisch autonom zu denken und sich als „mediating force" zwischen Individuum und Gesellschaft, Staatsbürger und Staat, „mainstream and exceptional situations" (Lorenz 2008, S. 20) zu erkennen zu geben.

> „The profession has not lost its relevance (...), to the contrary, social work is severely put to the test to make a vitally important contribution not just to the mending of social relations, but also to the shaping and implementation of social policies, which presently are in a state of confusion at both national and European levels. In aiming to address this task, European social work can find a shared platform and a core identity. However, it can only make an impact by capitalising on its transnational traditions and intercultural skills." (Lorenz 2008, S. 21).

Konsequenterweise fordert er deshalb dazu auf, die internationalen Kontakte auf den Ebenen Lehre, Forschung und Curriculumentwicklung weiter zu betreiben, da es sich hier um wesentliche Voraussetzungen handelt, die dafür erforderlich sind, „of maintaining their purchase on current developments, for demonstrating their practice relevance and for realising their mandate concerning professional quality standards" (ebd.). Europa selbst stellt für ihn lediglich ein „international social movement" dar, demgegenüber es das Programm einer „Critical European Social Work" zu entwickeln gilt (Lorenz 2006, S. 18, ähnlich 1996, S. 62).

Damit rückt er mit seiner Argumentation sehr stark an jene von Silvia Staub-Bernasconi heran, für die Sozialarbeit nur national und international sein kann. Ihrer Ansicht nach gibt es in der Theorie der Sozialarbeit einen untrennbaren Zusammenhang zwischen Rechten und Pflichten (Staub-Bernasconi 1995, S. 416). Dementsprechend gilt es vor allem, die Menschenrechte zum zentralen Ausbildungsthema zu machen und Sozialarbeiter „als soziale AnwältInnen für soziale Gerechtigkeit" (ebd. S. 417) zu positionieren, „die sich lokal, national wie international für individuelles Wohlbefinden, soziale Gerechtigkeit als Weiterentwicklung von Menschen- und Sozialrechten einsetz(en) und auf diese Weise zu gesellschaftlichem Wandelt beitrag(en)" (ebd.).

Nach Staub-Bernasconi ist die Weltgesellschaft „nicht einfach eine Addition von Nationalstaaten oder Funktionssystemen (...), sondern eine ‚Sache eigener Logik'". Europa spielt für sie eine untergeordnete Rolle, zumal sie von einem „sich allmählich formierenden internationalen Wohlfahrtssystem" (2007, S. 419) ausgeht, in das sich alle Staaten einordnen lassen. Als deutlich sichtbare Beispiele für die Verflochtenheit der Probleme benennt Staub-Bernasconi die Abschiebung von Flüchtlingen und fordert mit Lorenz „die Solidaritätsgrenzen über Europa hinaus in globaler Perspektive auszuweiten und damit zu einem Wandel vom nationalen Wohlfahrtsdiskurs zu einem weltweiten Menschenrechtsdiskurs beizutragen" (Lorenz, zitiert in Staub-Bernasconi 2007, S. 419).[16]

Auch Piotr Salustowicz betrachtet die europäische Dimension als „gewollte und geförderte Transnationalisierung" eher mit skeptischem Blick (2007, S. 67). Seiner Ansicht nach macht es mehr Sinn, die Soziale Arbeit international zu betrachten und sie als „ein dynamisches Konzept" zu verstehen, „das auf den Prozess der weltweiten Verbreitung der Sozialen Arbeit als Profession verweist und die möglichen Verlaufsformen untersucht" (ebd. S. 55). Die Unterscheidung von „Erste Welt", „Welt in Transformation – Zweite Welt" und „Dritte Welt" wird von ihm bevorzugt, da dies erlaubt, die Erscheinungsform der Sozialarbeit in den verschiedenen Ländern in ihrer ganzen Dynamik zu betrachten. Auf diese Weise werden für ihn Begriffe wie „europäische Soziale Arbeit" obsolet, weil sie Ideologien enthalten und Prozesse ermöglichen, wie z. B. den der „Westernization" (S. 62), die es zu entlarven gilt. Internationalisierung und Transnationalisierung der Sozialen Arbeit sollen daher nicht so sehr dazu beitragen, konkrete Praxen zu vergleichen und auszutauschen, da dies zu einer Kolonialisierung des Konzepts beitragen könnte.[17] Vielmehr muss Soziale Arbeit versuchen, durch Kommunikation und Vergleich „die eigenen kulturellen, gesellschaftlichen, politischen Grenzen zu überwinden und dadurch eine Einheit in der Vielfalt zu suchen" (ebd. S. 70). James Midgley fordert dementsprechend die Sozialarbeit dazu auf, sich stärker in Prozesse sozialer Entwicklung einzubringen. Allerdings sieht er auch einen erheblichen Nachholbedarf, da viele Einrichtungen zu sehr auf die Bearbeitung persönlicher und familiärer Probleme spezialisiert sind (Midgley 2007, S. 144).

---

16 Ähnlich argumentiert Karen Lyons: „Webb (2003, S. 191) has suggested that ‚social work has at best a minimal role to play with(in) any new global order, should such an order exist' and that ‚any notion of global or trans-national social work is little more than a vanity'. I agree in part with his view that social work is predominantly about local practice (...) but I also consider that social workers will lack understanding and miss opportunities to contribute to promoting welfare, individually and collectively, if we fail to recognize the effects of global and regional processes on the aetiology of social problems, and the need to develop responses (...) which aim to address such problems at regional as well as international levels. (...) We are all now operating in – or struggling with – conditions affected by globalisation." (Lyons 2006, S. 378)

17 Siehe dazu auch Sandu (2010).

Damit bleiben alle genannten Autoren letztendlich einem sozialpolitischen und normativen Begriff von Sozialarbeit verpflichtet. Die europäische Dimension (wie auch immer man sie politisch bewerten mag) wird von ihnen nicht so sehr als neue und interessante Plattform für eine kritische Auseinandersetzung von möglicherweise ähnlichen Ideen, Programmen und Methoden betrachtet, sondern eher als Problem wahrgenommen, das die „Autonomie" der Sozialarbeit einschränken könnte.

1.4   Seit 1995: Curricularisierung und Pragmatisierung der europäischen Dimension

Fasst man die bisherigen Standpunkte zusammen, so zeigt sich, dass alle Vertreter eines europaskeptischen Standpunktes der Sozialarbeit eine Identität als kritische Profession, als politische Profession oder als Menschenrechtsprofession unterstellen. Welt und Gesellschaft werden dabei von der Sozialarbeit aus gedacht und notwendigerweise kritisiert, eine Perspektive, die aber aus zweierlei Gründen problematisch erscheint: Zum einen ist der Standpunkt der Sozialarbeit aufgrund unterschiedlicher kultureller Wertsetzungen nicht nur im Bereich der Menschenrechte, sondern z. B. auch im Bereich von Institutionen wie Staat, Kirche, Familie, etc. international gar nicht konsensfähig. Zum anderen handelt es sich bei der europäischen Dimension schlichtweg um eine Realität, der sich niemand so ohne weiteres entziehen kann.[18]

Spätestens seit dem Erstarken der Fachhochschulen in den 1990er Jahren und insbesondere mit Beginn des neuen Jahrtausends mehren sich daher die Stimmen, die zu einem pragmatischeren und unideologischeren Umgang mit dem Thema Europa auffordern. Friesenhahn/Kniephoff-Knebel (2011) weisen auf eine eindrucksvolle Erfolgsbilanz der europäischen Vernetzung via Mobilitätsprogramme, internationale Seminare, thematische Netzwerke seit etwa 1995 hin, gleichzeitig finden europäisch ausgerichtete Veröffentlichungen, die zunächst oftmals nur den Insidern bekannt und zugänglich waren, zunehmend Verbreitung. Auch die Anzahl der europäischen Fachzeitschriften[19] und der Fachinstitute nimmt zu (An-

---

18 So wird die europäische Dimension schließlich selbst von dem europakritischen Franz Hamburger im Rahmen einer allgemeinen Internationalisierung des Studiums – „zwischen den Polen ‚Realisierung von Bildungsinvestition in europäischen Funktionseliten (Bangemann-isierung)' und ‚Völkerverständigung' in einem demokratischen und sozialen Europa" (Hamburger 2007, S. 339) zugelassen. Dabei dienen ihm die europäischen Universitäten mit ihrem „universalistischen Lehranspruch" als idealer Ausgangspunkt für eine Europäisierung der Wissenschaft, da solche Wanderungsprozesse unter Studierenden „eine Dimension von Prozessen und Strukturen ausmacht, die die ganze Gesellschaft erfassen und beeinflussen" (ebd. S. 340).

19 So wurde z. B. die Zeitschrift European Social Work im Jahre 1997 gegründet.

heier 2003). Und auch wenn die europäische Dimension sich zunächst weniger „durch interne Einsicht in die fachliche Notwendigkeit und Produktivität internationaler Kooperationen, sondern (durch) die von außen gesetzten Vorgaben der Europäischen Union und der zuständigen Ministerien und Gremien" (Friesenhahn/Kniephoff-Knebel 2011, S. 28, ähnlich Kruse 2007) aufdrängt, entsteht doch zunehmend ein europäischer Fachdialog, den die nationalen Systeme nicht einfach ausgrenzen können.

Nachdem sich in den 1980er Jahren grenzüberschreitende Kooperationen auf wenige Studierende oder Lehrende beschränkt hatten, kommt es vor allem im Rahmen des ERASMUS-Programms der Europäischen Union zu strategisch entwickelten Mobilitätsprogrammen und curricularen Partnerschaftsprojekten. Die Bologna-Konferenz verstärkt dann diesen Prozess gegenseitiger Konvergenz und schafft Studienstrukturen, die den Austausch im Rahmen von Europa auf allen wissenschaftsrelevanten Ebenen befördern. Nach Ute Straub handelt es sich bei der Mobilität von Studierenden partiell um eine Erfolgsgeschichte. Allerdings weist sie auch darauf hin, dass eine solche Mobilität sich mangels ausreichender Ressourcen als schichtspezifisch erweisen könnte und fordert dazu auf, Studierende entsprechend ausreichend zu unterstützen, um solche Effekte zu vermeiden (Straub 2010, S. 1106).

In dem Maße, in dem das europäische Wissen steigt, findet es auch Eingang in den Hochschulbereich via Module. Christine Labonté-Roset (2007) ist sehr zuversichtlich, dass die durch den Bologna-Prozess angestoßenen Veränderungen in der Hochschullandschaft auf Dauer zu Konvergenzen führen und hält die schon heute gefunden Möglichkeiten für enorm:

- Außer in Frankreich wird Sozialarbeit in allen europäischen Ländern auf Hochschul- bzw. Universitätsniveau gelehrt.
- Die grundständigen Studiengänge, in der Regel auf Bachelor-Niveau, sind eher generalistisch. Nur wenige Länder sind hier noch uneinheitlich.
- In den meisten Ländern bestehen Master-Programme, in 11 Ländern gibt es auch konkrete Promotions-Programme, die zu einer deutlichen Wissenschaftsentwicklung beitragen.
- Zunehmend gibt es einen europäischen Job-Markt für Absolventen als Konsequenz von ERASMUS-Programmen und eine hohe Mobilität insbesondere osteuropäischer Studierender.
- Zahlreiche europaübergreifende Institutionen sind entstanden:
  - European Association of Schools of Social Work (EASSW)
  - European Network for Quality Assurance in Social Professions (ENQASP)
  - Formation d'Educateurs Sociaux Européens (FESET)
  - Alumni Organisation of European Joint Masters Programmes (CESSNET).

Auch wenn Friesenhahn/Kniephoff-Knebel/Rickert (2007) die Gefahr sehen, dass Prozesse der Europäisierung lediglich unter „strukturell-formalistischen Aspekten" betrachtet werden könnten, fordern sie doch gleichwohl dazu auf, im Rahmen des Bologna-Prozesses stärker zu einer „inhaltlichen Auseinandersetzung über die

Eigenarten und Spezifika der Ausbildungssysteme und -inhalte in den verschiedenen Ländern" (ebd. S. 253) zu kommen. Ihrer Ansicht muss es nun vor allem darum gehen, die verschiedenen Studienprogramme aufeinander abzustimmen und europaweit standardisierte Studienprogramme (Kerncurricula) zu entwickeln. Denn gerade die von der Gruppe um Friedrich Seibel[20] und Günter Friesenhahn sehr früh schon entwickelten Netzwerke, die später im European Centre for Community Education (ECCE) in Koblenz zusammengefasst wurden, haben viel dazu beigetragen, die europäische Sozialarbeit zu vernetzen und weiter zu entwickeln (zusammenfassend: Friesenhahn/Kniephoff-Knebel 2011, Friesenhahn/Seibel/Kniephoff-Knebel 2011). In ähnlicher Weise schlägt die Engländerin Karen Lyons vor, die Suche nach einer europäischen oder internationalen Identität der Sozialarbeit zugunsten der Einführung von inhaltlichen Vergleichsperspektiven aufzugeben[21], etwa bezüglich „the organisation and methods of social work; migration as a common feature with implications for social work across national boundaries; and resulting debates about education for, and regulation of, social professional activity" (Lyons 2005, S. 48).

Damit stellt sich abschließend die Frage, ob sich das, was die europäische Sozialarbeit ausmacht, nicht aus ihrer Einheit, sondern ihrer Vielheit an Strategien und Methoden im Hinblick auf das gleiche Ziel ergibt. Europa erscheint dann als „Spielwiese" verschiedener Formen der Sozialarbeit, die sich nicht nur beobachten lassen, sondern die beobachtet werden müssen, um zu weiterführenden Erkenntnissen zu gelangen, so wie dies z. B. im Rahmen der grenzüberschreitenden Vernetzung bereits seit Jahren geschieht (Steinert 1999).

1.5 Zusammenfassung

Obwohl die Sozialarbeit in Deutschland seit ihren Anfängen einen internationalen Austausch angestrebt und vorwiegend im Rahmen von Auslandsbesuchen und im Rahmen des Literaturstudiums ihrer Pioniere und Lehrkräfte Wissen aus anderen Ländern aufgegriffen und transferiert hat, wurde nach dem zweiten Weltkrieg nicht wieder an diese Tradition angeknüpft. Im Vordergrund der Debatte standen jetzt Vorbehalte gegenüber einer zu unbefangenen Wahrnehmung des Fremden. Insbesondere wurde die Befürchtung geäußert, durch oberflächliche Vergleiche den in den einzelnen Ländern vorherrschenden, kulturell geprägten und reflexiv gewonnenen Hilfe- und Beratungsverständnissen nicht gerecht werden zu können.

---

20 Siehe dazu: Chytil/Seibel (1999).

21 So fragt sie zurecht sehr kritisch: „Does the notion of similarly experienced instability and change –,we are all equally unsettled about who we are, who we include and leave out, and how we define what skills and education form us' – constitute a shared identity?" (Lyons 2005, S. 348)

Der Ausweg aus diesem Dilemma bestand dann darin, eine neue Perspektive zu finden. Nicht die verschiedenen Ausprägungen der Sozialarbeit sollten ausgetauscht und miteinander verglichen, sondern die Tendenz sollte gestärkt werden, „den sozialpädagogischen Blick zu internationalisieren, besser noch zu transnationalisieren" (Homfeldt/Schneider 2006, S. 6).

Erst seit den 1980er Jahren rückt allmählich die europäische Dimension in den Blick. Allerdings sind die Stimmen eindeutig in der Mehrheit, die zu einem vorsichtigen Umgang mit Europa raten:

1. Politisch: Vertreter einer kritischen Sozialpädagogik sind der Ansicht, Europa werde der Sozialarbeit „aufgedrängt". Sie raten zur Vorsicht und fordern dazu auf, den Europäisierungsprozess, der ihrer Ansicht allein auf Wirtschaftswachstum aus ist, zu kritisieren und die darin enthaltenen sozialen Fragen zu repolitisieren.
2. Methodisch: Nach Treptow (2001) kommt dem Vergleich in der Sozialpädagogik aus methodischen Gründen nur eine eingeschränkte Bedeutung zu, da es dabei grundsätzlich gilt, Einzelfälle zu bewerten und zu gewichten. Daher muss befürchtet werden, dass Vergleiche solcher Einzelfallgewichtungen auf europäischer Ebene vor dem Hintergrund unterschiedlicher kultureller Verständnisse zu Missdeutungen führen könnten.
3. Vertreter einer sozialstaatskritischen Sozialarbeit befürchten, dass eine sich als „europäisch" verstehende Sozialarbeit ihre kritische Funktion gegenüber der kapitalistischen Staatsform und den damit verbundenen gesellschaftlichen Verhältnissen aufgibt und damit ihre moralische Ausrichtung verliert. Sozialarbeit verkommt zur Ideologie des europäischen Wohlfahrtsstaates.

Seit 1995 ist jedoch die Auseinandersetzung mit dem Thema Europa im Rahmen von Austauschprogrammen, gemeinsamen Forschungsprojekten und Publikationen nicht mehr aufzuhalten. Allerdings entsteht auch jetzt noch kein wirklicher Boom; die Debatte wird immer noch von nur wenigen aber profilierten Personen und Gruppierungen geführt. Schließlich wird das Thema Europa zunehmend in die nationalen Curricula aufgenommen. Aber auch hierbei wird immer wieder zur Vorsicht gegenüber allzu großen europäischen Einflüssen geraten. Europa ist und bleibt eine schwierige Dimensionfür die Sozialarbeit.

2 Sozialarbeit in Europa: äquivalente Funktion, gemeinsame Herausforderungen

Ist man der Ansicht, dass Europa nicht nur ein wichtiger, sondern auch produktiver Faktor für die Sozialarbeit in den verschiedenen europäischen Ländern darstellt, dann darf man die Sozialarbeit nicht als Zentrum, sondern muss sie als ein Teilsystem moderner Gesellschaften denken, das in seiner Funktion autonom, aber von anderen Teilsystemen abhängig und unabhängig zugleich ist. Als ein solches Teilsystem unterliegt es natürlich sowohl nationalen als auch transnationalen Bedingungen und Einflüssen. Die europäische Dimension drängt sich dabei jedoch (gegenüber der internationalen) deshalb als besonders relevant auf, weil man Europa sowohl historisch als auch politisch als einen normativen Rahmen begreifen kann, der sich in unterschiedlichen Formen (z. B. durch rechtliche Vorgaben, normative Überzeugungen, ökonomische Zwänge, etc.) auf die jeweils nationalen Sozialpolitiken und Sozialarbeitssysteme auswirkt. Die so europaweit entstehenden Differenzen und Ähnlichkeiten bieten einen idealen Ausgangspunkt für differenzierte Analysen und Leistungsvergleiche.

Um diese Argumentation zu belegen, wird zunächst gezeigt, dass die Sozialarbeit in modernen, demokratischen Gesellschaften ganz allgemein als Teilsystem mit dem Code Helfen/Nichthelfen betrachtet werden kann (Kap. 2.1). Als europäisch erweisen sich die Sozialarbeitssysteme in den einzelnen Ländern Europas insofern, als sie sich in die Entwicklung der europäischen Wohlfahrtsstaatsidee sowie die Diskussion um ein europäisches Sozialmodell eingebunden sehen und sich damit von den damit verbundenen Prozessen als abhängig und unabhängig zugleich erkennen können und müssen (Kap. 2.2). Ihre je spezifisch nationale Ausprägung wird dann vor allem von der Entwicklung des jeweiligen Wohlfahrtssystems und dem sich daraus ableitenden Welfare Mix bestimmt (Kap. 2.3).

Nachdem sich alle europäischen Sozialarbeitssysteme in Europa den gleichen neuen gesellschaftlichen, strukturellen und fachlichen Herausforderungen ausgesetzt sehen (Kap. 2.4), drängt sich eine Zusammenschau der unterschiedlichen Konzepte und Praxen geradezu auf. Vor dem Hintergrund gleicher Fragestellungen können nämlich jetzt die vorhandenen unterschiedlichen Lösungsmuster und Leistungsbilanzen miteinander verglichen und auf optimale Lösungen hin diskutiert werden (Kap. 2.5). Eine Zusammenfassung schließt das Kapitel ab (Kap. 2.6).

2.1 Die moderne Gesellschaft als funktionaler Bezugsrahmen der Sozialarbeit

2.1.1 Sozialarbeit als Strategie zur Vermeidung und Bearbeitung von Exklusionsprozessen

Michael Bommes und Albert Scherr haben dem Versuch, der Sozialarbeit einen einheitlichen identitätstheoretischen Bezugsrahmen zu unterstellen, eine klare Absage erteilt (Bommes/Scherr 1996, S. 93). Ihrer Ansicht nach erscheint die Suche nach der Identität der Sozialarbeit in einer modernen Gesellschaft als ein unmögliches Unterfangen, da sich Gesellschaften nicht mehr normativ z. B. als „christliches Abendland" oder als „westliche Kultur" konstituieren, sondern sich ausdifferenzieren und schließlich von der Autopoiesis ihrer Teilsysteme her ihre Dynamik entfalten (Luhmann 1997). Entscheidend in einer modernen Gesellschaft ist insofern nicht mehr die Frage, was eine Profession oder Personengruppe will, sondern ob es ihr gelingt, sich eine wichtige Funktion anzueignen. Daher handelt es sich ihrer Ansicht nach bei den Begriffen Sozialarbeit/Sozialpädagogik bzw. Soziale Arbeit um ein „historisch etabliertes Einheitsetikett heterogener Praktiken, deren Zusammenhang nur noch darin besteht, dass sie als soziale Arbeit die berufliche Ausbildung zum Sozialarbeiter/Sozialpädagogen voraussetzen" (Bommes/Scherr 1996, S. 93).

> „Folgt man dieser Perspektive, dann wäre es wenig aussichtsreich, eine singuläre wissenschaftliche Theorie der Sozialen Arbeit zu entwickeln, und entsprechend auch nicht länger sinnvoll, die ‚Theorie Sozialer Arbeit' als eigenständige Aufgabe für damit befasstes wissenschaftliches Personal zu konzipieren. Vielmehr ist es dann nahe liegend, sozialpädagogische Forschung und Theoriebildung als ein anwendungs- und ausbildungsorientiertes Feld interdisziplinären wissenschaftlichen Arbeitens zu begreifen, in dem das verfügbare Wissen der Sozialwissenschaften in Bezug gesetzt wird zu den Problemen, die für jeweilige Praxisfelder als klärungsbedürftig betrachtet werden." (ebd. 93 f.)

Trotzdem gehen Bommes/Scherr aber davon aus, dass Sozialarbeit nicht alles (die Welt, die Gerechtigkeit, die Menschenrechte, etc.) umfassen kann und es somit Begrenzungen geben muss, „die durch das Bezugsproblem Sozialer Arbeit definiert sind und die nicht beliebig überschritten werden können" (ebd.S. 94). Diese Begrenzung liefert ihnen die Theorie sozialer Systeme von Niklas Luhmann. Soziale Arbeit hat es demnach mit Exklusions- und Inklusionsmodi der funktional differenzierten Gesellschaften zu tun. Sie stellt selbst kein ausdifferenziertes Funktionssystem dar, *„sondern besteht aus einem Konglomerat von innerhalb und außerhalb der Funktionssysteme eingelassenen Organisationen der Zweitsicherung, deren Bezugsprobleme sich als Inklusionsvermittlung, Exklusionsvermeidung sowie Exklusionsbetreuung und -verwaltung beschreiben lassen"* (Bommes/Scherr 1996, S. 95, Hervorhebung durch die Verfasser).

Damit wird zum einen klar, dass Sozialarbeit nicht völlig autonom ist, sondern sich als Teil des sozialen Sicherungssystems eines Wohlfahrtsstaates begreifen muss. Nicht sie allein rettet, schützt oder hilft, sie ist lediglich Teil einer gesellschaftlichen Gesamtstrategie, die Exklusion bearbeitet und Inklusion in Aussicht stellt (Sandermann 2010, S. 461, Schönig 2006). Zum anderen lässt sich jetzt die Perspektive der Sozialarbeit durch drei Aspekte (zum Beispiel im Gegensatz zum ersten Sicherungssystem, den Sozialversicherungen) näher charakterisieren:

1. Sie ist organisierte Hilfe für Individuen, die in der Perspektive dieser Organisationen als hilfsbedürftig gelten;
2. ihr Gegenstand „konstituiert sich in Diskursen, die insbesondere von Sozialarbeitern selbst, politischen Verwaltungen, politischen Öffentlichkeiten und Reflexionseliten der Sozialen Arbeit getragen werden" (Bommes/Scherr 1996, S. 96);
3. sie schafft einen Zusammenhang mit Einschränkungen der Fähigkeit zur selbstverantwortlichen Lebenspraxis.

> „Soziale Arbeit lässt sich in diesem Sinne als eine kommunikative Praxis begreifen, die mit der Unterscheidung von Hilfsbedürftigkeit und Nicht-Hilfsbedürftigkeit operiert und auf der Grundlage dieser Unterscheidung Individuen und soziale Gruppen als Fall/Nichtfall wahrnimmt." (ebd. S. 97, siehe auch Luhmann 1973, S. 35)

Für die Beziehungen zwischen den verschiedenen Theorien und Praxen nationaler Sozialarbeit bedeutet dies daher, dass sich im Prozess der „Moderierung von Inklusion in die sozialen Funktionssysteme" unterschiedliche Formen ausgebildet haben, die je nachdem stärker präventiv (und damit am System der Erstsicherung) oder interventiv (und damit stärker an der Sozialarbeit orientiert) ausgerichtet sind. Diese Verfahren miteinander zu vergleichen, sollte unproblematisch sein und fällt auch nicht mehr unter einen Ideologieverdacht, da in der modernen Gesellschaft den Funktionssystemen kein einheitlicher normativer Bezugsrahmen mehr zur Verfügung steht, „von dem her sie konsistent die Vielzahl der anfallenden Inklusions- und Exklusionsprobleme als Abweichungen beschreiben könnten" (ebd. S. 112).

Die Einheit der sozialen Arbeit konstituiert sich also durch das gemeinsame Bezugsproblem und dies begründet auch das Erfordernis übergreifender Kenntnisse, Strategien und, wo möglich, methodischer Vorgehensweisen. Vor diesem Hintergrund lässt sich nicht nur die erhebliche „Binnendifferenzierung" der Studiengänge und Arbeitsfelder erklären, sondern auch die unterschiedlichen nationalen Strategien zur Positionierung der Sozialarbeit. Das, was Sozialarbeit ist, lässt sich also nie wirklich konkret, aber doch wenigstens abstrakt relativ genau bestimmen. Aber „den" Sozialarbeiter kann es nicht geben!

2.1.2 Sozialarbeit als autonomes Teilsystem

Dirk Baecker (1994) hat über den Entwurf von Bommes/Scherr hinausgehend vorgeschlagen, soziale Hilfe als eine gesellschaftliche Praxis, die sich historisch entwickelt hat (siehe dazu auch Luhmann 1973), zu interpretieren und als autonomes Funktionssystem mit dem Titel „soziale Hilfe" zu konstituieren. Erreicht wird damit, dass Hilfe sich jetzt selbst genügen und auf einen Begriff der Gesellschaft, innerhalb derer sie praktiziert, verzichten kann. Denn – während die klassische Sozialarbeit sich als ein „unmögliches Unterfangen", etabliert, „das die Klientel erst schafft, derer sie sich annimmt, und gleichzeitig die Gesellschaft in Frage stellt, die so etwas überhaupt nötig macht" (Baecker 1994, S. 94), kommt es nach Baecker darauf an, die Differenzierung von Konformität und Abweichung als „unterkomplex" aufzugeben. Eine solche Perspektive erzeugt seiner Ansicht nach nur „Parasiten" auf beiden Seiten: Hilfeempfänger und Helfer kleben an der Hilfe fest und ziehen daraus ihren Nutzen; sie sind an der Aufhebung des Hilfezustandes gar nicht interessiert. Außerdem ist diese Perspektive nur so lange aufrecht zu erhalten, „wie die wohlfahrtsstaatlichen Finanzierungsmechanismen noch zureichen" (ebd.). Erst wenn man Sozialarbeit als Programm des Funktionssystems Soziale Hilfe versteht, das „mittels des Codes von ‚Helfen versus Nicht-Helfen' Inklusionsprobleme der Bevölkerung in die Gesellschaft betreut, die von anderen Funktionssystemen nicht mehr aufgegriffen werden und von der Politik alleine, also wohlfahrtsstaatlich, nicht mehr betreut werden können" (ebd. S. 95), kommt man über eine rein „moralische Attribuierung" des Problems hinaus. Helfen und Nichthelfen bietet jetzt Reflexionschancen, um operative Aufgaben zu bearbeiten.

Außerdem trägt nach Baecker die Unterscheidung zwischen „Funktionssystem" und „Organisationssystemen" zu einer „erheblichen Entspannung" und Entlastung bei.

> „Organisationen der Sozialarbeit machen die Unterscheidung zwischen Helfen und Nichthelfen entscheidungsfähig, das heißt sie führen sie auf der Ebene ihrer Programmgestaltung als Zielwerte ein, *und zwar beide*, so dass auf der Ebene der Organisation entschieden werden kann und auch muss, was auf der Ebene des Funktionssystems nicht entschieden werden kann, nämlich ob in bestimmten Fällen geholfen wird oder nicht geholfen wird." (ebd. S. 105)
> „Die Programme und damit auch die Organisationen sind austauschbar. Sie müssen sich an einem Markt bewähren. Und damit sind auch die Strukturen des Systems, das heißt die jeweiligen Realisierungsformen von Helfen oder Nichthelfen austauschbar. Das System steht und fällt nicht mit seinen Programmen, sondern es bleibt jetzt frei in der Beurteilung der Richtigkeit oder Falschheit von Programmen im Hinblick auf einen Code, der zwei Möglichkeiten und nicht nur eine vorsieht." (ebd. S. 105 f.)

Aus der systemtheoretischen Annahme, dass die Kommunikationen des Systems selbstreferentiell erfolgen, ergibt sich zunächst eine Zunahme an Eigenkomplexität. Die Beobachtung der eigenen Kommunikationen führt zu interner Ausdifferenzierung (ebd. S. 107). Jetzt kann sich Sozialarbeit als Praxis, Wissenschaft und Profession entfalten und weiter entwickeln. Zugleich erlaubt die Einführung der

Systemreferenz auch Kontakte mit anderen Teilsystemen der Gesellschaft. Das System soziale Hilfe wird jetzt „anschlussfähig": es „kann Kommunikationen anbieten, die von diesen Personen, von Wirtschaft, Politik und Gesellschaft anhand eigener Kriterien als hilfreich aufgegriffen werden und insofern dann auch diese Personen, Funktionssysteme und auch die Gesellschaft verändern" (ebd. S. 108).

> „Im Kontext von Systemdifferenzierung ist mithin jede Veränderung eine doppelte, ja eine vielfache Veränderung. Jede Änderung eines Teilsystems ist zugleich eine Änderung der Umwelt anderer Teilsysteme. Was immer passiert, passiert mehrfach – je nach Systemreferenz." (Luhmann1997, S. 599)

Für die Sozialarbeit in Europa hat dies eine doppelte Konsequenz: Zum einen werden die verschiedenen nationalen Sozialarbeitssysteme durch den europäischen Kontext, durch europäische Kultur, Gesetze, normative Vorgaben etc. zu eigenen Aktivitäten angeregt. Zum anderen beeinflussen sie sich aber auch gegenseitig, zumindest, insofern sie sich gegenseitig aus freien Stücken (via Interesse) oder gezwungen (via Druck der Gesellschaft) wahrnehmen. Solche Kommunikationen lassen sich folglich in intersystemische und intrasystemische unterscheiden. In jedem Falle entsteht eine neue, viel stärkere Dynamik, als dies in den nationalen Systemen allein möglich wäre.

2.2 Europäischer Kontext der Sozialarbeit

2.2.1 Die Wohlfahrtsstaatsidee als gemeinsamer normativer Bezugsrahmen[22]

Der gemeinsame Ausgangspunkt auf dem Weg zu den verschiedenen Formen des europäischen Wohlfahrtsstaats kann in der Tatsache gesehen werden, dass sich die demokratischen Gesellschaften der Moderne im Verlaufe ihrer Nationalstaatsentwicklung nicht mit dem Staatsmodell von Hobbes zufrieden gaben und damit, „to achieve the final cause, end, or design of men (…) of getting themselves out from that miserable condition of war" and „to secure them in such sort as that by their own industry and by the fruits of the earth they may nourish themselves and live contentedly" (Sing/Erath 2005, S. 112).

Eher an Locke und Montesquieu orientiert verbanden sie das Gewaltmonopol des „Leviathan" und die Selbstbestimmung der Menschen an das normative Konzept einer allgemeinen Vernunft. Obwohl die Interpretationen bezüglich des Wahrheitsgehalts der „natürlichen Rechte" im Laufe der Zeit beträchtlichen Veränderungen unterzogen wurden, sind diese aus dem 18. Jahrhundert stammenden

---

22 Siehe dazu zusammenfassend: Sing/Erath (2005)

Leitprinzipien demokratischer Staaten immer noch von herausragender Bedeutung. Und dies nicht nur, weil ihr Geist auch die Charta der Vereinten Nationen von 1948 geprägt hat, die von den meisten Nationen anerkannt wird und in zahllosen nationalen Verfassungen ihren Niederschlag gefunden hat. Sie sind von zentraler Bedeutung, weil sie als Bindeglied zur allgemeinen Vernunft des Menschen hin dienen und damit letztendlich dem Willen des Einzelnen entzogen sind.

Vor allem im Rahmen der ersten industriellen Revolution entstanden so Sozialstaatsmodelle in Europa, die dem Kampf gegen soziale Exklusion einen Vorrang einräumten gegenüber den hart erkämpften konstitutionellen Errungenschaften der bürgerlichen Revolution, wie z. B. die Versammlungsfreiheit, die Freiheit der Rede, das Eigentumsrecht, etc. Und auch obwohl die Standpunkte in diesem Kontext sehr unterschiedlich blieben und die politischen Debatten über die Implementation dieser Rechte teilweise bis zur Gewaltausübung eskalierten, gab es einen weit reichenden Konsens darüber, dass die beste Lösung für alle diese Probleme nur im Rahmen eines demokratischen Diskurses oder demokratisch autorisierten Prozesses der Sozialpolitik erfolgen sollte. Die Analyse und Bearbeitung des Problems der sozialen Exklusion wurde auf diese Weise ein zentraler Bestandteil der (west-) europäischen Demokratien, gerade etwa im Unterschied zu den USA (Kronauer 2010, 217 f.).

Die fundamentale Entscheidung der verschiedenen Länder in Europa zur Überwindung von sozialer Exklusion in Bezug auf alle Bürger im Rahmen eines demokratischen Prozesses hatte eine spezifische Interventionspolitik zur Folge. Im Rahmen dieser Politik wurde ein Versicherungssystem geschaffen und eine utilitaristische Sozialpolitik formuliert, die vor allem die Aufgabe hatte, die Arbeiterklasse effizient, arbeitswillig und politisch ruhig zu halten (Merkur 2004, S. 983). Anspruch und Rang der sozialen Hilfen wurden dann nach dem 1. Weltkrieg und vor allem nach dem 2. Weltkrieg generalisiert und schließlich in den 1960er Jahren erweitert und vorläufig fertig gestellt.

Das Wohlfahrtsstaatsmodell entstand im Rahmen der Demokratiebildung selbst auf der Basis des Konzepts der „sozialen Marktwirtschaft" und im Gegensatz zum sozialistischen Modell der autoritären Staaten des Ostblocks und dem Manchesterliberalismus des 19. Jahrhunderts. Dieses Modell entwickelte eine Dynamik und Leistungsfähigkeit, die bis dahin nicht bekannt war, und das nicht nur im Bereich des Systems der Erstsicherung durch Versicherungsleistungen, sondern auch in Feldern, die nicht generalisiert werden können, wie z. B. im Bereich der Zweitsicherung und damit in der Sozialarbeit (Bommes/Scherr 1996, siehe dazu Kap. 2.1).

Gerade angesichts der schwierigen sozialen Situation in den sozialistischen Ländern, der teilweisen extremen Formen sozialer Exklusion in den liberalistischen Staaten und der desolaten Situation in den meisten Ländern der dritten Welt wurde dieses Wohlfahrtsstaatsmodell als konkurrenzlos betrachtet. Von allen sozialen Modellen, die zur Diskussion standen, schien es das einzige zu sein, das den klassischen sozialen Konflikt zwischen Kapital und Arbeit, zwischen Reich und

Arm, zwischen politisch Mächtigen und politisch Abhängigen abmildern und zeigen konnte, dass die vorgeschlagene Lösung einen Zusatznutzen für eine möglichst große Anzahl an Menschen versprach. Aber damit war ein einheitliches Modell des Europäischen Wohlfahrtsstaats noch nicht geschaffen, die verschiedenen europäischen Staaten gingen eigene und oft schwierige, konfliktreiche Wege, die zur heute gängigen Differenzierung zwischen „nordischem", „korporatistischem" und „liberalem" System geführt haben (siehe unten). Aber auf diese Weise war schließlich ein Wohlfahrtsmodell entstanden, an dem sich – wie die aktuelle Debatte angesichts der Folgen der Weltwirtschaftskrise zwischen den Jahren 2007 und 2009 zeigt – jedes zukünftige Modell messen lassen muss.

2.2.2 Das „europäische Sozialmodell" als gemeinsames politisches Projekt

Neben der Wohlfahrtsstaatsidee fühlen sich die meisten europäischen Länder im Rahmen der Europäischen Gemeinschaft nicht nur dazu verpflichtet, „die miteinander verwobenen Ziele eines nachhaltigen Wirtschafts- und Beschäftigungswachstums im Rahmen eines auf Wettbewerb und Innovationsförderung ausgerichteten Binnenmarkts und eines stärkeren gesellschaftlichen Zusammenhalts (…) parallel erreichen und optimieren" (Herrmann/Maucher 2005, S. 142) zu wollen. Im Zusammenhang mit dem häufig verwendeten Begriff des „Europäischen Sozialmodells" geht es darüber hinaus um die Frage, ob sich aus normativen und analytischen Gründen (z. B. Best Practice) eine gemeinsame „europäische Identität" identifizieren lässt und ob sich die verschiedenen Nationalstaaten auf eine solche hinzubewegen (wollen) (Kaufmann 2008, S. 17). Nach Jepsen/Serrano Pascal (2005) lassen sich vier unterschiedliche „Hauptansätze" des Verständnisses und der Verwendung des Begriffs ‚Europäisches Sozialmodell'" identifizieren:

1. „als Gesamtheit von gemeinsamen Werten, Prinzipien, Institutionen und Verfahren der Regulierung",
2. „als Idealtyp", auf das sich die verschiedenen nationalen Sozialmodelle ausrichten sollen,
3. „als europäisches Projekt", d. h. der mittelfristigen Festschreibung gemeinsamer Ziele und Verpflichtungen der Europäischen Gemeinschaft,
4. „als politisches Projekt" im Sinne einer „partnerschaftlichen Politikentwicklung der verschiedenen Staaten" (ebd. S. 242 f.).

Insgesamt scheint jedoch die Skepsis gegenüber einer konvergenten Entwicklung der europäischen Staaten seitens der Politikwissenschaftler zu überwiegen:

1. Nach Eckart Riehle (2007) liegen dem europäischen Sozialrecht unterschiedliche sozialstaatliche Rechtsparadigmen zugrunde, die sich nicht ohne weiteres aneinander anpassen lassen. Es sind dies das Paradigma der Bestandssicherung

(Deutschland), das der Armutsvermeidung (England) und das der faktischen Gleichheit (nordisches Modell).

2. Nach Heiner Ganßmann böte sich aus verschiedenen Gründen das nordische Modell als „eindeutiger Siegertyp" (2009, S. 197) unter den verschiedenen Modellen an, allerdings wird seiner Ansicht nach „die Möglichkeit einer bewusst herbeigeführten Konvergenz (...) in den meisten EU-Ländern nicht einmal Thema der öffentlichen Diskussion". Im Gegensatz dazu dominiert vielmehr ein „massenmedial stark gestützter Unmöglichkeitsdiskurs, in dem seit Jahrzehnten immer wieder der Tod des schwedischen Modells ausgerufen wird. Tatsächlich stirbt weder das schwedische Modell noch lässt sich empirisch ein Verschwinden der Regmineunterschiede in Europa beobachten" (ebd. S. 198).

3. Nach Bernd Wagner (2008) nehmen auch die verschiedenen Regime in Osteuropa die mit Europa einhergehenden Herausforderungen nur „selektiv" wahr, so dass sich für ihn die Frage stellt, „auf welche Weise eine Transnationalisierung des politischen und ökonomischen Raums Rückwirkungen auf die Chancen gesellschaftlicher Kräfte hat, ihre Interessen gegenüber anderen durchzusetzen bzw. Widerstand gegenüber herrschenden Interessen zu leisten" (ebd. S. 225). Die Entwicklungsdynamik in den verschiedenen Ländern muss also wesentlich komplexer verstanden und diskutiert werden, als dies im Rahmen eines simplen Konvergenzmodells der Fall sein kann.

Auch Ralph Skuban (2004) ist, was die Gestalt eines europäischen Wohlfahrtstaates anbelangt, aus verschiedenen Gründen eher skeptisch (ebd. S. 275 ff.):

• Heterogenität der Sozialsysteme: „Die Unterschiede sind nicht lediglich oberflächlicher, sondern struktureller Natur" (ebd. S. 275), kulturelle und affektive Momente kommen zum Tragen.

• Vorhandensein politischer Barrieren: die verschiedenen Regierungen wünschen keine Angleichung, im Gegenteil, Sozialpolitik gilt als eine „Domäne der Macht" (ebd. S. 277), die für nationale Politiker deshalb von besonderem Interesse ist, da es darin insgesamt Billionen zu verteilen gibt.

• Mangelnde Legitimation: Viele Gelder im System stammen aus Pflicht- und Mitgliedsbeiträgen. Darüber könnte die Europäische Union insbesondere aufgrund ihrer intransparenten und oftmals unklaren Entscheidungsstrukturen schon aus rechtlichen Gründen nicht verfügen.

• Mangelnde Solidarität: Gerade weil die Europäische Union in erster Linie eine Interessengemeinschaft zur Durchsetzung bestimmter wirtschaftlicher Ziele ist, kann sie sich nicht auf ein Zusammengehörigkeitsgefühl im politisch-affektiven Sinne stützen (ebd. S. 282).

So bleibt also voraussichtlich nach wie vor „die nationalstaatliche Ebene entscheidend für die Gestaltung der meisten sozialpolitischen Einrichtungen, allerdings unter zunehmendem diskursiven Druck des internationalen Vergleichs" (Kaufmann 2008, S. 26). Ein solcher Druck ist unter anderem mit der Konferenz von Lissabon im Jahre 2000 und dem dort entwickelten Ziel gewachsen, Europa zum wettbewerbsstärksten, wissensbasierten Wirtschaftsraum der Welt zu machen. Jetzt kommt der Sozialpolitik zunehmend auch eine Markt öffnende Funktion zu. Dies bedeutet, dass „die unterschiedlichen, je im nationalen Recht festgelegten Bedingungen der Dienstleistungserbringer auf dem europäischen Binnenmarkt in unbeschränkte Konkurrenz eintreten können" (Riehle 2007, S. 186). Möglicherweise müssen die dadurch „bedrohten" Nationalstaaten in ähnlicher Weise, nämlich marktspezifisch reagieren, wodurch es schließlich zu „Akzentverlagerungen" im Rahmen „der nationalen Paradigmen von Wohlfahrtsstaatlichkeit" kommen könnte, nach Kaufmann möglicherweise in Richtung von „einer protektiven zu einer aktivierenden Sozialpolitik". Denn die „zunehmenden Probleme werden im Horizont etablierter Wahrnehmungsmuster verarbeitet" und führen insgesamt eher „zu institutionellen Reformen und Leistungskürzungen" als umgekehrt (Kaufmann 2008, S. 25).

2.2.3 Die Akzeptanz gemeinsamer Steuerungsinstrumente

Damit wird deutlich, dass Europa eine zwar notwendige, nicht jedoch eine hinreichende Bedingung für die grenzüberschreitende Konvergenz von sozialpolitischen Strategien und Methoden darstellt. Die einzelnen konkreten Veränderungen entspringen nicht einer normativ entwickelten Strategie für ein „soziales Europa", sondern den Anpassungsprozessen in den einzelnen Teilsystemen. Von entscheidender Bedeutung ist dabei die gemeinsame Akzeptanz von drei Steuerungsinstrumenten:

1. Die Offene Methode der Koordinierung

Die Offene Methode der Koordinierung ist auf der Grundlage eines europäischen Beschlusses im Jahre 2000 entstanden und war bereits seit 1997 als „Europäische Beschäftigungsstrategie" für die Arbeitsmarktpolitik ohne Rechtsgrundlage angewendet worden. Sie soll zu einer einvernehmlichen Modernisierung der sozialen Sicherungssysteme beitragen. Dabei geht es nicht um eine inhaltliche Angleichung, sondern darum, über gemeinsame Ziele die einzelnen Mitgliedstaaten zu Veränderungen und Verbesserungen ihrer Systeme zu verpflichten.

> „In diesem Prozess sind gemeinsam verabredete sozialökonomische Indikatoren zu bilden, welche den Vergleich der Sicherungssysteme der Mitgliedstaaten erlauben. (...) Auf der Basis verabredeter Indikatoren werden sodann nationale Berichte über die Eigenheiten der Beschäftigungs- und Sozialpolitik der Mitgliedstaaten erstellt und diese anschließend evaluiert. Schließlich verabschieden Rat und Kommission gemeinsame Empfehlungen anhand gemeinsam verabredeter Zielsetzungen, um die besten Praktiken einzelner Mitgliedstaaten EU-weit zu verwirklichen." (Eichenhofer 2007, S. 111)

Obwohl die Primärzuständigkeit der Nationalstaaten für den Sozialschutz respektiert wird, erhöht sich auf diese Weise der Handlungsdruck auf die nationalen Entscheidungsträger. Denn auf diese Weise müssen Lösungen erarbeitet werden, die an das jeweilige Land angepasst sind und es ihm erlauben, im gemeinsamen Wettbewerb zu bestehen (Nospickel 2005, S. 518 f., Hacker 2010, S. 65 ff.)[23].

2. Die europäische Dienstleistungsrichtlinie

Nach Ansicht der Kommission ist der Binnenmarkt bei den Dienstleistungen unzulänglich entwickelt. Dies soll im Rahmen der „Dienstleistungsrichtlinie" verbessert werden. Sie ist ein wichtiges Reformvorhaben bei der Umsetzung der Lissabon-Strategie und soll bestehende Hindernisse abbauen, den grenzüberschreitenden Handel mit Dienstleistungen fördern und damit zur Verwirklichung des einheitlichen Binnenmarktes beitragen. Verschiedene soziale Dienstleistungen, die vor allem den Bereich der Sozialarbeit betreffen, sind von dieser Richtlinie ausgenommen, da es sich hier um „nicht-wirtschaftliche Dienstleistungen von allgemeinem Interesse" handelt. Trotzdem wird sich nach Auffassung von Stephan Rixen eine Deregulierung sozialer Dienstleistungen zumindest „im Schritttempo" (Rixen 2010, S. 12) vollziehen. Daher wird in Zukunft in jedem Einzelfall geprüft werden müssen, ob ein soziales Unternehmen tatsächlich „gemeinwirtschaftliche Verpflichtungen" erfüllt und damit beihilfeberechtigt ist oder ob es sich um eine allgemeine wirtschaftliche Tätigkeit handelt (Schlüter/Scholz 2007, S. 206).

3. Der Europäische Gerichtshof

Der Europäische Gerichtshof (EuGH) ist das oberste rechtsprechende Organ der Europäischen Union. Er sichert die einheitliche Auslegung des Rechts der Europäischen Union. Dabei geht es vor allem um Vertragsverletzungsverfahren, wenn Mitgliedsstaaten ihren Verpflichtungen nicht nachkommen und Vorabentscheidungsverfahren, um die einheitliche Anwendung des europäischen Rechts sicherzustellen (siehe dazu: Pechstein 2007). Auch diese Rechtssprechung wirkt teilweise sehr prägend auf die Ausgestaltung des Sozialen in den einzelnen Mitgliedsländern und führt zumindest teilweise zu – politisch nicht immer gewollten – konvergenten Entwicklungen der nationalen Rechtssysteme (Höpner 2010).

Alle drei Instrumente lassen eine Angleichung von Methoden und Konzepten in eine ähnliche Gesamtrichtung erfolgen, in ihrer konkreten Ausführung aber in keiner Weise vorhersagen oder erzwingen. Zumal die Mitgliedstaaten derzeit auch gar nicht gewillt sind, „die sogenannte koordinierende Sozialpolitik grundsätzlich in eine stärker harmonisierende Sozialpolitik überzuleiten" (Schlüter/ Scholz 2007, S. 195). Eine Harmonisierung entspringt insofern der Autopoiesis der Systeme, die im Rahmen von Koppelungsprozessen nach den Mustern ihrer mitlaufenden Selbsreferenz agieren und reagieren. Als Folge einer solchen kontextsteuernden Dynamik kann es dann allerdings auch via Best Practice zu Anpas-

---

23 Zur aktuellen Kritik an der OMK siehe Kröger (2010).

sungen im Bereich konkreter sozialrechtlicher Bestimmungen sowie im Bereich der Leistungserbringungssysteme kommen.[24]

2.3   Sozialarbeit im nationalen Kontext

2.3.1   Prägung durch unterschiedliche wohlfahrtsstaatliche Modelle

Obwohl die Ursprünge des europäischen Wohlfahrtsstaates weit zurückliegen, entwickelte dieser sich in den Ländern des westlichen Europas insbesondere nach dem zweiten Weltkrieg in durchaus unterschiedlicher Weise. Dies hängt mit den jeweiligen kulturellen, aber auch politischen und ökonomischen Entwicklungen zusammen. Dabei entstanden nationale Wohlfahrtssysteme, die vor allem Aussagen zu folgenden Aspekten enthalten:

- die Sicherung einer ökonomischen Grundlage sowie Gesundheits- und Wohlfahrtsdienste für gewisse oder alle Bürger;
- Regelungen, die eine substantielle Umschichtung von Mitteln von den Reicheren zu den Ärmeren vorsehen;
- die Institutionalisierung ziviler Grundrechte, wie z. B. die Bürgerrechte;
- Regelungen, die Sicherheit und Gleichheit unter den Bürgern vorantreiben;
- ein explizites kollektives Bekenntnis und die Verantwortungsübernahme für das Wohlergehen aller Mitglieder der Gesellschaft.

Bezüglich ihrer je konkreten Ausgestaltung ergeben sich zwischen den europäischen Ländern Gemeinsamkeiten und Unterschiede. Esping-Andersen (1998) hat dazu auf internationaler Ebene drei Idealtypen gebildet und voneinander unterschieden: das anglo-amerikanische, das kontinental-europäische und das nordisch-skandinavische System.

Allerdings ist seine Modellbildung nicht unumstritten.[25] Insofern haben Niemälä/Hämäläinen auf Europa bezogen diese Typenbildung einer weniger scharfen Konturierung unterzogen und deren Auswirkungen auf die jeweiligen sozialen Sicherungssysteme und die Organisation der sozialen Dienste zu charakterisieren versucht. Demnach können die einzelnen nationalen Ausprägungen des Wohlfahrtssystems dem „marginal model", dem „performance-based model" oder „uni-

---

24 Zu den antizipierten Auswirkungen der Dienstleistungsrichtlinie auf die verschiedenen nationalen Systeme siehe: Observatory for the Development of Social Services in Europe (2000).

25 Heute gibt es Vorschläge, die Modelle um ein Rudimentary Welfare Model oder um ein Mediterranean Welfare Regime oder um ein Late Female Mobilisation Regime z. B. für Japan oder ein staatsbürokratisches Modell für die ehemaligen Staaten der Sowjetunion zu erweitern (zusammenfassend Niemälä/Hämäläinen 2001, S,6ff., Sabater 2005).

versal model" zugeordnet werden. Jedes dieser Modelle hat natürlich spezifische Auswirkungen auf die Sozialarbeit.

Marginal Model

Dieses auch oftmals als „liberal" bezeichnete Modell befindet sich in enger Übereinstimmung mit den Prinzipien einer liberalen Wirtschaftspolitik. Dabei stehen die persönliche Verantwortung des Einzelnen und die Freiheit des Wettbewerbs im Vordergrund. Daher wird das entsprechende soziale Sicherungssystem wesentlich auf der Basis von privaten Versicherungen und Marktorientierung organisiert. Dabei nimmt der Staat in der Regel dadurch seine Verantwortung wahr, dass er alle sozialen Aufgaben weitgehend an private Dienste abgibt und nur solche selbst unterhält (z. B. im Bereich des Kinderschutzes, der Bewährungshilfe, etc.), die eine besondere Aufmerksamkeit genießen oder privat nicht attraktiv sind. Im Rahmen dieses Modells erscheint die Sozialarbeit „residual": sie beschränkt sich auf die reine Daseinsnachsorge und auf die Zielgruppen, die unverschuldet in Not geraten sind, d. h. insbesondere Kinder, Familien, alte Menschen und Menschen mit Behinderungen. Sozialarbeit wird staatlich organisiert, aber zugleich bezüglich des quantitativen Umfangs extrem begrenzt. Diese Ausrichtung lässt sich am eindeutigsten in der englischen Sozialarbeit der 1980er Jahre nachweisen (siehe dazu Kapitel 8.1). Jedoch hat der diesem System zugrunde liegende Grundgedanke, dass nur der Hilfe bekommen soll, der sie (sich) verdient, über die Politik des Third Way zunehmend Einzug in die Sozialarbeit mit arbeitslosen Menschen in ganz Europa gehalten (siehe dazu Kap. 4.1.3).

Performance-based Model

Im Rahmen dieses auch als konservativ bezeichneten Modells, das insbesondere durch Bismarck entwickelt wurde und als stark durch den Katholizismus beeinflusst gilt, werden die einzelnen Personen weitgehend durch ihren jeweiligen Rang innerhalb der Familie sowie durch ihren Beschäftigungsstatus definiert. Von da aus leiten sich dann die verschiedenen, üblicherweise auf den „Ernährer" ausgerichteten Sozialversicherungen ab, in die die einzelnen Familienmitglieder eingebunden sind. Diese sichern alle ab, lediglich der Verlust des Beschäftigungsverhältnisses bzw. permanente Arbeitslosigkeit muss demnach durch eine steuerfinanzierte Sozialhilfe abgefedert werden. Aufgrund des Subsidiaritätsprinzips werden zusätzlich erforderliche Hilfen vor allem durch die (erweiterte) Familie und eng mit der Zivilgesellschaft verbundene Einrichtungen der freien Wohlfahrtspflege erbracht. Die Sozialarbeit ist, ähnlich wie im o. a. Modell, kaum staatlich organisiert. Dafür aber übernehmen intermediäre Organisationen häufig staatliche Aufgaben. Daher ist auch der private Sektor nicht hoch entwickelt und nur da vorhanden, wo Finanzierungen transparent und lukrativ sind. Daraus ergibt sich ein durch die Kommunen bzw. Landkreise oftmals nur unzulänglich koordiniertes Zusammenspiel zwischen wenigen staatlich organisierten Hilfen und vielen verbandlichen und informellen Diensten sowie Selbsthilfeeinrichtungen.

Universal Model

Innerhalb dieses, auf dem Ideal des öffentlichen Guts und der öffentlichen Verantwortung des Staates für alle fußenden, auch als sozialdemokratisch bezeichneten Modells sind alle Bürger unabhängig von ihrer finanziellen Situation berechtigt, soziale Unterstützung gemäß universeller Bedarfskriterien zu erhalten. Alle rechtlichen Vorgaben werden durch den Zentralstaat vorgegeben und auf der kommunalen Ebene umgesetzt. Dies trifft insbesondere auf die nordischen Ländern zu.

> „According to Sipilä (1999, S. 3), the key characteristics of the Nordic model are high employment, high taxation and extensive income transfers, a strong public sector, extensive welfare policies, and intensive social integration and equality programmes in support of the social-economic structure. (...) Generally, the Nordic model of social welfare is universal, needs-based and prevention-oriented." (Niemälä/Hämäläinen 2001, S. 7)

Die Mehrzahl der sozialen Dienste wird von den Kommunen organisiert, nur ein geringer Teil ist privatisiert oder wird von Vereinen angeboten. In Finnland werden hier drei Bereiche unterschieden: der Erziehungsbereich und die Sozialarbeit, die weitgehend verstaatlicht sind, sowie der Altenbereich, der eher entstaatlicht und für private und freiwillige Träger geöffnet ist. Aufgabe der Sozialarbeiter in diesem System ist es, vor allem den Bürgern die entsprechenden Hilfen zukommen zu lassen. Folglich befassen sich Sozialarbeiter meist mit der Planung, der Zuweisung und der Konzeptionalisierung und Evaluation sozialer Dienstleistungen.

Alle drei wohlfahrtsstaatlichen Modelle prägen die jeweiligen nationalen Systeme und lassen grundlegende Veränderungen als kaum realistisch erscheinen. Trotzdem gibt es Stimmen, die der Ansicht sind, der Wettbewerb zwischen den europäischen Staaten und ihren jeweiligen sozialpolitischen Ideen[26] werde darüber entscheiden, in welche Richtung sich die Länder orientieren werden: in die „nordische Richtung" eines Wohlfahrtssystems, das allgemein anerkannte Bedarfslagen politisch definiert und per Steuergelder befriedigt, oder in Richtung einer „zunehmenden Hybridisierung der bekannten Wohlfahrtscluster", bei der „individuelle, universelle und verwandtschaftliche/korporatistische bzw. etatistische Modi genauso durcheinander gemixt werden, wie die Loci von Markt, Staat und Familie" (Kollmorgen 2009, S. 79).[27]

---

26 Siehe dazu: Aiginger/Guger 2006, S. 148. Zur Entwicklung der Hilfestrukturen in den Staaten Osteuropas vor 1989 siehe zusammenfassend: Hering (2004).

27 „Die an den Wirkungen sozialpolitischer Interventionen interessierte Forschung hat gezeigt, dass ‚Wohlfahrt' in verschiedenen Kombinationen von Staat, intermediären Instanzen, Firmen und Familien produziert wird. Die Wohlfahrt wird also in jedem Land – und vermutlich auch in jeder Region Europas – in spezifischer Weise durch diese Einflussfaktoren ‚zusammengemixt'. Wenn dieser Umstand nicht zu einem ‚Störfaktor' werden, sondern zum Reichtum der Wohlfahrtskultur Europas beitragen soll, müssen wir uns daran machen, die Rezepte dieser Mixturen zu ergründen." (Hering 2004, S. 133)

2.3.2 Der Welfare Mix als Gestaltungsspielraum

Obwohl die drei wohlfahrtsstaatlichen Modelle also deutliche Unterschiede aufweisen, lassen die verschiedenen Systeme bezüglich ihrer konkreten Ausgestaltung des wohlfahrtstaatlichen Systems dann doch wieder Ähnlichkeiten dadurch erkennen, dass sie dabei auf die gleichen drei Steuerungs- bzw. Versorgungselemente zurückgreifen müssen, nämlich Familie, Markt und Staat. Diese drei Elemente gilt es im Rahmen des jeweiligen Welfare Mix miteinander in Verbindung zu bringen (Niemelä/Hämäläinen 2001, S. 8).

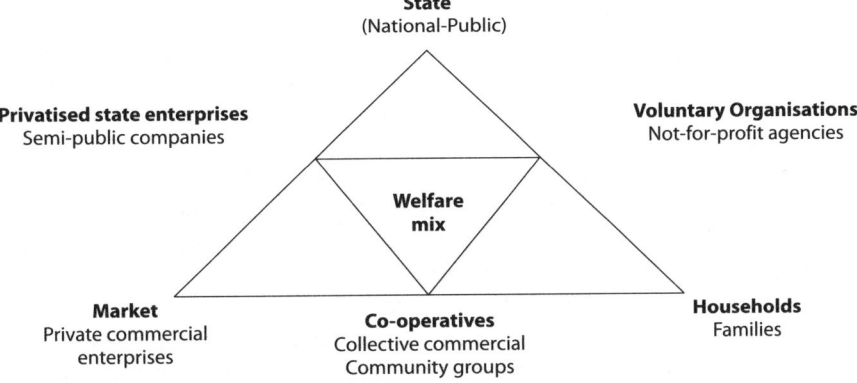

Abb. 1: Möglichkeiten zur Steuerung und Umsetzung der sozialen, gesundheitlichen, etc. Dienste (Niemälä/Hämäläinen 2001, S. 9)

Dabei ändert sich das Zusammenspiel dieser Faktoren aufgrund externer Einflüsse permanent und muss daher von den Staaten ständig neu justiert werden. Dabei ergeben sich, wie Abbildung 1 zeigt, viele Möglichkeiten zur Steuerung und Umsetzung der sozialen, gesundheitlichen, etc. Dienste: intermediäre Instanzen, Non for Profit- und For Profit- Organisationen, Vereine, soziale Bewegungen und spezialisierte Dienste.

Öffentliche Anbieter

Darunter sind insbesondere kommunale Dienste und Organisationen der Gebietskörperschaften (Landkreise, Regionale Verbünde, etc.) zu subsumieren. Diese Art der Organisation der Sozialarbeit findet sich vor allem in den nordischen Ländern, wo Sozialarbeit im Wesentlichen dazu dient, vor dem Hintergrund konkreter staatlicher Vorgaben allgemeine Bedarfe vorausschauend zu analysieren, bedarfsgerechte Angebote zu planen und individuell anzubieten (Niemelä/Hämäläinen 2000). Erforderlich dafür ist ein hohes Maß an Administration. Dies führt auch dazu, dass in den nordischen Ländern auch teilweise über ein zu hohes Maß an „Bürokratie" geklagt wird (siehe dazu Kap. 7.4). In allen europäischen Ländern sind insbesondere die Maßnahmen des Kinderschutzes und der Bewährungshilfe überwiegend staatlich organisiert.

Privatisierte Staatsunternehmen

Solche Unternehmen wurden in Europa insbesondere seit den 1980er Jahren gegründet, um die Kommunen effizienter und schlanker zu machen. Verkehrsbetriebe, die Müllabfuhr sowie die Unternehmen der Gas- und Wasserversorgung waren zunächst städtisch organisiert und wurden schließlich „outgesourct" und als Eigenbetriebe geführt. Inzwischen wird diese Strategie auch für Krankenhäuser, Altenheime, Kindertageseinrichtungen und Einrichtungen der Sozialarbeit angewendet. Teilweise werden solche Unternehmen auch in Form von Stiftungen organisiert und geführt.

Kommerzielle Anbieter

Unter dem Begriff der „Modernisierung" begann insbesondere in England seit den 1980er Jahren eine Kampagne zur Privatisierung der Organisationen der Sozialarbeit mit dem Ziel, die öffentlichen Erwartungen an den Staat zu reduzieren und die Eigenkräfte zu mobilisieren (Adams 2000, S. 19). Voraussetzung dafür war die Schaffung einer Aufsichtsbehörde (Local Authority Social Services Departments) sowie die Formulierung von klaren Rahmenvorgaben und Qualitätsstandards. Auf diese Weise konnten später Aufträge öffentlich ausgeschrieben werden und ein Markt entstehen. Der Trend, kommerzielle Anbieter bewusst in den Welfare Mix mit einzubeziehen, hat inzwischen nicht nur die konservativen, sondern auch die nordischen Staaten erreicht. Dabei sollen die angestrebten marktähnlichen Strukturen vor allem dazu dienen, Preise zu bilden und damit verbundene Qualitätsniveaus festzulegen.

Verbandliche Anbieter, Vereine, Nichtregierungsorganisationen

Insbesondere in den konservativen Staaten, wie etwa in Deutschland mit seinem System der öffentlichen Wohlfahrtspflege, kommt den Verbänden eine überregionale und politisch bedeutsame Funktion bei der Umsetzung der Wohlfahrt zu. Häufig existiert in diesen Ländern ein unüberschaubares, meist lückenhaftes Netzwerk an Vereinen und Nichtregierungsorganisationen, die sich alle dadurch auszeichnen, dass sie aufgrund ihrer vielgestaltigen Einbindung in die Gesellschaft sowohl einen „zivilgesellschaftlichen Mehrwert" einbringen als auch einen weiteren Mehrwert durch „sinnvolle Querfinanzierungen" sowie durch die besondere Motivation ihrer Mitarbeiter aufgrund der jeweiligen weltanschaulichen Orientierung der Anbieter (Schlüter 2007, S. 192, für Frankreich Archambault 1997).[28]

---

28 Solche Anbieter kommen aufgrund des „Altmark-Trans-Urteil des EuGH dann zum Zuge, wenn folgende Voraussetzungen vorliegen: „1. Das Unternehmen muss tatsächlich mit der Erfüllung gemeinwirtschaftlicher Verpflichtungen betraut sein. Diese Verpflichtungen müssen klar definiert sein. 2. Die Parameter, nach denen der Ausgleich bemessen wird, sind zuvor objektiv und transparent aufzustellen. 3. Der Ausgleich darf nicht über das hinausgehen, was erforderlich ist, um die Kosten der Erfüllung der gemeinwirtschaftlichen Verpflichtungen zu decken. 4. Erfolgt die Betrauung nicht im Wege der Vergabe, so ist die zulässige Höhe des Ausgleichs auf der Grundlage einer Analyse der Kosten zu bestimmen, die ein durchschnitt-

Freiwilligenhilfs- und Selbsthilfeorganisationen

Der Hilfe durch Freiwillige und Ehrenamtliche kommt in allen Ländern Europas eine wichtige Funktion zu. Seit den 1980er Jahren wurden nicht nur in England die lokalen Behörden dazu aufgefordert, ehrenamtliche Organisationen zu stärken und gezielter einzusetzen. Heute fordert insbesondere die Third Way Politik die Bürger dazu auf, sich selbst zu organisieren (siehe dazu Kap. 4.1.3). Nachholbedarf besteht hier vor allem in den neuen Mitgliedsländern, wo es noch nicht gelungen ist, die Bevölkerung genügend für bestimmte Randgruppen zu sensibilisieren und für die Teilnahme an entsprechenden Hilfemaßnahmen zu mobilisieren.

Insgesamt gesehen ist man sich heute darin sicher, dass weder Markt noch Staat, sondern eher institutionell gemischte Formen der Wohlfahrtsproduktion erfolgversprechend sind (Kaufmann 2002, S. 58). Auf Dauer dürfte sich damit ein „regulierter Wettbewerb mit mischfinanzierten Anbietern und Nachfragern etablieren" (Eichhorn 2005, S. 107). Insofern werden die Unterschiede zwischen den verschiedenen Ländern in Europa doch nicht so gravierend sein, wie zunächst zu vermuten war. In jedem Falle muss die Sozialarbeit im Rahmen der Sozialplanung auch dazu beitragen, dass angemessene Hilfestrukturen geschaffen und auch jene Lücken geschlossen werden, die die professionelle Praxis hinterlässt.[29]

2.4 Aktuelle Herausforderungen der Sozialarbeit in Europa

Bis in die 1970er Jahre herrschte seitens der Bevölkerung in vielen Staaten Europas die Erwartung, dass der bestehende Wohlfahrtsstaat auf ewig unveränderbar weiterbestehen könnte. Insbesondere schien man sich weitgehend darin einig, dass

- die verschiedenen Teilsysteme der Gesellschaft, wie z. B. Recht, Ökonomie etc., dazu da sind, zum Nutzen für die ganze Gesellschaft beizutragen;
- unerwartete Nebenwirkungen im Bereich des Marktes mittels der Steuerungsmöglichkeiten des Staats aufgefangen werden können;
- das Verhalten der Individuen nicht zu sehr von allgemeinen Normen (dem gesunden Menschenverstand) abweichen würde.

---

liches, gut geführtes Unternehmen bei der Erfüllung der Aufgaben hätte." (Rock 2010, S. 139 ff.)

29 Peter Herrmann (2005) sieht deshalb alle sozialen Dienstleister aufgefordert, „eine gemeinsame Verantwortung zu übernehmen, in deren Namen verhindert wird, dass Ressourcen, wie die sozialen Dienste sie darstellen, (...) verschüttet werden. Verantwortung muss auch dahingehend anerkannt werden, dass diese Dienste weiter und stärker denn je über einen engen Versorgungsauftrag hinaus zur gesellschaftlichen Integration beitragen" (ebd. S. 276).

Aufgabe der Politik sollte es von daher sein, die verschiedenen Funktionssysteme zu kontrollieren und auf diese Weise eine soziale Balance garantieren. Diese Annahme hat schließlich dazu geführt, dass die ersten Krisenphänomene in Europa, besonders in Großbritannien und Schweden in den 1970er Jahren und in Deutschland und Frankreich in den 1980ern, lediglich als beherrschbare Unfälle in einem ansonsten funktionierenden Modell wahrgenommen wurden. Bis in die siebziger und achtziger Jahre hinein konnte so unterstellt werden, dass das wohlfahrtsstaatliche Modell nachhaltig, selbsttragend und zukunftsfähig sei. Diese Einschätzung änderte sich allerdings durch Entwicklungen, denen dann zunehmend eine gesellschaftspolitische Bedeutung zugemessen werden musste:

1. Mit zunehmender Ausdifferenzierung der Industriegesellschaft und mit zunehmender Auflösung traditioneller sozialer Institutionen wie z. B. der Familie ließ sich kaum mehr die Erkenntnis verdrängen, dass der Wohlfahrtsstaat vor allem durch zwei Tendenzen herausgefordert wurde: Einerseits zeigte sich, dass „Modernisierung" nicht unbedingt eine lineare Verbesserung der Lebenswelten bedeutet, sondern die Stärkung der „Eigensinnigkeit" der Funktionssysteme bewirkt, andererseits wurde immer mehr deutlich, dass das „Moderne der modernen Welt" nicht unbedingt in einer Zunahme an Solidarität, sondern eher in einer Form der Emanzipation und des Individualismus besteht, die das Soziale schwächt.

2. Die Ausdifferenzierung der modernen Gesellschaft in Teilsysteme bewirkte nicht nur eine Steigerung ihrer Effizienz, sondern gleichzeitig die Produktion vielfältiger und zunehmend häufiger vorkommender Exklusionsprozesse. Exklusion als Ausschluss aus Teilsystemen der Gesellschaft (z. B. durch Arbeitslosigkeit, Schulden, Sucht, etc.) wurde nunmehr zum Risiko, das das Individuum jederzeit einkalkulieren und – unter Ausnutzung der Möglichkeiten der sozialen Sicherungssysteme – „produktiv" bewältigen muss.

3. Zunehmend machte sich die Vermutung breit, dass „hinter den inklusionsvermittelnden Ansprüchen und Leistungen des nationalen Wohlfahrtsstaates" eine Prämisse steckt, die inzwischen fraglich geworden ist: „Damit eine Intervention möglich ist, muss vorausgesetzt werden, dass der Wohlfahrtsstaat die Effekte des Operierens der Funktionssysteme zu beobachten imstande ist und dass er die Folgen des eigenen Eingriffs einigermaßen verlässlich abschätzen kann" (Stichweh 2000, 93).

Alle diese Entwicklungen tragen dazu bei, dass auch die Aufgaben der Sozialpolitik und der Sozialarbeit schwieriger werden und differenzierte Steuerungsformen gefragt sind.

Aber auch im Bereich Sozialarbeit stellen sich neue Fragen, für die bislang noch kaum Lösungsmöglichkeiten entwickelt worden sind (Sing/Erath 2005, S. 12 ff.):

1. Aufgrund sozialpolitischer Veränderungen scheint die Beziehung zwischen Sozialarbeiter und Klient nicht länger ausschließlich harmonisch zu sein. Klienten fühlen sich zunehmend unter Druck gesetzt. Sozialarbeit tendiert inzwischen

dazu, ordnungsstaatliche Aufgaben im Rahmen des Activating Welfare State zu übernehmen (siehe dazu Kap. 4.1.3).

2. Zunehmend wird deutlich, dass die Organisationen der Sozialarbeit eigene verborgene Motive haben, ihren Klienten zu helfen. So werden neue Bedarfe geschaffen und Kliententypen entwickelt, die lediglich dazu dienen, die Hilfeformen auszuweiten (Baecker 1994).

3. Selbsthilfegruppen und Pressure Groups gehen teilweise auf Distanz zur professionalisierten Sozialarbeit. Sie betrachten sich als die wahren Vertreter der Interessen der Klientel und schwächen damit die Profession.

4. Häufig blockiert das naive Denken der Organisationen der Sozialarbeit im Rahmen einer zweiwertigen Logik (mehr Hilfe heißt mehr Personal und Geld) jede Reform. Ohne eine stärkere Erkenntnis- und Forschungsorientierung setzt sich die Sozialarbeit zunehmend dem Motivverdacht aus, der darin besteht, mehr an den eigenen Interessen, wie z.B. Geld, Status, Macht, interessiert zu sein als an der Bearbeitung der Probleme der Klienten.

Diese Fragen verweisen auf grundsätzliche Schwierigkeiten der Sozialarbeit, die man auch als Dilemmata (Erath 2006) bezeichnen kann.

- Die Figur des „doppelten Mandats" weist auf die Schwierigkeit hin, sowohl die Interessen der Klienten und als auch die der Gesellschaft im Auge zu behalten, ein „notorisch schlechte(s) Gewissen der Sozialen Arbeit" ist die Folge (Bommes/Scherr 2000, S. 40).
- Ein als „Technologiedefizit" bezeichnetes Unvermögen der Sozialarbeit macht deutlich, dass niemand den Klienten zu einer Verhaltensänderung zwingen kann. Nur der Klient kann sich selbst helfen.
- Der „Effizienzverdacht" macht auf die Gefahr aufmerksam, dass Sozialarbeit vorhandene Potentiale der Selbsthilfe verstellen könnte. Wer Hilfe anbietet, schafft möglicherweise Situationen, in denen die Aufrechterhaltung der Hilfsbedürftigkeit aussichtsreicher ist als ihre Selbstbehebung" (Baecker 1994, S. 93).

Alle genannten Dilemmata tragen dazu bei, dass Sozialarbeit Schwierigkeiten damit hat, sich als professionell, effizient oder effektiv zu beweisen.

2.5 Das gemeinsame Ziel der Sozialarbeit in Europa: Weiterentwicklung der Leistungsfähigkeit durch Konkurrenz und Vergleich

Unbeschadet dieser, die Leistungsfähigkeit begrenzenden Probleme entwickelt die Gesellschaft zunehmend hohe Erwartungen an die Sozialarbeit (Erath 2002). Wie aber kann sie vor diesem Hintergrund ihre Möglichkeiten und Grenzen plausibel darlegen? Die für dieses Buch grundlegende These lautet, dass keine nationale Sozialarbeit in der Lage ist, sich in dieser prekären Situation aus eigener Kraft optimal zu positionieren. Evidenzbasierte Verbesserungen und Weiterentwicklungen lassen sich heute nicht mehr allein über nationale Anstrengungen, sondern nur über den Vergleich unterschiedlicher europäischer Praxen und damit verbundener Forschungsergebnisse erzielen. Voraussetzung dafür ist allerdings ein genügend umsichtiger Umgang mit den jeweiligen Differenzen und der Verzicht auf übereilte Nivellierungen und Vereinfachungen. Vor diesem Hintergrund benötigen die einzelnen länderspezifischen Systeme Offenheit, die Bereitschaft zur Anschlussfähigkeit und zur Diskussion folgender möglicher Themen:

Methodenentwicklung
Die Ergebnisse der Methoden- und Praxisforschung in den verschiedenen Ländern müssen wahrgenommen und ausgetauscht werden. Die europäische Praxis muss sich zudem für den Transfer von Wissen und qualitativen Standards öffnen. Dies erscheint nicht nur aus fachlichen, sondern auch aus (europa-) rechtlichen und ethischen Überlegungen zwingend erforderlich.

Organisationsstruktur
Hier stellt sich für alle Länder – insbesondere aufgrund der sozial- und wirtschaftspolitischen Vorgaben der Europäischen Union – die verbindende Frage, wie ein jeweils optimaler Welfare Mix unter den nationalen, rechtlichen, politischen und kulturellen Bedingungen möglichst optimal entwickelt werden kann.

Ausbildungsformen und Ausbildungsniveaus
Geht man davon aus, dass eine hoch entwickelte Praxis der Sozialarbeit in allen europäischen Ländern auf Dauer unverzichtbar ist, dann kommt man nicht umhin, die enormen Unterschiede zwischen den einzelnen europäischen Ländern im Hinblick auf die Ausbildung zum Sozialarbeiter als problematisch bzw. kontraproduktiv zu beklagen. Nur eine europäische Annäherung auf Bachelor-, Master- und Promotionsebene kann hier auf Dauer eine qualifizierte und professionalisierte Praxis sicherstellen.

Theoriebildung und Forschung
Die Sozialarbeit braucht zur Sicherung eines hohen fachlichen Niveaus eine anschlussfähige Wissenschaftsentwicklung: In einigen Ländern überwiegt eine theoretische, in anderen Ländern eine empirische Ausrichtung. Diese gegensätzlichen Ausrichtungen müssen diskutiert werden, Forschungstraditionen müssen kritisch überprüft, miteinander verknüpft und gemeinsam weiterentwickelt werden.

Es besteht kein Zweifel darüber, dass diese Zielsetzung gerade auch im deutschen Interesse liegen muss, steckt die deutsche Sozialarbeit doch theoretisch und praktisch zur Zeit in einem Stadium der Unzeitgemäßheit, aus dem sie sich nur befreien kann, wenn sie bereit ist, ihre eigenen Denk- und Handlungsweisen selbstkritisch zu reflektieren und im Lichte der Praxen anderer europäischer Nachbarländerr zu überprüfen (siehe dazu Kap. 8.4). Auf diese Weise könnten schließlich nicht nur nationale Einseitigkeiten überwunden und die je eigenen blinden Flecke erkannt und behoben werden, sondern Synergieeffekte entstehen, die die einzelnen nationalen Sozialarbeitssysteme so dringend benötigen.

2.6 Zusammenfassung

In diesem Kapitel ging es vor allem darum zu zeigen, dass die Sozialarbeit nur dann einen Zugang zur europäischen Dimension finden kann, wenn sie bereit ist, die Suche nach ihrer vermeintlichen Identität zurückzustellen und sich selbst als Teil der Gesellschaft zu beobachten. Tut sie das, dann wird der Blick frei auf das, was sie aus gesellschaftlicher Sicht ist und leistet: Sozialarbeit ist eine Errungenschaft der modernen, demokratischen Gesellschaft, der die unverzichtbare Funktion zukommt, Exklusion zu bearbeiten und Inklusion zu ermöglichen (Baecker 1994, Bommes/Scherr 1996).

Vor dem Hintergrund dieser, die Einheit der Sozialarbeit begründenden Bestimmung kann sie sich dann daraufhin betrachten, wie sie versucht, die mit ihrer Funktion verbundenen Aufgaben möglichst optimal auszufüllen. Dabei ist jedoch für die Sozialarbeit in Europa zusätzlich davon auszugehen, dass die Art und Weise dieser Funktionserfüllung sowohl durch nationale als auch durch europäische Bedingungen beeinflusst wird:

1. durch die fundamentale Bedeutung, die alle europäischen Sozialpolitiken der Analyse und Bearbeitung von Exklusionsrisiken zumessen;
2. durch die Diskussion eines europäischen Sozialmodells, das trotz vielfältiger Unterschiede auch grundlegende Gemeinsamkeiten aufweist;
3. durch Orientierung an gemeinsamen methodischen Verfahren wie z. B. der Offenen Methode der Koordinierung;
4. durch die Entwicklung weitaus mehr ähnlicher als unterschiedlicher Strategien bei der Bearbeitung der gesellschaftlichen Probleme im Rahmen des Welfare Mix.

Diese und natürlich weitere transnationale Einflüsse bewirken, dass die Sozialarbeit in Europa neben zahlreichen Unterschieden auch immer Gemeinsamkeiten ausbilden muss. Wobei eine völlige Angleichung deshalb nicht möglich wird, da die Autopoiesis der verschiedenen nationalen Systeme nicht erwarten lässt, dass sich völlig gleiche Handlungsmuster ergeben. Dies stellt aber vor allem dann kein Problem dar, wenn man weiß, dass es in der Sozialarbeit nie um die Suche nach Ideallösungen geht, sondern stets um die je aktuelle Bearbeitung von Dilemmastrukturen, wie sie z. B. als „doppeltes Mandat", „Technologiedefizit" oder „Effizienzverdacht" zum Ausdruck kommen.

Aus einer vergleichenden Sicht kann Europa somit als ein „Experimentierfeld" betrachtet werden, auf dem die unterschiedlichen, jeweils gerade stattfindenden nationalen Sozialarbeitssysteme operieren. Im Vergleich können sie nun auf ihre vermeintlichen Schwächen und Stärken hin beobachtet und diskutiert werden. Um dies leisten zu können, gilt es zunächst noch die dafür erforderlichen wissenschaftstheoretischen Voraussetzungen zu schaffen und die Grundlagen einer vergleichenden Sozialarbeitsforschung zu entwickeln. Dies soll im nächsten Kapitel geschehen.

3 Sozialarbeit in Europa als Forschungsprogramm

Die in Kapitel 2 vorgenommene Funktionsbestimmung der Sozialarbeit erlaubt nun eine Auseinandersetzung mit den wissenschaftstheoretischen und methodologischen Fragen einer vergleichenden Sozialarbeitsforschung. Vergleiche innerhalb der Sozialarbeit in Europa sind auf vielen Ebenen möglich. Nur wer vergleicht muss sich jeweils klar darüber sein, welches Interesse vorliegt (ein pragmatisches, historisches, theoretisches, politisches, etc.) und welche methodischen Voraussetzungen dementsprechend gegeben sein müssen, damit möglichst aussagekräftige Ergebnisse erzielt werden können. Um eine solche Aufgabe leisten zu können, muss die Sozialarbeit zunächst die Perspektive einer Handlungswissenschaft oder angewandten Wissenschaft einnehmen. Erst dann wird sie sich nämlich der Problematik, sich im Rahmen von Vergleichen an wissenschaftlichen Gütekriterien orientieren zu müssen, methodologisch bewusst und kann die Fehlschlüsse offen legen, die da entstehen können, wo Erkenntnisse in Praxisaussagen transformiert werden. Ein europäisches Forschungsprogramm kann entstehen.

Um diese Argumentation zu belegen, werden in einem ersten Teilkapitel zunächst wichtige Aussagen zur Positionierung der Sozialarbeit als Handlungswissenschaft getroffen (Kap. 3.1). Daran anschließend werden verschiedene Probleme, die mit dem Vorgang des Vergleichens verbunden sind, diskutiert. Ausgehend von der Prämisse „funktionaler Äquivalenz" (Schriewer 2000) wird dann gezeigt, dass Vergleiche grundsätzlich möglich sind, dass es aber ein Gebot wissenschaftlicher Redlichkeit ist, das jeweilige Vergleichsinteresse offen zu legen (Kap. 3.2). Methodologische Fragen und Möglichkeiten des Vergleichens werden dann in einem weiteren Kapitel dargelegt (Kap. 3.3). Abschließend wird dann das Programm einer vergleichenden Sozialarbeitsforschung vorgelegt: Es besteht darin, inter- und intrasystemische Fachdialoge zu identifizieren und auf darin vorhandene transnationale Entwicklungen zu diskutieren (Kap. 3.4). Zum Abschluss des Kapitels erfolgt eine kurze Zusammenfassung (Kap. 3.5).

3.1 Wissenschaftstheoretische Fragen einer vergleichenden Sozialarbeitsforschung

3.1.1 Sozialarbeit als Wissenschaft und Praxis

Wie wir in Kapitel 1 dargestellt haben, sind Vorbehalte gegen eine europaorientierte Perspektive einer vergleichenden Sozialarbeitsforschung insbesondere aus zweierlei Gründen heraus entwickelt worden:

(1) Im Rahmen einer gesellschaftskritischen bzw. normativen Perspektive erscheint Europa als ökonomische Einheit, die lediglich daran interessiert ist, Privatwirtschaft zu ermöglichen und Profite zu garantieren. Sozialarbeit muss sich demnach als politische Gegenbewegung verstehen und versuchen, Gesellschaft nach den Maßstäben einer gerechten Welt zu beeinflussen. Fraglich muss hier bleiben, ob es heute noch ausreicht, sich als kritische Sozialarbeit in Postwohlfahrtsstaaten zu positionieren, ohne sich eingestehen zu müssen, dass auch die Sozialarbeit selbst Teil des Ganzen ist und sich demzufolge gleichfalls der Beobachtung und der Kritik stellen muss. Denn auch die kritische Sozialarbeit produziert und reproduziert politische Rationalitäten und muss diese legitimieren (Kessl 2009, S. 315).

(2) Vertreter einer hermeneutischen Sozialpädagogik weisen auf methodologische Schwierigkeiten beim Vergleich unterschiedlicher nationaler Formen der Sozialarbeit hin und halten nur eine „Fall zu Fall" Abwägung für möglich. Hier wird Sozialarbeit als individuelle und je einzigartige Praxis definiert, die im Grunde gar keinen Vergleich zulässt. Dies ist vor allem insofern bedauerlich, da es offensichtlich keinen Weg gibt, das vielfältige Einzelwissen in ein systematisch-fallübergreifendes Wissen zu transferieren.

Beide Argumentationslinien entstammen der Tradition der sozialpädagogisch inspirierten Sozialarbeit, wie sie in Deutschland seit den 1970er Jahren üblich war. Erst seit Beginn der Debatte um die Sozialarbeitswissenschaft ist auch in Deutschland zunehmend erkannt worden, dass man der Sozialarbeit in ihrer Substanz nur gerecht wird, wenn man sie nicht nur als Theorie-Praxis-„Einheit" konstruiert, sondern umfassender als „Praxis" und „Wissenschaft" mit je eigenen unverwechselbaren Codes. Denn,

- als Praxis unterliegt sie den Bedingungen der Wirklichkeit, des Erfolges, der Wirksamkeit; hier darf Sozialarbeit eigene Interessen verfolgen, strategisch handeln und sich gesellschaftlich positionieren. Hier gelten die Grundsätze und Regeln der Lebenswelt;
- als Wissenschaft muss sie in der Lage sein, methodisch anerkannte Reflexion zu organisieren, Plausibilitätsprobleme zu kommunizieren und hinreichend überprüftes Wissen zu generieren. Hier gelten die Grundsätze des wissenschaftlichen Systems.

Unter der programmatischen Überschrift „What is social work?" hat Haluk Soydan (1999, S. 21) auf diese Unterscheidung hingewiesen und deutlich gemacht, dass sich Sozialarbeit in voneinander unabhängige und zugleich abhängige Teile untergliedern lässt:

> „Here I shall distinguish between three independent but interrelated concepts to explore what social work is. It is important analytically to keep apart social work as *practical activity*, an *academic discipline* and a *research tradition*. Hans Berglin, a professor of social work in Sweden has implied a similar distinction. He uses the terms ‚academic discipline' and ‚research field.'" (ebd. S. 21)

Jede dieser drei Perspektiven hat ihre eigene Bedeutung: so hat die Praxis ein Handlungsinteresse (Wie kann gehandelt werden?) und die Wissenschaft ein theoretisches (Warum ist das so?) und ein empirisches Interesse (Wie lässt sich das beweisen?). Aus der jeweiligen Verklammerung der Teilaspekte ergeben sich (da wir im Folgenden die Perspektiven Theorie und Forschung zur Perspektive der „Wissenschaft" zusammenziehen) zwei Blickrichtungen:

(1) Von der Wissenschaft zur Praxis: Hier geht es darum, von theoretischen oder empirischen Erkenntnissen aus die Praxis zu beeinflussen. Es spielt dabei keine Rolle, woher die jeweilige Erkenntnis stammt, sie kann theoretisch-spekulativ oder empirisch-induktiv gewonnen sein. Oftmals handelt es sich dabei um eine Perspektive der „research for change" (ebd. S. 27).
(2) Von der Praxis zur Wissenschaft: Hier geht die Veränderung von der Praxis aus. Angesichts drängender Probleme (wie z.B. Armut, Arbeitslosigkeit, etc.) wollen und müssen Sozialarbeiter handeln, sie erproben Strategien und entwickeln konzeptionelle Lösungen. Diese Perspektive wird heute oftmals als Best Practice bezeichnet.

Vernachlässigt man eine der beiden Seiten, dann erhält man, wie Soydan dies andeutet, entweder eine philosophierende und damit wenig konkrete Wissenschaft oder eine theorielose und damit blinde Praxis (ebd. S. 33). Jedoch sind Wissenschaft und Praxis strikt dazu aufgefordert, die unterschiedlichen Codes der jeweiligen Teilsysteme zu akzeptieren und sich daran zu orientieren: Im Gegensatz zur Praxis nimmt Wissenschaft (verstanden als Theorie und Empirie) gegenüber den Phänomenen eine besondere Perspektive ein:

1. Wissenschaft spezifiziert sich nicht auf bestimmte Phänomene hin (den Menschen, die Gesellschaft, etc.), sondern geht von „theoretisch erzwungenen Unterscheidungen" aus, die sich nach Maßgabe ihrer Theorien und Modelle bilden (Luhmann 1997, S. 452). Wissenschaft kann z.B. verschiedene nationale Praxen nicht auf ihre Gemeinsamkeiten hin beobachten, ohne diese Gemeinsamkeiten vorher modellhaft (z.B. als Case Management) festgelegt zu haben.
2. Eine bestimmte Form der Beobachtung kann dem Wissenschaftssystem nicht von außen erzwungen, sondern nur an es herangetragen werden. Die Frage nach den Wirkungen der Sozialarbeit kann von Seiten der Praxis an die Wissenschaft herangetragen werden, diese muss die Frage aber nach ihren eigenen Modellen umformulieren und im Rahmen bestimmter methodischer Arrangements (z.B. im Rahmen von Itembildung, Quantifizierungen, etc.) zu beantworten suchen.
3. Was in der Wissenschaft erforscht und falsifiziert wird, unterliegt den Bedingungen und Regeln des Wissenschaftssystems; somit besteht keine Möglichkeit mehr, diese Bedingungen und Regeln durch die Praxis zu steuern.

Wissenschaftlich geprüftes Wissen ist deshalb immer etwas anderes als Praxiswissen. Daher muss die Praxis mit wissenschaftlich geprüftem Wissen vorsichtig umgehen und deshalb hat die Sozialarbeitspraxis vor allem in Deutschland häufig kein Interesse an diesem Wissen. Denn dieses Wissen bezieht sich zum einen nicht auf die gesamte, sondern nur auf eine stark reduzierte Wirklichkeit. Zum anderen kann Wissenschaft, da sie mit ihrer Perspektive Praxis verfälscht, die Wahrheitsfrage lediglich in einem geschützten Raum diskutieren. Das Problem sind nun offensichtlich Übersetzungsleistungen: Der Gewinn wissenschaftlichen Denkens und Handelns besteht vor allem darin, dass Wissenschaft etwas kann, was keinem anderen sozialen System zugetraut wird, nämlich nicht nur mit Wahrheit, sondern auch mit Unwahrheit umzugehen. Auf diese Weise kann im Zusammenspiel von Wissenschaft und Praxis Altes kritisiert und abgelöst und Neues gedacht und erprobt werden. Aber – da es sich hier um eine Vermischung von wissenschaftlichem und praktischem Denken handelt – muss dies ohne Anspruch auf völlige Sicherheit seitens der Praxis und ohne Anspruch auf völlige Gewissheit seitens der Wissenschaft geschehen.

3.1.2 Sozialarbeitswissenschaft als Handlungswissenschaft

Wenn Sozialarbeit immer schon für eine wissenschaftliche und praktische Auseinandersetzung steht, dann stellt sich die Frage, was die eigentliche Perspektive der Sozialarbeit sowohl als Praxis als auch als Wissenschaft ist. Nach Soydan handelt es sich bei der Sozialarbeit um ein „basic scientific undertaking to hold together three elements: to have a theory of society or of man as social being, to have a programme, a scheme for changing problematic situations, and to have a group of people committed to carrying this change through" (Soydan 1999, S. 6).

Vor diesem Hintergrund ergibt sich folgerichtig eine Zuordnung der Disziplin zu den Sozialwissenschaften und deren Programm. Insbesondere drei Fragen werden in diesem Feld bedeutsam:

1. Wie kann unter Zuhilfenahme geeigneter Theorien oder Modelle die Komplexität der sozialarbeitswissenschaftlichen Fragestellung angemessen reduziert und damit wissenschaftlich bearbeitbar gemacht werden?
2. Inwiefern kann Sozialarbeitswissenschaft ihren Gegenstand, die professionelle Beeinflussung sozialer Probleme, so bearbeiten, dass sich daraus ein Vorteil bei der Erklärung und Gestaltung dieser Aufgabe ergibt?
3. Wie ist das Zusammenspiel von Bedingungen und Folgen bei der professionellen Bekämpfung/Vermeidung sozialer Probleme zu denken? (Homan/Suchanek 2000, S. 392 ff., zusammenfassend: Erath 2006, S. 49 ff.)

Deutlich wird hier, dass Sozialarbeitswissenschaft nicht nur ein theoretisches, sondern auch ein empirisches und praktisches Erkenntnisinteresse hat. Es handelt sich somit um eine Handlungswissenschaft (Sommerfeld 2010, Jonckheere 2010, S. 440 ff.), einen Wissenschaftscharakter, den auch Sylvia Staub Bernasconi in jüngster Zeit deutlich betont (2007, S. 157 ff.). Sie versucht im Rahmen ihrer „prozessual-systemischen Denkfigur" zu zeigen, dass

- sich die Handlungswissenschaft Soziale Arbeit mit einer ganz bestimmten Auswahl sozialer Probleme (beeinträchtigtes Wohlbefinden, problematische Austauschbeziehungen und soziale Machtproblematiken) auseinander zu setzen hat (ebd. S. 180 ff.);
- soziale Probleme via spezieller Handlungstheorien professionell bearbeitet werden können (Ressourcenerschließung, Bewusstseinsbildung, Identitäts-, Kultur- oder Modellveränderung, Kompetenzförderung, soziale Vernetzung, Ermächtigung, demokratisches Aushandleln neuer Regeln, Umgang mit Gewaltereignissen, Soziallobbying und Öffentlichkeitsarbeit (ebd. S. 211);
- sich die Sozialarbeiter bei deren Umsetzung an bestimmten Vorgaben wie z. B. wissenschaftlichen Beschreibungen, berufsbezogenen ethischen Kodexen und den Menschenrechten zu orientieren haben (ebd. S. 200 f.).

Die Problematik des Ansatzes von Staub-Bernasconi besteht allerdings darin, dass sie im Rahmen ihrer handlungswissenschaftlichen Grundlegung keine klare erkenntnistheoretische Unterscheidung zwischen theoretischen, empirischen, praktischen und normativen Aussagen oder Wissensformen zulässt und schließlich einer „normativen Handlungswissenschaft" (ebd. S. 205) das Wort spricht. Damit aber gefährdet sie den Wissenschaftscharakter der Sozialarbeit und leistet der Ideologisierung Vorschub.

Peter Sommerfeld (1998 a, 1998 b) hat diese Gefahr erkannt und davon gesprochen, dass Sozialarbeit als Handlungswissenschaft „einer doppelten, nämlich theoretischen und technologischen Aufgabenstellung" (1998 a, S. 15) Rechnung zu tragen hat. Sie muss auf eine Unterscheidung zwischen „theoretischer Modellbildung durch erfahrungsgesättigte und nachprüfbare Daten" und „technologischen Aussagen" bestehen und diese Unterscheidung nach außen deutlich markieren. Dazu müssen zwei Modi der Erkenntnisgewinnung unterschieden werden: der Modus der akademisch, disziplinär und hierarchisch und der der anwendungsorientiert und transdisziplinär ausgerichteten Wissensproduktion. Nur durch eine solche komplexere Organisation erscheint es seiner Ansicht nach möglich „sowohl handlungsrelevantes, problemlösendes Wissen zu erzeugen als auch die theoretische und technologische Wissensbasis mittel- und langfristig zu verbessern" (ebd. S. 26).

Auch Sommerfeld deutet an, dass eine rein hermeneutisch-kritische Betrachtung der Sozialarbeit nicht ausreichend ist:

> „Mit der Forschung geht eine andere Akzentsetzung in der Perspektive einher: Es geht weniger darum, wie die Soziale Arbeit sein sollte, sondern vielmehr darum, wie sie ist, um von da aus die in der Tradition der Moderne eingelagerte Frage zu stellen, wie sie optimiert werden könnte. Dieser Anspruch wird auf Dauer an jede Profession gestellt, ist also keine Innovation der Sozialen Arbeit." (Sommerfeld 2010, S. 35)

Damit gelingt es Sommerfeld, die Relevanz von wissenschaftlicher Theoriebildung, empirischer Forschung, Praxisforschung und Wissensproduktion für die Sozialarbeit darzulegen und gleichzeitig die einzelnen Faktoren voneinander zu unterscheiden. Nur vor dem Hintergrund dieser Unterscheidungen aber wird eine vergleichende Sozialarbeitsforschung möglich.

3.2 Methodologische Fragen einer vergleichenden Sozialarbeitsforschung

3.2.1 Der Ausgangspunkt: Funktionale Äquivalenz

Betrachtet man Sozialarbeit als Funktion moderner Gesellschaften und Sozialarbeitswissenschaft als die diese auf unabhängige Weise beobachtende Instanz, dann muss sich für die Sozialarbeitsforschung eine vergleichende Betrachtung im Kontext von Europa geradezu aufdrängen. Denn – als Teilsystem der Gesellschaft wird Sozialarbeit auch durch den europäischen Kontext beeinflusst, weswegen die Unterschiede in den Reaktionsweisen der verschiedenen nationalen Systeme auf diesen Kontext höchst aufschlussreiche Erkenntnisse versprechen. Betrachten wir die verschiedenen Systeme auf Unterschiede und Übereinstimmungen so ergibt sich eine interessante Diskussion und der Vergleich von unterschiedlichen Strategien und Lösungen.

Ganz in diesem Sinne hat Jürgen Schriewer (2000) vorgeschlagen, bei Vergleichen in der Erziehungswissenschaft nicht rein nomothetisch oder historisch vergleichend vorzugehen, sondern vom Konzept einer „functional equivalence" (ebd. S. 40 f.) auszugehen. Die Unterstellung einer funktionalen Äquivalenz vermeidet nämlich eine kausale Zuschreibung und lässt der Funktion (Exklusionvermeidung und Inklusionsvermittlung) einen kontingenten Spielraum zwischen Problem und Problemlösungsmöglichkeiten. Auf unser Vorhaben angewendet: die funktionale Äquivalenz der europäischen Sozialarbeit kommt gerade nicht in ihrer Gleichheit, sondern in ihrer Verschiedenheit zum Ausdruck. Unterschiedliche historisch vorfindbare Lösungsmöglichkeiten können als Lösungen ein und desselben Problems innerhalb verschiedener Umwelten verstanden werden.

> „Man kann sagen, dass das Historische nicht Grund, sondern nur Modalität der Entwicklung jeder Sonderfigur ist. Diese bleibt jenseits der nationalen Traditionen mit den universalen Grundproblemen ihrer Ordnungsaufgabe verbunden. Aber wir können sie nicht ‚abstrakt' aus ihr erklären und mit anderen Lösungen vergleichen, sondern nur als Teil ihrer historischen Gesamtordnung, in der sie die gleiche Funktion ausübt, wie ihr entsprechende Figuren in den Vergleichssystemen" (Esser, zitiert in Schriewer 2000, S. 43). Diese Verschiedenheit gilt es zu erfassen und zu diskutieren, ganz entsprechend der paradoxen Aussage von Adam Przeworski, der behauptet, dass „a consensus exists that comparative research consists not of comparing but of explaining." (zitiert in Schriewer 2000, S. 8)

> „Comparative analysis, correspondingly, undergoes a far-reaching change. It is transformed from a *quasi-experimental procedure of testing hypothetical statements assuming, in*

universalist terms, some definite consequences following from particular causes of the neces-
sary conditions for producing particular effects into the empirical uncovering of a range,
structured with reference to a functional vantage point, of alternative possibilities of pro-
ducing particular effects." (ebd. S. 41)

Im Vergleich finden also gegensätzliche intellektuelle Operationen statt: es geht dabei zum einen um eine Generalisierung in einem theoretischen Sinne und um die Re-Spezifizierung in einem historischen Sinne.

(1) Generalisierung meint dabei die theoretische Konzeptionalisierung eines besonderen Untersuchungsgegenstandes, wie z.B. Risikomanagement. Damit verbunden ist eine Darlegung der Problematik der jeweiligen Sichtweisen.

(2) Unter Spezifizierung versteht man dann die Analyse dieses Konzeptes vor dem Hintergrund seiner historisch konkretisierten Realisierung (hier im Beispiel: die Umsetzung von Risikomanagement in unterschiedlichen kulturellen und nationalen Kontexten).

Beides muss sorgfältig geschehen, zeigt aber deutlich, dass der Wert von Verglei-chen nicht darin bestehen kann, einzelne Problemlösungen (Spezifizierungen) einfach in andere Settings zu übertragen, sondern dass der Wert vergleichender Studien nur darin bestehen kann, die soziale Praxis zu informieren, ohne sie zugleich leiten zu wollen (Schriewer 2000, S. 52). Insofern wollen die in den folgenden Kapiteln dargestellten fachlichen Dialoge Informationen vorstellen, nicht um kausale Erklärungen anzubieten, sondern um aufzuzeigen und darzustel-len, wie unterschiedliche Länder aus unterschiedlichsten Gründen unterschiedli-che oder ähnliche Lösungen für gleiche Probleme finden.

Heinz Heckhausen hat in diesem Zusammenhang von der Notwendigkeit einer „theoretischen Integration" (1972, S. 84) gesprochen. Vergleichende Studien müs-sen seiner Ansicht nach in der Lage sein, verschiedene Fragen befriedigend zu beantworten, wie z.B.

- Aus welcher Perspektive heraus werden die verschiedenen zu vergleichenden Objekte definiert? Gibt es eine übergreifende Definition?
- Welche der betreffenden Dimensionen lassen sich befriedigend vergleichen, welche nicht?
- Nach welchen Kriterien sollen verschiedene Aspekte, Praxen, etc. miteinander verglichen werden: Nach Aspekten der Effektivität, der Stringenz, der ideologi-schen Ausrichtung?

Auch Ivo Züchner (2007) fordert für die Wissenschaft eine saubere Vergleichs-logik. Beim Vergleichen darf es seiner Ansicht nach nicht so sehr um die Paralle-lisierung bestimmter Phänomene gehen, sondern muss es sich um einen durch die wissenschaftliche Methode vorgegebenen Vergleichsprozess handeln:

„Die Komparation versucht demgegenüber gezielt Punkte herauszuarbeiten und zu ana-lysieren, indem die Unterschiede und Übereinstimmungen zweier oder mehrerer Phäno-mene, das Wechselverhältnis von Analogie und Differenz, beschrieben und nach Möglich-keit auch gedeutet und erklärt werden. Die Komparation ist immer auf eine Fragestellung ausgerichtet und geht über eine Gegenüberstellung hinaus. Gleichzeitig wird in der Komparation vorausgesetzt, dass die verglichenen Phänomene bestimmte vergleichbare Strukturen oder Funktionen haben. Dies macht die Bildung empirischer bzw. theoretischer Kategorien notwendig. Die Komparation zielt darauf, Ergebnisse des Vergleichs ableiten zu können, die den Charakter eines allgemeineren Erkenntnisfortschritts haben." (Züchner 2007, S. 19)

Im Rahmen solcher Vergleiche schlagen Friesenhahn/Kniephoff-Knebel (2011, S. 35 ff.) eine fünfstufige Vorgehensweise vor, die als Grundlage für Einzelstudien dienen kann:

1. Festlegung des Tertium Comparationis und damit verbunden der Erkenntnis leitenden Fragestellung.
2. Festlegung von relevanten Vergleichsfaktoren bezogen auf die Fragestellung.
3. Sammlung der je länderspezifischen Daten und Fakten.
4. Gegenüberstellung und Vergleich der erzielten Ergebnisse.
5. Diskussion der Vergleichsergebnisse vor dem Hintergrund kontextueller Deutungen.

Was die möglichen Inhalte des Vergleichens anbelangt, diskutieren Anna Meeuwisse und Hans Swärd (2007) verschiedene Arten eines systematischen Beschreibens bzw. Vergleichens. Dazu werteten sie in einer Studie eine Vielzahl von Datenbanken über vergleichende Studien aus. Im Gegensatz zu Shardlow/Cooper 2000, die eine wesentlich breitere Systematik entwickeln, schlagen Meeuwisse und Swärd vor, Vergleiche vor dem Hintergrund unterschiedlicher sozialpolitischer Modelle, professionsorientierte Vergleiche und praxisorientierte Vergleiche voneinander zu unterscheiden

Insgesamt halten beide die Aussagekraft solcher Vergleiche jedoch für eher begrenzt. Sie schlagen vor, die Ergebnisse, die mittels solcher Vergleiche erzielt worden sind, als Hypothesen zu werten, die dann einer empirischen Überprüfung ausgesetzt werden müssen.

3.2.2 Vergleich und Interesse

Seit 2000 nimmt die Anzahl vergleichender Betrachtungen oder Studien deutlich zu. Gleichzeitig gehen sie über die bis dahin gängigen Länderdarstellungen (vgl. Puhl/Maas 1997, Adams/Erath/Shardlow 2000) hinaus und zielen auf Wissenserweiterung und vorsichtigen Wissenstransfer (z. B. Adams/Erath/Shardlow 2001). Wolfgang Mitter (2009) unterscheidet hier zwischen dem Vergleich in „aufklärerischer", d. h. analytisch-objektiver und „melioristischer", d. h. verändernder und verbessernder Absicht. In der Praxis lassen sich aber beide Herangehensweisen nicht wirklich klar voneinander unterscheiden:

„Illusionär wäre freilich die Annahme, dass sich in der Praxis dieser Beziehung die Grenze in jedem Fall geradlinig und starr ziehen ließe, zumal institutionelle, personale und finanzielle Faktoren eine Rolle spielen. Zumindest galt in der Vergangenheit, dass universitäre For-

scher sich eher den Erwartungen von Bildungspolitikern, mit entscheidungsreifen Ergebnissen versorgt zu werden, erwehren konnten, als dies ihre Kollegen, die an regierungs-
abhängigen Instituten arbeiteten, möglich war." (Mitter 2009, S. 28)

Christel Adick (2009) hat verschiedene Reflexionsebenen und Wissensformen für
die vergleichende Erziehungswissenschaft ausgemacht. Im Rahmen der Abbildung 2 wurde versucht, die von ihr entwickelte Logik analog für eine vergleichende Sozialarbeitswissenschaft zu übernehmen.

	Reflexionsebene	Wissenstypus	Methode (Art der Erkenntnis-gewinnung)	Produzierte Text-gattungen
Referenzsystem Praxis	Sozialarbeit	Alltägliches Handlungswissen	Interessiert wahr-genommene und gedeutete Praxis	Praxisberichte, Doku-mente, Filme, Besichti-gungen, Gespräche
	Sozialarbeitslehre	Regelwissen und Modellwissen, Sozialarbeits-lehren, Professionswissen	Systematische Refle-xion, nach bestimm-ten Aspekten geord-net und mit Forschungsergebnis-sen angereichert	Lehrbücher der Sozial-arbeit, Beschreibung von Arbeitsfeldern, Tätigkeitsmerkmalen und Zielgruppen
Referenzsystem Wissenschaft	Sozialarbeits-wissenschaft	Wissenschaftliches Wissen	Methodisch kontrol-lierte Prüfung von Aussagen auf Richtig-keit und Legitimität	Theoretische Fragestel-lungen, Modellverglei-che, Methoden-reflexion, Forschungs-berichte
	Wissenschaftstheorie	Metatheoretisches und methodo-logisches Wissen	Kritische Reflexion der Wissenschaftspraxis, ihrer erkenntnis-theo-retischen gesellschaft-lichen Voraus-setzungen und Folgen	Wissenschafts-geschichte u. For-schungspraxis der Ver-gleichenden Sozial-arbeitsforschung, Theorienvergleiche, Paradigmenwechsel

Abb. 2: Reflexionsebenen und Wissensformen in der Sozialarbeitswissenschaft (vgl. Adick 2009)

3.3   Vergleich und Methode

Vergleiche können schließlich auch danach unterschieden werden, welche wissenschaftstheoretische Perspektive jeweils eingenommen und welche methodischen
Zugänge gewählt werden. Folgende Perspektiven lassen sich unterscheiden:

Phänomenologische Vergleiche
Dabei handelt es sich um die anspruchsloseste Form des Vergleichens. Objekte,
Prozesse oder Denkweisen werden phänomenologisch bestimmt (z. B. das Auf-
gabenfeld und die Kompetenzen eines Sozialarbeiters im Krankenhaus) und

dann transnational miteinander verglichen. Dazu werden die verschiedenen Aspekte (z. B. könnten dies der Rahmen der Ausbildung, Dauer, Kosten, Curriculuminhalte, Prüfungsbedingungen, etc. sein) parallelisierend beschrieben. Zusätzlich können wichtige statistische Daten, gesetzliche Grundlagen, kulturelle Bedingungen, etc. hinzugefügt werden. Der Leser einer solchen Darstellung erhält damit eine Fülle von mehr oder weniger relevanten Teileinsichten, die er für sich benutzen kann: er kann das „Fremde" als fremd empfinden, er kann es bewundern, er kann es adaptieren oder hinterfragen. Wichtig ist: der Vergleich findet im Kopf des Betrachters statt und ist nicht objektiv; Fehleinschätzungen, Idealisierungen und Ideologisierungen können die Folge sein.

Pragmatische Vergleiche
Das pragmatische Denken will Gewissheit, Klarheit und Gründlichkeit. Insofern sind Vergleiche bei Praktikern, die ihrer eigenen Praxis fragend und reflektierend gegenüberstehen, sehr beliebt. Häufig reisen Praktiker und Auszubildende an bestimmte Orte, um bestimmte konkrete Verfahren kennen zu lernen. Auch solche Absichten erscheinen legitim, solange sich die Durchführenden der Problematik bewusst bleiben, die mit dem Transfer kulturell bedingter Praxen verbunden ist. Möglicherweise ist die Idee und Praxis einer solchen Sache ja fachlich positiv, aber aus irgendwelchen Gründen nicht umsetzbar. So bestaunen deutsche Sozialarbeiter immer wieder das transdiziplinäre und interprofessionelle Arbeiten der Sozialarbeiter im Bereich des Kinderschutzes in Schweden, Finnland und England. Entsprechende Datenschutzgesetze und die Stellung, die das deutsche Recht den Eltern einräumt, lassen aber die dort vorfindliche Praxis bei uns nicht zu (Hämäläinen/Schieren 2010). Wer dies nicht sieht, vergleicht und handelt naiv: hier müsste es also darum gehen, die konkreten Praxen vor dem Hintergrund damit verbundener gesellschaftlich-kultureller Bedingungen zu eruieren und im Rahmen ihres jeweiligen soziokulturellen Kontextes sorgfältig zu analysieren und zu positionieren.

Normative Vergleiche
Selbstverständlich kann man beim Vergleichen auch eine moralische Perspektive einnehmen. So nehmen deutsche Sozialarbeiter mit Verwunderung zur Kenntnis, dass in England Kinder bereits ab dem 10. Lebensjahr juristisch strafmündig sind. Oder: Schüler in England erhalten von der Schulkrankenschwester bei Bedarf Verhütungsmittel. Beide Vorgehensweisen werden von deutschen Sozialarbeitern in der Regel als moralisch nicht akzeptabel bewertet. Hier entsteht nun ein Anlass, über unterschiedliche Wertvorstellungen zu diskutieren und die verschiedenen Haltungen historisch, kulturell, politisch etc. zu erforschen. Auf diese Weise kann ein interkultureller Dialog entstehen, der für die jeweilige Urteilsbildung von hoher Bedeutung ist. Insbesondere ein Berufsstand, der sich als „Menschenrechtsprofession" versteht, muss sich mit unterschiedlichen Werten auseinander setzen und diese kritisch diskutieren.

Theoretische Vergleiche

Theoretisch geleitete Verfahren müssen zunächst eine „theoretisch erzwungene Unterscheidung" (Luhmann 1997, S. 452) einführen: man kann Formen der „neuen Armut", des „Case Management", der „reflexiven Praxis", etc. in verschiedenen Ländern nur vergleichen, wenn man vorher die betreffenden Begrifflichkeiten theoretisch definiert. Auf diese Weise definiert man das Tertium Comparationis, d. h. die den Vergleich bestimmende Kategorie. Sie bleibt neutral gegenüber den jeweiligen Phänomenen und erlaubt damit einen unvoreingenommenen Zugang. Allerdings gilt es auch hier, Vorsicht walten zu lassen, denn die solchermaßen erzeugten Befunde geben dem Betrachter einen Spielraum, den er „hermeneutisch" ausgestalten muss. Erst „aus dem Geiste eines solchen Verstehens, das Stärken und Schwächen zu sehen bereit ist, kann auch ein Bewerten erfolgen" (Waterkamp 2006, S. 195).

Hermeneutische Vergleichsverfahren

(a) Hypothesenbildende Verfahren

Gerade weil noch wenig europäisches Wissen innerhalb der Sozialarbeitswissenschaft vorhanden ist, geht es zunächst häufig darum, Theorien oder Thesen zu bilden, die später dann empirisch weiterbeforscht werden können. Daher sind hypothesenbildende Untersuchungen im Rahmen von qualitativen Forschungsverfahren wichtig, bei denen Interviews, Gruppengespräche, etc. eingesetzt werden. Die Frage, ob damit Erkenntnisse für die Praxis möglich werden, ist zunächst irrelevant. Es geht hier allein um die Frage des wissenschaftlichen Erkenntnisprozesses.

(b) Fallorientierte Vergleichsverfahren

Jurkowski/Tracy (2000) halten insbesondere Fallstudien für eine vergleichende Sozialarbeitsforschung von Vorteil: hier geht es darum, im Rahmen vorhandener konkreter Fälle zu beschreiben, wer in einem Land Hilfe unter welchen Umständen und auf welche Art und Weise bekommt. Solche Studien beziehen sich häufig auf bestimmte Zielgruppen der Sozialarbeit. Insgesamt sehen die Verfasser den Fokus der vergleichenden Studien insbesondere unter der Fragestellung, welche Zielgruppen welche Hilfen und Dienste bekommen (ebd. S. 468).

Wolfgang Berg plädiert vor diesem Hintergrund für die Einführung einer Methodik, die er im Anschluss an Hetherington (2001) als „case vignette" (Berg 2003, S. 247) und die Waterkamp als „Quasi-Experiment" (Waterkamp 2006, S. 197) bezeichnet. Die dabei zugrunde gelegte Logik geht davon aus, dass sich Sozialarbeit in je spezifischer (nationaler) Weise auf standardisierte Situationen einrichtet, die als „Grundrisse" bezeichnet werden können. Vor dem Hintergrund der verschiedenen „Responses" können dann die jeweiligen Vorgehensweisen anhand bestimmter Kriterien, wie z. B. Wirtschaftlichkeit, Gerechtigkeit, Fachlichkeit, etc. nicht nur verglichen, sondern möglicherweise auch bewertet werden. Geprüft werden kann dabei vor allem, „ob sich Objekte oder Vorgänge unter diesen Bedingungen erwartungsgemäß oder erwartungswidrig verhalten oder entwickeln" (Waterkamp 2006, S. 197).

(c) Typenbildende Vergleichsverfahren
Ähnlich sehen Homfeldt/Walser (2004) die Aufgaben einer sozialpädagogischen Komparatistik: diese muss sich ihrer Ansicht nach an der Funktion von Sozialpädagogik in der modernen Gesellschaft orientieren (siehe auch Schefold 1996) und die Frage nach den Integrationsweisen von Gesellschaft stellen. Eine dieser Fragestellungen kann demnach die „Organisation von Lebenslauf und Biographie" in einer Gesellschaft sein. Eine vergleichende Analyse von Biographien kann so zu Generalisierungen führen und Typenbildung möglich machen (ähnlich: Haupert/Kraimer 1991).

Systematische Vergleiche
Solche Vergleiche setzen eine sinnvolle „Systematik" voraus, bei der viele Variabeln logisch ausdifferenziert werden. Die einzelnen Variablen werden dann miteinander verglichen:

> „Man stelle sich vor, ein Frageraster von ca. 400 Fragen werde entwickelt, um zu jeder Frage die Informationen aus drei Ländern einzuholen. Jede Frage soll zur Bereitstellung von Detailinformationen führen, die jeweils nach Inhalt, Breite und Tiefe für jedes der drei Länder gleichartig sind. Die Gewährsleute in den Ländern müssen vielleicht mehrfach befragt werden, ergänzend muss wissenschaftliche Literatur und müssen rechtliche Texte hinzugezogen werden, um die Vergleichbarkeit der Informationen sicherzustellen. Die erhaltenen Informationen werden dann in einem dreispaltigen Erfassungsbogen gegenübergestellt." (Waterkamp 2006, S. 201 f.)

Auf der Basis dieser Daten werden dann generalisierende Aussagen formuliert, die einen Vergleich erlauben. Vor dem Hintergrund dieses Vergleichs könnten dann Verbesserungsvorschläge formuliert oder Veränderungsschritte konzipiert werden.

Vergleichende Effekt-, Wirkungs- und Evaluationsstudien
Jurkowski/Tracy (2000) problematisieren die Tendenz vergleichender internationaler Studien hin zu rein deskriptiven Beschreibungen und fordern trotz der vielen methodischen Schwierigkeiten stärker wirkungs- und programmorientierte Vergleiche (ebd. S. 455 f.).

Dabei soll der Vergleich von Programmen insbesondere auf folgende Fragen eine Antwort geben:

> „What is the country's program intended to do (goals, objectives, or strategies)? What public issue of problem is being addressed? How is the issue defined (measured, understood, or perceived)? Why is government involved (local, regional, state/province, or federal)? What is expected of government in addressing the problem? What other organisations and official bodies are expected to play a role? What are obstacles to implementing the program? How does the program reflect the nation's cultural, political, and economic environment? Does the program reflect principles of social insurance or social assistance, prevention or remediation, comprehension or categorization, integration or independence, public governance or privatization? The model also is based on information that

describes how the program is funded and administered as well as who is covered and what benefits and services they are entitled to receive." (ebd. S. 462)

Vergleichende Effekt- und Evaluationsstudien haben inzwischen insbesondere in der vergleichenden Erziehungswissenschaft eine große Tradition. Zahlreiche Studien, wie etwa IALS, TIMSS oder PISA, versuchen regelmäßig, das Kompetenzniveau von Schülern zu messen und länderübergreifend zu vergleichen (siehe dazu auch Allemann-Ghionda 2004, S. 150).

Historische Vergleichsstudien
Hier geht es um die Entwicklung der Sozialarbeit in verschiedenen Ländern, es geht um die historische Bedeutung bestimmter Fakten und Ereignisse und um die Rolle von Diskursgemeinschaften, die solche Fakten und Ereignisse interpretieren und beschreiben (Allemann-Ghionda 2004, S. 183, für die Geschichte der Sozialarbeit in Europa siehe dazu: Jovelin 2008).

3.4 Das europäische Forschungsprogramm: Aufweis fachlicher Dialoge und transnationaler Entwicklungen im intra- und intersystemischen Vergleich

Wenn jedes nationale System der Sozialarbeit auf seine Weise versucht, die eigene Leistungsfähigkeit unter Beweis zu stellen, dann stellt sich die Frage, ob dabei nicht die Einbeziehung europäischer Erfahrungen von Vorteil sein könnte. Stimmt man dieser These zu, dann ergeben sich für eine solche europäische Perspektive drei mögliche Frage- und damit zugleich Aufgabenstellungen:

(1) Welche Rolle und Stellung nimmt die Sozialarbeit in den verschiedenen Ländern Europas ein? Wenn festgestellt werden kann, dass sich die Sozialarbeit in einer ständigen Austauschbeziehung mit anderen relevanten Teilsystemen der Gesellschaft, wie z. B. Politik, Recht, Verwaltung und Ökonomie, befindet, dann geht es also um die *intersystemischen Dialoge*. Eine erste Aufgabe muss es also sein, zu beobachten, wie sich europäische Politik, Recht, Verwaltung und Ökonomie auf die nationalen Systeme der Sozialarbeit auswirkt und ob sich ähnliche Reaktions- und Kommunikationsmuster aufzeigen lassen (siehe Kap. 4).
(2) Welches Wissenschafts-, Praxis- und Professionsverständnis bildet die Sozialarbeit in Europa aus? Hier gilt es zu analysieren, welche fachlichen Dialoge in der Sozialarbeit in Europa geführt werden und ob sich gemeinsame europäische Linien ausmachen lassen. Es geht also um die Beschreibung der *intra-*

systemischen Dialoge im Bereich der Wissenschafts-, der Professions- und der Praxisentwicklung (Kap. 5–7).

Inter- und intrasystemische Dialoge wirken sich aber nicht nur in Publikationen und Forschungsbeiträgen aus, sondern führen auch zu einer Beeinflussung der nationalen Sozialarbeitssysteme. Insofern taucht eine weitere Frage- und Aufgabenstellung auf:

(3) Wie werden die verschiedenen nationalen Dialoge durch europäische Themenstellungen beeinflusst? Hier gilt es zu zeigen, dass die verschiedenen nationalen Systeme nicht unbeeinflusst vom europäischen Dialog bleiben, sondern sich nach Maßgabe ihrer eigenen Regeln verändern. Eine dritte Aufgabe wird es also sein, solche *transnationalen Entwicklungen* zu identifizieren und zu charakterisieren (Kap. 6).

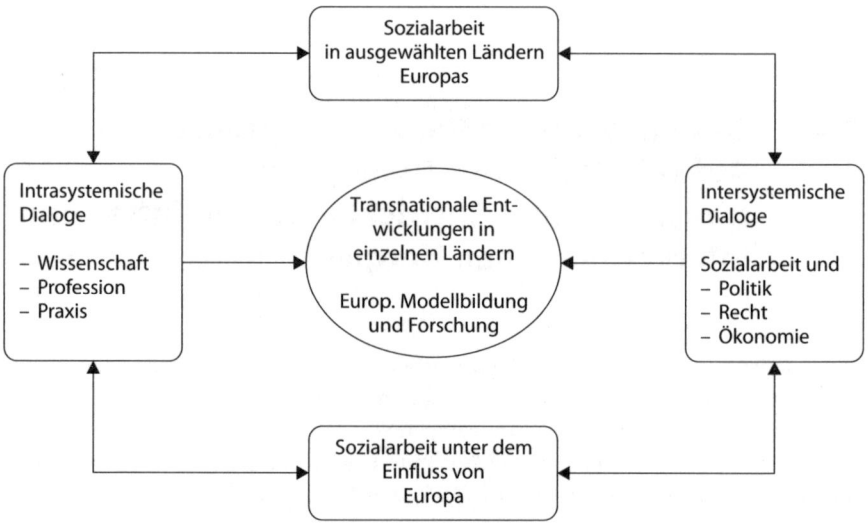

Abb. 3: Fachliche Dialoge und transnationale Entwicklungen in der Sozialarbeit

Abbildung 3 versucht diese Zusammenhänge darzustellen. Insgesamt lässt sich Sozialarbeit in Europa als ein dynamisches, sich aufgrund der verschiedenen nationalen und transnationalen Dialoge ständig veränderndes Konzept charakterisieren. Wie und in welchem Maße dies konkret geschieht, bleibt der jeweiligen Autopoiesis der Systeme vorbehalten.

Wichtige Ergebnisse solcher Dialoge sind neben konkreten transnationalen Entwicklungen vor allem die Entstehung und Diskussion neuer Begriffe und Modelle. Sie erlauben es, den europäischen Dialog zunehmend zu entwickeln, zu strukturieren und zu steuern. Auf diese Weise entsteht zugleich eine gemeinsame Wissenschafts- und Praxissprache, die wiederum den gegenseitigen Austausch erleichtert und anregt.

3.5   Zusammenfassung

Das Programm einer europäischen Sozialarbeitsforschung ergibt sich insbesondere dann, wenn man Sozialarbeit als Wissenschaft und Praxis versteht, die die Bearbeitung von Exklusionsphänomenen in modernen Gesellschaften reflektiert und bearbeitet. Wenn wir zudem davon ausgehen können, dass Sozialarbeit ihre Funktion nie endgültig optimal erfüllen kann, sondern sich stetig verändern und weiter entwickeln muss, dann kann der Vergleich auf europäischer Ebene dazu dienen, sich selbst zu beobachten, eigene Stärken und Schwächen im Vergleich zu erkennen und Wissen, das an einem bestimmten Ort bislang noch nicht zur Verfügung stand, dorthin zu transferieren.

Um diese Aufgabe leisten zu können, darf sich die Sozialarbeit aber nicht nur als Praxis, sondern muss sich auch als Wissenschaft konstituieren. Als angewandete Disziplin kann sie genügend Distanz zum Vergleichsgegenstand aufbringen, um den Regeln wissenschaftlichen Arbeitens Genüge zu leisten. Der europäische Rahmen für Vergleiche erscheint insbesondere deshalb als besonders geeignet, weil man mit Jürgen Schriewer (2000) die verschiedenen nationalen Sozialarbeitssysteme in Europa als funktional äquivalent bezeichnen kann. Aufgaben und Ziele dieser Sozialarbeitssysteme sind gleich, von Interesse für den Vergleich sind die unterschiedlichen Strategien, Methoden und Praxen, mit denen diese umgesetzt und erreicht werden sollen.

Aus methodischer Sicht eignen sich für Vergleiche insbesondere solche Verfahren, die ihre wissenschaftstheoretische Orientierung (wie z. B. Phänomenologie, Hermeneutik, Empirie, etc.) offen legen und sich methodisch an den jeweils aktuellen Erkenntnissen der Sozialwissenschaften orientieren. Eventuell bestehende politische Vorgaben müssen deutlich gemacht und kritisch diskutiert werden.

Fasst man die verschiedenen Vergleichsdimensionen zusammen, so lassen sich insgesamt folgende Fragestellungen entwickeln:

- Intersystemisch: Welche fachlichen Dialoge entwickeln sich zwischen der Sozialarbeit in Europa und anderen Teilsystemen der Gesellschaft, wie z. B. Politik, Recht, Administration, Wirtschaft (siehe dazu Kapitel 4)?
- Intrasystemisch: Welche fachlichen Dialoge werden im Bereich der Wissenschafts-, Professions- und Praxisentwicklung der Sozialarbeit in Europa geführt (siehe dazu Kap. 5, 6, 7)?
- Transnational: An welchen Stellen und auf welche Weise werden einzelne nationale Sozialarbeitssysteme aufgrund europäischer Einflüsse zu Veränderungen oder Weiterentwicklungen angestoßen (siehe dazu Kap. 8)?

Natürlich wird und muss sich aufgrund solcher Vergleiche keine gemeinsame Form der Sozialarbeit ausbilden. Eine solche Entwicklung widerspräche ja gerade der systemtheoretischen Argumentation, dass sich Teilsysteme, wie etwa die Sozialarbeit, in einem spezifischen Kontext (Nation, Europa) je autonom entwickeln und sich dadurch in der Art der Bearbeitung der an sie herangetragenen Fragestellungen unterscheiden müssen. Trotzdem – in einem gemeinsamen Rahmen müssen diese Unterschiede aber nicht mehr dazu führen, sich kopfschüttelnd voneinander abzuwenden. Jetzt werden im Gegenteil gemeinsame Dialoge möglich, die schließlich zu einer gemeinsamen (Fach-)Sprache führen können, die Vergleiche und Auseinandersetzungen um vieles präziser und die dabei erzielten Ergebnisse erst wissenschaftlich gültig und damit praktisch transferierbar werden lassen.

4 Sozialarbeit in Europa im intersystemischen Dialog: Sozialpolitik, Recht, Verwaltung, Wirtschaft

Betrachtet man Sozialarbeit als Teilsystem der Gesellschaft, das zu anderen Teilsystemen spezifische intersystemische Beziehungen unterhält, so sind aus einer europäischen Perspektive insbesondere zwei Fragen von besonderem Interesse. Erstens: Wie wirken sich die verschiedenen, von Europa ausgehenden (rechtlichen, politischen, etc.) Vorgaben – gefiltert durch die Teilsysteme der einzelnen Länder – auf das jeweilige nationale System der Sozialarbeit aus? Und zweitens: An welchen Stellen und warum gibt es transnational gesehen gemeinsame und unterschiedliche Reaktionsmuster?

Im folgenden Kapitel soll diesen Fragen nachgegangen werden. Als wichtiges Referenzsystem muss hier zunächst die Sozialpolitik genannt werden. Die nationale und europäische Sozialpolitik entwickelt Rahmenbedingungen zur Lösung sozialer Probleme, die von der Sozialarbeit nicht nur zur Kenntnis genommen und auf mögliche Folgewirkungen hin diskutiert werden müssen, sondern die die Sozialarbeit auch enorm beeinflussen. Entsprechende Dialoge entstehen vor allem im Rahmen der Diskussion gesellschaftlicher Entwicklungen und ideologischer Debatten (Kap. 4.1). Daran schließt sich die Diskussion der Rezeption rechtlicher Vorgaben an. Sozialarbeit ist in hohem Maße davon abhängig und orientiert sich an diesen. Die Bedeutung der europäischen Rechtssprechung nimmt zu und beeinflusst die Praxis der Sozialarbeit z. B. durch die Stärkung der Klientenposition (Kap. 4.2). Im Bereich der Verwaltung haben sich die europäischen Staaten vor allem auf neue Steuerungstechniken, wie z. B. New Public Management geeignet. Dies führt zu gravierenden Auswirkungen für die Sozialarbeit, da diese als Dienstleistung konzipiert und insofern durch die Kommunen und Regionen finanziert und gesteuert wird (Kap. 4.3). Schließlich spielen in einem stark wirtschaftspolitisch ausgerichteten Europa der Einfluss ökonomischer Strategien und die damit verbundenen Steuerungsinstrumente eine wichtige Rolle. Droht europäisch betrachtet die Gefahr einer Ökonomisierung der Sozialarbeit (Kap. 4.4)? Abschließend erfolgt wieder eine kurze Zusammenfassung des Kapitels (Kap. 4.5).

4.1 Sozialarbeit in Europa und Sozialpolitik

Sozialpolitische Debatten üben naturgemäß einen starken Einfluss auf die Sozialarbeit aus, da der Sozialpolitik die Aufgabe zukommt, die Spielräume auszuloten, die sich angesichts von Modernisierungs- und Globalisierungsproblemen und den damit verbundenen wirtschaftlichen Zwängen ergeben. Aufgrund zyklischer Krisen im Spätkapitalismus (Jürgen Habermas) und damit verbundener konjunktureller Schwankungen wechseln sich somit Leistungszusagen und -kürzungen permanent ab. In der Regel sind in diesem Zusammenhang von der Sozialpolitik dann oftmals unangenehme Entscheidungen zu treffen, die die Bevölkerung verunsichern oder gar verärgern können. Um die damit verbundenen negativen Gefühle abzufedern, werden erforderliche Anpassungen oftmals im Rahmen von vergleichenden Analysen angekündigt (Kap. 4.1.1), als gemeinsame europäische Herausforderungen beschworen (Kap. 4.1.2) oder als neue Politikerfordernisse herausgestellt (Kap. 4.1.3).

4.1.1 Sozialpolitische Einflussnahme durch europäischen Vergleich

Strategisch gesehen bietet Europa der Politik eine einzigartige Möglichkeit: Unterstellt man ähnliche politische Ziele und Strukturen (siehe dazu Kap. 2), dann werden statistische und strukturelle Vergleiche möglich, die die einzelnen nationalen Systeme auf besondere Verdienste (Man gehört zu den Besten!) oder auf Veränderungsbedarfe (Man befindet sich am unteren Ende der Skala!) hinweisen. So vermitteln bereits die Vergleiche der Sozialleistungsquoten in den verschiedenen Ländern wichtige Einsichten: Es entstehen relative Messlatten und Bewertungssysteme, an denen sich dann die einzelnen Mitgliedsländer orientieren können.

- So liegt etwa Deutschland mit „knapp 30 % des BIP's an Sozialausgaben nicht an der europäischen Spitze, sondern eher im gehobenen Mittelfeld" (Schmid 2005, S. 47). Die deutsche Politik und Öffentlichkeit können sich entweder seitwärts orientieren und beobachten, was vergleichbare Länder in anderen Bereichen tun, oder Richtung Spitze streben und die eigenen Investitionen erhöhen.
- Ralph Skuban (2004) vergleicht die Absicherung von Pflegebedürftigkeit in Europa anhand von verschiedenen sozialstrukturellen Merkmalen. In seiner Untersuchung kommt er dann zu dem Ergebnis, dass die Wege, die seitens der verschiedenen europäischen Länder eingeschlagen werden, völlig unterschiedlich sind und dass sich in einem überschaubaren Zeitraum keine Konvergenz ergeben wird. Die im Vergleich gewonnenen inhaltlichen Ergebnisse nutzt er dazu, um Vorschläge für eine Verbesserung des deutschen Systems zu entwickeln (ebd. S. 289ff.). Für ihn erscheint „die *Deregulierung der Dienstleistungserstellung* als das am naheliegendste Maßnahmebündel zur zeitnahen Linderung der komplexen Probleme in der heutigen Pflegewirklichkeit". Denn „bei allen Versuchen, Veränderungen des Pflegesystems vorzunehmen, ist letztlich entscheidend, was ‚hinten rauskommt', nämlich: Sind die Pflegebedürftigen gut versorgt?" (ebd. S. 307).

- Im Bereich der Sozialarbeit hat ein Vergleich über „Child well-being in rich countries" (UNICEF 2007) dazu geführt, dass in einigen Staaten, insbesondere England (letzter, 21. Platz, Österreich, 18. Platz), Irritationen entstanden sind, die zu einer vehementen politischen Diskussion geführt haben.[30] Die englische Regierung hat darauf hin verschiedene Präventionsprojekte gestartet und die Ausgaben für Kinder und Jugendliche deutlich erhöht (siehe dazu Kap. 8.3).

- Ein Vergleich dramatischer Vorfälle im Bereich der Kindeswohlgefährdung hat jüngst vor allem in Deutschland, England und den Niederlanden dazu geführt, Maßnahmen und Methoden auf den Prüfstand zu stellen und die Bereiche mit mehr Personal auszustatten (siehe dazu Kap. 7.3).

- Für Verwirrung hat die Debatte zur Armutsbekämpfung geführt. Hier zeigen statistische Auswertungen, „dass hohe Sozialausgaben eine notwendige, aber keine hinreichende Bedingung für eine geringe Armutsquote sind" (Strengmann-Kuhn 2007, S. 286). Offensichtlich bedarf es differenzierterer Analysen, um die Entstehung von Armut in reichen Ländern zu erklären.

Alles in allem ergeben sich so Vergleichsbilder, die auch die Sozialarbeit in eine komplexe Debatte zwingen. Denn als Teilsystem ist sie aufgefordert, ihren Beitrag zur jeweiligen Problembearbeitung zu leisten und mit anderen Teilsystemen so zu kooperieren, dass optimale Effekte entstehen können (Foster 2011).

4.1.2 Sozialpolitische Einflussnahme durch gemeinsame Herausforderungen

Sozialpolitik bedient sich häufig der Benennung von gesellschaftlichen Entwicklungen, um auf neue Aufgabenstellungen aufmerksam zu machen. Dies soll hier am Beispiel der Veränderung der Bevölkerungsstruktur deutlich gemacht werden.

Renate Minas (2010) hält den Bereich der sich verändernden Alterspyramide für ein gegenseitiges „policy learning" für geradezu prädestiniert. Ihrer Ansicht nach müssen alle sozialen Sicherungssysteme in Europa an die veränderten Alters- und Arbeitsmarktstrukturen sowie an die Veränderungen im Geschlechterverhältnis angepasst werden. Dies soll in einer Weise erfolgen, dass Lösungen gefunden werden, die es erlauben, den „sozialen Zusammenhalt" Europas „als Mittel zum Zweck der wirtschaftlichen Entwicklung" (ebd. S. 3) dienstbar zu machen. Als Beispiel dient Minas die schwedische Rentenreform, bei der es seit 1998 zu einer stärkeren Anrechnung einkommensbezogener Anteile gekommen ist. Insgesamt wurde das Rentensystem dort so organisiert, dass es weniger von politischen

---

30 Bezüglich der auch in Deutschland nicht minder dramatischen Situation von Kindern siehe: http://www.sueddeutsche.de/politik/bericht-der-vereinten-nationen-un-tief-besorgt-ueber-soz iale-missstaende-in-deutschland-11116605 Zugriffsdatum: 20. 06. 2011.

Entscheidungen abhängig und besser an die wirtschaftliche und demographische Entwicklung angepasst ist.[31]

Nach Hinrichs (2008) hängt die Frage der Konvergenz der Rentensyteme vor allem davon ab, ob es gelingt, einen „Faktor" (oder ein „Faktorenbündel", ebd. S. 161) zu finden, das diesen Angleichungsprozess antreibt: „Schaut man auf die Instrumente und ihre Niveaus, dann ist es offensichtlich, dass staatliche Alterssicherungssysteme sich ähnlicher geworden sind" (ebd.). Insgesamt glaubt er in allen europäischen Ländern „eine Gewichtsverlagerung der Lebensstandard sichernden Komponenten zugunsten einer verstärkten Kapitaldeckung und demzufolge beitragsdefinierten Ausgestaltung" (ebd. S. 167) erkennen zu können. Außerdem weist er darauf hin, dass die EU in diesem Bereich eine zunehmend wichtige gesetzgeberische Rolle spielen wird, da hier zum einen die nationalen Haushalte (und damit auch der EU-Haushalt) betroffen sind, zum anderen im Rahmen Kapital gedeckter Renten wettbewerbsrechtliche Fragen von der EU geklärt und definiert werden (müssen). Exemplarisch wird hier deutlich, dass selbst ein Bereich, der für lange Zeit als „most immovable object" (Pierson, zitiert in Hinrichs 2008, S. 174) galt, „pfadabweichende Reformen" (ebd.) erlaubt und möglicherweise weitere Konvergenzprozesse auslösen kann.

Auch die sich verändernde Bevölkerungsstruktur und die Fragen der Rentenabsicherung müssen von der Sozialarbeit entsprechend rezipiert werden (Bartels/ Jenrich 2003).

> „Though social workers cannot change the pension system, they are in a position to promote the rights of pensioners in poverty. They need to move away from individualized explanations of situations faced by service users to locate individuals within a wider social, economic and political structure. This is crucial to understanding the individual needs of service users and addressing them accordingly." (Foster 2011)[32]

Vor diesem Hintergrund ist etwa auch die zunehmende Entwicklung des Case Management zu einem Versorgungsmanagement zu sehen. Hier stehen meist nicht mehr rein psycho-soziale Problemlagen im Vordergrund, sondern Probleme der materiellen Versorgung und Unterstützung. Geert van der Laan hat in diesem Zusammenhang für die Niederlande angesichts der Finanzkrise der 1980er Jahre von einem „re-entry of material problems into the social work arena" (Laan 2000, S. 94) gesprochen. Ähnlich wie in Deutschland im Rahmen der Einführung der ALG II – Regelungen kam es dort zu staatlichen und ehrenamtlichen Unterstützungsprogrammen, die als „Tafeln", „Sozialmärkte" oder „Bildungs- und Teilhabehilfen" auf die Beseitigung materieller Not zielen. Es handelt sich dabei um sozialarbeiterische Hilfen, wie sie in den 1970er Jahren nie für möglich gehalten worden wären. Denn Zielgruppen dieser Hilfen sind nicht nur die klassische Klientel der Sozialarbeit, sondern zunehmend Menschen in prekären Lebenslagen. Dass solche

---

31 Eine ähnliche Entwicklung findet nach Windwehr (2009., S. 210 ff.) auch in anderen Bereichen des sozialen Sicherungssystem statt, wie z. B. im Steuersystem, beim Arbeitslosengeld, bei Kündigungsfristen und im Rentensystem.

32 Siehe dazu den Ansatz der „Citizenship Based Social Work" (Ewijk 2010).

Veränderungen schließlich auch die Theoriebildung in der Sozialarbeit beeinflussen, zeigt die starke Zuwendung zu den ökosozialen Theorien und zum systemisch-prozessualen Modell von Staub-Bernasconi; beides Positionen, die vor allem materielle Probleme in den Mittelpunkt der Aufmerksamkeit der Sozialarbeit zu stellen.

4.1.3 Sozialpolitische Einflussnahme durch ideologische Vorgaben: die Debatte um den Activating Welfare State

Kein politisches Ereignis hat die Sozialarbeit in Europa mehr beeinflusst und verändert als die von Tony Blair auf der Basis der Theorie des „Third Way" von Anthony Giddens angestoßenen gesellschaftlichen Veränderungen. Ausgangspunkt für Giddens waren die Krisen sowohl im sozialistischen wie im kapitalistischen System, vorausgegangen waren die Aufnahme des Beschäftigungskapitels im Amsterdamer Vertrag und seine Konkretisierung auf dem Luxemburger Beschäftigungsgipfel (siehe dazu Klammer/Leiber 2008). Bis dahin galten in Europa nur sehr allgemeine beschäftigungspolitische Leitlinien.[33]

Nach Anthony Giddens werden diese Leitlinien den postmodernen Fragestellungen und insbesondere der Problematik des ausufernden und nicht mehr bezahlbaren Wohlfahrtsstaates nicht mehr gerecht. Seiner Ansicht nach gilt es mehr Platz zu schaffen für die Selbstaktualität des Einzelnen. Ähnlich wie Jürgen Habermas argumentiert er institutionskritisch und fordert eine Neubestimmung der Demokratie sowie eine stärkere Hinwendung zu sozialen Bewegungen, zu persönlich gewählten Lebensstilen und zu neuen Formen des öffentlichen Diskurses. In seinem Buch „Beyond Left and Right" (dt. 1997, siehe auch Giddens 2001) kritisiert Giddens insbesondere die soziale Marktwirtschaft und fordert eine neue radikale Ausrichtung der Politik: Sie muss darauf abzielen, neue Solidaritäten zu erzeugen, einen demokratischen Dialog zu fördern, den Wohlfahrtsstaat neu zu denken und der zunehmenden Gewalt konfrontativ zu begegnen.

Mit seinen Theorien begründete Giddens nicht nur einen neuen Gesellschaftsentwurf, sondern bot den Politikern, insbesondere zunächst Bill Clinton und Tony Blair, später dann Gerhard Schröder und Gordon Brown viele Vorschläge zur Gestaltung einer progressiven Mitte-Links Politik. Diese sollte den Rahmen schaffen, dass die Bürger selbstbestimmt und zugleich solidarisch in einer von Globalisierungs- und Transformationsprozessen veränderten Welt leben können. Blair und Schröder haben dann in London am 8. Juni 1999 unter dem Titel „Der Weg nach vorne für Europas Sozialdemokraten" (Blair/Schröder 1999) ein Papier ver-

---

33 Sie lauteten: „Verbesserung der Beschäftigungsfähigkeit der Arbeitnehmer; Entwicklung des Unternehmergeistes; Förderung der Anpassungsfähigkeit der Unternehmen und ihrer Arbeitnehmer an den industriellen Wandel; Förderung von Chancengleichheit für Männer und Frauen" (Klammer/Leiber 2008, S. 97).

fasst, in der die Grundsätze für diese neue Mitte-Links-Politik formuliert wurden. Vor dem Hintergrund immer höherer Staatsausgaben und der Forderung der Bürger nach individuellen Rechten fordern sie unter anderem,

- moderne Ansätze des Regierens: der Staat solle weniger „rudern" und mehr „steuern", Abbau von Bürokratie;
- eine auf Wachstum ausgerichtete Steuerpolitik, d.h. insbesondere eine Senkung von Unternehmenssteuern;
- Anpassung der sozialen Sicherungssysteme an neue Realitäten, z.B. bei Frauen und Familien, etc.;
- aktive Arbeitsmarktpolitik: „Beschäftigung fördern und nicht passiver Versorger der Opfer wirtschaftlichen Versagens sein" (ebd. S. 11).

Auswirkungen hatte dieses Konzept auf alle europäischen Länder vor allem deswegen, weil in diesem Zusammenhang die europäischen Beschäftigungsleitlinien zunehmend präzisiert und drei neue Leitziele benannt wurden. Erstens: Vollbeschäftigung, zweitens: Steigerung der Arbeitsplatzqualität und Arbeitsproduktivität, drittens: sozialer Zusammenhalt und soziale Eingliederung. Zwar blieben die Entwicklungen in den meisten Mitgliedsländern hinter den gewünschten oder angepeilten Resultaten zurück, trotzdem gab und gibt es überall Initiativen zur Aktivierung (Klammer/Leiber 2008, S. 99 f.). Natürlich musste diese Politik gravierende Auswirkungen auch auf die sozialen Dienste und die Sozialarbeit haben und zu intensiven transnationalen Dialogen führen.

England
In England wurde eine Politik entwickelt, bei der es darum geht, dass alle, die nicht arbeiten, aber Sozialleistungen erhalten, zur Verrichtung von Arbeit angehalten werden sollen. Eine Ablehnung von Arbeitsleistungen für Privatunternehmen, Wohlfahrts- bzw. Umweltverbände oder von Qualifizierungsmaßnahmen zieht jetzt den Verlust von Transferleistungen nach sich. Dieser „New Deal" (siehe Jordan 2000, S. 27 f.) folgt einem für England typischen zielgruppenspezifischen Ansatz, denn die einzelnen Programme sind insbesondere für Jugendliche, Alleinerziehende, Behinderte und Partner von Arbeitslosen vorgesehen (Klammer/Leiber 2008, S. 105 f.). Monetäre Anreize und flankierende Maßnahmen (z.B. der Kinderbetreuung) sollen die Motivation stärken, eine Arbeit anzunehmen. Im Bereich der Sozialarbeit hat dieser auch mit dem Begriff „tough love" bezeichnete Ansatz (siehe dazu: Jordan 2000) zu gravierenden Veränderungen geführt, unter anderem

- zu einer Ausweitung der Tätigkeit nichtprofessioneller Sozialarbeiter in klassische Aufgabengebiete der Sozialarbeit hinein (z.B. Streetworker, Supportworker, etc.);
- einer Konzentration der professionellen Sozialarbeit auf Gefahren und Risiken (z.B. im Bereich des Kinderschutzes);
- einer Ausweitung überprüfender und supervisierender Tätigkeiten innerhalb der Local Social Service Departments;

- einer Fragmentierung und Spezialisierung sozialer Dienste;
- einer Tendenz zur Szientifizierung der Sozialarbeit im Rahmen eines sehr engen positivistischen Verständnisses von Wissenschaft (zusammenfassend Jordan 2000, siehe dazu auch Kap. 8.3).

Dänemark

Dänemark gilt bis heute als Vorreiter und Vorbild für eine Aktivierungspolitik. Hier war es schon vor der Aktivierungswende zu umfassenden Arbeitsmarktreformen gekommen (Blomkvist 1999, Klammer/Leiber 2008, S. 101). Pflichten und Rechte zur Aktivierung von Arbeitslosen wurden eingeführt, eine „konzertierte Aktion" sollte vor allem auf schwer vermittelbare Langzeitarbeitslose abzielen. Folgenden Maßnahmen wurden entwickelt und umgesetzt:

- Arbeitslose haben einen Anspruch auf die Erstellung eines individuellen Handlungsplans, Personen mit dauerhaft eingeschränkter Arbeitsfähigkeit müssen flexibel beschäftigt werden.
- Eine hohe Mobilität der Arbeitnehmer und Arbeitslosen wird durch eine für Europa einzigartige Kombination von niedrigem Kündigungsschutz und hoher Sicherung bei Arbeitslosigkeit (bis zu 90 % des vorherigen Einkommens für bis zu 4 Jahre) sichergestellt.
- Eine kontinuierliche Kompetenzerweiterung der Erwerbstätigen und Arbeitslosen wird durch Weiterbildung im großen Rahmen gesichert. Alle Weiterbildungsangebote sind modularisiert und zertifiziert und entsprechen somit hohen Qualitätsstandards (Klammer/Leiber 2008, S. 102).

Was aber in anderen europäischen Ländern als „dänisches Beispiel" sehr positiv aufgenommen wurde, wird in Dänemark selbst teilweise heftig diskutiert. Denn die Umstellung des Systems auf die neue Formel des „Förderns und Forderns" ist neu und nicht überall akzeptiert. Zumal dänische Sozialarbeiter im Rahmen eines „cash and care"-Systems befugt sind, gleichzeitig mit Hilfeangeboten auch Geldüberweisungen an die Klienten zu tätigen (Nason 2004, S. 50).

> „This development certainly confronts traditional values in Danish social work, not least the value of care as a unified whole. What happens is that the classical ideals of management (ethics and law) are silently and unreflectively colonised by new economic and administrative forms of regulation. These may be adequate to secure effectiveness in the production of welfare, but they are completely inadequate as a means to ensure that citizens are recognised as ethical and legal persons. This causes a climate in social institutions in which the authority of ethics and law is insufficient to prevent feelings of disrespect and injustice among the clients." (Juul 2009, S. 410)

Die Niederlande

In den Niederlanden haben die Krisen des niederländischen Wohlfahrtssystems aufgrund ökonomischer Probleme im Zeitraum seit 1981 bis zur vollständigen Erholung im Jahr 2000 und die damit verbundenen Reformen zu einer weitgehenden Neubestimmung der Sozialarbeit geführt (Laan 2001). Ihre Aufgabe besteht jetzt vor allem darin, den Klienten mit dessen aktiver Mithilfe wieder in den Arbeitsmarkt zu vermitteln und die Kosten für die damit möglicherweise einhergehenden sozialen Probleme zu reduzieren (ebd. S. 67).

> „Nowadays the strategy *activating welfare state* aims to reduce apathetic responses by individuals and to increase the participation of its citizens in society. More and more, social workers are enlisted to help achieve these goals. It is assumed that they will activate their clients to take on paid jobs and other socially useful tasks. Activation, however, is also associated with the introduction of a market environment in the social sector. These aspects colour the professional dilemma of social workers as they gently but firmly put the activation policy into practice." (Laan 2000, S. 96)

Peters (2008) weist zudem darauf hin, dass die niederländischen Kommunen jetzt nicht nur die Aufgabe haben, die Klientel optimal zu fördern, sondern dass sie sich dabei auch noch im Wettbewerb mit anderen Kommunen sehen. So sind sie verantwortlich für die Auswahl der Anbieter, die Grundlegung von Qualitätsstandards und die damit verbundenen Kosten, wodurch Druck entsteht und die Gefahr steigt, dass es zu einer unterschiedlichen Versorgungsquote in reicheren bzw. ärmeren Kommunen kommt.

Deutschland

Auch in Deutschland sind die Auswirkungen dieser neuen Ideologie vor allem im Bereich der Betreuung von Arbeitslosen spürbar geworden. Hier ist es unter dem Stichwort des aktivierenden Sozialstaats und im Rahmen der ALG II Gesetzgebung zu zahlreichen Änderungen im Verhältnis zwischen Staat und Bürger sowie im Verhältnis Klient und Sozialarbeiter gekommen. Zentraler Bestandteil dabei ist die Implementierung einer aktivierenden Arbeitsmarktpolitik. Die Entwicklung vom den Markt korrigierenden zum aktivierenden Staat soll zum Ausdruck bringen, dass sich nicht nur die Finanzierung des Sozialstaats, sondern auch das Leistungsangebot und die damit verbundenen Methoden, nach denen sozialstaatliche Leistungen verteilt werden, verändert haben. Unter dem Schlagwort des Förderns und Forderns wurde eine Verschärfung der Anspruchsvoraussetzungen beim Arbeitslosengeld sowie eine Verschärfung von Zumutbarkeitskriterien für die Aufnahme neuer Arbeit und der Ausbau von Sanktionen bei Nichtannahme von Arbeitsmaßnahmen beschlossen. Allerdings erfolgt inzwischen eher ein schleppender Ausbau von Beratungs- und Vermittlungsleistungen, so dass man in Deutschland davon sprechen kann, dass dem Element des „Forderns" eine größere Bedeutung zukommt als dem des „Förderns" (Klammer/Leiber 2008, S. 115 f., siehe auch Dahme/Wohlfahrt 2004, S. 25). Für die Sozialarbeit bedeutet dies, dass der Klient jetzt nicht mehr nur Hilfeempfänger ist, sondern aktiv an den jeweiligen Maßnahmen mitwirken muss. Tut er dies nicht, muss er mit Sanktionen rechnen (siehe auch zusammenfassend Candeias 2008).

Frankreich

Obwohl Premierminister und Sozialist Lionel Jospin sich von den Vorschlägen von Blair/Schröder distanzierte, hat man in Frankreich bereits mit dem Gesetz von

1992 damit begonnen, den Schwerpunkt der sozialen Hilfen auf die „Insertion", also die Vermittlung von Arbeit zu legen. Im Gesetz von 2002 (franz. loi 2002) wurde dieser Aspekt noch verstärkt. Beides zusammen hat zu einer „ingénerie juridique" (Lafore 2009, S. 19) geführt. Mit diesem schwer zu übersetzenden Begriff soll ausgedrückt werden, dass bei der Bearbeitung der Probleme juristische Fragen überhand genommen haben und der eigentliche Sinn, nämlich konkrete Hilfe zu leisten, zunehmend verloren zu gehen droht. Die Folgen davon sind:

- Sozialarbeiter gehen nicht mehr so sehr auf die Bedürfnisse von Familien ein, sondern bearbeiten die individuellen Belange der Menschen, die in Armut leben.
- Sozialarbeiter spielen eine zunehmend wichtige Rolle als Gate Keeper im Umgang mit Arbeitslosen. Sie sind für die Umsetzung eines Kontrakts mit dem Betreffenden verantwortlich und haben die erzielten Ergebnisse zu überprüfen.
- Sozialarbeiter treten nicht mehr ohne Vorbehalte für die Belange der Klienten ein, sondern vertreten zunehmend die Belange der Gesellschaft gegenüber den Klienten.
- Immer mehr private und verbandliche Organisationen bieten Trainingsprogramme an. Es entsteht (ähnlich wie in Deutschland) ein undurchschaubares Dickicht an Programmen, das kaum mehr den Anforderungen an eine gute Sozialarbeit gerecht wird.

Zur gleichen Zeit sind regionsspezifische Programme entstanden, die dazu dienen sollen, benachteiligte Regionen zu fördern. Sie entstehen aber parallel zur Sozialarbeit und werden nach Autès (1996) kaum den Anforderungen gerecht, da sie hin und her gerissen sind „between political priorities and ethical principles, searching for an ever more individualised approach but faced with an ever increasing workload, firm advocates of community action but unable to promote it because of the complexity of the procedures involved" (zitiert in: Ward 2006, S. 266).

Italien

In Italien wurde im Jahre 2000 das „Framework law on creation of an integrated system of social interventions and services" erlassen. Darin wurde die Entwicklung eines Netzwerks an sozialen Diensten unter Einbeziehung privater und staatlicher Akteure anvisiert. Allerdings wurde ein entsprechendes Programm nicht umgesetzt. Im Gegenteil: in dem vom Ministerium für Arbeit und Sozialpolitik im Jahre 2003 entwickelten „White Paper on Welfare: Proposals for a Dynamic and Solidarist Society" wurde erneut die Familie ins sozialpolitische Zentrum gerückt.

> „The document states that the family should become the protagonist of welfare, in that ‚expansion of services to the family is necessary but not sufficient condition for confronting increasing levels of fragility (like demographic decline)'. It also stresses that ‚the family is not just a sum of individuals; it is also and above all a place in which the relational network is the basis for the shared management of resources'." (Fasol/Frey 2004, S. 34)

Damit zeigt Italien den Weg auf, den insbesondere die südeuropäischen Länder gehen: soziale Dienste existieren auf dem Papier, aber aufgrund des Mangels an öffentlichen Mitteln wird – ideologisch gut zu vermitteln – die Familie als Empfänger monetärer Hilfen in den Vordergrund gestellt.[34] Ein System sozialer Dienste kann so nicht entstehen, es bleibt fragil und fragmentarisch.

Die nordischen Länder

Für Schweden attestiert Walter Lorenz eine Zunahme an Wettbewerb zwischen den Einrichtungen und eine schleichende Übernahme des Activating Welfare State Paradigmas, auf diese Weise ist ein Quasi-Markt entstanden, in dem der Staat weiter die Standards setzt. Sozialarbeiter haben hier keine andere Wahl, „but to ‚arrange' themselves within the new welfare environment although their role in activation' is less directly defined than in Denmark" (Lorenz 2006, S. 170, siehe dazu Kap. 8.2).

Für Finnland zeichnet Tuomo Kokkonen ein ähnliches Bild. Seiner Ansicht nach handelt es sich bei der „Aktivierung" um ein Ziel, das der Staat letztendlich nicht erreichen kann und worüber alle – Klienten, Sozialarbeiter und Politiker – Bescheid wissen. Denn in Finnland ist der Arbeitsmarkt für ungelernte und beeinträchtige Klienten sehr eingeschränkt. So führt diese Strategie eher zu Frustation auf Seite der Sozialarbeiter und zu „feelings of shame or inferiority" seitens der Klientel (Kokkonen 2010, S. 223). Zumal auch hier die Verantwortung auf der kommunalen Ebene liegt, die häufig kaum über die notwendigen Ressourcen verfügt, um wirksam helfen zu können.

Polen

Polen soll hier als Beispiel für die osteuropäischen Länder stehen. Die polnische Regierung hat vor allem die Rhetorik der Aktivierung aufgenommen. Klammer/ Leiber (2008) teilen die Entwicklung in Polen wie folgt ein:

- Vor Mitte 1990: Existenz eines hohen Anteils an leicht zugänglichen passiven Sozialleistungen, um die sozialen Härten der wirtschaftlichen Umstrukturierungsmaßnahmen abzufedern.
- Seit 1993: Verschärfung von Berechtigungskriterien, von Zumutbarkeitsregeln und eine Absenkung des Leistungsniveaus.
- Seit 2005: die Elemente des „Förderns" werden nur zögerlich ausgebaut, Elemente des „Forderns" geraten in Zweifel: „angesichts der desolaten Arbeitsmarktlage und wachsenden Armutsquoten in Polen stellt sich die Frage, ob die Strategie der EU (…), die Arbeitsmarktintegration der faktisch chancenlosen älteren Arbeitnehmer/innen, etwa durch eine Einschränkung der Vorruhestands- und Invaliditätsleistungen, weiter forcieren zu wollen, tatsächlich angemessen ist?" (ebd. S. 113).

---

34 In Italien bestehen 90 Prozent der Ausgaben im sozialen Bereich aus monetären Transfers, konkrete soziale Dienste werden kaum finanziert und öffentlich wahrgenommen.

Insgesamt hat sich in der europäischen Sozialarbeit eine Diskussion entwickelt, die zwischen Akzeptanz und Ablehnung schwankt. Im Rahmen einer positiv-pragmatischen Bewertung weist Jordan (2000) der Sozialarbeit eine Schlüsselrolle bei der Umsetzung des Third Way zu. Dabei geht es ihm nicht darum, dass Sozialarbeit einfach das umsetzt, was die Politik fordert, sondern dass sie den Versuch unternimmt, „of mediating the local conflicts generated by new programmes, and engaging with service users over how to fit new measures to their needs" (ebd. S. 10). Seiner Ansicht nach muss es der Sozialarbeit gelingen, diese neue Ausrichtung fruchtbar zu machen.

> „The New Labour project challenges social work practice, but also creates opportunities for it. On the face of it, a programme for cultural and individual change, which emphasizes sharing and mutuality and takes its exemplars and principles from the family, the neighbourhood and the community, should provide fertile ground for a healthy, expanding social work profession. If it does not, then this says something about the adaptability of a still-young occupation, as well as the prejudices of its political masters." (Jordan 2000, S. 39)

Ähnlich optimistisch äußern sich Berkel/Hornemann/Møller (2002). Sie fordern eine „reflexive Aktivierung", bei der die Heterogenität der Klientel eine stärkere Rolle bei der Festlegung von Zielen und Maßnahmen spielen soll. Voraussetzung dafür wäre aber, dass die Aktivierung nicht nur auf den Arbeitsmarkt beschränkt wird, sondern dass unterschiedliche Wege der Einkommensverbesserung („Einkommen durch Erwerbsarbeit, aber auch Einkommen als Anerkennung für Partizipation und Leisten eines Beitrags für die Gesellschaft", Klammer/Leiber 2008, S. 125) gleichberechtigt anerkannt würden. Nach Klammer/Leiber wäre dies ein „wichtiger Diskussionsbeitrag zur zukünftigen Ausgestaltung der europäischen Beschäftigungspolitik und des europäischen Sozialmodells" (ebd.).

Auf der Basis einer insgesamt negativen Bewertung befürchten Dahme/Wohlfahrt (2004) jedoch, dass diese Entwicklung zu einer „punitiven Sozialarbeit" führt:

> „Die Autonomie in der Fallbearbeitung, wie Expertise, freie Wahl der Mittel, Autonomie im Umgang mit Klienten u.ä., wird schrittweise eingeschränkt und führt auf absehbare Zeit möglicherweise zu einer grundsätzlich veränderten Professionalität in der Sozialen Arbeit. Hier ist der neue Paternalismus anschlussfähig an den neuen Managerialismus in Staat und Verwaltung." (ebd. S. 36)

Eine ähnliche Kritik wird von Mechthild Seithe (2010, S. 180 ff.) geäußert. Ihrer Ansicht nach orientiert sich ein an der Aktivierungspolitik ausgerichtetes Fallmanagement zu sehr an den Ansprüchen des Arbeitsmarktes und agiert fürsorglich und autoritär. Dem entgegen setzt sie das Konzept einer aktivierenden Sozialarbeit, die kritisch bleibt, nicht gegen die Klientel agiert, sondern einen Beitrag leisten will „zur gelingenden Lebensbewältigung und zur Schaffung von Wohlergehen und einer menschenwürdigen Lebenssituation" (ebd. S. 182). Nach Kokkonen (2010) muss in diesem Zusammenhang die Frage gestellt werden, was in diesem System aus dem Bürger wird. War der Status des Bürgers (engl. citizen) bislang ein normativer Begriff und mit uneingeschränkten Rechten verbunden, so erscheint er sich unter der neuen Politik zu wandeln: „The ideology of workfare seems (to) penetrate all layers of social policy and social work. (...) It rewards better-off citizens and increases both material and moral pressure on these who are in distress" (Kokkonen 2010, S. 224, siehe auch Keller 2010).

Ziel müsste es aber sein, nicht die Idee der Aktivierung, sondern die Politik der Aktivierung zu verändern.

> „Social policy should be both politically awake and sociologically up to date. When carrying out activation, social workers should recognize that the biggest single problem in contemporary welfare reforms is that they are individualizing. Citizens and families are isolated, and the work on social problems neglects methods of group work, community work and the general recourses of civil society. The concept of status of citizenship can be a help in changing the course of policy." (Kokkonen 2010, S. 228)[35]

4.2 Sozialarbeit in Europa und Recht

4.2.1 Vereinheitlichungstendenzen durch die europäische Rechtssprechung

Seit den 1970er Jahren sind die Sozialpolitiken der europäischen Länder nicht nur durch gesetzliche und administrative Vorgaben der Weltbank, des Internationalen Währungsfonds, der UNO und der OECD, sondern auch zunehmend der europäischen Union beeinflusst worden. So formuliert z. B. die europäische Konvention in verschiedenen Artikeln Rechte von Bürgern, die in die Rechtsprechungen der europäischen Länder Eingang finden und die dann auch für die Sozialarbeit konkrete Konsequenzen nach sich ziehen. Bei der Beurteilung der Frage, welchen Einfluss das europäische Recht auf die Sozialarbeit ausübt, ist es allerdings wichtig zu bedenken, dass das Gemeinschaftsrecht „kein einheitliches sozialstaatliches Arrangement und Sozialrecht seiner Mitgliedsstaaten anstrebt", sondern „seine praktische Bedeutung im Zusammenspiel mit dem jeweils nationalen Sozialrecht bekommt" (Riehle 2007, S. 169, siehe dazu zusammenfassend Merz/Gutzler 2011). Nach Jarré (2005) sind die verschiedenen rechtlichen Vorgaben der europäischen Union zwar „komplex aber dennoch durchaus eindeutig" (S. 245):

---

35 Ähnlich argumentiert Romain Biever für Frankreich: „Dans un tel contexte est évidemment posée la discussion si les professions sociales doivent continuer à construire sur un patrimoine qui les met dans uns position d'un traitement de leur univers d'intervention construit sur la notion de la compassion, laquelle favorise le changement du comportement de l'homme. Ou si elles doivent changer et s'engager dans une voie qui fait de leurs missions des métiers axés plutôt sur un engagement favorisant comme approche la passion et qui implique de rendre l'homme capable d'agir concrètement sur son environnement social, environnemental et économique." (Biever 2010, S. 263)

a) Erweiterung der Leistungen der Daseinsvorsorge

Hier ist es zu einer Entwicklung gekommen, die weit über die Garantie solcher Leistungen hinausführt. Kriterien für die Erbringung der Leistungen wurden formuliert, wie z.B. „Einhaltung des Universaldienstcharakters und Sicherung der Kontinuität der Dienste, Qualitätssicherung und Erschwinglichkeit der Leistungen, sowie Nutzer- und Verbraucherschutz inklusive bestimmter Mitspracherechte" (Jarré 2005, S. 247). Dabei wurde die Bedeutung der Sozial- und Gesundheitsdienste explizit herausgestellt. Im Dezember 2000 wurde die Charta der Grundrechte von Nizza proklamiert und wurden verschiedene Präzisierungen bezüglich des Diskriminierungsverbots und der Rechte älterer und behinderter Menschen vorgenommen.

Außerdem wurde das Grundrecht auf Zugang zu Leistungen der sozialen Sicherheit und zu den sozialen Diensten kodifiziert. Da die sozialen Hilfen, die auf Bedürftigkeit abzielen, wie z.B. die Hilfe zum Lebensunterhalt und die Grundsicherungsleistungen im Alter und bei dauerhafter Erwerbsunfähigkeit, nicht unter die entsprechende EU-Verordnung (1408/71, zukünftig 823/04) fallen, erfolgt eine Orientierung an nationalen Regelungen. Allerdings weist Eckart Riehle (2007) darauf hin, dass Unionsbürger auch schon vor einem Aufenthalt von mehr als fünf Jahren (danach besteht ein Recht auf Daueraufenthalt ohne Einschränkungen [Art. 6,I] und der unbeschränkte Zugang zu den Sozialhilfeleistungen) ein „unbedingtes Aufenthaltsrecht" so lange haben, solange „wie Sozialhilfeleistungen nicht ‚unangemessen' in Anspruch genommen werden (Art. 14,I)" (ebd. S. 181).[36]

b) Öffnung der sozialen Dienstleister

Im Rahmen dieser Strategie wurde die Stärkung der sozialen Eingliederung (Inklusion) und der Kohäsion in der EU sowie die Modernisierung der Sozialschutzsysteme der Mitgliedstaaten avisiert (Jarré 2005, S. 250, Schlüter/Scholz 2007, S. 199 f.). Alle diese gesetzlichen Vorgaben und politischen Beschlüsse haben gravierende Auswirkungen auf die Rechte der Bürger gegenüber sozialen Diensten und damit auf die Sozialarbeit zumindest in zweierlei Hinsicht: Zum einen sind die Organisationen der Sozialarbeit „Partner im zivilen Dialog"; sie sind dazu da, „die Bedürfnisse, Interessen und Meinungen der individuellen Nutzer der Dienstleistungen kollektiv (zu) vertreten" (Jarré 2005, S. 256). Zum anderen lässt sich daraus auch die Forderung nach einem Dialog zwischen den Trägern und Nutzern von sozialen Einrichtungen ableiten. Auch auf dieser Ebene sollte „ein permanenter und strukturierter Dialog stattfinden, (...) der im besten Fall realisiert wird in

---

36 „Dazu heißt es in § 21 der Präambel zur Freizügigkeitsrichtlinie, es solle dem Aufnahmemitgliedstaat überlassen bleiben zu bestimmen, ob er anderen Personen als Arbeitnehmern oder Selbständigen, Personen, die diesen Status beibehalten und ihren Familienangehörigen während der ersten drei Monate des Aufenthalts (oder bei Arbeitsuchenden für einen längeren Zeitraum) Sozialhilfe gewährt." (Riehle 2007, S. 181)

Form einer intensiven Beteiligung an allen relevanten Phasen und Prozessen, der Feststellung des Bedarfs, der Konzeption der erforderlichen Dienstleistungen und Strukturen, deren effektiver Umsetzung, dem Monitoring der Handlungsabläufe sowie der Evaluierung von Qualität und Erfolg der erbrachten Dienstleistungen" (ebd.).

4.2.2 Stärkung der Klientenposition

Insbesondere die europäische Sozialcharta hat verschiedene Schutzbestimmungen formuliert, die für besonders verletzliche Gruppen gelten und demzufolge die Diskriminierung von Menschen nach Rasse, Hautfarbe, Geschlecht, Sprache, Religion, etc. untersagt. Dadurch erhält die Sozialarbeit im weiteren Sinne ein zusätzliches Mittel in die Hand, sich auf europäischer Ebene für ihre Klienten einzusetzen (zusammenfassend Keel 2008).

Was die Sozialarbeit im engeren Sinne anbelangt, hat die Rechtsprechung insbesondere zu einer Veränderung der Situation der Klienten beigetragen. So können diese jetzt ihnen zustehende Rechte und damit verbundene Verpflichtungen auch vor den Gerichten einklagen. So berichtet Belinda Schwehr (2001) von einigen Gerichtsverfahren in England, bei denen die Europäische Konvention eine wichtige Rolle gespielt hat, wie z. B. im Falle einer Heimschließung aus rein ökonomischen Gründen, die zu einer Beeinträchtigung des Rechts einer Bewohnerin auf „Achtung des Privat- und Familienlebens" (Artikel 8) geführt haben. Außerdem spielt ihrer Ansicht nach der Artikel 6 (Recht auf ein faires Verfahren) für die Sozialarbeit eine wichtige Rolle:

> „Article 6 will be of central significance in social services provision if the decision as to whether a client needs a service amounts to ‚a determination of a civil right'. It would require a fair, public, reasonably speedy, independent and impartial procedure which is singularly absent from the UK's social services assessment system." (ebd. S. 53)

Ein zentraler Bereich der europäischen Rechtsprechung ist auch der Schutz von Kindern. Hier kommt es zunehmend zu einer Tendenz der Angleichung der Rechtsysteme durch das Hervorheben gemeinsamer Prinzipien, die Relativierung und nicht die Verleugnung von Unterschieden und somit das Schaffen eines fortschrittlichen europäischen Bewusstseins (Ferrer i Riba 2010, S. 308). In zahlreichen Entscheidungen hat der Europäische Gerichtshof für Menschenrechte zudem über Fragen des effektiven Schutzes von Kindern und über die Grenzen für den Eingriff in das Familienleben entschieden.

> „Der Konvergenzprozess im Bereich des Familienrechts in Europa schreitet in einer Geschwindigkeit voran, die vor zwei Jahrzehnten kaum vorhersehbar war. (...) Die Anwendung der Europäischen Konvention hat zu einer Harmonisierung des rechtlichen Verhaltens nationaler Behörden beigetragen, ihren Ermessensspielraum begrenzt und ihnen positive Schutzpflichten auferlegt. Auch wenn der Europäische Gerichtshof in erster Linie dazu aufgefordert war, die Freiheit der Eltern zu gewährleisten, so hat er ebenso – wenn auch eher unsystematisch – die Rechte der Kinder geschützt und versucht, im Falle eines

Konflikts den bestmöglichen Interessen des Kindes Vorrang zu gewähren." (Ferrer i Riba 2010, S. 330)[37]

Trotz aller erkennbaren Fortschritte erscheint die Rechtsposition der Klienten in Europa nach wie vor regional unterschiedlich interpretiert zu werden. So beklagt etwa der spanische Verband der Sozialarbeiter: „One of the current problems related to the cohesiveness of welfare support in Spain is the discrimination in accessibility to services stemming from the differences in regional administration" (IFSW 2006, S. 13). Robert Castel beklagt für Frankreich die zunehmende Tendenz, vom Klienten Gegenleistungen zu erwarten. Jeder Mensch habe auch das Recht, gepflegt zu werden und Unterstützung zu erhalten, selbst wenn er nicht in der Lage ist, das auf irgendeine Weise zurück zu zahlen (Castel 2009, S. 27). Die Sozialarbeit gerät hier offensichtlich zunehmend in einen Zwiespalt: Wie weit kann und muss der Klient zur Erbringung von Gegenleistungen für Hilfe verpflichtet werden und in welchen Fällen kann und darf eine solche Gegenleistung nicht erwartet werden?

4.2.3 Veränderung der Rechtsposition der Wohlfahrtsverbände

Eine insbesondere für Deutschland wichtige Folge der europäischen Rechtsprechung sind die Auswirkungen auf die Organisationen der Sozialarbeit im Rahmen des Wettbewerbsrechts und des Beihilfeverbotes. Dabei scheint bereits die Frage in hohem Maße umstritten zu sein, ob oder in welcher Funktion ein Leistungsträger oder Leistungserbringer unter den europarechtlichen Begriff des Unternehmens fällt (Riehle 2007, S. 184). Die freien Träger in Deutschland befinden sich hier darüber hinaus in einer viel schwierigeren Situation, da sie einerseits häufig Leistungen gegen Entgelt erbringen (und damit gewerblichen Leistungserbringern gleichzusetzen sind), andererseits aber auch als nicht profitorientierte Organisationen gelten und somit nicht unter das Wettbewerbsrecht fallen, da sie „mit ‚Dienstleistungen von allgemeinem wirtschaftlichen Interesse' betraut sind" (ebd. S. 185).

> „Unabhängig davon bleibt als Problem, dass die auf Gewinnerzielung orientierten Leistungserbringer an Bedeutung zunehmen werden, eine Folge der politisch gewollten Entfaltung von Konkurrenz und Markt unter den Leistungserbringern, womit die Erhaltung des Sonderstatus der gemeinnützigen Leistungserbringer immer problematischer wenn nicht anachronistischer werden dürfte. Man kann daher unschwer prognostizieren, dass das Wettbewerbsrecht und das Beihilfeverbot Auswirkungen auf die Struktur des Sozialmarktes und damit auf die sozialstaatlichen Arrangements haben werden" (Riehle 2007, S. 185).

---

37 Einen detaillierten Einblick in die insbesondere durch von Vertrag von Lissabon angestoßenen Veränderungen im Bereich der Kinderrechte gibt Steindorff-Classsen (2011).

Für die Sozialarbeit in Europa insgesamt ergeben sich aus diesen rechtlichen Vorgaben vielfältige Herausforderungen: bezüglich der Organisation der sozialen Dienste und des Umgangs mit dem eigenen normativen Erbe. Wenn immer mehr private Organisationen auf den Markt kommen, wenn immer mehr Sozialarbeiter selbständig tätig sind, wenn die Beziehungen zwischen Sozialarbeit und ihrer Klientel stärker verrechtlicht werden, usw., so stellt sich die Frage, wie die mit dem Instrument „Markt" in der Regel verbundenen negativen Nebenwirkungen, wie z.B. Kartellbildung, Managerialisierung, Qualitätsmängel, Ausbeutung der Mitarbeiter und der Kundschaft, etc. einigermaßen eingedämmt werden können. Möglicherweise muss sich das Teilsystem selbst stärker institutionalisieren und eigene Codes, Berufsorganisationen, Selbstkontrollen etc. entwickeln, um sich auch vor sich selbst zu schützen!

4.3 Sozialarbeit in Europa und Verwaltung

4.3.1 Steuerung durch New Public Management

Adrian Adams hat den Prozess der Modernisierung unter Tony Blair umfassend charakterisiert (Adams 2003). Seiner Ansicht nach wird dieser Prozess als Vorwand verwendet, um die Umsetzung des Ziels einer kollektiven Wohlfahrt von der politischen auf die strategisch-operationale Ebene der Local Social Services Departments zu verlagern. Mit dieser Umstrukturierung erweitert sich nämlich der Verantwortungsbereich der Bürger vor Ort, gleichzeitig kann sich die nationale Sozialpolitik darauf beschränken, gesetzliche Rahmen zu schaffen und globale Budgetentscheidungen zu treffen. Das Risiko trägt somit die untere Ebene.

Im Rahmen eines solchen Systems bedarf es natürlich neuer und vielfältiger Steuerungselemente. Auch für die EU-Mitgliedstaaten ist die Umsetzung dieser „Modernisierungsagenda" von großer Bedeutung, „weil durch den Vertrag von Nizza (2000) mit der Bekämpfung von Armut und sozialer Ausgrenzung sowie der Modernisierung des Sozialschutzes zwei weitere sozialpolitische Aufgaben in den Zielkatalog des Artikel 137 EGV aufgenommen wurden. Benchmarking (Leistungsvergleich), Qualitätsmanagement, Dezentralisierung und die Auslagerung von Aufgabenbereichen aus dem öffentlichen Sektor sind Schlüsselworte in diesem Umgestaltungsprozess" (Schlüter/Scholz 2007, S. 192).

Als europäischer Fachbegriff für diese spezielle Form der Modernisierung hat sich der Begriff des „New Public Management" eingebürgert, in Deutschland wird teilweise auch der Begriff „Neues Steuerungsmodell" oder in der Schweiz und in Österreich der Begriff „Wirkungsorientierte Verwaltungsführung" benützt. Auslöser dieses Reformprozesses in der Verwaltung waren die Dysfunktionalitäten bürokratischer Grundstrukturen sowie die anhaltenden Finanzkrisen insbesondere im Bereich der Kommunen und Gemeinden.

Die Grundannahmen, die allen Bestrebungen für eine wirtschaftliche Steuerung und Führung der öffentlichen Verwaltung zugrunde liegen, wurden für Deutschland insbesondere von der Kommunalen Gemeinschaftsstelle für Verwaltungsmanagement[38] (Eichhorn 2005, S. 109) entwickelt und lassen sich derzeit wie folgt zusammenfassen:

- Effizienz- und Steuerungsdefizite in der Verwaltung und in der Organisationsstruktur der Wohlfahrtsverbände und der freigemeinnützigen Träger werden als der entscheidende Ansatzpunkt für die Konsolidierung staatlicher und kommunaler Ausgaben im Sozialbereich gesehen.
- Mit Hilfe betriebswirtschaftlicher und unternehmensbezogener Managementkonzepte soll in den sozialen Dienstleistungsbereichen (Gesundheit, Soziales, Bildung, Umwelt) ein nachhaltiger Qualitätssteigerungs-, Modernisierungs- und Rationalisierungserfolg erreicht werden.
- Die Einführung marktförmiger Koordinierungs- und Steuerungsinstrumente in Verbindung mit einer besseren Kunden- und Bedarfsorientierung soll zu einer Steigerung der Effizienz und Effektivität der sozialen Dienstleister und der öffentlichen Verwaltung beitragen.

Im Rahmen dieser Argumentation steuert die Kommune mit neuen Instrumenten, in der Verwaltung selbst werden Unternehmensziele festgelegt, Produktpaletten vereinbart und Leistungsaufträge an die verschiedenen Anbieter erteilt. Die Leistungsanbieter schließen Kontrakte mit der Verwaltung, in denen sie die Erbringung bestimmter Leistungen und das Erreichen vorgegebener Ziele zusagen. Die Einhaltung dieser Kontrakte wird dann wieder von der Verwaltung mit Hilfe von Controlling-Maßnahmen überprüft. Die Steuerung erfolgt outputorientiert, d. h. nicht über Geld und Zuschüsse, wie in vergangenen Zeiten, sondern über die zu erbringende, möglichst messbare Leistung.

Insgesamt ist England diesen Weg der Neustrukturierung konsequenter als andere europäische Länder gegangen und verfügt heute über eine Vielzahl von Steuerungselementen, wie z. B.

- „National service frameworks and occupational performance standards.
- Performance reviews, monitoring and inspection bodies and processes.
- Arrangements and agreements for governance, that give rise to new configurations and relationships between the statutory, private and independent sectors and between commissioners, providers and recipients of services; aimed at achieving permeable boundaries for the integration of health and social care systems.
- Service innovations, aimed at achieving regulation of user access to services and building user capacity.
- The integration of policies, strategies and practice and the alignment fo resource allocation, service interventions and inter-mediate outcomes.

---

38 Siehe dazu die homepage: www.kgst.de

- The full range of relevant legislation, e.g. Universal Human Rights, National Health and Local Social Services Acts.
- Increased use of electronic data retrieval and dissemination technology."
(Adams 2003, S. 20, siehe dazu auch Kap. 8.3)

Andere Länder, und hier insbesondere die Tschechische Republik und die Slovakei, haben zumindest einen Teil dieser Elemente übernommen und in enger Anlehnung an England die Entwicklung professioneller Codes und fachlicher Dienstleistungsstandards teilweise sogar gesetzlich verankert. Länder, wie z.B. Deutschland, Frankreich, Österreich, etc. stehen noch am Anfang dieser Entwicklung oder sind dabei, sich gegen die damit verbundenen Tendenzen der Formalisierung, Neutralisierung und Ökonomisierung der Sozialarbeit zur Wehr zu setzen. Letztendlich aber versuchen alle europäischen Länder mit dem Modell des New Public Management Modernisierungsprozesse der Sozialverwaltung anzustoßen, den Weg in Richtung einer Evidence Based Policy (Pawson 2006) einzuschlagen und den Einsatz der damit verbundenen Methoden wie z.B. des Outsourcing von öffentlichen Leistungen und der Kontraktbildung zwischen Staat und Leistungsanbietern zu erproben.

Im Einzelnen hat das New Public Management verschiedene Auswirkungen auf die unterschiedlichen Ebenen der Sozialarbeit bzw. sozialen Dienste in Europa (für einen Überblick: Anheier/Kumar 2003).

(1) Outputorientierte Steuerung

Vor allem in den Ländern, in denen zahlreiche Verbände, Vereine und sonstige Vereinigungen an der Umsetzung sozialpolitischer Vorgaben beteiligt sind, stellt die sozialräumliche Steuerung solcher Hilfen eine schwierige Aufgabe dar. Ganz allgemein geht es bei diesem Konzept insbesondere um die Definition von Prozessen und Zielvorgaben, die im Rahmen einer outputorientierten Steuerung durchgeführt und erreicht werden sollen. Konkrete Leistungs- und Finanzziele bilden die Grundlage für die Planung, Durchführung und das Controlling der Aufgabenerfüllung. Die angeblichen Lücken und Defizite der inputorientierten Steuerung mit ihrer indirekten Steuerung der Aufgabenerfüllung durch Zuteilung der Ressourcen (Personalerhöhung oder Mittelkürzung) werden geschlossen. Outputsteuerung setzt voraus, dass Produkte definiert und Produktdefinitionen erarbeitet werden. Durch Produkte wird das Leistungsangebot einer Einrichtung konkretisiert und präsentiert. Sie sind das Ergebnis der Entscheidungen über die Ressourcenverwendung auf der Basis von Planung unter Beachtung der Zielsetzungen und unter Berücksichtigung von Alternativen (siehe dazu für England: Osborne/Gaebler 1992, für Deutschland z.B. Hensen 2006). Dabei unterscheiden sich die verschiedenen europäischen Länder vor allem bezüglich der Frage, wie Ziele definiert, durchgesetzt und gemessen werden können. So existiert in England ein Punktesystem, nach dem das Management bewertet wird, in anderen Ländern tendiert man eher zu bedarfsorientierten oder budgetdefinierten Vorgaben.

(2) Kontraktbildung zwischen Staat und Organisationen der Sozialarbeit
Während in den Kommunen Ziele und Budgets festgelegt werden, gilt es im Rahmen der Outputsteuerung sicher zu stellen, dass zwischen Zuschussgebern und Zuschussnehmern Verhandlungen über die Leistungsziele, d. h. über die Quantität und Qualität der Aufgabenerfüllung stattfinden. Diese orientieren sich an den Aufgabenstellungen, dem Ressourceneinsatz, den entsprechenden Kosten und dem Grad der angestrebten Leistungserfüllung. Schließlich werden Vereinbarungen zwischen Kommune und Einrichtung geschlossen, in denen die Auftragnehmer auf die Zielerreichung hin verpflichtet werden (Eichhorn 2005, S. 112).

Für Deutschland ergibt sich daraus das spezifische Problem der Organisationen der freien Wohlfahrtspflege, die in vielen Bereichen kaum mehr gemeinnützig tätig sind, zumal sie Eigenbeiträge nur noch selten erbringen. Doch auch wenn die Verhältnisse in Deutschland kaum durchschaubar sind, immerhin wird Sozialarbeit dadurch auf eine relativ konstante Basis gestellt. Dies ist in anderen Ländern, wie vor allem Frankreich, Italien und Spanien nicht der Fall. Dort existiert ein eher kurzfristiges Zuschusswesen, das eine fachliche Planung weitgehend unmöglich macht.

(3) Prämienmodelle
Geert van der Laan (2000, S. 96) berichtet über die Einführung von Prämienmodellen in den Niederlanden. So wurden z. B. in Den Haag von der Kommunalverwaltung schwer vermittelbare Klienten an Hilfeorganisationen mit der Maßgabe überwiesen, diese zu „aktivieren" und wieder in den ersten Arbeitsmarkt zu vermitteln. Die zugewiesenen Klienten ihrerseits wurden zur Mitarbeit verpflichtet und mussten mit einer Reduktion ihrer Sozialhilfe rechnen, falls sie die Annahme der Hilfe verweigern würden. Auf diese Weise übernahm die Einrichtung jährlich 400 Klienten. Durch Erreichen einer vereinbarten Erfolgsquote von 60 Prozent konnte die Einrichtung einen angemessenen Gewinn erzielen.

(4) Kontraktbildung zwischen Sozialarbeiter und Klient
Seit dem Gesetz von 2002 werden in Frankreich Verträge zwischen Klienten und Sozialarbeitern vereinbart. Darin verpflichtet sich der Klient, ein gemeinsam definiertes „projet" (dt. Projekt, im Sinne einer Aufgabe, z. B. die erfolgreiche Teilnahme an einer Maßnahme, einer Weiterbildung, etc.) auf der Basis eines „contract" (dt. Vertrag) erfolgreich durchzuführen. Er wird dabei durch den Sozialarbeiter unterstützt. Der Vertrag ist Voraussetzung für die Betreuung (franz. accompagnement) durch den Sozialarbeiter und für eine zusätzliche finanzielle Unterstützung. Häufig wird anstelle des Begriffs Kontrakt auch der Begriff „parténariat" (dt. Partnerschaft) verwendet (Dhume 2001).

Ähnliche Formen gibt es auch in anderen Ländern. So werden in den Niederlanden z. B. wohnungslose und damit oftmals auch verschuldete Menschen auf vertraglicher Basis betreut und beraten, um ihrer Notlage zu entkommen. Verweigert der Klient die aktive Mitarbeit, wird er aus der Hilfemaßnahme ohne weitere Unterstützung entlassen (Laan 2000, S. 96).

Nach Claudia Nospickel (2005) waren auch die sozialen Dienste in den neuen mittel- und osteuropäischen EU-Mitgliedstaaten durch eine parternalistische Verantwortung des Staates gegenüber seinen Mitbürgern geprägt, „die sich in einem umfangreichen sozialen Schutz" auswirkte, „der das Leben von der Geburt bis zum Tod umspannte" (Nospickel 2005, S. 493). Dabei waren die verschiedenen Dienste häufig direkt den Betrieben angegliedert, monopolisiert und stationär ausgerichtet. So sah zum Beispiel der Staat „sich und seine Einrichtungen als vorteilhafter für die Entwicklung des Kindes (des Behinderten, des Alten, etc. P. E.) an, als der Kontakt zur oder das Verbleiben in der Familie" (ebd. S. 494).

Seit 1990 kam es dann zu Umstrukturierungen und zur Unterscheidung von Leistungen auf Versicherungsbasis und Leistungen aus der öffentlich finanzierten Fürsorge. Die verschiedenen Reformen orientierten sich an folgenden Prinzipien (ebd. S. 497 ff.):

(1) Dezentralisierung: Die Verwaltung der Sozialhilfeleistungen wurde zunehmend auf die regionale und kommunale Ebene verlagert, so entstand mehr Bürgernähe. Die Organisation der Maßnahmen des Kinderschutzes wurde enger an den Bedürfnissen der Familien ausgerichtet.

(2) Diversifizierung und Privatisierung: Das Spektrum der sozialen Dienstleistungen wurde erweitert und alltagsnäher angelegt (Tagesbetreuung, häusliche Hilfen, Pflegefamilien, Wohngemeinschaften, etc.). Nicht-Regierungs-Organisationen wurden gegründet und übernahmen teilweise die Erbringung sozialer Dienstleistungen. Auch private Dienste sind entstanden.

(3) De-Institutionalisierung: Maßnahmen zur Integration von Behinderten, zur ambulanten Betreuung von Kindern und Alten etc. werden nur zögerlich umgesetzt. Heimunterbringung ist weiterhin eine der bevorzugten Maßnahmen bei der Betreuung von Zielgruppen mit Problemen.

Um hier Verbesserungen zu erreichen, gilt es nach Nospickel vor allem, Reformkonzepte zu entwickeln, die an modernen Standards orientiert sind, eine entsprechende Finanzierung zu sichern und die Kooperation der Akteure im Bereich der sozialen Dienste weiter zu entwickeln. Offensichtlich existiert bis heute immer noch ein mangelndes Vertrauen seitens des Staates in die Kompetenz der Nichtregierungsorganisationen und gibt es grundlegende Mängel bei der Gestaltung der Kommunikationsstrukturen zwischen Staat und Nichtregierungsorganisationen.

4.3.2 Qualitätssicherung und Controlling

Aufgrund der veränderten Steuerung der sozialen Dienste und der Sozialarbeit entstehen insbesondere neue Aufgaben bei der Überprüfung der Leistungserbringung. Gefragt und sichergestellt werden muss, wie dem Bürger eine hohe oder zumindest befriedigende Qualität der verschiedenen Dienste garantiert werden kann? Um dies zu erreichen, sind verschiedenste Maßnahmen entwickelt worden:

1. Berufsethische Grundsätze

Im Rahmen solcher Grundsätze werden grundlegende Erwartungen an die Einstellung und das Verhalten der Sozialarbeiter formuliert. Solche klar formulierten Berufsethiken gibt es vor allem in den zentralistischen Ländern Europas, wie z.B. den nordischen Ländern, England, Niederlande, Tschechische Republik, Slovakei und Italien. In den föderalistischen Staaten, wie z.B. Deutschland, Frankreich, Österreich, etc. existieren kaum konkrete Aussagen: Eine berufsethische Orientierung muss hier vor allem auf der konkreten Einrichtungs- oder Verbandsebene organisiert werden.

2. Nationale Qualitätsstandards/Dienstleistungsstandards

Gleiches gilt für nationale oder regionale Qualitätsstandards, d.h. relativ exakte Beschreibungen der im Rahmen der verschiedenen Leistungen zu erbringenden Prozesse. Insbesondere in England sind die Arbeitsprozesse der Sozialarbeiter über nationale Vorgaben am klarsten definiert (siehe dazu Kap. 8.3). Allerdings zeigt sich inzwischen in allen Ländern eine Tendenz zur bereichsspezifischen Standardisierung von Leistungen, derzeit insbesondere in Bereichen mit hohem Risikopotential, wie z.B. im Kinderschutz und in der stationären Betreuung von alten und behinderten Menschen. Hier ist inzwischen auch eine europäische Debatte entstanden, die zunehmend zu einer Orientierung an den Prinzipen von Best Practice führt (siehe dazu Kap. 7.1.2).

3. Qualitätsmanagement

Inzwischen müssen alle Organisationen, die sich am Sozialmarkt beteiligen, nachweisen, mit welchen Maßnahmen sie die Qualität sichern und verbessern. Dazu gilt es, das gesamte Leistungsspektrum sowie die erforderlichen Prozesse und Strukturen konsequent auf den Nutzen der Leistungsberechtigten auszurichten und eine hohe Effizienz zu gewährleisten. Managementsysteme beschreiben die Aufgaben des Managements und die entsprechend anzuwendenden Methoden, um die Einrichtung erfolgreich steuern zu können. Im Rahmen von Controlling und Berichtswesen, in dem einerseits die wesentlichen Ziele vereinbart und ihre Erreichung beobachtet werden und andererseits die Verantwortlichen möglichst viel Initiativ- und Gestaltungsfreiheit haben, werden die Anbieter der Einrichtungen regelmäßig auf die Einhaltung der vertraglichen Regelungen überprüft.

Nach Haas/Hanselmann (2005, S. 465) ist das Qualitätsmanagement vor allem aufgrund einer veränderten Logik in der Gestaltung des Sozialen europaweit wichtig geworden. Dieses Modell bietet drei Vorteile, da es erlaubt

1. die Aufmerksamkeit von der Inputfrage weg, hin zur Output/Outcome-Orientierung zu richten;
2. verschiedene Dienstleistungen miteinander zu vergleichen und zu optimieren;
3. Leistungsvereinbarungen auf der Basis von Preis-Leistungs-Verhältnissen abzuschließen.

Insbesondere in den Niederlanden wurde aufgrund einer Studie des Dutch Institute for Care and Welfare (NIZW) bereits früh damit begonnen, Qualitätsmanagementsysteme in allen sozialen Einrichtungen zu implementieren. Die Anstrengungen wurden dann nach einer weiteren Untersuchung des Verwey-Jonker Institute von 2004 verstärkt (siehe dazu Terpstra/Veer 2008, S. 59).

Die dafür mehr oder weniger geeigneten Instrumente zur Qualitätssicherung wurden der Industrie entliehen, so z.B. das Konzept der Quality Assurance in England, das dem Nutzer einer Dienstleistung Leistung und Produktqualität zusichert und gewährleistet.[39] Außerdem finden verschiedene Quality Awards wie z.B. die EFQM oder die weltweit gültige Normenreihe ISO 9000 Anwendung. Qualität wird demnach von der Unternehmensleitung verantwortet, um von da aus an den Mitarbeiter als „Mitunternehmer" delegiert zu werden. Dabei wird das Qualitätsmanagement insbesondere in drei Bereichen besonders wichtig werden:

- im Rahmen des europäischen Sozialmarktes, wo es darum gehen wird, Maßstäbe für fachliches Handeln so zu entwickeln, dass verschiedene Angebote miteinander verglichen und gegeneinander abgehoben werden können;
- im Kontext der einzelnen Organisationen, wo es darum gehen wird, permanent die „Effizienzsteigerungspotentiale", die „Verfahrenszuverlässigkeit" und die „Kosten-Nutzen-Relationen" zu beobachten; und
- im Rahmen der permanenten Steigerung der Leistungsfähigkeit der Systeme (Haas/Hanselmann 2005).

Selbstverständlich spielt dabei die ständige Kostenkontrolle eine wichtige Rolle. Allerdings versteht sich die Methode des Controlling sehr viel breiter als üblicherweise angenommen: es geht darum, die fachliche Qualität und den Nutzen ins Verhältnis zum dafür erforderlichen Aufwand zu bringen.[40]

4.3.3 Zukunftsperspektiven

Inzwischen mehren sich die Stimmen, die dem New Public Management eine problematische Rolle im Bereich der Sozialarbeit zuweisen. So hat insbesondere Robert Lafore (2009) in Frankreich auf die Gefahren der Managerialisierung der Sozialarbeit hingewiesen. Unter den neuen Vorgaben des Managements (franz. gouvernance) besteht seiner Ansicht nach die Gefahr, dass die Kommunikation in der Sozialarbeit zu sehr von externen Perspektiven, wie z.B. Recht, Ressourcen, Ergebnisse, etc., beeinflusst und damit interne Perspektiven, wie z.B. Methoden,

---

39 Siehe dazu z.B. die aufschlussreiche Internetseite des Suffok County Council: http://www.suffolk.gov.uk/CareAndHealth/ChildrenAndFamilies/GoodPractice/QualityAssurance.htm. Zugriff 10. Juli 2011.

40 „Social workers are, of course, present in the social services but only a small number of social workers are to be found in the upper echelons of management. They are committed to demonstrate the efficacy of their interventions in a climate of severe budgetary constraints" (McNamara/Neve 2009, S. 23).

Strategien, Werte, etc., vernachlässigt werden. Auf diese Weise könnte eine professionelle Kultur entstehen, bei der die Organisationen der Sozialarbeit von ihren Mitarbeitern erwarten, dass sie die Aufgabe übernehmen, ständig die Logiken der Organisation zu repräsentieren und auf eine eigene professionelle Logik zu verzichten.[41] Allerdings kommen Staffan Höjer und Torbjörn Forkby (2011) im Rahmen einer empirischen Studie im Bereich des Kinderschutzes zu dem Ergebnis, dass der Einfluss des NPM im Bereich der Sozialarbeit doch möglicherweise sehr begrenzt ist.

> „Even though systems such as general agreements that are intended to organise the market and individual care plans that are designed to regulate relations between buyers and sellers of care have been developed and are operational, social work practice would appear to diverge substantially from these systems. Professional and bureaucratic logics seem to compete with the NPM agenda." (ebd. S. 107, ähnlich: Frost/Parton 2009)

4.4 Sozialarbeit in Europa und Wirtschaft

4.4.1 Privatisierung der Sozialarbeit in Europa

Entsprechend dem Modernisierungsverständnis, wie es beispielsweise in der Lissabonner Strategie zum Ausdruck kommt, sind „Leistungsfähigkeit, Geregeltheit, Konkurrenz und damit auch ein gewisses Maß an Verdrängungsehrgeiz, Egoismus und Misstrauen" (Herrmann 2005, S. 275) wichtige Werte der Europäischen Union. Diese beeinflussen wiederum auch die sozialen Dienste in hohem Maße. Denn wenn die Versorgung der Bevölkerung mit sozialen Diensten auf einem hohen Standard sein soll, können die dafür erforderlichen Sozialausgaben nur niedrig gehalten werden, wenn es gelingt, die Leistungsfähigkeit der sozialen Dienste zu optimieren. Als Mittel dafür dient die Privatisierung, die insbesondere durch zwei Instrumente vorangetrieben werden soll:

(1) Privatisierung durch Personal Care Budgets
Nach niederländischen Untersuchungen bezahlen zwei Drittel der Menschen mit Behinderungen Verwandte, Freunde und Nachbarn für zur Verfügung gestellte Hilfen. 95 Prozent dieser Klienten sind mit dem Personal Budget System sehr zufrieden (Ewijk 2009, S. 24). Sie genießen die Wahlfreiheit und die Möglichkeit, selbst Entscheidungen zu treffen. Ähnliche Regelungen gibt es bereits in England

---

41 „Mais la réalité que je peux observer est bien différente. La ‚contractualisation' se résume souvent à l'écriture d'un contrat par l'instructeur, lequel contract n'est pas exempt de projections n'ayant rien à voir avec le projet de la personne (s'il en existe un)." (Dhume 2001, S. 61)

(engl. personalisation)[42] und Deutschland (persönliches Budget[43]). Jedoch wirft diese Form der Ökonomisierung der Sozialarbeit nach Hans van Ewijk einige Fragen auf, die bislang noch nicht beantwortet worden sind.

> „First, freedom of choice: is it acceptable to pay for horse riding lessons or a holiday from the personal care budget? Second, how does this budget system affect informal care and the relationships with relatives and friends paid for their caring? It is to argue that personal care budgets affect the quality of the relationships in a negative way, changing informal carers (relatives and friends) into paid care workers, being ‚servants' of their own relative. (What) about the problem that users, in particular those with learning difficulties and some groups of mental health patients, are sometimes really bad clients, treating care workers badly. A final problem to mention in this budgeting system is accountability, supervision and the risk of an open-ended financing system. It affects at the same time new bureaucratic regulations, hindering users and expanding controlling mechanisms. Nevertheless, the ideology of freedom of choice and independence is paramount and many users like to have a personal budget instead of a service in kind." (Ewijk 2009, S. 24 f.)

Für den Behindertenbereich in Europa sind mit dem persönlichen Budget nach Frank Schulz-Nieswandt Risiken und Chancen verbunden. Denn im Rahmen eines solchen Kontraktmanagements gilt es, „die Bedürfnisperspektiven des Konsumenten, die Bedarfsperspektiven professioneller Expertise, die Interessen der MitarbeiterInnen, die unternehmerischen Ziele und die normativ-rechtlichen Vorgaben sozialstaatlichen Denkens optimal zu vermitteln" (2007, S. 49).

(2) Privatisierung durch öffentliche Ausschreibung (Tendering)

In allen europäischen Ländern besteht die Tendenz, öffentliche Aufgaben an private oder verbandliche Unternehmen zu übertragen. Darüber hinaus beginnen einige Länder, insbesondere England, Irland und die Niederlande damit, soziale Dienstleistungen auszuschreiben und nach dem Anbieter zu suchen, der die besten Konditionen bietet. Zuschüsse und Subventionen, wie bislang gegenüber den verbandlichen Organisationen oder Vereinen üblich, sind jetzt nicht mehr erlaubt. Damit aber werden vor allem private Anbieter angezogen, da sie in der Regel über die besseren Möglichkeiten verfügen, Kosteneinsparungen (z. B. beim Personal) durchzusetzen. Zugleich beginnen die Organisationen, sich auf bestimmte Klientengruppen zu spezialisieren, vor allem solche, die ökonomisch und managerial gesehen einfach bzw. optimal zu „bedienen" sind. Das Argument, private Hilfe führe zu geringeren Kosten, muss daher nicht unbedingt gelten, da die Folgekosten möglicherweise wieder an anderer Stelle auftreten können (Ewijk 2009).

---

42 Siehe dazu einen zusammenfassenden Bericht von Sarah Carr: http://www.scie.org.uk/publications/reports/report20.asp Zugriff 1. Juni 2011.

43 Siehe dazu das Internetportal des Bundesministeriums für Arbeit und Soziales: http://www.bmas.de/portal/9266/persoenliches__budget.html http://www.bdw.nomos.de/fileadmin/bdw/doc/BdW_06_05.pdf insbesondere S. 163–171

4.4.2 Neue Formen des Wirtschaftens in der Sozialarbeit

Auf der Seite der Anbieter von sozialen Dienstleistungen muss insofern auf die Tendenz zur Privatisierung der sozialen Dienste reagiert werden. Folgende Strategien lassen sich derzeit erkennen:

Die klassische Strategie: Insistieren auf Moral
In den deutschsprachigen Ländern sowie insbesondere in Frankreich und Italien tendieren die zumeist verbandlichen Vertreter dazu, sich eine optimale Position als Anbieter dadurch zu sichern, dass sie altruistische und christliche Motive in den Vordergrund stellen. Öffentlich verkündete Sparpolitik wird dabei als „Verbetriebswirtschaftlichung der Sozialen Arbeit" verstanden und dem mangelnden öffentlichen Interesse an der Qualität der sozialpädagogischen Arbeit zugerechnet (Seithe 2010, S. 134). Soweit in den betreffenden Ländern dann genügend Geld vorhanden ist, kann sich kein Politiker dem Argument entziehen, dass Hilfen für bestimmte Klientengruppen (wie z.B. Kinder, Alte, Behinderte) zur Verfügung gestellt werden „müssen". Zudem verfügen die Vertreter dieser Einrichtungen häufig selbst über nicht unerheblichen politischen Einfluss und können so ihre Forderungen leicht durchsetzen. Versuche, in solchen Organisationen ein höheres Wirtschaftlichkeitsdenken einzuführen, bleiben meist erfolglos. Aufgrund der organisationalen Verfasstheit dieser Non for Profit – Organisationen würde eine überzeugende Darstellung des jeweiligen Mitteleinsatzes in jedem Falle bereits an den grundlegenden Voraussetzungen, wie z.B. eine regelmäßige Dokumentation, eine valide Evaluation, etc. scheitern müssen (siehe dazu Kap. 7.1).

Die moderne Strategie: Management und Fundraising
Organisationen, die der alten Strategie nicht mehr trauen, tendieren dazu, Sozialarbeit mit Hilfe neuer Formen des Managements zu optimieren. Dies kann zum einen mit Hilfe der bekannten Managementinstrumente geschehen, wie z.B. der Optimierung des Personal- und Mitteleinsatzes, einer sorgfältigen Prozesssteuerung, einer Einführung von datengestützten Dokumentationsverfahren, der Entschlackung der Hierarchieebenen etc.[44] Zum anderen können gängige Formen des Marketing, der Akquirierung von Spenden und der langfristigen Bindung von Spendern eingesetzt werden, damit monetäre Engpässe überwunden und eine hohe Qualität der Arbeit erreicht werden können. Auf diese Weise ist heute ein

---

44 Nach Boeßenecker verbergen sich hinter Privatisierungen im Sozialsektor „in erster Linie Organisationsprivatisierungen (...) Es geht um die Flucht aus dem Haushalts-, Dienst- und Besoldungsrecht sowie um die Verabschiedung aus der Kommunalpolitik und der Verantwortung vor gewählten Repräsentativorganen. Die Crux dabei ist, dass die jeweils angesteuerten Gewinnzonen bzw. die größere Eigenfinanzierungsfähigkeit von Einrichtungen sich letztlich als entgeltfinanziert erweisen, also eine zusätzlich bzw. versteckte Belastung der Bürger/innen darstellen." (Boeßencker 2006, S. 51)

Kampf um Sponsoren und Unterstützer entstanden, der nicht immer unumstritten ist.[45]

Die innovative Strategie I: Selbstständigkeit

Dass Sozialarbeiter der Privatisierung nicht immer feindlich begegnen, zeigt ihre zunehmende Bereitschaft, die Chancen des Marktes zu ergreifen und in die individuelle Selbstständigkeit zu wechseln oder als freier Unternehmer (engl. Free Lancer) aufzutreten (Ewijk 2009). Es handelt sich dabei um Existenzformen, die sehr stark durch Vorgaben der Europäischen Gemeinschaft unterstützt werden. Von daher kann angenommen werden, dass sie sich auf Dauer stark ausbreiten werden (zusammenfassend: Tiemann 2009).

> „Offensichtlich ist jedoch, dass zusätzlich zur bisher dualen Trägerschaft in der Sozialen Arbeit eine neue Trägerschaft entstanden ist, die weit weniger homogen ist, als es die bisherige war. Allgemein betrachtet handelt es sich dabei um Selbständige, die sich primär weder auf das Sozialstaatsziel noch exklusiv auf eine der traditionellen weltanschaulichen Grundlagen verpflichten lassen. Es sind vielmehr Frauen und Männer, die ihre eigenen Vorstellungen von sozialer Arbeit unter den gegebenen Bedingungen und unter Beachtung von Recht und Gesetz verwirklichen wollen. Sie nutzen dabei unterschiedliche Rechtsformen zur Unternehmensgründung und -führung, mit denen sie sich auf dem neu entstandenen Markt behaupten. Viele ExpertInnen sind der Meinung, dass den ‚privatgewerblichen Organisationen', vielleicht im Unterschied zu den ‚öffentlichen Organisationen' (...) innerhalb der Europäischen Union eine durchaus glänzende Zukunft winkt!" (Klüser/Maier 2009, S. 8)

Den Vorteilen, die dieser neuen Erwerbsform unterstellt werden (hohe Arbeitsmotivation, schlanke Organisationsstrukturen, hohe Effizienz, etc.), stehen allerdings auch deutliche Risiken (wie z. B. Überforderung, Selbstausbeutung, überzogenes Gewinnstreben, etc.) entgegen (Ewijk 2009). Auch für die Auftraggeber bringt diese Organisationsform Vor- und Nachteile, gilt es doch, die möglicherweise permanent prekäre Situation der Qualität in solchen Kleinstbetrieben entsprechend zu steuern und zu überwachen. Klüser/Maier (2009) fordern insofern zu Recht dazu auf, mit der Erforschung dieses Bereichs zügig zu beginnen und insbesondere Daten zu erheben, unter anderem bezüglich

- des quantitativen Ausmaßes der Selbständigkeit,
- den bevorzugten Bereichen,
- dem Verhältnis von Männern und Frauen,
- der Bedeutung und der Formen der Qualitätssicherung und Weiterbildung,
- des Arbeitspensums, der Gewinnmargen, der Kostenstrukturen,
- Fragen der beruflichen Ethik, der Bereitschaft zur Ausbildung von Nachwuchs,
- der Zusammenarbeit mit den Verbänden und Ehrenamtlichenorganisationen.

---

45 Siehe zusammenfassend für den Bereich Sport in Europa: Lagae (2005).

Die innovative Strategie II: Gründung eigener Kleinstunternehmen

Zunehmend gründen Sozialarbeiter auch eigene Unternehmen, um in ausgewählten Nischen, insbesondere im Bereich der Kinderbetreuung, der Betreuung von alten und behinderten Menschen, etc. spezielle Dienste anbieten zu können. Dabei sind diese Geschäfte möglicherweise in den nordischen Ländern, in England, den Niederlanden und Deutschland profitabel, von den etwas ärmeren Ländern wie Italien, Frankreich und Spanien wird berichtet, dass Sozialarbeiter eher im Rahmen verdeckter Formen einer erzwungenen (Schein-) Selbständigkeit operieren. So gründen sie dort neben kleineren Unternehmen auch eigene Vereine, die letztendlich nur dem Zwecke dienen, ihnen überhaupt eine Beschäftigungsmöglichkeit zu bieten. Nach Fasol/Frey (2004) ergab eine Untersuchung für die Lombardei, dass dort teilweise mehr private als staatliche soziale Dienste existieren. Überprüft man aber die privaten Einrichtungen, dann handelt es sich meist um Scheinselbständige, die sich in prekären Arbeitssituationen befinden. Claude de Jonckheere et al. (2008) haben für die Schweiz auf die verschiedenen Probleme und Paradoxien hingewiesen, die sich für die Mitarbeiter in Einrichtungen, die zwischen Markt- und Klientenorientierung stehen, ergeben.

Die innovative Strategie III: Europaweit agierende Sozialunternehmen

Eine weitere Strategie ist die Gründung transnationaler Sozialunternehmen. Dabei wird ähnlich wie beim Prinzip der „McDonaldization" (Ritzer 2010) bzw. dem Social Franchising (Bundesverband 2008)[46] davon ausgegangen, dass sich eine in einem Land bewährte Form sozialer Dienste mit wenigen konzeptionellen Änderungen auch in anderen Ländern anbieten lässt. Inzwischen gibt es solche Beispiele nicht nur im Bereich der Klinken und Altenheime, wo deutsche und europäische Sozialunternehmen zu Konsortien verschmelzen (eine Zusammenstellung dazu liefert Boeßenecker 2006, S. 52 f.), sondern auch z. B. im Bereich der Bewährungshilfe, die etwa in Baden-Württemberg durch eine österreichische Firma[47] ausgeführt wird. Noch gravierendere Entwicklungen werden sich im Pflegebereich ergeben. Hier sind die Ansätze eines europäischen Ausbildungscurriculums schon erkennbar, das – wenn es einmal implementiert ist – zu einem völlig freien Beschäftigungsmarkt führen wird.[48]

---

46 Heute unterscheidet man „kommerziell organisierte Franchisesysteme", „subventionierte Franchisesysteme" und „Non-Profit-Replizierungssysteme" (Bundesverband 2008, S. 26).

47 Siehe dazu: http://www.neustart.at/ Zugriffsdatum 20. Juni 2011

48 Siehe dazu einen Bericht der AWO Nordhessen unter http://www.awo-nordhessen.de/senioren/mitteilung/281/erster-schritt-zur-europaeischen-vereinheitlichung-von-altenpflegeausbildung-erreicht

4.4.3 Wirtschaftssozialarbeit oder alternative Sozialarbeit?

Privatisierung ist offensichtlich ambivalent und birgt Möglichkeiten und Gefahren. Nach Hans van Ewijk (2009, S. 25 f.) lassen sich die verschiedenen Argumente wie folgt zusammenfassen.

Pro Privatisierung:

• Der Markt sozialer Dienste wird sich stetig ausweiten. Insbesondere für die wohlhabendere Klientel entsteht ein „market of luxury social services".
• Privatisierung wird zu mehr Innovation und Dynamik führen. Neue Produkte und Produktkombinationen werden entstehen.
• Privatisierung wird zu mehr Auswahl und Qualität führen.

Contra Privatisierung

• Privatisierung reduziert die öffentlichen Kosten, aber führt möglicherweise zu einer Erhöhung der Gesamtausgaben für soziale Dienste.
• Ein Teil der Klientel wird von Hilfen ausgeschlossen werden, weil er dafür nicht die erforderlichen Verpflichtungen erfüllt.
• Privatisierung führt zu einer Vernachlässigung des informellen und freiwilligen Sektors. Damit wird die Zivilgesellschaft und die Bereitschaft von Ehrenamtlichen, unentgeltlich zu arbeiten, untergraben.
• „Privatizing neglects and changes the character of the social domain itself. Social cohesion and social justice are in this shift interpreted as self-interests" (ebd. S. 26).

Insgesamt deuten sich zwei mögliche Entwicklungslinien an:

(1) Vertreter einer optimistischen Perspektive gehen davon aus, dass Sozialarbeit zunehmend zu einem wichtigen Wirtschaftsfaktor wird und sich dementsprechend die Strategien und Instrumente der Privatwirtschaft aneignen muss. Demnach gibt es auch keine erkennbar negativen Entwicklungen bei der Schaffung eines europäischen Sozialmarktes:

> „Geht es um Überlegungen um die Zukunft der Sozialen Arbeit, dann wird sicherlich einer ‚Allgemeinen Wirtschaftssozialarbeit' noch eine bedeutsamere Rolle als bisher zukommen. Einer ihrer Kernpunkte ist die Verknüpfung zwischen Zivilgesellschaft, Arbeitswelt und Wirtschaft und die Beteiligung der Menschen daran. Sie versteht sich dabei als Teilbereich der deutschen Sozialen Arbeit und will sich auch auf europäischer Ebene bemerkbar machen. Ob dabei der Begriff Soziale Arbeit noch Bedeutung und Zukunft hat, dürfte heutzutage noch niemand wissen!" (Maier 2009, S. 114)

(2) Vertreter einer eher skeptischen Einschätzung sehen den einzigen Vorteil einer Anwendung ökonomischen Denkens in der Sozialarbeit darin, dass diese einen Beitrag dazu leisten kann, „die bislang weitgehend fehlende Klienten- und Kundensouveränität in der sozialen Arbeit in das Zentrum der weiteren Organisationsentwicklung zu stellen und durch geeignete Formen der ‚Hilfe zur Selbsthilfe' tatsächlich zu realisieren" (Boeßenecker 2006, S. 58). In dieser Perspektive muss

die Sozialarbeit die berechtigte Kritik der Ökonomie aufgreifen und in neue Formen der Sozialarbeiter-Klient-Interaktion einbringen (siehe dazu Brafield/Eckers-
ley 2007):

> „Gefordert ist also ein öffentlicher Diskurs, in dem zu klären ist, warum, weshalb, durch
> wen, mit wem, wie und wo soziale Dienstleistungen erbracht werden, und wie sie durch
> wen zu finanzieren sind. In einer sozialpolitisch hergeleiteten Legitimation solcher Dienst-
> leistungen als öffentliche Güter bedürfte es keines Angstszenariums, bei einer auch privat-
> gewerblichen Ausprägung zwangsläufig das Soziale aus dem Auge verlieren zu müssen."
> (Boeßenecker 2006, S. 58)

4.5   Zusammenfassung

Die Sozialarbeit in den einzelnen Ländern ist nicht immer direkt, aber häufig doch
mittelbar von europäischen Vorgaben betroffen. Diese Vorgaben werden (oftmals
als sozialpolitische, wirtschaftliche, administrative, etc. Beschlüsse) in den jeweiligen Gremien oder im Rahmen der europäischen Rechtssprechung entwickelt und
dann von den verschiedenen nationalen Teilsystemen länderspezifisch aufbereitet
und umgesetzt. Die verschiedenen nationalen Teilsysteme wirken dann im Rahmen eines intersystemischen Austausches mehr oder weniger direkt auf die Sozialarbeit ein. Die Sozialarbeit rezipiert die verschiedenen Themen und bearbeitet
diese im Rahmen ihrer eigenen Autonomie und Autopoiesis. Zudem kann sie
natürlich auch wahrnehmen, wie andere nationale Sozialarbeitssysteme reagieren
und entsprechende Abstimmungen vornehmen.

Ein erstes Referenzsystem stellt die Sozialpolitik dar. Ihre Einflussnahme auf die
sozialen Dienste und die Sozialarbeit findet mittelbar durch den Vergleich von für
alle Staaten relevanten Daten und statistische Entwicklungen oder die Diskussion
gesellschaftlicher Tendenzen (z. B. Alterung der Gesellschaften) statt. Sehr direkt
kann dieser Einfluss sein, wenn es um bewusste sozialpolitische Vorgaben geht. So
gab der Paradigmenwechsel zum Activating Welfare State in fast allen Ländern
Anlass zu vielen Diskussionen und führte schließlich zur Entwicklung völlig neuer
methodischer Vorgehensweisen in der Sozialarbeit.

Im Bereich des Rechts spielen zahlreiche europäische Gesetze für die Prozessgestaltung in der Sozialarbeit eine wichtige Rolle. In der Folge kommt es in den
verschiedenen Ländern nicht nur zu grundsätzlichen Vereinheitlichungstendenzen,
was die Art der sozialen Dienste und die Beteiligung der Nutzer bei der Planung
und Gestaltung anbelangt. Zugleich sind die Rechte und Pflichten der Klienten
durch solche Einflüsse in den letzten Jahren deutlich gestärkt worden. Damit
verbunden war und ist eine Veränderung der rechtlichen Position der Wohlfahrtsverbände und der Struktur des Sozialmarktes – eine insbesondere für Deutschland
folgenreiche Entwicklung!

Im Bereich der Verwaltung wirkt sich vor allem die Einführung des Paradigma des New Public Management auf die Sozialarbeit in Europa aus. Denn die Umsetzung der damit verbundenen Methoden, wie z. B. Budgetierung, Kontraktbildung, Wirkungsorientierung, Qualitätssicherung, etc. schafft eine Tendenz, bei der sich die unterschiedlichen länderspezifischen Handlungsweisen bei der Umsetzung der Sozialarbeit immer stärker einander angleichen müssen. Wenn es vor allem auf Kosten, Qualität und Wirkungen von Leistungen ankommt, dann lassen sich leicht Best Practice Beispiele identifizieren, denen sich kein nationales System auf Dauer entziehen kann.

Von Seiten des Wirtschaftssystems wird vor allem gefordert, den sozialen Bereich mittels des Mediums „Geld" zu einem Sozialmarkt umzugestalten. Dies soll durch die Einführung zweier Methoden geschehen: Zum einen sollen Klienten Hilfeleistungen nach Möglichkeit nicht mehr direkt, sondern in Form eines Personal Care Budgets erhalten. Auf diese Weise können sie dann ihnen effektiv erscheinende Hilfeleistungen preisbewusst direkt beim Anbieter einkaufen. Zum anderen sollen die Kommunen die erforderlichen sozialen Dienstleistungen für die Bevölkerung öffentlich ausschreiben und diejenigen Anbieter bevorzugen, die am kostengünstigsten sind. Auf diese Weise entsteht ein Wettbewerb, der unter anderem auch deshalb zu einer realistischen Preisbildung führt, da er auch Veränderungen seitens der Anbieter von Leistungen erforderlich macht und neue Organisationsformen, wie z. B. Selbständigkeit, Franchise-Unternehmen, etc. nach sich zieht.

Obwohl die von den verschiedenen Teilsystemen ausgehenden Einflüsse durchaus stark sein können, soll hier trotzdem nicht der Eindruck entstehen, die Sozialarbeit wäre dem allem völlig wehrlos ausgesetzt. Denn auch sie kann und muss versuchen, diese Einflüsse autonom zu verarbeiten und eigenen Interessen im Rahmen intersystemischer Dialoge selbstbewusst Ausdruck zu verleihen.

5 Sozialarbeit in Europa im intrasystemischen Dialog: Wissenschaftsentwicklung

Die Situation der Wissenschaft im Bereich der Sozialarbeit in Europa könnte strukturell betrachtet nicht unterschiedlicher sein. Da gibt es auf der einen Seite Länder, wie z.B. Schweden, aber auch die Tschechische Republik oder die Slovakei, die der Sozialarbeit schon seit geraumer Zeit den Charakter einer eigenständigen Wissenschaft an den Universitäten einräumen. Auf der anderen Seite stehen z.B. Frankreich und viele osteuropäische Länder, wo Sozialarbeit nicht einmal auf Fachhochschulebene angesiedelt ist und wo so gut wie keine eigenständige Theoriebildung und Forschung existiert. Und dazwischen befinden sich Länder wie etwa Deutschland, Österreich, Italien, Spanien, etc., wo die Sozialarbeit an Universitäten oder Fachhochschulen nur als theoretisch-praktische Disziplin existiert, mit der Folge, dass die Praktiker auch nicht in Ansätzen auf eine evidenzbasierte Wissensgrundlage zurückgreifen können.

Vor diesem Hintergrund wird erneut deutlich, dass die Sozialarbeit auf den europäischen Austausch dringend angewiesen ist. Denn nur im Rahmen einer Zusammenschau der in den einzelnen Ländern vorhandenen Theorien, Modelle und Forschungsanssätze kann sie sich ein zufriedenstellendes Bild über sich selbst machen: als Wissenschaft, die über ausreichend Fachwissen und Fachdialoge verfügt, um sich disziplinär etablieren zu können!

Das folgende Kapitel gibt einen Überblick über den gegenwärtigen Stand der wissenschaftlichen Durchdringung der Sozialarbeit in Europa. Dazu werden in einem ersten Teil wichtige Theorien vorgestellt. Dabei wird entsprechend ihrer jeweiligen Reichweite zwischen Methatheorien (Kap. 5.1), Theorien (Kap. 5.2) und Modellen (Kap. 5.3) unterschieden (siehe dazu Erath/Hämäläinen 2001, Erath 2006). In einem zweiten Teil wird dann die Situation der Sozialarbeitsforschung näher beleuchtet und werden Möglichkeiten und Grenzen der Anwendung empirischer Methoden in der Sozialarbeit anhand von ausgewählten Beispielen diskutiert (Kap. 5.2).

5.1 Metatheorien der Sozialarbeitswissenschaft in Europa

Jede theoretische Auseinandersetzung mit einem Fachgebiet muss zunächst eine Bestimmung dessen leisten, was das Fach ausmacht. Dabei lassen sich für die Sozialarbeit drei Argumentationslinien aufzeigen. Vor allem in den Ländern, die noch über keine eigene Wissenschaftstradition verfügen, wird Sozialarbeit als transdisziplinärer Gegenstand verstanden, der sich durch ein Zusammenwirken unterschiedlicher sozialwissenschaftlicher Perspektiven ergibt (Kap. 5.1.1). In den nordischen Ländern dagegen versucht man, Sozialarbeit als disziplinäre Einheit begriffs- und wissenschaftsgeschichtlich zu definieren (Kap. 5.1.2). In Deutschland, Österreich und Polen wird dagegen die Auffassung vertreten, die Theoriebildung im Bereich der Sozialarbeit werde von der Bezugsdisziplin Sozialpädagogik geleistet (Kap. 5.1.3).

5.1.1 Sozialarbeit als transdisziplinärer Gegenstand

Nach Ansicht des belgischen Sozialarbeitssoziologen Jean Foucart (2008) kann die Sozialarbeit aufgrund ihrer pragmatischen und eklektischen Ausrichtung keine eigenständige Disziplin sein (ähnlich: Autes 1999, Robertis 2007, Bommes/Scherr, 1996). Allerdings gilt dies seiner Ansicht nach nicht nur für die Sozialarbeit: da jegliches Wissen heute in einer hoch ausdifferenzierten Weise entwickelt und dargestellt wird, lässt es sich kaum mehr eindeutig disziplinär zuordnen.

> „This disciplinary specialisation has accelerated until it has turned into a parcelling up of knowledge, hence the explosion of the increasing numbers of disciplines, with academics and researchers retreating into their own disciplinary silos to study with more and more specialised fields. Consequently, achieving a unity of knowledge has become impossible as no one can encompass all the entire scope of human knowledge which, like the division of labour in the nineteenth century, had been rationalized and fragmented." (Foucart 2008, S. 85)

Sozialarbeit muss dementsprechend, ähnlich wie die Ökologie oder die Kommunikationswissenschaften, als eine multi-, inter- und transdisziplinäre Wissenschaft konstruiert werden, die keinen eigenen Gegenstand mehr besitzt, sondern die ihre hochdynamische Praxis mit Hilfe von verschiedenen disziplinären Ansätzen beobachtet, erforscht und anregt. Gerade am Beispiel der Methodenanwendung in der Sozialarbeit kann man nach Foucart diese pluralistische Perspektive beobachten:

> „The methodologies taught are also themselves extremely diversified; including methodologies of research, community work, group work, and individualised social work, which are themselves split up into an addition of multiple tools: system analysis, institutional analysis, case studies, etc." (ebd. S. 91)

Kleve (2003) hat einen ähnlichen Ansatz für Deutschland formuliert. Demnach ist die Sozialarbeitswissenschaft eine Disziplin, die den Umgang mit Ambivalenzen und Uneindeutigkeiten pflegt, und zwar in einer Weise, die sich nicht in das System der Wissenschaft integrieren lässt, weil es gilt, völlig neue und unerwartete Antworten auf alte und neue Fragen zu finden. „Eigenschaftslosigkeit" ist insofern die zentrale Eigenschaft der Sozialarbeit und „Disziplinlosigkeit" damit logischerweise deren epistemologisches Pendant (siehe auch Bardmann 2005, Bommes/ Scherr 1996).

5.1.2 Sozialarbeitswissenschaft als disziplinäre Einheit

Für den Schweden Haluk Soydan (1999) ist die Disziplin Sozialarbeitswissenschaft eine Folge der Autopoiesis des Wissenschaftssystems. Dieses differenziert sich ständig aus und entwickelt auf diese Weise stets neues Reflexionspotential, das von anderen Disziplinen nicht oder nicht ausreichend aufgegriffen wird. So entstehen neue Formen, wie z. B. die Biochemie, die sich doch gänzlich von den alten Formen, der Biologie bzw. der Chemie unterscheiden. Eine neue Wissenschaft entsteht also immer, wenn Fragestellungen und Begriffe auftauchen, die nicht der Perspektive einer bereits vorhandenen Wissenschaft zugeordnet werden können.

> „The starting point here is that social work has its own set of ideas and concepts and that this set of ideas is specific for social work. By using the set of ideas specific to social work as a criterion, it is possible to delimit the subject in relation to other subjects." (Soydan 1999, S. 4)

Im Rahmen seiner ideengeschichtlichen Analyse kommt Soydan zu dem Ergebnis, dass die Sozialarbeitswissenschaft zwar keinen völlig neuen Gegenstand konstruiert, jedoch eine spezifische neue Sichtweise entwickelt (Erath 2006). Die Eigenart dieser neuen Perspektive kommt dadurch zustande, dass in den Sozialwissenschaften bereits vorhandene und darüber hinausgehende neue Theorien zu etwas Neuem zusammengeführt werden, „hold(ing) together three elements: to have a theory of society or of man as social being, to have a programme, a scheme for changing problematic situation, and to have a group of people committed to carrying this change through" (ebd., S. 6).

Im Rahmen dieser Sichtweise, die Soydan an verschiedenen „Klassikern", wie z. B. Jane Addams oder Mary Richmond, verdeutlicht, lässt sich zeigen, dass die Sozialarbeitswissenschaft wesensverwandt, aber nicht identisch mit anderen sozialwissenschaftlichen Disziplinen und darin insbesondere mit der Soziologie ist.

> „This sociological analysis thus forms the basis of social scientific understanding of the dynamics of society, including its driving forces, the interaction between its various components, problem-generating mechanisms, and so on. As such sociological analysis exceeds its own limits and produces concepts and instruments for disciplines that gradually develop out of the process of specialisation in the social sciences. One of the disciplines that slowly develops is social work. Putting social studies on a scientific basis [during the eighteenth century] constitutes both a foundation and a prerequisite for the development of social work as a practice and as a scientific discipline." (Soydan 1999, S. 16)

Folgt man dieser Argumentation, dann beendet die Sozialarbeitswissenschaft mit dieser Gegenstandsbeschreibung ihren vorparadigmatischen Zustand. Somit hat sie jetzt die Möglichkeit, das zu benennen, was sie ausmacht.

(1) Die Einzigartigkeit der Sozialarbeitswissenschaft bezieht sich nicht speziell auf einen der drei Teilaspekte der Definition von Soydan, sondern besteht in deren spezifischer Verklammerung. Demnach befasst sie sich mit der Analyse und Reflexion von Gesellschaft und damit verbundener (psycho-)sozialer Proble-

me hinsichtlich ihrer Entstehung, Vermeidung, Behebung und ihrer professionellen Bearbeitung. Ihre Perspektive kommt folglich nicht völlig mit denen anderer Disziplinen, wie z. B. der Soziologie, der Psychologie, der Pädagogik oder der Politikwissenschaft zur Deckung.

(2) Sozialarbeitswissenschaftliches Denken und daraus abgeleitetes Handeln kann jetzt als Denken und Handeln definiert werden, das sich an einer neu geschaffenen, noch von keiner anderen Disziplin besetzten Perspektive orientiert. Gleichwohl muss sich das auf diese Weise entstehende Wissen erst noch empirisch bewähren, um eine vollständige Anerkennung erlangen zu können.

5.1.3 Sozialpädagogik als Theorie der Sozialarbeit

Eine vor allem im deutschsprachigen Raum entwickelte (und inzwischen von einigen osteuropäischen Ländern, wie z. B. Polen übernommene) Denkweise geht davon aus, dass Sozialarbeit die Beschreibung für eine bestimmte Praxis sei, die disziplinäre Einheit dazu aber von der Sozialpädagogik zur Verfügung gestellt werde (Thiersch 1996, Müller 2002, S. 725)

Nach Hans Thiersch ist die Wissenschaft der Sozialen Arbeit (Thiersch 1996, S. 11) aus unterschiedlichen Traditionen zusammengewachsen und findet ihren Zusammenhalt in der Sozialpädagogik. Im Rahmen dieser Entwicklung bildete sich seiner Ansicht nach ein umfassendes, den Aspekt der Sozialarbeit umschließendes sozialpädagogisches Selbstverständnis heraus. Sozialpädagogik wird demnach nicht mehr nur klassisch – als Teildisziplin der Allgemeinen Pädagogik –, sondern als eine sich ihrer Autonomie bewusste Disziplin definiert.

Allerdings darf nach Thiersch die Entwicklung zur eigenen Disziplin nicht nur als historisch zufällig interpretiert werden. Alle Fragen der Sozialarbeit, verstanden als „Hilfe zur Kunst des Lebens" (Thiersch 1996, S. 9, Thiersch 2002), lassen sich seiner Ansicht nach wissenschaftlich gesehen der Sozialpädagogik zuordnen; auch wenn sich für die Praxis eher der Begriff „Soziale Arbeit" herausgebildet hat. Die strukturellen Gründe dafür liegen nach Thiersch in einer zeitgemäßen Definition der zentralen pädagogischen Begriffe von Heinrich Roth, nämlich „Bildsamkeit" und „Bestimmung" (Roth 1976). Entscheidend ist für Thiersch, dass sich eine solche hermeneutisch-kritische Wissenschaftsposition nicht mit den gegebenen sozialen Verhältnissen abgibt, sondern diese theoretisch und praktisch zu überwinden sucht. In Europa hat insbesondere Walter Lorenz (2006) diese wissenschaftstheoretische Position unter dem Namen „Social Pedagogy" bekannt gemacht. Ganz in seinem Sinne versucht auch Ewa Marynowicz-Hetka die Sozialpädagogik als Leitdisziplin der Sozialarbeit zu verorten, als

- „academic discipline, still in the process of creation and development, as an institution that is forming, influenced by change and influencing change, transmitted through learning;

- a certain type of reflective pedagogy (pedagogies), being the result of thought about changes in the social context and the processes occurring therein, on the areas of action and about social action itself within its confines, its direction and orientation, and especially on discovering its sense and meaning;
- reflection upon reflection, conducted transversally, which emerges as a result of thought about its current perception as an academic discipline and as an orientation for action, referring to its tradition and initial formulations, as well as other theoretical tenets in the social and humanities disciplines." (Marynowicz-Hetka 2007, S. 91 f.)

Allerdings je stärker diese Position inzwischen in Europa wahrgenommen wird[49], umso deutlicher mehren sich die Stimmen, die dieser Position lediglich den Status eines „Paradigmas" zugestehen,[50] das in zweifacher Form auftritt: als kritisches (1) und als hermeneutisches (2) Paradigma.

(1) So übersetzt Walter Lorenz selbst teilweise den Begriff Social Pedagogy mit Critical Social Work (Lorenz 2006, S. 18) und so sprechen Parton (2003) und Hatton (2011) davon, dass in einer desorientierten Gesellschaft eine „structural social pedagogy" dazu beitragen müsse, Strukturen zu rekonstruieren, die verlässlich sind und Wandel erlauben. Eine solche Perspektive soll dazu beitragen, dass insbesondere Kinder und Jugendliche mehr Zeit und Raum zur psychosozialen Entwicklung erhalten.

(2) Als hermeneutisches Paradigma taucht es vor allem im Rahmen der dänischen Tradition (Rosendal Jensen 2009) und der deutschen Kinder- und Jugendhilfe auf: Hier geht es weniger um die Darstellung einer wissenschaftstheoretischen Position als vielmehr darum, auf die Bedeutung präventiver Maßnahmen und sozialpädagogischer Methoden, wie z. B. den pädagogischen Bezug, das emphatische Verhalten des Sozialpädagogen, die pädagogische Begegnung und Begleitung von Klienten, etc. hinzuweisen.

5.2 Theorien der Sozialarbeitswissenschaft in Europa

Theorien versuchen Antworten zu geben auf wichtige Fragen des Menschen. Sie beruhen aber nicht allein auf Erkenntnis, sondern auf einer Beziehung zwischen uns und der Welt. Beim Theoretisieren gibt es also immer ein Subjekt, das Theorien entwirft, und ein Objekt, auf das die Theorie angewendet wird. Während in den Naturwissenschaften die Distanz zwischen Subjekt und Objekt der Theorie erhalten bleibt, sind Theorien in den Sozialwissenschaften immer interaktiv. Die

---

49 Zusammenfassend: Kornbeck/Rosendal Jensen (2009).
50 Für Estland siehe dazu Kraav (2004).

im Rahmen von Theorien „Zuschreibenden" und die durch diese „Beschriebenen" werden zu gleichen Teilen beeinflusst (Jonckheere 2010, S. 440).

Insbesondere im sozialwissenschaftlichen Bereich ist dabei nicht die Wahrheit das entscheidende Merkmal einer Theorie, sondern die Erkenntnis, in welcher Weise sie unsere Sicht der Welt bestimmt. Als wissenschaftliche Theorien müssen sich aber alle Theorien der Logik und Kausalität unterwerfen und ihren paradigmatischen Zugang offen legen. Im Folgenden werden die vorhandenen Theorien daher wie folgt unterschieden: als erkenntnistheoretisch ausgerichtete Theorien, die versuchen, die Sozialarbeit aus der Tradition der Wissenschaftstheorie heraus zu begründen (Kap. 5.2.1), und als holistische Theorien, die versuchen, der Komplexität der Sozialarbeit durch eine nicht unproblematische Vermischung unterschiedlichster Theorien gerecht zu werden (Kap. 5.2.2).

5.2.1 Erkenntnistheoretisch ausgerichtete Theorien

Erkenntnistheoretisch ausgerichtete Theorien orientieren sich an den im Bereich der Wissenschaftstheorie entwickelten Möglichkeitsbedingungen von Erkenntnis und wenden die im Rahmen dieses Diskurses entstandenen Paradigmen auf die Sozialarbeit an. Solche Theorien sind klar strukturiert und logisch entwickelt, sehen sich aber häufig dem Vorwurf ausgesetzt, der Komplexität der Sozialarbeit nicht entsprechend gerecht werden zu können.

Hermeneutische Theorien der Sozialarbeit

Hermeneutische Theorien stellen die Beziehung des Sozialarbeiters zum Klienten in den Vordergrund und haben eine lange Tradition. Dabei besteht die Leistung des Sozialarbeiters vor allem darin, mit Hilfe von kommunikativen und empathischen Kompetenzen den Klienten zur Annahme einer Einstellung zu bewegen, die für dessen weitere Entwicklung von Vorteil ist. Im Mittelpunkt steht dabei die Förderung der Motivation und der Bereitschaft zur Annahme von Hilfe. Insbesondere kommunikative Fähigkeiten werden so zum wichtigsten Maßstab für gelungenes Handeln von Sozialarbeitern.

Eine hermeneutische Begründung der Sozialarbeit entspricht dem Wunsch vieler Praktiker der Sozialarbeit nach Nähe zum Klienten. Sie findet vor allem in Deutschland breite Zustimmung. Aber auch z. B. die Autoren des derzeit wichtigsten Kompendium über Sozialarbeit in England (Wilson et al. 2008) sind der Ansicht, dass Sozialarbeit im Wesentlichen eine „relation-based practice" ist und kennzeichnen den Ansatz so:

- „It recognises that each social work encounter is unique.
- It understands that human behaviour is complex and multifaceted, i. e. people are not simply rational beings but have affective – conscious and unconscious – dimensions that enrich but simultaneously complicate human relationships.

- It focuses on the inseparable nature of the internal and external worlds of individuals and the importance of integrated – psychosocial – as opposed to polarised responses to social problems.
- It accepts that human behaviours and the professional relationship are an integral component of any professional intervention.
- It places particular emphasis on ‚the use of self‘ and the relationship as the means through which interventions are channeled.“ (ebd. S. 8)

Doch auch in anderen Ländern erlebt das hermeneutische Denken in der Sozialarbeit eine gewisse Renaissance, die auch in Begriffen wie Reflective Social Work oder Communicative Social Work (siehe dazu Kap. 7.1) ihren Ausdruck findet. Dabei ist die Bedeutung der Klient-Sozialarbeiter-Beziehung sicher unbestritten. Allerdings gilt es vor allem zwei problematische Folgen im Auge zu behalten: 1) eine zu starke Individualisierung der Arbeit kann de-professionalisierende Tendenzen mit sich führen und 2) eine zu starke Annäherung an den Klienten kann zur Überschreitung von Grenzen gegenüber dem Klienten bis hin zu Willkür und sexueller Ausbeutung führen, wie uns die Geschichte der Heimerziehung in fast allen europäischen Ländern gelehrt hat.

Kritische Theorien der Sozialarbeit

Eher kritisch und politisch wird Sozialarbeit dort, wo es ihr im Rahmen dialogischer und gesellschaftskritischer Theorien darum geht, gemeinsam mit dem Klienten (der Klientengruppe) eine Bewusstseinsbildung zu betreiben, die schließlich nicht nur zur Änderung der persönlichen Lebensumstände, sondern auch zu einer Beeinflussung der politischen Situation führt. Besonders bekannte Theorien sind hier der Ansatz einer „alltagsorientieren Sozialpädagogik“ von Thiersch (1978), bei dem es darum geht, die im Alltag der Klienten angelegten Emanzipationspotenziale zu entdecken und zu stärken sowie die Theorie der „Pädagogik der Befreiung“ von Paulo Freire (1971). Auch hierbei geht es darum, die in der Lebenssituation der Menschen angelegten, blockierenden „generativen Themen“ der Betroffenen kognitiv aufzuarbeiten und dann die damit verbundenen Einschränkungen solidarisch zu überwinden. Dem Sozialarbeiter kommt dabei die Rolle zu, als ein „Agent of Change“ (Freire 1985) zu fungieren und im Rahmen von gemeinsamen Bildungsprozessen Veränderungen zu ermöglichen. Aktuelle kritische Ansätze bieten derzeit u. a. Lena Dominelli (2002) oder Adams et al. (2002).

Kritisch-rationale Theorien der Sozialarbeit

Die kritisch-rationale Wissenschaftsperspektive entwickelte sich aus den verschiedenen Formen des Positivismus und Empirismus heraus und basiert heute insbesondere auf den beiden folgenden Grundannahmen des kritischen Rationalismus:

(1) Es gibt keine wahren Theorien, sondern nur solche, welche sich noch nicht als falsch erwiesen haben.

(2) Normative Aussagen gelten als rein philosophisch-spekulativ und somit als einer wissenschaftlichen Überprüfung nicht zugänglich.

Demnach müssen sich alle wissenschaftlichen Aussagen, wenn sie den Anspruch erheben wollen, gültig zu sein, besonders gegenüber folgenden Prüfkriterien bewähren:

- Den Regeln der Logik: Sind die Aussagen logisch widerspruchsfrei – besteht also logische Konsistenz?
- Der erfahrungswissenschaftlichen Überprüfbarkeit: Sind die Aussagen nicht tautologisch?
- Konkurrierenden Theorien: Widerspricht die Theorie bereits bewährten Theorien? Können konkurrierende Theorien das Problem besser lösen?
- Der empirischen Anwendung: Sind aus den theoretischen Aussagen singuläre Aussagen deduzierbar, die mit der intersubjektiv wahrnehmbaren Realität in Widerspruch stehen?
- Der Eignung zur Lösung praktischer Probleme: Besitzt die Theorie Handlungsrelevanz? (vgl. Krumm 1983, S. 145)

Versuche, eine empirisch begründete Theorie der Sozialarbeit zu entwickeln, können in Europa weitgehend als gescheitert betrachtet werden, da gezeigt werden kann, dass solche Theorien ein technologisches Verständnis ausbilden müssen, was im Bereich der Sozialarbeit nicht als sinnvoll erachtet wird.[51] So bleibt als Erkenntnis dieses Paradigmas die Warnung vor großen Theorien und der Hinweis auf die Bedeutung empirischer Forschung in der Sozialarbeit übrig. Auch die Sozialarbeit muss – da wo sie objektive Erkenntnisse erlangen möchte – ihre Leistungen und Wirkungen operational zu messen versuchen und sich dabei der Logik des kritischen Rationalismus bedienen.

Normative Theorien der Sozialarbeit

Seit der Aufklärung haben Pädagogik und Sozialarbeit ihre Aufgabe im Sinne von Immanuel Kant darin gesehen, die Menschheit über die Verbreitung grundlegender humaner Werte weiter zu entwickeln. Da es in modernen Gesellschaften kaum mehr solche für alle Menschen gültigen positiven Werte oder Orientierungen gibt, gerät die moderne Sozialarbeit hier in Schwierigkeiten. Keinesfalls kann sie selbst eine Begründung solcher übergreifenden Werte leisten. Insofern begrenzen sich die normativen Perspektiven vor allem auf folgende Aspekte:

1. Sozialarbeit muss aktiv und reaktiv dafür sorgen, dass Klienten die ihnen zugestanden Rechte wahrnehmen können. Im Rahmen von Case Advocacy geht es vor allem darum, die Ansprüche von Klienten als Bürger zu prüfen und mögliche rechtmäßige Forderungen zu erfüllen (Ewijk 2009 S. 71 f.);

---

51 Im Gegensatz dazu ist in den USA ein solches Verständnis eher vorhanden. Dort wird davon ausgegangen, dass das Individuum die Pflicht hat, sich unter allen Umständen helfen zu lassen, direktive Mittel werden also zugelassen.

2. Sie muss – wie z. B. im Rahmen der feministischen Arbeit – da ideologiekritisch gegen gesellschaftliche Normen vorgehen, wo diese Unrecht, Leid, Missstände etc. bewirken und auf nicht eingelöste gesellschaftliche Versprechen schließen lassen (Dominelli 2002);

3. Sie muss mit Hilfe von systemeigenen Codes und Standards Normverletzungen im eigenen Verantwortungsbereich erkennen, benennen und zu überwinden suchen. Eine wichtige Rolle spielen hier Modelle wie Anti-Oppressive Practice oder Anti Discriminatory Practice (ebd.).

Darüber hinaus ist zu beachten, dass Sozialarbeiter heute stärker als früher dazu verpflichtet sind, sich an den Wünschen und Bedürfnissen des Klienten bzw. Nutzers zu orientieren. Hilfelösungen müssen also im Spannungsfeld des doppelten Mandats und vor dem Hintergrund der jeweils vorhandenen normativen Orientierungen ausgehandelt werden, wobei die moderne Gesellschaft heute dazu tendiert, im Zweifelsfalle den Wünschen der Klientel gegenüber allgemeinen normativen Vorstellungen ein Vorrecht einzuräumen.

5.2.2 Holistische Theorien

Rein erkenntnistheoretisch begründete Theorien sind – und das sollte bis hierher deutlich geworden sein – kaum in der Lage, Sozialarbeit in ihrer Komplexität zu plausibilisieren. Trotzdem machen sie auf wichtige Teilaspekte aufmerksam, wie z. B. die Bedeutung von Beziehung, Solidarität, Kritik, Normen, etc. Wer die Sozialarbeit theoretisch noch näher erfassen will, muss offensichtlich verschiedene Theorien miteinander verknüpfen. Dies geschieht im Rahmen holistischer Ansätze. Der dabei entstehende Theorien-Mix ist deutlich erklärungsfähiger, enthält aber oftmals nicht zulässige Vermengungen und logische Brüche, die der Beobachtung bedürfen.

Ökosoziale Theorien der Sozialarbeit

Ökosoziale Theorien versuchen sozialwissenschaftlichem, normativem und ökonomischem Denken entnommene Begriffe zu einer möglichst relevanten Theorie der Sozialarbeit zu verbinden. Die Bestimmung der Situation des hilfebedürftigen Menschen als „Person in Environment" wurde insbesondere von Germain/Gittermain (1988) aufgegriffen und für die Sozialarbeit fruchtbar gemacht. Ihr Life Model geht von einer gegenseitigen Interaktion von Mensch und Umwelt aus, wobei es das Ziel der Sozialarbeit ist, diese Interaktion in ein Gleichgewicht zu überführen, so dass Stress vermieden und biografische Übergänge erfolgreich bewältigt werden können. Dabei werden individuelle Kompetenzen (wie z. B. relatedness, efficacy, competence, self-concept, self-esteem, self-direction) sozialen Faktoren (wie z. B. coercive power, exploitative power, habitat, niche, life course, time) gegenüber gestellt (Payne 2005, S. 151). Beide können hilfreich oder weniger hilfreich für die Bewältigung einer bestimmten Situation sein. Aufgabe des

Sozialarbeiters ist es, diese Ressourcen zu wecken, zu gestalten und weiter zu entwickeln.

Natürlich spielt in dieser Theorie auch die Systemtheorie eine gewisse Rolle, allerdings handelt es sich hier in der Regel um den von Urie Bronfenbrenner entwickelten „holistic, dynamic-interactional systems approach" (Jack/Jack 2000, S. 94). Darin wird zwischen verschiedenen Interaktionssystemen (Mikro-, Meso-, Exo- und Makroebene) unterschieden. Diese Unterscheidung dient aber mehr der Identifizierung der verschiedenen zu berücksichtigenden Netzwerkpartner (z.B. Schule, Nachbarschaft, Kommune, etc.) und weniger der Charakterisierung der jeweiligen Kommunikation im System. Wichtige Begriffe sind insofern vor allem „soziale Unterstützung" (im Sinne psychologischer und materieller Hilfen) sowie soziales und kulturelles Kapital im Sinne von Bourdieu (Jack/Jack 2000, S. 94 ff.). Wolf Rainer Wendt (1990) hat dem Ansatz weitere Begriffe, wie z.B. Ressourcen, Netzwerk, Bilanzierung, Lebenslage, etc. hinzugefügt. Insgesamt werden so normative, ökologische, systemische und ökonomische Aspekte auf eine Weise zusammengeführt, dass eine pragmatische, wenn gleich nicht immer logisch-stringente Zuordnung entsteht (siehe auch Matthies/Närhi/Ward 2001). Trotzdem erscheint diese Theorie von großer Bedeutung für die Sozialarbeit, da sie in der Lage ist, die seitens des Klienten und in der Umwelt vorhandenen Kompetenzen und Ressourcen zu identifizieren und zu instrumentalisieren.

Systemisch-konstruktivistische Theorien

Systemische Ansätze in der Sozialarbeit sind insbesondere während der 1980er Jahre entstanden. Damals suchte die Praxis zunehmend, die Einseitigkeiten der psychoanalytischen Orientierung zugunsten eines komplexeren psychologischen Modells zu überwinden. Eine allgemeine Systemtheorie verfolgt dabei das Ziel, „basale Aussagen zu entwerfen, die universell für Systeme aller Art gültig und daher interdisziplinär anwendbar sein sollten" (Krieger 2010, S. 140). Eine wichtige Rolle spielte dabei die vor allem im Rahmen von familientherapeutischen Ansätzen entwickelte Strategie, familiale Konflikte nicht kausal, z.B. aus dem Verhalten einzelner Familienmitglieder zu erklären, sondern als Konsequenzen der vorhandenen, teilweise pathologischen kommunikativen Muster zu betrachten. In der Vermischung systemischer und konstruktivistischer Denkrichtungen sind dann, in der Auseinandersetzung zwischen Parsons'scher und Luhmann'scher Soziologie, unterschiedlichste Systemtheorien der Sozialarbeit entstanden (Krieger 2010, S. 145).

Auch für Malcom Payne (2005) stellt der systemische Ansatz ein wichtiges Element einer modernen Sozialarbeit dar, da „the value of systems theory is that it deals with ‚wholes' rather than with parts of human or social behaviours as other theories do" (ebd. S. 143).

Zunächst haben Pincus and Minahan (1973) diesen Ansatz für die englische Praxis in einer eher psychologistischen Sichtweise fruchtbar gemacht. Die konstruktivistische Version ist dann vor allem von Parton/O'Byrne (2000, ähnlich: Howe 1993) aufgegriffen und entwickelt worden. Gemeinsam gehen sie davon aus, dass die Erfahrungen und Empfindungen von Menschen weitgehend auf ihren durch Sozialisation entwickelten und sozial vorgegebenen Konstruktionen beruhen. Diese Konstruktionen beschränken den Klienten in seiner Entwicklung. Um Veränderung zu ermöglichen, muss der Sozialarbeiter diese Konstruktionen mit Hilfe systemischer Methoden aufbrechen, wie z. B. durch „asking *helpful* questions and *reframing* stories" oder durch die Suche nach „*exceptions* to the problem or *possibilites* for change" (Payne 2005, S. 174 f.).

Heute findet man die systemisch-konstruktivistischen Theorien in allen wichtigen Lehrbüchern der Sozialarbeit in Europa und in vielen Monografien.[52]

Lebensweltorientierte Soziale Arbeit

Der lebensweltorientierte Ansatz von Hans Thiersch (Thiersch/Grundwald/Köngeter 2002) ist fast nur im deutschsprachigen Raum rezipiert worden. Er basiert auf den Grundlagen des sozialpädagogischen Denkens und versucht, in pragmatischer Absicht viele theoretische Denktraditionen miteinander zu verbinden. Nach Thiersch sind dies,

- die hermeneutische Tradition als Rekonstruktion von Alltags- und Praxiswissen, das im Lichte eines durch den hermeneutischen Zirkel geprägten „höheren Verstehens" interpretiert und reflektiert wird;
- die phänomenologisch-interaktionistische Tradition, die davon ausgeht, dass sich Denk- und Verhaltensweisen im Rahmen von erlebter Zeit, erlebtem Raum und erlebten sozialen Bezügen konstituieren und in Form von „Friktionen und belastenden Strukturen im Alltag als auch Handlungsoptionen" in den Blick nehmen lassen (Thiersch/Grunwald/Köngeter 2002, S. 168);
- die kritische Alltagstheorie als Tradition, die einen dialektischen Blick auf die Wirklichkeit bietet und erlaubt, „Protestpotential in den Gegensätzen und Widersprüchen des Alltags hervorzubringen" (ebd.); und
- die „Lebensweltorientierung im Kontext neuerer gesellschaftlicher Entwicklungen", die es erlaubt, neuen gesellschaftlichen Herausforderungen, die zur Bewältigung der „reflexiven Moderne" erforderlich sind, angemessen zu begegnen (ebd.).

Die Aufgaben der lebensweltorientierten Sozialarbeit ergeben sich dabei sowohl aus dem „Korpus historisch gewachsener Aufgaben, der sich im Zuge arbeitsteilig spezialisierender Strukturierung des modernen Sozialstaats als Soziale Arbeit ausgebildet hat" (Thiersch 2002, S. 207), als auch durch den ihr gesellschaftlich zugewiesenen „Gestaltungsraum und durch die Orientierung am Prinzip der Hilfe zur Selbsthilfe" (ebd. S. 208). „Nachhaltige Soziale Arbeit agiert also in der Perspektive

---

52 Für wie fruchtbar sich der systemische Ansatz erwiesen hat, zeigt auch der Umstand, dass sich viele Handlungsfelder den Ansatz methodisch-praktisch zu Nutze gemacht haben. So berichtet Eia Ansen über die Entwicklung eines „multi-contextual systemic approach", der es erlaubt, die verschiedenen (sozial-) therapeutischen Ansätze multidisziplinär miteinander zu verbinden (Ansen 2007).

gegen die ‚Kälte' der Konkurrenzgesellschaft und gegen technologische Verkür-
zungen der Zukunftsvision von Lebensräumen und Lebensmustern, in denen
die Menschen sich anerkannt und als Subjekte in gerechten Verhältnissen erfahren
können" (Thiersch/Grundwald/Köngeter 2002, S. 176).

Deutlich wird hier, wie willkürlich verschiedene theoretisch zu unterscheidende
Begriffe zusammengefügt werden und wie damit lediglich eine sehr allgemeine
Theorie der Sozialarbeit entsteht, die kaum mehr einen präzisen Erklärungsgehalt
aufweist.

Systemisch-prozessuale Sozialarbeit

Einen gleichfalls holistisch angelegten Versuch zur theoretischen Beschreibung der
Sozialarbeit hat die Schweizerin Sylvia Staub-Bernasconi vorgenommen. Unter der
Prämisse von der Sozialarbeit als Menschrechtsprofession versucht sie, ein
Gesamtkonzept für die Sozialarbeit zu entwickeln, innerhalb dessen sie sowohl
die Frage der Entstehung sozialer Probleme als auch die Möglichkeiten zu deren
(gerechten) Überwindung zu lösen versucht. Soziale Arbeit hat demnach die Aufgabe, soziale Probleme mit Hilfe multipler Interventionen zu bearbeiten und eine
angemessene Bedürfnisbefriedigung zu gewährleisten. Dabei wird der Bedürfnis-
begriff von Staub-Bernasconi (wegen seiner „in der Struktur des Organismus
verankerten Natur") universalisiert und so zum Dreh- und Angelpunkt ihrer
Theorie (siehe im Einzelnen dazu Staub-Bernasconi 1995, S. 129 f., Obrecht 1994).
Als Aufgaben für die Sozialarbeit ergeben sich daraus „die Sicherstellung der
individuellen Bedürfnis- und Wunscherfüllung und eines fairen Ausgleichs von
Pflichten und Rechten zwischen Menschen und sozialen Gruppen, ferner die Entwicklung von Regeln der Machtbegrenzung wie der gerechten Machtverteilung als
Bedingung für sozialen (familiären, organisationellen, gesellschaftlichen) Frieden"
(ebd., S. 135 f.).

Um dies einzulösen, muss die Sozialarbeit aus der Bescheidenheit und Binnen-
orientierung herausfinden. Staub-Bernasconi geht es vor allem darum, von Normen auf Zielzustände und dann daraus auf erforderliche Handlungen zu schließen. Dies ist natürlich eine Denkweise, die möglicherweise praktisch
wünschenswert, aber wissenschaftstheoretisch äußerst problematisch ist (siehe
Erath 2006).

Sozialarbeit als Anwendung der Theory of Human Action

Pauli Niemelä (2004) hat im Rahmen einer Theorie menschlicher Aktion versucht,
die drei entscheidenden Grundlagen für angemessenes menschliches Leben zu
entwickeln. Diese sind nach seiner Auffassung Haben, Tun und Sein. Diese Elemente lassen sich systematisch in jeweils drei Dimensionen unterscheiden: die
physische, die soziale und mentale Form (siehe Abbildung 4).

Nur wer alle Dimensionen und Formen zur Verfügung hat, kann ein volles
Menschsein entwickeln. Da es die Aufgabe des Sozialstaates ist, dem Menschen
dabei zu helfen, können über die Aufgliederung und Ausdifferenzierung dieser
Elemente die Aufgaben der Sozialarbeit näher präzisiert werden:

Levels of Human Action	Dimensions of Human Action		
having/capital	physical/material (economical)	social (political)	mental/human (educational/cultural)
form of having (resources)	means of productions machines, money, etc.	means of administration power (status)	means of expertise knowledge/skill
doing/work (labour)	physical/material	social	mental
form of doing (strength)	productional „goods" work (labour)	practical service work	theoretical brainwork
being/need-satisfaction	physical existence	social relatedness	mental growth
form of being (flow)	being there	being together	being human (autonomous)

Abb. 4: Grundlagen und Dimensionen menschlicher Aktion (Niemälä 2004, S. 168)

Sozialarbeit und „Haben": Hier gilt es dafür zu sorgen, dass die Grundbedürfnisse aller Menschen einer Gesellschaft erfüllt sind. Eines der größten Probleme hierbei ist die Wohnungslosigkeit. Insbesondere für Kinder und Jugendliche gilt es zu sorgen, so dass keine Entwickungsbehinderungen entstehen.

Sozialarbeit und „Tun": Hier geht es vor allem darum, für jedermann Arbeit zur Verfügung zu stellen, da sie nicht nur Inklusion garantiert, sondern auch materielle und soziale Ressourcen zur Verfügung stellt. Eine solche Exklusion kann schon während der Schulzeit beginnen, deshalb muss sie auch dort besonders bearbeitet werden.

Sozialarbeit und „Sein": Nur vor dem Hintergrund der beiden erstgenannten Dimensionen ist persönliches Wachstum und eine befriedigende menschliche Existenz möglich. Personale und soziale Identität bilden sich auf der Grundlage der physischen und sozialen Existenz.

Aus diesen drei Aspekten setzt sich dementsprechend die Aufgabenstellung der Sozialarbeit zusammen. Auch hier handelt es sich allerdings möglicherweise um mehr als eine Theorie der Sozialarbeit. Denn Niemälä beschreibt im Grunde das nordische System, das genau das will: die Grundlagen für eine gelingende menschliche Existenz zu schaffen. Allerdings überschätzt er möglicherweise ähnlich wie Staub-Bernasconi die Widersprüche menschlichen Lebens: Stellt sich das „gute Leben" am Ende automatisch von alleine ein, wenn die entsprechenden Grundlagen zur Verfügung gestellt werden?

5.3 Modelle der Sozialarbeitswissenschaft in Europa

Natürlich können im Rahmen einer angewandten Wissenschaft Theorien nur dazu beitragen, allgemeine Orientierungen und Perspektiven in heuristischer Absicht zu entwickeln. Als Folie für praktisches Handeln müssen sie erst noch in konkrete Modelle überführt werden. Ein Modell ist eine Replikation eines Realitätsausschnitts (Dörner 1984, S. 337). Es dient dazu, Situationen in einer bestimmten Weise zu definieren und sie auf diese Weise handhabbar zu machen. Bei der Modellbildung geht man pragmatisch vor, dabei werden Wissenselemente aus unterschiedlichsten Bereichen zusammengeführt und zu einer Handlungseinheit verwoben (Jonckheere 2010).

Eine erstaunlich einheitliche Überblicksliteratur der verschiedenen Modelle[53] finden sich in allen Ländern Europas (siehe z.B. für Deutschland Galuske 2002), für England Payne (2005), Stepney/Ford (2000), für Spanien Ranquet (1996), für Frankreich Bilodeau (2005) und Bouquet/Garcette (2009), für Griechenland Kallinikaki (1998). Die im Folgenden vorgestellte Auswahl an wichtigen Modellen in Europa geht davon aus, dass es in der Sozialarbeit im Wesentlichen um Aushandlungsprozesse geht und dass „social work always, implicitly or explicitly, expresses a desired relation between individual aspirations on the one hand and collective expectations, imposed by institutions, state, communities, on the other hand" (Roose/Choussée/Bradt 2010, S. 2). Sozialarbeitswissenschaftliche Modelle müssen folglich dazu beitragen, solche Aushandlungsprozesse zu erleichtern. Je nach der strategisch-methodischen Ausrichtung dieses Aushandlungsprozesses kann demnach zwischen funktional-zielorientierten (Kap. 5.3.1), offen-dialogischen (Kap. 5.3.2) und partizipatorisch-gestaltenden Modellen (Kap. 5.3.3) unterschieden werden.[54]

5.3.1 Funktional-zielorientierte Modelle

Funktional-zielorientierte Modelle bieten dem Sozialarbeiter strukturierte Verfahren an, um ein für den Klienten und die Gesellschaft gleichermaßen akzeptables Ziel anvisieren und erreichen zu können. Ein solches Ziel kann eine Verhaltensänderung sein, die Befreiung von Ängsten oder Misserfolgen oder die Bewältigung einer bestimmten Lebenssituation. Wichtig ist, dass die im Rahmen des jeweiligen Modells angewendeten Methoden und Techniken dazu beitragen, den Klienten (in

---

53 Manche Autoren sprechen hier auch von „Methoden", siehe dazu Galuske 2002, andere Autoren machen keinen Unterschied zwischen Modellen und Methoden, siehe z.B. Stepney/ Ford 2000.

54 Ähnlich: CSTS 2009, S. 72: Hier wird zwischen nicht-partizipativen, symbolisch-kooperierenden und machtpolitisch-beteiligenden Modellen unterschieden.

der Regel auf seinen Wunsch hin) an eine Situation oder eine Aufgabe anzupassen; die Perspektive der funktional-zielorientierten Modelle rückt also sehr stark die Person ins Zentrum ihrer Aufmerksamkeit.

Task Centred Social Work

Das Modell der aufgabenzentrierten Sozialarbeit ist in England entstanden und breitet sich heute im Rahmen der Politik des Activating Welfare State auf alle Länder Europas aus. Ausgangspunkt bei der Entwicklung dieses Modells waren die Überlegungen insbesondere von Reid/Shyne (1996, in Doel 1998, S. 196), zielunspezifische und dadurch lang andauernde Fallbearbeitungen zu fokussieren und abzukürzen. Auf diese Weise entdeckten sie, dass die Einführung eines Zeitlimits dazu führte, die Motivation der am Hilfeprozess Beteiligten zu steigern und die Effekte zu optimieren. Dabei gelang es offensichtlich, durch Orientierung an der Lerntheorie, der Systemtheorie, der Clients Rights bzw. Consumer Choice Movement ein generalistisches Modell zu entwickeln, das das „Problem" und die damit verbundene „Aufgabe" und nicht den „Klienten" in den Vordergrund stellt. Im Kern geht es bei diesem Modell darum, den Klienten im Rahmen einer „teaching session" bzw. eines „highly participative workshop" (ebd., S. 198) darin zu unterstützen, seine Probleme besser in den Griff zu bekommen. Zielgruppen können aber auch Familien und Gruppen sein.

Insgesamt lässt sich das Modell der Task Centred Social Work aufgrund seines zeitlich limitierten Arrangements leicht in die Praxis umsetzen und auch nachvollziehen, unterschiedliche Stadien lassen sich erkennen und darauf bezogene Frage- und Unterstützungstechniken anwenden. Natürlich hängt der Erfolg dieses Modells wesentlich davon ab, dass die Klienten in der Lage sind, das entsprechende Denk- und Auffassungsvermögen sowie die erforderliche Disziplin bei der Umsetzung der Veränderungen mit zu bringen.

Verhaltensorientierte Sozialarbeit

In enger Verbindung mit dem oben beschriebenen Ansatz muss auch das Modell der verhaltensorientierten Sozialarbeit gesehen werden. Auch in diesem Modell geht es darum, die sozialarbeiterische Hilfe konkret, zeitsparend und zielgerichtet auszuführen (siehe zusammenfassend: Cigno/Bourn 1998). Zugrunde gelegt wird dabei die Annahme, dass Verhalten gelernt wird und dass „if we can learn antisocial, aggressive or self-defeating patterns of behaviour vicariously, then it might be possible to replace these performances by exposure to new models. We could then arrange reinforcement for any resultant trial behaviours, and hope that they come to attract reinforcement naturally" (ebd. S. 23). Auf diese Weise können die vier bedeutenden Formen des Lernens, der konditionierte Reiz, das operante Konditionieren, das Lernen am Modell und das Kognitionsmodell zum Einsatz kommen (Coushed/Orme 1998, S. 153 f.).

Die Umsetzung dieses Modells hängt sehr davon ab, wie sehr die Sozialarbeit dazu bereit ist, Komplexität reduzierende Methoden praktisch anzuwenden. In verschiedenen Interventionsbereichen, in denen Veränderungen schnell erfolgen müssen, ist das mehr und mehr der Fall. So wird zunehmend deutlich, dass man in verschiedenen Bereichen, z. B. bei der Arbeit mit Straffälligen, verhaltensauffälligen Kindern, jugendlichen Sexualstraftäter nur dann in einer angemessenen Zeit zu Ergebnissen wie der Reduzierung von gewalttätigen Angriffen, Aggression, Angst etc. kommt, wenn man bereit ist, die Probleme als Verhaltensprobleme zu konstruieren und entsprechend emotionslos und damit auch technisch zu bewältigen. Allerdings muss man dazu die Klientel sorgfältig auswählen, da sich nicht alle Klienten für solche methodischen Vorgehensweisen eignen.

Social Case Work

Diese Form der Sozialarbeit hat eine lange Tradition, sie stammt von Mary Richmond und wurde in Europa vor allem von Marie Krakesová für die Tschechoslovakei der 1920er Jahre übernommen. Auch heute noch spielt diese Form in den Nachfolgestaaten noch eine wichtige Rolle. Ein Social Case entsteht nach Krakesová dann, wenn „the human being is not able to overcome the obstacles which have occured in his life by means of his own forces and abilities" (zitiert in: Klimentová 2009, S. 525). In jedem Falle gilt es dann zu prüfen, wie stark die Hindernisse sind, die eine Person zu gewärtigen hat und welcher Mangel dazu beiträgt, dass sie die damit verbundenen Schwierigkeiten nicht aus eigener Kraft bewältigen kann. Um das zu erkennen, gilt es, sich die Bedingungen der Person, ihrer Familie und ihres Umfeldes klar zu machen. Vor dem Hintergrund verschiedener Problemkategorien und mit Hilfe einer „psychogenetic analysis" können dann Hilfemöglichkeiten entwickelt und in einem vierstufigen Hilfeprozess umgesetzt werden:

„(1) acquaintance with the clients, their surroundings, their families, and their past;
(2) classification of the information received about the clients and its evaluation;
(3) construction of the probable development of the problem, analysis of the reasons for it and a construction of the conclusion about the relationship between the outside obstacles and inner inability to overcome them – construction of the diagnosis; and
(4) creation of a help plan and its realisation." (ebd. S. 527)

Im Rahmen des Hilfeprozesses geht es dann vor allem darum, konkrete externe Faktoren und erzieherische Hilfen miteinander zu verbinden. Der Ansatz hat sehr viel Ähnlichkeit mit dem Ansatz von Germain/Gitterman (1988), da er versucht, multidisziplinäres Wissen zusammen zu tragen und multimodal umzusetzen. Methodisch ist der Ansatz sehr offen, was dem einzelnen Sozialarbeiter individuelle Handlungsspielräume ermöglicht, die allerdings auch zu einem gewissen Maß an Willkür führen können.

Case Management

Das Case Management gehört ebenso zu den eher funktionalen Modellen, da es darum geht, die Probleme des Klienten mit Hilfe von während des Hilfeverlaufs erst noch zu entdeckender Ressourcen zu lösen. Da das Modell nicht nur weit verbreitet ist, sondern auch zu einem eigenständigen fachlichen Dialog geführt hat, ist ihm ein eigenes Kapitel (7.2) gewidmet.

Aufgabenbezogene Trainings- und Lerngruppen
Auch die zielorientierte Gruppenarbeit trägt der Tendenz der modernen Sozialarbeit Rechnung, unter hohem Kostendruck nach möglichst einfach gebauten Lösungen zu suchen (Ward 1998, S. 151). Die Aufgabenstellung ist weiter individuumszentriert, die Gruppe bildet lediglich einen Kontext, der möglicherweise Lernprozesse erleichtert und beschleunigt. Im Mittelpunkt stehen nicht die Klienten, sondern ein Gruppenleiter, dessen Aufgabe es ist, mit den einzelnen Individuen in dieser Gruppe so zu arbeiten, dass gesetzte Ziele erreicht werden.

> „It (groupwork, P.E.) does not play substantial attention either to the knowledge base of group dynamics or to the practice base in group work method and skills. Nor does it incorporate the democratic and collective values that are, as we will see, at the core of real group work. It is to be found in cognitive behavioural work, particularly with offenders; in residential and day care; in ‚self-help'; in research and service evaluation; and organisationally in teamwork." (Ward 1998, S. 152, ähnlich Schmidt-Grunert 1997, S. 75)

Auf diese Weise kann Gruppenarbeit für vielfältige und pragmatische Zielsetzungen eingesetzt werden (zusammenfassend: Ward 1998, S. 153). So findet eine solche Form der Gruppenarbeit insbesondere mit Eltern, delinquenten Jugendlichen und im Rahmen von Trainings statt. Sollen die jeweils gewünschten Effekte verstärkt werden, kann diese Art von Gruppenarbeit durch weitere Methoden, insbesondere die systematische Beobachtung der Gruppenmitglieder, gelegentliche Einzelkontakte und auch Hausbesuche ergänzt werden (Schmidt-Grunert 1997, S. 82). Darüber hinaus kann sich diese Form der Gruppenarbeit auch an den als klassisch geltenden Entwicklungsstadien einer Gruppe orientieren, diese methodisch in Rechnung stellen und damit verbunde Effekte nutzen.

5.3.2   Offen dialogische Modelle

Systemische Beratung
Systemische Beratung geht davon aus, dass sich menschliches Verhalten nicht in einem linearen Kausalzusammenhang erschließt, sondern vielmehr nur zirkulär vor dem Hintergrund der vorhandenen Beziehungsmuster bzw. Kommunikationsstrukturen verständlich wird. Vordergründiges Ziel einer systemischen Intervention ist daher nicht die Veränderung der Person oder deren Charakter, sondern die Veränderung der vorhandenen Beziehungs- bzw. Kommunikationsstrukturen. Dabei wird zwischen Lösungen erster Ordnung, d.h. Veränderungen innerhalb des Systems, und Lösungen zweiter Ordnung, d.h. Veränderungen des Systems selbst unterschieden. Jede Veränderung von Systemmitgliedern bzw. des Systems hat Auswirkungen auf alle Beziehungsmuster bzw. Kommunikationsstrukturen innerhalb oder außerhalb des Systems (Zirkularität). Bei der Analyse und Ver-

änderung der verschiedenen Systeme werden vom Berater insbesondere folgende Haltungen gefordert, wie z. B. Allparteilichkeit, Prozessorientierung, Neutralität und wertschätzende Kooperationsbeziehung (Schlippe/Schweitzer 2002; Mücke 1998).

Der systemische Beratungsprozess ist klar strukturiert (u. a. Schlippe/Schweitzer 2002; Simon 1993, 2000) und methodisch definiert. Entscheidend dabei ist, dass der Ansatz dem Sozialarbeiter die Möglichkeit untersagt, allzu konkrete Ratschläge zu erteilen oder direktive Vorgaben zu machen. Ziel der systemischen Vorgehensweise ist es ja gerade, dass der Klient bzw. das System, angestoßen durch Fragen des Sozialarbeiters, eigene Handlungsmöglichkeiten entdeckt und umsetzt (Amiguet/Julier 2007).

Lösungs- und ressourcenorientierte Beratung
Der lösungsorientierte Ansatz hat viele Ähnlichkeiten mit dem systemischen. Allerdings richtet er den Blick nicht nur auf die bestehenden Probleme, sondern auch und vor allem auf Lösungen. Er nutzt den Reichtum anderer Therapieformen und konzentriert sich auf die Entwicklung von Ressourcen, wie z. B. Bewältigungsressourcen, Widerstandskräfte etc. Im Rahmen der Beratungsarbeit werden „Lösungsgespräche geführt, die die Aufmerksamkeit auf die individuellen und familiären Lösungskräfte fokussieren, so dass sich Lösungsmuster entwickeln können, die zum Alltagskontext des Patienten passen" (Hesse 1999, S. 49). Lösungsorientierte Beratungsansätze konzentrieren sich auf Ausnahmen eines Problems, „jene Momente, in denen kleine Veränderungen in der Stabilität eines Problemzustands auftreten. Diese Ausnahmen stellen den Schlüssel zu Problemlösungen dar" (Berg 1992, S. 26).

Sehr wichtig ist es dabei, dass der Berater die richtige Balance zwischen „problem talk" und „solution talk" findet, da die Klienten häufig gerne bei ihrer Problemsicht verharren. Schmidt (1999, S. 92) schlägt hier vor, dass der Berater die Einladung zum „solution talk" transparent erläutert und den Klienten auf diese Weise einlädt, eine konstruktivere Perspektive zum Problem einzunehmen. Dahinter steckt offensichtlich die Absicht, den Klienten, der bislang nur die Schwierigkeiten gesehen hat, von der Möglichkeit und Attraktivität von Lösungen zu überraschen.

Personenzentrierte/klientenzentrierte Beratung
Nach Carl Rogers Auffassung wird der Mensch von einer einzigen zentralen Energie, seiner angeborenen Tendenz zur Selbstaktualisierung, Selbsterhaltung und Selbstverwirklichung gesteuert. Diese Selbstaktualisierung ist ein beständiges Streben des Menschen, seine Entwicklungsmöglichkeiten zu entfalten und zu verwirklichen. Außerdem geht er davon aus, dass die vom Einzelnen erworbenen Erfahrungen im Rahmen eines „organismischen Bewertungsprozesses" in Beziehung gesetzt werden zu dessen Streben nach Selbsterhaltung und Selbstaktualisierung. Erfahrungen, die Selbstaktualisierung ermöglichen, werden dabei vom Organismus als positiv bewertet und weiterhin angestrebt, Erfahrungen, die Selbstaktua-

lisierung verhindern oder die Selbsterhaltung gar bedrohen, werden als negativ bewertet und vermieden (Rogers 1992).

Ein Schlüsselbegriff von Rogers ist dabei der des „Selbstkonzepts", das aus dem Real-Selbst und dem Ideal-Selbst gebildet wird. Dieses Bewusstsein über sich selbst, über individuelle Fähigkeiten und Eigenschaften, Stärken und Schwächen erwirbt der Mensch bzw. das Kind vor allem durch Beziehungsbotschaften. Daher ist für Rogers die wertschätzende Haltung des Therapeuten, Erziehers oder Sozialarbeiters, die gekennzeichnet ist durch Anerkennung, Achtung, Wärme und Rücksichtnahme, unabdingbar. Nur eine Wertschätzung seitens des Beraters kann zu einem positiven Selbstkonzept und somit zu einer hohen Selbstachtung führen. Menschen mit einem positiven Selbstkonzept sind demnach in der Lage, über sich offen und umfassend nachzudenken. Sie können nach Lösungsmöglichkeiten suchen und sind bereit, ihr Selbstkonzept sowie die entsprechenden Verhaltensweisen zu ändern. Hingegen werden Menschen mit negativem Selbstkonzept und geringer Selbstachtung versuchen, ihre verletzbare Selbststruktur rigide zu verteidigen und zu schützen.

Förderliche Haltungen des Beraters müssen demnach dazu beitragen, das zumeist schwache bzw. negative Selbstkonzept des Klienten zu stärken bzw. positiv aufzubauen. Das Ziel des Beratungsprozesses ist es nicht, ein bestimmtes Problem zu lösen, sondern dem Individuum zu helfen, sich so zu entwickeln, dass es mit dem gegenwärtigen Problem und mit späteren Problemen auf besser integrierte Weise fertig wird. Wichtige Methoden bzw. Techniken im Rahmen des Beratungsprozesses sind u.a. Spiegeln, Aktives Zuhören, Strukturierung und Stimulierung.

5.3.3 Partizipatorisch-gestaltende Modelle

Soziale Gruppenarbeit

Im Rahmen eines eher politisch entwickelten Verständnisses kann Gruppenarbeit auch dazu verwendet werden, das persönliche Wachstum der einzelnen Gruppenmitglieder anzuregen und gruppendynamische Prozesse auszulösen, die zu Identitätsbildung und Persönlichkeitsentwicklung führen. Im Rahmen dieser „sozialen Gruppenarbeit" geht man davon aus, dass der Prozess der Gruppenbildung und -auflösung, wenn dieser vom Gruppenleiter entsprechend gesteuert wird, bestimmte Entwicklungsmöglichkeiten bietet:

Forming stage: In diesem Stadium beobachten sich die Gruppenmitglieder vorsichtig, sie gehen langsam aufeinander zu und lösen sich allmählich von der Dominanz des Gruppenleiters.

Storming stage: Jetzt haben sich Untergruppierungen und Paare gebildet, es geht um Einfluss und Zugehörigkeit und die Teilnehmer tendieren dazu, Meinungen zu polarisieren. Die Gruppenmitglieder testen sich gegenseitig, alles ist noch instabil.

Norming stage: Das Zusammengehörigkeitsgefühl in der Gruppe ist hoch, die Gruppenmitglieder sind zueinander offen und mitteilsam. Eine effektive Zusammenarbeit wird jetzt möglich. Die einzelnen identifizieren sich mit der Gruppe und ihrer Zukunft, sie entwickeln ein Gemeinsamkeitsgefühl.

Performing stage: Nun ist die Gruppe in der Lage, Probleme zu bearbeiten und zu lösen. Sie orientiert sich nicht mehr nur am Gruppenleiter, sondern an der Gruppe selbst. Es bilden sich Funktionen aus, die Gruppe wird aktiv und Einzelne gewinnen ein hohes Maß an Selbständigkeit.

Ending stage: Die Gruppe hat ihr Ziel erreicht und löst sich langsam auf. Gefühle des Verlustes oder des Sich-Zurückgestoßen-Fühlens stellen sich ein. Aufgabe des Gruppenleiters ist es jetzt, die Klienten dabei zu unterstützen, in der Realität anzukommen und die gewonnenen Erkenntnisse fruchtbar zu machen (Coulshed/ Orme 1998, S. 201).

Das Konzept der sozialen Gruppenarbeit kann überall da eingesetzt werden, wo mit mehreren Klienten gearbeitet wird, um individuelle und soziale Veränderungen zu bewirken. Das schließt eine emanzipatorische Zielsetzung nicht aus, sondern lässt sie eine mögliche unter anderen sein.

Community Work und Empowerment

Die beiden Begriffe Community Work und Empowerment werden heute zumeist im Zusammenhang betrachtet, da es bei allen sozialarbeitswissenschaftlich ausgerichteten Gemeinwesenprojekten nicht so sehr um eine fachmännisch avisierte Planung von sozialen Diensten im Rahmen eines mehr oder weniger demokratisch gesteuerten Prozesses gehen kann, sondern darum, pragmatisches und kritisches Denken zu vereinigen.[55] Mithin soll die Frage gestellt werden, „how people reach the dominancy of their lives, how people reach their goals as a group?" (Thompson, zitiert in Gojová/Nedálníková 2010, S. 167). Es geht also darum die Ebene des Erlebens und die des Denken und Handelns gleichzeitig aufeinander zu beziehen: auf der individuellen Ebene geht es um ein noch zu wenig entwickeltes kompetentes Verhalten, auf der strukturellen Ebene geht es um die Bearbeitung von strukturellen Ungleichheiten und um den Kampf um noch nicht zur Verfügung stehende Ressourcen.

> „(...) change needs to occur at the individual or personal level and at the structural level. Thus, change has to take place in the client's behaviour, the professional's repertoire of skills, the organisation of welfare services, and society's cultural and value systems so that the entire basis on which social relations are organised and conducted can be altered. Only then can be the scene be set for empowerment, as liberation, to take place." (Dominelli 2002, S. 130)

Bei der Durchführung solcher Prozesse muss also zwischen einem einfachen „pluralistic discourse", bei dem alle zu Wort kommen, und einem „radical discourse",

---

55 Heiko Kleve hat darauf hingewiesen, dass solche neuen Formen der Sozialraumorientierung nicht gelingen können, ohne dass die (zunehmend dienstleistungsorientierte) Sozialarbeit einen Paradigmenwechsel vollzieht: es gilt, die Sozialarbeit, die sehr häufig „Abseits der tatsächlichen Bedürfnisse und Interessen ihrer Adressaten (agiert), zu transformieren" (Kleve 2008, S. 91).

bei dem es darum geht, Ungleichheit und Benachteiligung abzubauen, unterschieden werden. Insofern erweist sich eine auf dem Empowerment der Betroffenen aufbauende Community Work als äußerst schwieriger Prozess, bei dem sich der Sozialarbeiter selbst seiner prekären Position – als Unterstützer und Verhinderer von Emanzipationsprozessen – bewusst bleiben muss (Gojová/Nedálníková 2010). Ewa Marynowicz-Hetka (2007) hat in diesem Zusammenhang darauf hingewiesen, dass Sozialarbeiter im Rahmen solch komplexer Aufgaben in der Lage sein müssen, auf der Basis einer „transversalen Analyse" noch die „Reflexion ihrer eigenen Reflexion" zu organisieren und so offen zu bleiben für die Möglichkeiten der Beteiligten. Empowerment erweist sich damit als ein komplexer Prozess, der eine Philosophie des Menschen als handelnder Person voraussetzt (Ricoeur 2004) und der immer auch in Gefahr steht, missbraucht zu werden (White 1996).

Networking

Lia Sanicola (1995) hat für Italien den Netzwerkansatz bearbeitet. Sie unterscheidet dabei folgende mögliche Modelle:

- Therapeutische Netzwerke im Rahmen einer klinischen Perspektive. Darin arbeitet der Praktiker mit einem gewissen Charisma und ist in der Lage, alle unterschiedlichen mit dem jeweiligen Fall bzw. der Person befassten Systeme miteinander zu Gunsten des Klienten zu verbinden?
- Netzwerkarbeit als bewusste Weiterentwicklung formaler und informaler Netzwerke mit Hilfe des Sozialarbeiters. „The community worker emphasises the integration of resources, and s/he plays a central role as the possessor of hypothetical solutions towards s/he orients a specially ‚constructed' network."
- Ein „egoic network" das von einem einzelnen Problem ausgeht und darauf abzielt, dieses zu bearbeiten bzw. zu lösen. Dabei zieht sich der Sozialarbeiter dann zurück, wenn das Netzwerk selbständig genug ist, die ihm zugewiesene Aufgabe zu erfüllen.
- „Networking action", sie dient dazu, die natürlichen Netzwerke des Klienten zu stärken und damit sowohl dessen Autonomie als auch dessen Unterstützung durch das Netzwerk zu verbessern (in: Fasol/Frey 2004, S. 31 f.).

Eine wichtige Unterscheidung kommt dabei der Frage zu, ob der Sozialarbeiter im Netzwerk agiert oder sich außerhalb desselben befindet. Damit sind vielfältige methodische Fragen verbunden, die noch nicht geklärt sind. Insofern sind Fasol/Frey der Ansicht, dass es sich bei der Netzwerkarbeit „nur" um ein Modell und nicht um eine stringente Methode handelt, ein „mode of narrating oneself", „of connecting with colleagues and other partners in day-to-day work and in institutional relations" (Fasol/Frey 2004, S. 39), und dass dieses Modell große Anforderungen an die Sozialarbeiter stellt.

Community Building

Detlef Baum hat auf eine neue Form der Exklusion hingewiesen. Es handelt sich dabei um ein sich negativ auswirkendes Zusammenspiel von räumlicher Segregation und sozialer Exklusion in den Großstädten Europas. Nach Baum besteht hier ein unmittelbarer Zusammenhang der beiden Variablen, der deutlich macht, „why the connection of spatial segregation and social exclusion depends from poverty and leads in poverty. Poverty does not explain social exclusion at all, but it is a necessary factor in this explanation" (Baum 2010, S. 126). Nach Baum werden Menschen da desintegriert, wo sie die Erwartungen, die die Gesellschaft an ihr Verhalten stellt, aus strukturellen Gründen nicht erfüllen können. So droht z. B. häufig Jugendlichen, die in bestimmten Stadtteilen aufwachsen und nur schwache Schulleistungen erbringen, die sichere Arbeitslosigkeit. Demgegenüber werden Schüler mit Behinderungen in beschützende Werkstätten vermittelt.[56] Für Baum ist somit ein direkter Zusammenhang zwischen räumlicher Segregation und sozialer Exklusion gegeben. Dabei stellt insbesondere die Homogenität der Population eines bestimmten Stadtteils das Problem dar.

> „If all are unemployed, poor, are depending on community supports, have problems and loose the focus of their life in an urban context, the quarters loose their connection to the economical and political development and in the consequence the people loose their cultural and socio-spatial relationship to the city as a social system. The biggest problem, which such deprived areas and its inhabitants have, is that all say that it is a deprived area and that the people have to live there under deprived conditions." (ebd. S. 131)

Baum sieht hier insbesondere eine sozialpolitische Fragestellung, innerhalb derer sich die Sozialarbeit mit ihren Strategien und Methoden positionieren kann, wobei ihr aber keinesfalls ein umfassendes Mandat zukommt. Auch Robert Castel (2009) hat in diesem Zusammenhang für Frankreich vorgeschlagen, die Klientenorientierung in der Sozialarbeit zugunsten einer Territorialisierung aufzugeben. Die modernen Klienten der Sozialarbeit sind seiner Ansicht nach nicht länger Individuen mit spezifischen Bedürfnissen, sondern Bürger, die territorial benachteiligt sind und im Rahmen einer partnerschaftlich durchgeführten sozialen Intervention Unterstützung brauchen. Ziel eines solchen Vorgehens muss die Entwicklung eines „partenariat" (dt. Partnerschaft, siehe dazu: Libois/Loser 2010) zwischen allen Beteiligten sein, das – wie Abbildung 5 zeigt – im Rahmen eines fünfstufigen Prozesses erreicht werden soll.[57]

---

56 Von französischen Jugendlichen mit maghrebinischem Namen ist bekannt, dass sie oftmals ihre Vornamen verändern und falsche Adressen angeben, um nicht als solche erkannt und z. B. bei der Berufswahl benachteiligt zu werden.

57 „La relation de service classique n'a pas disparu, mais elle a éclaté. Elle n'est plus aujourd'hui au centre du travail social C'est pourquoi, au niveau de la terminologie, il faudrait désormais mieux parler d'intervention sociale, expression qui peut désigner l'activité d'un chef de projet ou d'un responsable d'une régie de quartier, par exemple. I ne s'agit plus principalement d'un professionnel aux prises avec un client dans une relation de face-à-face." (Castel 2009, S. 26)

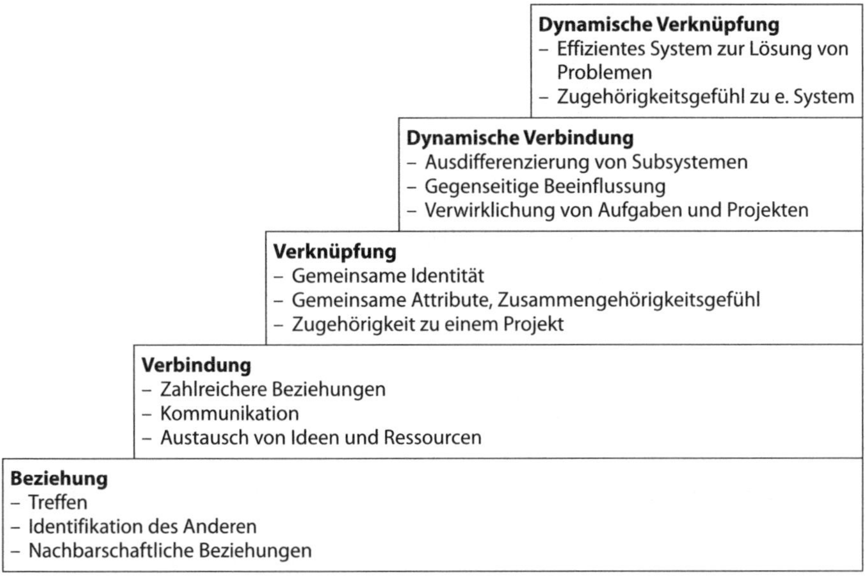

Dynamische Verknüpfung
- Effizientes System zur Lösung von Problemen
- Zugehörigkeitsgefühl zu e. System

Dynamische Verbindung
- Ausdifferenzierung von Subsystemen
- Gegenseitige Beeinflussung
- Verwirklichung von Aufgaben und Projekten

Verknüpfung
- Gemeinsame Identität
- Gemeinsame Attribute, Zusammengehörigkeitsgefühl
- Zugehörigkeit zu einem Projekt

Verbindung
- Zahlreichere Beziehungen
- Kommunikation
- Austausch von Ideen und Ressourcen

Beziehung
- Treffen
- Identifikation des Anderen
- Nachbarschaftliche Beziehungen

Abb. 5: Die fünf Niveaus vom Kollektiv zum Partenariat (in Anlehnung an Dhume 2001, S. 126)

Für die Sozialarbeit lassen sich hier eine Fülle möglicher Interventionsmethoden ableiten z. B. in Form

- einer konkreten Präsenz vor Ort bei allen sozial relevanten Fragestellungen: Sozialarbeit als alltagsorientierte Beratung;
- der Wahrnehmung einer advokatorischen Funktion gegenüber möglichen Gruppen, die sich nicht selbst artikulieren können: Sozialarbeit als Interessenvertreter des Klienten;
- von konkreten Analysen und Planungen sozialer Dienste: Sozialarbeit als Instanz der Planung und Beratung;
- einer stärkeren Ausrichtung der einzelnen Dienste an den Wünschen und Interessen der Klientel: Sozialarbeit als „magistrature sociale", die die Anliegen der Betroffenen ins zunehmend undurchsichtiger werdende Hilfesystem „übersetzt" (Dubois 2005).

Eine noch stärker politisch-rechtliche Ausrichtung des Community Building Modells vertritt Ewijk (2009). Seiner Ansicht nach geht es in diesen Bereichen vor allem darum, auf der Basis der Philosophie des Activating Welfare State eine neue Form der „Citizenship-based social work" zu entwickeln, „(which) aims at integration of all citizens and supports and encourages self-responsibility, social responsibility and the implementation of social rights" (ebd. S. 174). Im Rahmen dieses Ansatzes kommt der Sozialarbeit vor allem die Aufgabe zu, die durch Modernisierung und Individualisierung entstandenen sozialen Probleme auf lokaler Ebene zu bearbeiten und unter anderem zu einer „promotion of safe communities" und einem „strengthening and revitalizing of neighbourhoods" (ebd. S. 175) beizutragen. Ähnliche Bestrebungen gibt es in Frankreich, allerdings sind die dafür zugrunde liegenden Entwicklungspläne oftmals mit zu unspezifischen Zielen überladen und daher kaum zu verifizieren.

5.4 Sozialarbeitsforschung in Europa

Vor allem die Debatte um Evidence-Based Practice (siehe dazu Kapitel 7.1) hat insbesondere in den nordischen Ländern, in England, der Schweiz und einigen osteuropäischen Ländern zu verstärkten Forschungsanstrengungen im Bereich der Sozialarbeit geführt. Andere Länder wie z. B. Deutschland, Österreich und Frankreich halten Forschung für grundsätzlich wichtig, ohne jedoch den Worten Taten folgen zu lassen (Rullac 2011). In vielen anderen europäischen Ländern dagegen existiert so gut wie keine Forschung.

Die Erklärung dafür scheint banal: nur solche Gesellschaften, die über genügend Mittel verfügen und die entweder überzeugt sind, dass Forschung zu einer besseren Verteilungsgerechtigkeit beitragen (ein gängiges Argument in den nordischen Ländern) oder zur Reduktion von Kosten genutzt werden kann (ein gängiges Argument in England und den Niederlanden), sind in der Lage, den entstehenden Aufwand rechtfertigen.

In diesem Kapitel geht es daher vor allem darum, zunächst die grundlegende Bedeutung und damit verbundenen (Anerkennungs-) Probleme von Forschung in modernen Gesellschaften darzulegen (Kap. 5.4.1). Danach soll gezeigt werden, worin die spezifische Verknüpfungsproblematik zwischen Wissenschaft und Praxis im Bereich der Sozialarbeit besteht (Kap. 5.4.2). Daran anschließend werden gängige methodische Unzulänglichkeiten im Bereich der Praxisforschung diskutiert (5.4.3). Dann werden ausgewählte Beispiele für wichtige und relevante methodische Vorgehensweisen im Bereich der Sozialarbeitsforschung charakterisiert (Kap. 5.4.4). Schließlich wird noch auf die Bedeutung des Zusammenhangs von Erkenntnis und Interesse in der Sozialarbeitsforschung hingewiesen (Kap. 5.4.5).

5.4.1 Forschung und Wissenstransfer

Dem gängigen wissenschaftstheoretischen Verständnis nach zielt Forschung darauf ab, hinreichend überprüftes oder gesichertes Wissen über einen Sachverhalt, eine Beziehung oder einen Zusammenhang zu erlangen. Der Grad der Gewissheit der durch Forschung erlangten Resultate hängt dabei von der jeweils angewendeten Erkenntnismethode ab. Vier generelle Quellen lassen sich unterscheiden:

a) Erkenntnis aufgrund intuitiver Einsicht oder „a priori". Unser „gesunder Menschenverstand" legt fest, was er für richtig oder gewiss hält.

b) Erkenntnis durch Rekurs auf traditionelles Wissen. Hierbei wird auf die Erfahrung bzw. das Wissen von Autoritäten rekurriert, die behaupten, dass etwas richtig oder wahr ist.

c) Erkenntnis, die durch eine spezifische Form der Kommunikation gewonnen wird. Dabei werden in einem herrschaftsfreien Dialog Argumente und Gegenargumente geprüft und schließlich angenommen oder verworfen.

d) Erkenntis, bei der durch eine wissenschaftlich definierte Vorgehensweise (z. B. durch Befragung oder Experiment) bestimmt wird, was als zutreffend gelten kann und was nicht (Louchková/Adams 2001, S. 28).

Alle möglichen Vorgehensweisen haben zwei Dinge gemeinsam: Zum einen ist die Feststellung der „Wahrheit" einer Aussage immer eine Idealvorstellung und keine unverrückbare Tatsache, zum anderen hängt der Wahrheitsgehalt einer Aussage in hohem Maße vom Einverständnis des Rezipienten mit der jeweils angewandten wissenschaftlichen Methode der Erkenntnisgewinnung ab (ebd. S. 28). Insbesondere Foucault hat in diesem Zusammenhang darauf hingewiesen, dass die Frage des Wissens immer mit der Diskursmacht zu tun hat.

> „Truth is a thing of this world: it is produced only by virtue of multiple forms of constraint. In addition, it induces regular effects of power. Each society has its regime of truth, its ‚general politics' of truth: that is, the types of discourse which it accepts and makes function as a truth; the mechanisms and instances which enable one to distinguish true and false statements, the means by which each is sanctioned; the techniques and procedures accorded value in the acquisition of truth; the status of those who are charged with saying what counts as true." (Foucault 1980, S. 131)

Es handelt sich dabei um eine Diskursmacht, die von den Mächtigen ausgeht und in modernen Gesellschaften sehr stark von der herrschenden kapitalistischen Ideologie bestimmt wird. Wer am Diskurs um Macht teilnehmen will, muss sich deshalb dieser Diskursrhetorik und deren Grammatik bedienen (Bourdieu 1998, S. 156 f.).

Als Folge dieses Problems werden Forscher zukünftig immer anzugeben haben, mittels welcher methodischer Vorgehensweise Daten oder Ergebnisse entstanden sind, so dass sich die Rezipienten dieser Tatsachen und der damit verbundenen Einschränkungen bewusst werden. Forscher sollten insbesondere informieren über

- den Zweck einer Untersuchung – um zu informieren, zu vergleichen, etwas zu verbessern?
- die damit verbundenen Ziele – geht es hier um Deskription, Analyse oder Evaluation?
- die theoretische Orientierung – empirisch oder interpretierend?
- die methodologische Vorgehensweise – vorwiegend quantitativ oder eher qualitativ?
- das Forschungsdesign – Fragebögen, Interviews, Gespräche, Fallstudien oder experimentelles Design? (Louchková/Adams 2001, S. 34)

Der jeweilige Betrachter wird sich dann entscheiden müssen, ob er diese Vorgehensweise als relevant oder möglicherweise irrelevant apostrophiert. Das heißt natürlich nicht, dass Forschung deshalb willkürlich würde. Was als wahr oder unwahr, als gute oder schlechte Praxis gilt, muss sich im wissenschaftlichen Diskurs bewähren. Die jeweiligen Resultate sind je vorläufig und können aufgrund des Vorliegens neuer Argumente oder Daten entsprechend korrigiert oder kritisiert werden. Für einen überzeugenden Forschungsstand in einer Disziplin sind daher zwei wichtige Voraussetzungen erforderlich: Erstens gilt es für einen hinreichend umfassenden Bestand an methodisch sauber durchgeführten Studien zu sorgen, zweitens müssen diese Studien dann im Rahmen von Metaanalysen und Replikationsstudien kontinuierlich auf ihren Wahrheitsgehalt hin überprüft werden.[58]

5.4.2 Forschung im Spannungsfeld zwischen Wissenschaft und Praxis

Selbstverständlich existiert eine solche Forschungslandschaft in Europa noch nicht einmal in Ansätzen.[59] Das hängt, neben den oben dargestellten strukturellen Gründen, vor allem mit der Grundproblematik angewandter Sozialwissenschaften zusammen. Im deutschsprachigen Raum hat sich insbesondere Peter Sommerfeld (1998, 1998 a) programmatisch zur Situation der „Sozialarbeitsforschung" geäußert. Damit diese ein ausreichendes Maß an Qualität und Quantität erreicht, muss sie seiner Ansicht nach ihrer erkenntnistheoretischen Struktur als „Handlungswissenschaft" und damit der Tatsache, „dass sie eine doppelte, nämlich theoretische und technologische Aufgabenstellung zu bewältigen hat" (Sommerfeld 1998, S. 15), Rechnung tragen.

Aufgabe der Sozialarbeitsforschung ist es demnach, sowohl „die theoretische Modellbildung durch erfahrungsgesättigte und nachprüfbare Daten zu unterlegen oder zu prüfen" und „gesicherte Aussagen über die Realität zu machen, die mittels der Daten abgebildet wurden" als auch die „technologische Dimension" zu bewältigen, in dem sie „professionelle Handlungspläne (Methoden, Verfahren, Konzeptionen)" (ebd., S. 16 f.), selbst entwickelt. Allerdings gilt es dabei immer die unterschiedliche Grundorientierung von Theorie und Praxis zu berücksichtigen:

> „Auch diese Handlungspläne sind zunächst Modelle, deren Qualität nach wissenschaftlichen Maßstäben im System der Wissenschaft beurteilt wird. Sie bleiben auch dann Modelle, wenn sie von PraktikerInnen aufgegriffen und umgesetzt werden. Dann allerdings ist das Leitideal für Qualität Wirksamkeit. Dieser Umsetzungs- und Beurteilungs-

---

58 Siehe dazu ausführlich: Romm, N. R. A. (2001): Accountability in Social Reasearch. Issues and Debates. New York. Boston. Dordrecht. London. Moscow. Kluwer Academic/Plenum Publishers.

59 Siehe dazu für Deutschland Engelke et al. 2007, darin insbesondere die kritischen Essays zu den vorgestellten Forschungsprojekten.

prozeß sowie die Verantwortung dafür liegt aber jenseits der Wissenschaft in der Praxis."
(Sommerfeld 1998, S. 17)

Somit stellt sich die Frage, wie die Differenz zwischen Wissenschafts- und Praxis-
system einerseits aufrechterhalten werden kann, so dass die Systemgrenzen sichtbar bleiben, ohne andererseits Austausch- und Kooperationsprozesse höherer
Ordnung zwischen den beiden Systemen zu verhindern. Nach Sommerfeld werden solche Austauschprozesse erst dann möglich, wenn man zugesteht, dass heute
unterschiedliche Formen der Wissensproduktion vorhanden sind. „Modus 1" ist
„akademisch, disziplinär und hierarchisch" ausgerichtet, „Modus 2" dagegen „in
Anwendungskontexten situiert" und „transdisziplinär" (Sommerfeld 1998a,
S. 24).

Wissenschaft	Praxis
Verfahren	Verfahren
Forschungsmethoden	Interventionsmethoden (Methoden zur sachge-rechten Bearbeitung von Handlungsanforderun-gen)
Auseinandersetzung um Wahrheitsfähigkeit	Auseinandersetzung um (intendierte) Wirksam-keit
Anerkennung der Ergebnisse	Anerkennung der Leistungen
Autonome Bearbeitung von Erkenntnisproble-men	Autonome Bearbeitung von Handlungsproble-men
Theorien und Technologien als Ziel	Theorien und Technologien als Mittel

Abb. 6: Gegenüberstellung strukturierender Differenzen Wissenschaft und Praxis (Sommerfeld
1998a, S. 18)

Durch eine Kombination beider Wissensmodi kann es zu einer „kooperativen
Verschränkung von Wissenschaft und Praxis" und damit zu einer „Dynamisierung
der Wissensproduktion" kommen. Voraussetzung dafür ist jedoch, „das Integra-
tionsproblem, das Theorie-Praxis-Problem, in neuer Weise zu konzipieren, ohne
die epistemische Qualität der Wissenschaft durch Entdifferenzierung preiszuge-
ben, und ohne technokratische Herrschaftsmomente zur Geltung zu bringen.
Stattdessen erscheint es durch die komplexere Organisation der Wissensproduktion möglich, sowohl handlungsrelevantes, problemlösendes Wissen zu erzeugen,
als auch die theoretische und technologische Wissensbasis mittel- und langfristig
zu verbessern" (ebd., S. 26).

Für die Sozialarbeitsforschung zieht Sommerfeld folgende Konsequenzen (ähnlich: Sticher-Gil 1997):

1. Praxisorientierte Forschung bedarf eines höheren Stellenwerts; darin müssen
   Handlungsprobleme in Erkenntnisprobleme transformiert, bearbeitet und in
   Form von Problemlösungen wieder der Handlungsebene übertragen werden.
2. Sozialarbeitsforschung hat neben diesem zugleich den Auftrag, für eine „länger-
   fristige und allgemeinere Produktion von Wissen" zu sorgen. Sie muss „auch
   unabhängig von unmittelbaren Erfordernissen der Praxis ihre eigenen For-

schungsfragestellungen aus ihrer Theoriegeschichte und zu ihrer Theorie-
entwicklung verfolgen" (Sommerfeld 1998 a, S. 28).

Wenn Sommerfeld sich zusätzlich erhofft, dass Wissenschaft somit zu einem
attraktiven Partner für die Organisationen der Sozialen Arbeit wird, dann wird
zugleich deutlich, wie schwierig die Gratwanderung für die Sozialarbeitsforschung
werden kann: denn nicht jede (zumal kritische) Erkenntnis, die durch Wissenschaft gewonnen wird, wird der Praxis behagen und nicht jedes Argument, das die
Praxis benötigt, kann durch eine methodisch saubere Forschung zur Verfügung
gestellt werden.

5.4.3   Schwierigkeiten mit dem Begriff „Praxisforschung"

Betrachtet man die nationalen Forschungslandschaften, dann zeigt sich, dass das
Grundproblem der Sozialarbeitsforschung nicht so sehr die fehlenden oder nur
unzureichend finanzierten Forschungsprojekte darstellt, sondern vor allem das
Vorherrschen inhaltlicher und methodischer Unzulänglichkeiten.

Mangelndes Interesse an der Messung von Zielerreichung
Für Deutschland trifft auch heute noch die von Walter Hornstein getroffene Feststellung zu, dass es kaum Forschungsvorhaben gibt, die sich auf die Erreichung
bestimmter Kernziele der Sozialarbeit beziehen, nämlich z. B. „auf Prozesse kollek-
tiver und individueller Emanzipation, auf die Beförderung von Handlungskompetenz und persönliche Autonomie und Selbstbestimmung" (Hornstein 1985,
S. 463). Ähnlich sieht es in anderen Ländern aus; im Vordergrund der Forschungen stehen die (vermeintlichen) Ziele des Staates nach Kosteneinsparungen, der
Organisationen nach Optimierung des Leistungsangebots und der Sozialarbeiter
nach optimalen Arbeitsbedingungen (siehe dazu Kap. 7.1).

Überfülle an soziologischen Studien zur Klientel und zur Sozialarbeit
Dem Mangel an (internen) Zielerreichungsstudien steht eine Überfülle an Studien
bezüglich der gesellschaftlichen Funktion der Sozialarbeit, der Stellung der Profession sowie der Situation bestimmter Klientengruppen gegenüber. Hier handelt
es sich aber in der Regel um soziologische Studien, die keinerlei konkrete Auswirkungen auf die Praxis haben und die „irrtümlicherweise" davon ausgehen,
„dass der Sozialen Arbeit ein vielfältiges Wissen über jugendliche Bedürfnisse,
Interessen etc. bereits ausreiche, um es dann anwaltschaftlich in den gesellschaftlichen Prozess und die Praxis einzubringen" (Hornstein 1985, S. 468).

Mangelhaftes methodisches Niveau
Da wo geforscht wird, handelt es sich häufig um eine methodisch eher simple
Handlungsforschung, die Walter Hornstein für Deutschland stilistisch als „reflek-
tierend-räsonierend" bzw. als „wissenschaftlich reflektierte Erfahrungsberichte"

charakterisiert, „ohne größere Auswirkungen auf die durchschnittliche Praxis nach sich zu ziehen" (ebd. S. 466 f.). Wissenschaftliche Forschungsstandards werden bei diesen Studien häufig einem „überhöhten Anspruch auf Praxisdienlichkeit" (ebd. S. 474) geopfert. Die „kognitive Identität" der Sozialpädagogik (ebd. S. 472) bleibt defizitär.[60] In der Regel geht es vor allem darum, der Praxis zu dienen bzw. ihr nicht zu schaden. Solche Art der Forschung taucht im europäischen Raum natürlich auch auf, allerdings gibt es Länder, in denen Forschungsstandards rigider angewendet und schlechte Praxis auch entsprechend markiert wird. So lassen insbesondere der hohe und empirisch einschlägige Ausbildungsstand der Sozialarbeiter in den nordischen Ländern und die damit verbundenen kritischen Reviews kaum eine methodisch schwache Forschung zu.

Praxisforschung als ideologische Formel
Insbesondere die Verwendung des Begriffs „Praxisforschung" hat sich als zunehmend missverständlich erwiesen. Praxisforschung dient zweifellos der Verbesserung und Veränderung der Praxis (Heiner 1988, S. 7), allerdings fehlt es in den meisten Projekten an den fundamentalen Voraussetzungen, um solche Forschungen strategisch und methodisch auch zureichend durchführen zu können (Heasman/Adams 1998). Nach Maja Heiner zeichnet sich Praxisforschung insbesondere dadurch aus, dass sie sowohl die Praxis beruflichen Handelns in der sozialen Arbeit untersuchen als auch einen Beitrag zur Veränderung leisten will.

Gefahren entstehen vor allem da, wo angenommen wird, Praxisforschung müsse methodisch nicht den hohen Anforderungen genügen, die im Bereich der Sozialarbeitsforschung gelten.

Nach Heiner (1988) lassen sich drei idealtypische Formen der Praxisforschung unterscheiden:

1. Nur die Forscher forschen und kooperieren dabei mit Vertretern der Hierarchiespitze der Praxis. Dabei geht es um Fragen der Wirksamkeit und Effizienz von Programmen. Harte Daten und Fakten werden untersucht, die Auftraggeber spielen eine entscheidende Rolle bei der Durchführung der Forschung.
2. Forscher und Mitarbeiter beteiligen sich gleichermaßen am Forschungsprozess. Dieser dient dazu, Entwicklungen zu beobachten und vor dem Hintergrund der erzielten Daten vorhandene Abläufe oder Prozesse zu optimieren.
3. Die Forscher beraten die forschenden Praktiker, die für ihren Eigenbedarf z. B. im Rahmen von Fallstudien und Hilfeverläufen forschen. Der Forscher trägt dafür Verantwortung, dass Fragestellungen, Erhebungsmethoden und Auswertungsverfahren angemessen eingesetzt werden (ebd. S. 7 ff.).

Allerdings räumt Heiner für Deutschland ein, dass derzeit zumindest Modell 1 und 3 eher unterentwickelt sind und dass Praxisforschung heute kaum mehr dazu beiträgt, die Praxis zu innovieren (Heiner 1988, S. 13, Jakob 1997, S. 159,

---

60 Dieser Zustand scheint sich auch bis heute noch nicht verbessert zu haben: Siehe dazu: Fröhlich-Gildhoff/Engel 2007, S. 303 f.

Schumann 1997, S. 253). Dass dies insbesondere in den nordischen Ländern anders ist, wird in Kap. 7.1 dargestellt.

5.4.4 Wichtige Methoden der Sozialarbeitsforschung

Will man höhere Standards im Bereich der Sozialarbeitsforschung einführen, so müssen insbesondere die Formen der Forschung als wissenschaftlich irrelevant und partiell sogar unredlich ausgeschieden werden, die

- eindeutig dazu bestimmt sind, konkrete Einzelinteressen zu verfolgen. Im Rahmen solcher Projekte kann der Forscher nicht genügend Autonomie und Freiheit entwickeln, um ein entsprechendes Forschungsdesign zu entwickeln und mit der gebotenen Neutralität durchzuführen;
- forschungsmethodisch unzulänglich angelegt sind. Da wo Forscher nicht die Regeln der guten Forschung, die heute vielfältig hinterlegt sind, einhalten, werden Ergebnisse wissenschaftlich nutzlos. Sie zum Ausgangspunkt weiterer Studien zu machen, wäre absolut sinnlos und hätte nur zur Folge, dass alle darauf abbauenden Studien fehlerhafte Resultate erbrächten.

Um solchen Unangemessenheiten nicht Vorschub zu leisten, muss das jeweilige Vorgehen im Forschungsvorhaben klar benannt und theoretisch ausgewiesen werden. Insbesondere folgende methodische Zugänge können für den Bereich der Sozialarbeit als besonders geeignet gelten (siehe dazu: Louchvová/Adams 2001, Romm 2001).

Problemorientierte Grundlagenstudien
Grundlagenforschung ist eine Bezeichnung für erkenntnisorientierte und zweckfreie Forschung, die von wissenschaftlichen Fragestellungen ausgeht und allein dem reinen Erkenntnisgewinn dient. In der „problemorientierten Grundlagenforschung" werden die Fragestellungen aus der wissenschaftlichen Literatur entwickelt, jedoch im Hinblick auf konkrete Probleme, die nicht immer rein wissenschaftlicher Art sein müssen. Zweckfrei forschen heißt hier Wege zu finden, um neue Stoßrichtungen einer Disziplin zu etablieren.

Hier könnte zum Beispiel heute der Frage nachgegangen, welche Auswirkungen neuere Modelle der Sozialarbeit, wie z.B. Consumer Orientation, Diversity, Evidence-Based Practice, etc. auf das Denken und Handeln der Manager und Praktiker der Sozialarbeit haben. Auf diese Weise könnten dann heuristische Modelle entworfen werden, die dazu genutzt werden könnten, innovative Praxen zu entwickeln und dann später zu evaluieren. Warum es möglicherweise so wenig Grundlagenforschung in der Sozialarbeit gibt, mag mit vielen Faktoren zu tun haben. Vielleicht sollte aber der Hinweis von Andreas Müller, wonach Grundlagenforschung zum Kulturgut der Menschen gehört, auch im Bereich der Sozialarbeit mehr Beachtung finden. Denn: Neugier und Streben nach Erkenntnis sind

Kulturleistungen der Menschheit, insofern ist Grundlagenforschung keine nüchterne, weltfremde oder gar menschenferne Angelegenheit.[61]

Replikationsstudien

Bei Replikationsstudien handelt es sich um Wiederholungsuntersuchungen zur Überprüfung der Ergebnisse vorheriger Studien (Kromrey 2009, S. 506 f.). So haben z. B. Fuchs et al. (2005) die Auswirkungen der Gewalt an Schulen über verschiedene Zeitpunkte (1994, 1999 und 2004) untersucht und deutlich gemacht, dass es entgegen der allgemeinen Annahme eine Gewaltzunahme an Schulen nicht gibt. Im methodischen Bereich konnte z. B. Brian Littlechild im Rahmen mehrer Replikationsstudien nachweisen, dass die Anwendung der Methode der „Resorative Justice" in Einrichtungen der Jugendhilfe nachweislich zu einer Verminderung von Gewalt seitens der Jugendlichen und zu positiven Veränderungen bei der Mitarbeiterzufriedenheit führt (siehe u. a.: Littlechild/Sender 2010).

Fallstudien

Unter dem Stichwort „sozialpädagogische Forschung" bzw. „rekonstruktive Sozialpädagogik" ist eine vor allem in Deutschland vertretene Forschungsrichtung entstanden, die vor dem Hintergrund anerkannter methodischer Maßstäbe eingehende Fallanalysen betreibt und so sozialarbeitsrelevantes Wissen zu generieren versucht:

- Klaus Kraimer will im Rahmen einer hermeneutisch-fallrekonstruktiven Perspektive die „Rückgewinnung des Pädagogischen" in der sozialen Arbeit erreichen (Kraimer 1994, S. 167) und gleichzeitig die Entdeckung von objektiven Fallstrukturen und typologischen Fallverläufen (Haupert/Kraimer 1991) ermöglichen;
- Gisela Jakob will die Blickrichtung der sozialpädagogischen Forschung vor allem auf die „Rekonstruktion von Sinnperspektiven und Prozessstrukturen, die in den Äußerungen von Individuen sichtbar werden" (Jakob 1997, S. 125), gelenkt sehen. Demnach soll diese Forschung insbesondere in solchen Bereichen Verwendung finden, wo sich starke Umbrüche vollzogen haben;
- Winsierski/Jakob (1997) wollen dazu beitragen, „das alte Wissenschafts-Praxis-Dilemma nicht zu lösen, aber doch zu entzaubern sowie methodische Anregungen zur Etablierung eines diskursiven Milieus zwischen Praxis, Forschung und Ausbildung zu liefern.

Methodenstudien

Ziel einer Methodenstudie ist die Überprüfung der Angemessenheit und möglicherweise daraus resultierende Verbesserung einer Methode bzw. methodisch ausgerichteten Vorgehensweise. So sind z. B. Gojová et al. (2011) in der Tschechischen Republik sehr intensiv der Frage nachgegangen, wie stark sich Bewohner einer Siedlung in Community Work Projekte einbeziehen lassen und wie stark sie

---

61 Siehe dazu: http://www.wissenschaft-online.de/astrowissen/grundlagen.html

dabei eine (theoretisch unterstellte) Kontrollüberzeugung entwickeln. Dabei zeigten sich widersprüchliche Ergebnisse, allerdings wurde deutlich, dass die Teilnahme an solchen Empowerment-Prozessen „has the potential to break the patterns of dominance, but it is necessary to undertake (sic) the interests behind the participation" (Gojová/Nedálniková 2010, S. 171).

Der schwedische Wissenschaftler Sven Jarhag (2010) berichtet über eine Studie, bei der erforscht werden sollte, inwieweit es Projekten im Bereich der Behindertenhilfe gelingt, im Sinne des Empowermentansatzes „to help clients gain power of decision and action over their own life (...) by increasing capacity and self-confidence to use power by transferring power from the environment to clients" (Payne, zitiert in Jarhag 2010, S. 272). Als Ergebnis ergab sich das Problem, dass die Klienten das Verhalten der Sozialarbeiter manchmal als „Empowerment-fördernd" und dann wieder als „Oppression"-orientiert wahrnahmen. Nach Jarhag gibt es für diesen Befund keine einfache Auflösung. Sozialarbeiter müssen lernen, sich selbst zu reflektieren, ihre Vorgehensweisen mit den entsprechenden Gruppen zu kommunizieren und auch verdeckte Äußerungen wahrzunehmen.

Eine Studie von Fasol/Frey (2004) zeigt, dass es keinen Sinn macht, methodisch angelegte Projekte zu untersuchen, wenn die entsprechende Methodentheorie nicht expliziert geklärt ist. So kommen sie im Rahmen der Evaluation eines Netzwerkprojekts zu folgendem Resulat:

> „Still unanswered, moreover, is the question of how (i.e. with what accuracy and awareness) the networking approach ‚selected' is actually applied by the practitioners and organizations that declare that they use it. One sometimes gains the impression that there is a significant degree of confusion, and perhaps also of superficiality, in both the ‚rhetoric' and application of networking practices." (Fasol/Frey 2004, S. 36)

Effektstudien

Effektstudien beabsichtigen, die Wirkungen sozialarbeiterischer Interventionen im Hinblick auf bestimmte Zielzustände seitens des Klienten zu messen und in einen Zusammenhang mit den jeweils verwendeten psychologischen, pädagogischen, etc. Methoden zu stellen. Dabei kann es natürlich nicht nur darum gehen, isolierte Effekte zu messen, denn grundsätzlich gibt es intermittierende Faktoren, die einen Einfluss auf diese ausüben und daher mit beobachtet werden müssen. Es sind dies: 1. die Definition der Zielgruppe, 2. das angegebene Ziel, 3. das methodisches Konzept und 4. die definierten Effekte.

Inge M. Bryderup (2005) hat dieses Design auf den Forschungsstand in Dänemark im Bereich der Arbeit in Kinder- und Jugendheimen angewendet. Zahlreiche Effektstudien zeigen dort, dass diese Zielgruppe nach dem Aufenthalt im Heim gemessen an verschiedenen Variablen wie z.B. Bildung, Arbeit, Verhalten, Sucht, etc. wesentlich schlechter abschneidet als eine vergleichbare, zu Hause verbliebene Zielgruppe. Trotzdem weigert sich Bryderup Heimerziehung als wenig effektiv zu bezeichnen oder gar – wie in England geschehen – deren Abschaffung zu fordern (ebd. S. 65). Denn zunächst gilt es alle vier oben aufgeführten dargestellten Variablen genauer zu definieren: Effekte sind dann nicht nur neutrale, quantifizierbare

Ergebnisse, sondern Folgen komplexer Interventions- und Theoriegebilde, die aufeinander bezogen werden müssen und voneinander lernen können (siehe dazu Knuth 2010).

Nach Sirkka Rousu aus Finnland gibt es z.B. fünf Faktorengruppen, die eine Auswirkung auf die „child welfare effectiveness" haben:

„Three of these success factors were related to prerequisites, and these were: 1) a stable client-oriented organization; 2) competence corresponding to current demands within child welfare; and 3) processes empowering clients. The two critical success factors related to effectiveness were: 4) clients experience and improvement in their quality of life; and 5) that the conditions in which children and young people grow up become less risky." (Rousu, in: Vornanen/Pölkki/Pohjanpalo/Miettinen 2011, S. 10)

Eine in England durchgeführte Studie zielte darauf ab, beste Strategien ausfindig zu machen, um Teenager-Schwangerschaften zu verhindern. Vor dem Hintergrund der Forschungen aus den verschiedenen Perspektiven wurden die fünf besten Praxen herausgearbeitet: „(1) sex education (mixed gender in schools and community); (2) youth leadership and development; (3) parent involvement; (4) access to contraceptives; and (5) forming and maintaining community alliances" (ebd. S. 230). Im Rahmen einer „value-critical analysis" wurden verschiedene weitere Verbesserungsmaßnahmen herausgearbeitet: die stärkere Nutzung von Online Ressourcen, der Einbezug von marginalisierten Gruppen und die Beeinflussung der öffentlichen Einstellung gegenüber dem Zugang zu Kontrazeptiva (Petr/Walter (2009).

Natürlich muss die jeweilige Umsetzung dieser Programme den betreffenden Organisationen und den darin arbeitenden Professionellen überlassen bleiben, jedoch ist ein völlig freies und beliebiges Arbeiten jetzt nicht mehr möglich!

Evaluationsstudien

Im Gegensatz zu Effektstudien, die auf die Zielerreichung ausgerichtet sind, geht es im Rahmen von Evaluationsstudien (man unterscheidet gewöhnlich in summative und formative Evaluation) um die Beschreibung, Analyse und Bewertung von konkreten Prozessen, Projekten und Organisationseinheiten. Hier können neben (!) Fragen der Effektivität von Hilfemaßnahmen auch die Auswirkungen von Maßnahmen auf die Beteiligten, die Gesamtorganisation und das soziale Umfeld in Blick genommen werden. Mit dem Begriff Evaluationsstudie soll zugleich zum Ausdruck kommen, dass die betreffenden Evaluationen wissenschaftlichen Kriterien genügen müssen, die auch sonst für empirische Forschungsarbeiten gelten. Die weitgehend üblichen Evaluationsverfahren, die lediglich von der „Kunst des Möglichen" ausgehen, mögen innerorganisatorischen Zwecken dienen, können aber im Rahmen wissenschaftlicher Argumentationen nicht akzeptiert werden.

So haben z.B. Stina Högnaba et al. (2005) versucht, das Konzept einer Critical Realistic Evaluation zu entwickeln, das sich zum Ziel setzt, den Zusammenhang zwischen einem bestimmten Ziel und einer angewendeten Methode im Bereich der Arbeit mit drogenabhängigen Klienten am jeweiligen Einzelfall zu evaluieren.

Dazu wurde von Sozialarbeitern der Stadt Helsinki ein Arbeitskonzept entwickelt und umgesetzt. Die (drogenabhängigen) Klienten wurden dann regelmäßig gebeten, anhand verschiedener Fragen ihren aktuellen Zustand bezüglich „mental health and self image and handling of everyday life" und „concern about his/her state of health and use of intoxicants" mit Punkten zu bewerten. Auf diese Weise konnten Klient und Sozialarbeit die Entwicklung des „Falles" anhand einer Skala objektiviert ablesen und kommunizieren. Nach Högnaba et al. hat dieses Evaluationsverfahren dazu beigetragen, die Kommunikation zwischen Sozialarbeiter und Klient zu verbessern und die Effekte der Betreuungsmaßnahmen zu verstärken.

Auch Brian Littlechild hat im Rahmen einer Evaluationsstudie gezeigt, dass man mit methodisch aufwändigen Untersuchungen auch durchaus praxisrelevante Ergebnisse erzeugen kann. So hat er das Thema „Gewalt gegen Sozialarbeiter" im Rahmen von Metaanalysen (zur Methode siehe Engel/Schutt 2009) und qualitativen Forschungsdesigns erforscht und zahlreiche Ergebnisse entwickelt, die von der Praxis als durchaus wichtig bewertet wurden (Littlechild 2008a, S. 117f.).

Aktionsforschung
Seit den 1970er Jahren ist die Aktionsforschung zu einer wichtigen Methode sozialwissenschaftlicher Forschung geworden. Dabei geht es darum, im Rahmen einer Zusammenarbeit von Forschern und Projektteilnehmern das angestrebte Ziel durch Datenfeedback und den Einsatz von Evaluationsverfahren so zu erreichen, dass die Erwartungen aller Beteiligten in gleicher Weise erfüllt werden. Entscheidend dabei ist, dass jede Seite ihre Rolle spielt, ihre Stärken einbringt und entsprechend taktvoll mit den Meinungen und Wünschen der jeweils anderen umgeht.

Jan Fook et al. (2011) berichten von einem Projekt der Aktionsforschung in Oslo, bei dem es darum gehen sollte, „to promote structures and arenas for binding cooperation on an equal footing between municipal social service providers, social service users, social researchers and social work/welfare educators" (ebd. S. 33). Als Ergebnisse des Projekts, das in unterschiedlichen Bereichen der Sozialarbeit stattfand, wurden festgehalten:

- Klienten gehen grundsätzlich davon aus, dass die Forschung ihre Perspektive unterstützt und eine eindeutige Nutzerperspektive übernimmt.
- Bei der Auswahl der Forschungsmethoden stellen sich immer wieder die gleichen Fragen: Welche Methode ist geeignet und wer soll darüber entscheiden?
- Partnerschaft zwischen den verschiedenen Beteiligten kann nur entstehen, wenn jede Seite den Kontext und die damit verbundenen Verpflichtungen (wie z.B. Publikationspflicht der Forscher, etc.) der jeweils anderen Seite kennt.
- Die Bedeutung des Begriffs „Gleichheit" (equality) muss im Verlauf des Projekts kontinuierlich problematisiert werden. Dabei stellt sich immer wieder die Frage, was diese Gleichheit für die Fragen bedeutet, die mit Macht und dem Zugang zu Ressourcen zu tun haben?

Die wichtige Frage, ob solche Formen der Aktionsforschung unter Einbezug der Klientel zu einer Verbesserung der Effektergebnisse führen, kann nach Fook et al. heute noch nicht abschließend beantwortet werden (Fook et al. 2011, S. 41, ähnlich Zeira et al 2008). Möglicherweise ist dies aber auch bei diesem Forschungstyp nicht entscheidend. Wichtig ist hier vor allem der Prozess und die gleichberechtigte Weise, in der Forschung stattfindet (siehe dazu auch für Italien McNamara/Neve 2009, S. 28 ff.).

Evidence-Based Practice – Forschung:
Im Rahmen dieses Forschungstyps geht es vorwiegend darum, Metaanalysen über mögliche Zusammenhänge zwischen Interventionsformen und -ergebnissen durchzuführen. Auf diese Weise können nicht nur Standards und Prozesse der Sozialarbeit verbessert und die Ergebnisse für die Klientel optimiert werden. Ziel dieser Maßnahmen ist es zugleich, Entscheidungen im Hilfeprozess wissenschaftlich abzustützen und im Rahmen einer Reflexive Practice wissenschaftliches Wissen und professionelle Erfahrung stärker aufeinander zu beziehen (Bilson 2005, Wendt 2005). Zusätzlich wird es unter Umständen möglich, aus solchen Lösungen, die im Rahmen wissenschaftlicher Verfahren entwickelt wurden, zwei andere, weniger Allgemeingültigkeit beanspruchende Lösungen abzuleiten:

1. Best Practice: hier werden Verfahren und Methoden, die sich bestens bewährt haben, herausgestellt und können in ihrer Gesamtheit (inkl. Strukturen etc.) übernommen werden;
2. Good Practice: dabei handelt es sich um situativ modifizierte erfolgreiche Lösungen unter Beachtung anerkannter Standards.

Da das Thema Evidence-Based Practice inzwischen zu einem europaweiten Diskurs geführt hat, findet in Kapitel 7.1 eine intensive Diskussion zu diesem Thema statt.

5.4.5 Erkenntnis und Interesse in der Sozialarbeitsforschung

Jürgen Habermas hat bereits 1968 auf die Bedeutung des Zusammenhangs von Erkenntnis und Interesse auf Forschungsvorhaben und Forschungsergebnisse hingewiesen. Eine solche Problematik besteht natürlich auch im Hinblick auf Forschungsvorhaben in der Sozialarbeit. Folgende Interessen stehen häufig im Vordergrund:

Forschung über angemessene Leistungen und Verteilungsgerechtigkeit
Forschung in diesem Sinne wird vor allem in den nordischen Staaten durchgeführt. Sie ist wichtig angesichts des Stellenwerts der sozialen Dienste und der Rolle des Staates. Die Mehrzahl der Forschungsarbeiten in den nordischen Län-

dern beschäftigt sich in einer relativ neutralen Weise mit den für das dortige Wohlfahrtssystem relevanten Forschungsfragen, wie z. B.

• Welche sozialen Probleme existieren und welche Hilfen sind erforderlich?
• Wie können angemessene Hilfen definiert und modularisiert werden?
• Wie kann sichergestellt werden, dass alle Klienten das gleiche Maß und die gleiche Qualität an Leistungen erhalten?
• Wie kann der Leistungsempfänger als Bürger am Zustandekommen der Hilfeleistung angemessen beteiligt werden?

Auf diese Weise entsteht eine „unaufgeregte" Forschung, die liberal ausfällt und Freiheit der Forschung zulässt (siehe dazu zusammenfassend Soydan 2010).

Legitimation vorhandener Praxis durch Praxisforschung
Diese Art der Forschung im Bereich der Sozialarbeit kommt sehr häufig insbesondere in den deutschsprachigen Ländern vor. Sie wird insbesondere gebraucht, um dem Status der Ausbildung der Sozialarbeiter an Fachhochschulen als Hochschulen für angewandte Wissenschaften gerecht zu werden. Insbesondere deshalb wurden seitdem sowohl in Österreich als auch in der Schweiz die Mittel für Forschungsinvestitionen aufgestockt. Im Übrigen haben weder der jeweilige Bundesstaat, die Bundesländer, die Bezirke oder Kantone, noch die die Sozialarbeit weitgehend bestimmenden Verbände ein großes Interesse an Forschung. Da die Finanzierungszuschüsse in der Regel über runde Tische vor Ort gegeben werden, erfolgt die Zuweisung von Mitteln weniger über Qualitäts- oder Effektivitätskriterien, sondern mehr nach Proporz. Lediglich im Falle Aufsehen erregender Vorfälle, wie etwa in Deutschland im Rahmen verschiedener Fälle von Kindestötung, werden wissenschaftliche Untersuchungen in Auftrag gegeben, in der Regel dann aber an von politischen Mitteln abhängige Institute, womit unter anderem sicher gestellt werden soll, dass keine missliebigen Ergebnisse publiziert werden können.

Forschung in Richtung Cost-Effective Practice
Eine solche Ausrichtung gibt es vor allem in England und teilweise in den Niederlanden. Hier begnügt man sich nicht so sehr mit langwierigen Evaluationsstudien, sondern erwartet, dass Forschungsergebnisse dazu dienen, „to provide clear policy and practice solutions" (Berridge 2007, S. 8). Die alltäglichen Herausforderungen der Praxis und der rasche gesellschaftliche Wandel, innerhalb dessen sich diese abspielen, werden dabei häufig unterschätzt. Seit New Labour ist man in England der Ansicht, eine empirische Ausrichtung der Sozialarbeit könne nur dadurch gewährleistet werden, dass die Forschung letztendlich „national" organisiert werde. Alles andere würde zu einer Zersplitterung der Landschaft und einer „„you in your small corner and I in mine' mentality" (Shaw 2003, S. 111) führen und der Praxis wenig nützen.

Wie gefährlich dabei die oftmals rigoros vertretenen empirischen Standards wirken, kann am oben bereits angesprochenen Beispiel der Heimerziehung beleuchtet werden: Insbesondere Tony Blair hatte aus ökonomischen, aber auch ideologischen Gründen (er ist bekennender Katholik) geäußert, dass öffentliche Erziehung den Kindern schade bzw. weitgehend nutzlos bliebe und jedes Kind ein Recht auf eine Familie habe. Eine Heimunterbringung von Kindern und Jugendlichen sollte dementsprechend fast vollständig vermieden werden. Daraufhin wurden empirische Daten erhoben, die zeigen konnten, dass solche Looked-after-Kinder extrem schlechte Schulabgangswerte und eine Häufung von Verhaltens- und Lernproblemen hatten. Allerdings wurden dabei verschiedene intermittierende Variablen, wie z. B. Herkunft der Kinder, Armut, Behinderung, Misshandlung, etc. nicht beachtet. Heute argumentiert man auch in England wieder deutlich vorsichtiger (Berridge 2007, S. 9, siehe dazu auch Kap. 8.3).

5.5   Zusammenfassung

Der hier vorgestellte Überblick über den Stand der wissenschaftlichen Debatte im Bereich der Sozialarbeit hat folgende Ergebnisse erbracht:

1. Die Debatte um den Gegenstandsbereich der Sozialarbeitswissenschaft und damit um metatheoretische Positionen erbringt drei unterschiedliche Paradigmen. Sozialarbeit als eigener disziplinärer Gegenstand, Sozialarbeit als transdisziplinärer Gegenstand und Sozialarbeit als Sozialpädagogik.
2. Auf der Ebene der Theoriebildung existiert heute eine Fülle an gemeinsamen erkenntnistheoretischen und holistischen Theorien. Insgesamt überwiegen dabei die Theorien, die Sozialarbeit mit Hilfe komplementärer Theorien als komplexe Praxis zu beschreiben und die lebenswelt-, ressourcenorientierte und systemische Theoreme miteinander zu verbinden suchen.
3. Die verschiedenen Modelle der Sozialarbeit können nach folgenden Kategorien unterschieden werden: funktional-zielorientierte Modelle versuchen auf pragmatische Weise, bestimmte Zielzustände direkt an zu visieren, offen-dialogische Modelle erlauben die Aushandlung von Zielen im Rahmen individuell angestrebter Lösungen. Partizipatorisch-gestaltende Modelle beziehen die Klientengruppen nicht nur in die Formulierung von Zielzuständen und die Gestaltung des Hilfeprozesses aktiv mit ein, sondern tragen ebenso der politischen und rechtlichen Dimension von Hilfeprozessen und damit verbundenen Problemen von Herrschaft Rechnung;
4. Im Bereich der Forschung ergeben sich viele Desiderata, da bereits die Ausbildungssituation in den meisten Ländern aus wissenschaftlicher Sicht völlig ungenügend ist. Studierende und Praktiker werden kaum in die Lage versetzt, Forschungsergebnisse zu interpretieren, geschweige denn Forschungsdesigns zu entwickeln und durchzuführen.

Insgesamt gibt es eine große Bereitschaft, die Wissenschaft der Sozialarbeit als Handlungswissenschaft zu begreifen, die sich an den Kriterien einer guten Forschung orientiert, konkrete Einzelinteressen ausweist und methodische Vorgehensweisen eingehend beschreibt. Allerdings müssen dazu auch die europäischen Forschungsergebnisse stärker rezipiert und via Wissenstransfer in die Praxis vermittelt werden.

Der französische Sozialarbeitsforscher Stéphane Rullac drückt die sich daraus ergebende Vision so aus:

> „Nicht die Wissenschaft wird das Wesen der Sozialarbeit bestimmen, sondern die Sozialarbeit muss selbst ihre Forschungsaufgaben durchführen. Und dies in einer humanistischen, induktiven, engagierten und handlungsorientierten Weise. Die Sozialarbeiter haben eine historische Chance, sich ihr eigenes Denken wieder anzueignen, mit den ihnen eigenen Mitteln der Wissenschaft, ohne einem falsch verstandenen Akademismus zu verfallen." (Rullac 2011, S. 49, Übersetzung P. E.)

6 Sozialarbeit in Europa im intrasystemischen Dialog: Professionsentwicklung

Wahrscheinlich ist kein Thema im Bereich der Sozialarbeit in Europa unübersichtlicher als das der verschiedenen Berufsbezeichnungen und Ausbildungsformen. Und immer wieder hat diese Vielfalt Wissenschaftler dazu gebracht, die Vergleichbarkeit der Sozialarbeit in den verschiedenen europäischen Ländern in Frage zu stellen. So nimmt Karen Lyons (2005) die Fülle an Begriffen wie Sozialpädagoge (Deutschland), Animateur (Frankreich), Welfare worker (Niederlande) bis hin zu Sammelbegriffen wie „soziale Berufe" (social professions) oder Sozialarbeitsberufe („social work professions") eher konsterniert zur Kenntnis. Elisabeth Frost (2008) klagt darüber, dass bereits der Versuch, den Begriff Social Worker einheitlich zu definieren, an den europäischen Kulturen scheitern müsse, da etwa in Norwegen dafür drei Begriffe zur Verfügung stünden. In Ungarn kämen noch Bezeichnungen wie „Diakon" hinzu, offensichtlich spielt hier die kirchliche Tradition der Sozialarbeit noch eine wichtige Rolle. Außerdem gäbe es dort neben Sozialassistenten noch Sozialkrankenschwestern und eine Profession, die auf lokaler Ebene Sozialpolitik betreibt (Frost 2008, S. 347).

Vielleicht wäre es angesichts dieser Situation wünschenswert, man würde sich in Europa auf eine Berufsbezeichnung im Bereich der Sozialarbeit eignen. Möglicherweise aber zeugen die unterschiedlichen existierenden Begriffe nur von der Vielfalt der Aufgabenstellungen, die der Sozialarbeit zur Erfüllung ihrer Funktion in den verschiedenen Ländern aufgetragen werden. Womöglich ist nicht die Vielfalt der Bezeichnungen das Problem, sondern die sich daraus für die Profession ergebende Verunsicherung und Fragmentierung. Aber wie sehen die jeweiligen ländertypischen Unterschiede aus und worin sind sie begründet?

Im Folgenden soll nicht auf die Situation der Profession in jedem einzelnen Land eingegangen werden. Vielmehr sollen typische Formen anhand ausgewählter Länder exemplarisch dargestellt werden (Kap. 6.1). Dazu wird zunächst die Situation der sozialen Berufe in Frankreich vorgestellt. Neue Berufsbezeichnungen entstehen dort schnell und fast inflationär, als Resultat dieser sozialpolitischen Strategie entsteht der Typ der „verunsicherten Profession" (Kap. 6.1.1). In England geht man einen dieser Denkweise entgegen gesetzten Weg. Als Social Worker darf sich nur derjenige bezeichnen, der ins nationale Berufsregister eingetragen ist und der über eine genau definierte Ausbildung verfügt. Der eindeutige Status wird jedoch durch sehr enge nationale Standards und methodische Regulierungen extrem eingeengt: das Resultat ist der Typus der „ausführenden Profession" (Kap. 6.1.2). Der finnische Sozialarbeiter repräsentiert in Europa die „systemverbessernde Profession". Sie erhält von der Politik den dezidierten Auftrag, als akademische und forschende Berufsgruppe zur Verbesserung der sozialen Sicherheit aller beizutragen (Kap. 6.1.3). In Deutschland findet man den Typus der

„unzeitgemäßen Profession". Sozialarbeiter gelten hier nach wie vor als Generalisten, die ihre Praxis trotz zunehmend eingeschränkter Ausbildung und unter Verzicht auf wissenschaftliche Begründungen noch immer nach höchst individuellen Gesichtspunkten gestalten können (Kap. 6.1.4). Italien schließlich repräsentiert die „formalisierte Profession": die Assistente Sociale sind in einer Kammer hochgradig organisiert; inhaltliche und methodische Fragen werden aber weder dort noch an den Universitäten zureichend thematisiert (Kap. 6.1.5).

Nur im Bereich der Ausbildung scheint sich ein europäischer Trends abzuzeichnen: immer weniger Menschen in Europa sind offensichtlich willens und angesichts der schwierigen Aufgaben, die gestellt werden, in der Lage, als Sozialarbeiter tätig zu sein. Dies stellt eine der großen Herausforderungen für die Sozialarbeit in Europa dar (Kap. 6.2).

6.1 Ausgewählte Professionstypen

6.1.1 Frankreich: die „verunsicherte" Profession

In Frankreich existiert der Begriff Sozialarbeit (franz. travail social), der seit den 1970er Jahren eingeführt wurde, lediglich als Sammelbegriff für eine Vielfalt von Berufen („mosaique de métiers", siehe Jovelin 2008, S. 35). Die Ursache liegt vor allem darin begründet, dass die damit in Verbindung stehenden Tätigkeiten, wie in den konservativen Staaten üblich, aus einer Mischung aus kirchlicher Armenarbeit und Frauenbewegung und in einer gewissen Konkurrenz zu anderen, insbesondere gesundheitlich-erzieherischen Berufsfeldern entstanden sind. Lässt man die vielen Hilfs- und Assistenzberufe beiseite, die sich um Familie, Kindergarten, Schule, Geburt, etc. gebildet haben (zusammenfassend: Jovelin/Bouquet 2005), so konkurrieren etwa seit 1970 drei unterschiedliche Berufsgruppen miteinander:

Sozialassistenten („assistantes sociales")
Ende des 19. Jahrhunderts gründete Marie Gahéry im 11. Arrondissement von Paris eine Organisation, die die Versöhnung der armen mit der reichen Klasse und die moralische Erneuerung des Volkes zum Ziel hatte. Dazu trafen sich Frauen aus den verschiedenen Klassen, um sich gegenseitig auszutauschen bzw. zu belehren. 1907 gründete Marie Gahéry und später dann Abbé Jean Viollet Schulen für Sozialbesucherinnen (franz. visiteuse sociale), d. h. jungen Frauen, die Familien besuchen und unterstützen sollten. 1911 entstanden dann die ersten kirchlichen Schulen für soziale Tätigkeiten. Erst zehn Jahre später wurde dann mit Unterstützung der Rockefeller Stiftung ein erster sozialer Dienst für jugendliche Straftäter ins Leben gerufen (Jovelin 2010, S. 55). 1923 wurde dann das erste Diplom für Sozialassistenten und Besuchskrankenschwestern geschaffen, denn nach dem 1. Weltkrieg hatten Frauen begonnen, sich von der vormals freiwilligen Arbeit

zu distanzieren und eine Professionalisierung zu fordern. Ab 1938 wurden dann die Besuchskrankenschwestern in den Hintergrund gedrängt und die Sozialassistenten setzten sich durch. 1944 entstand die erste Berufsorganisation (Association Nationale des Assistantes Sociales, ANAS). Heute sind die Assistantes sociales im staatlichen Auftrag tätig und für folgende Aufgaben verantwortlich:

- „Domiciliary care of pregnant women and infants;
- Health and social care;
- Pre-school age and school age children;
- Organisation of anti-tuberculosis free health centres;
- The fight against venereal diseases;
- Prevention of familial problems due to alcoholism;
- Counselling of families concerning social rights;
- Help to the destitute;
- Disabled and endangered children." (Guerrand/Rupp, zitiert in Jovelin 2010, S. 56)

Aufgrund ihrer ausschließlich staatlichen Ausrichtung ist die Tätigkeit beliebt und unbeliebt zugleich. Auf der einen Seite verspricht sie eine Festanstellung bei staatlichen Einrichtungen. Da die französischen Bürger dem Staat eher kritisch gegenüber stehen, bedeutet dies auf der anderen Seite aber ein geringes, möglicherweise sogar negatives Ansehen in der Bevölkerung.

Sonder- oder Spezialpädagogen („éducateurs spécialisés")
Die Sondererzieher stellen einen Berufsstand dar, der schon seit 1850 existiert und für die Betreuung von straffälligen Jugendlichen in staatlichen Heimen zuständig ist. Das Ziel dieser Heimunterbringung war vor allem, die Jugendlichen in der landwirtschaftlichen Arbeit auszubilden und sie gleichzeitig moralisch zu belehren. Die Durchsetzung einer strikten Disziplin galt dafür als wichtige Voraussetzung. Diese Berufsgruppe hatte insbesondere in der Zeitspanne zwischen dem 2. Weltkrieg bis die 1970er Jahre hinein eine Blütezeit. Zahlreiche Schulen entstanden und die Ausbildung wurde zunehmend spezialisierter und kompetenzorientierter. Nach 1970 kam es dann zur Schließung vieler staatlicher Heime, die sozialen Probleme Jugendlicher „explodierten" und die Anstellungsverhältnisse dieser Sondererzieher wurden kürzer und prekärer.

Animateure („animateurs éducateurs")
Diese Berufsgruppe etablierte sich um 1970 mit dem Ziel, eine Art Volkserziehung (franz. „éducation populaire") oder Volksbildung in Gang zu setzen. Außerdem zeichnete sie sich für alle Formen der Erziehung außerhalb der Schule verantwortlich. Drei Strömungen entstanden:

- im Rahmen der Arbeit der Kirchen entstanden Hilfebewegungen für Arme und Behinderte;

143

- im Rahmen der staatlichen Arbeit entstanden Bildungswerke und eine Art soziokulturelle Bewegung;
- im Rahmen der politischen Perspektive entstanden die Volkshochschulen (franz. „universités populaires") und die Idee der kulturellen Bildung.

In der Praxis arbeiteten die soziokulturellen Animateure auch im Bereich der Familien, im Bereich der Prävention und im Bereich der ländlichen und städtischen Entwicklung (zusammenfassend: Moser et al. 2004).

Alle drei Berufsbezeichnungen wurden in den 1970er Jahren unter dem Begriff „travail social" (Sozialarbeit) vereint. Bevor sich diese Verbindung aber genügend stabilisieren konnte (eine ähnliche Entwicklung gab es ja z. B. in Deutschland, die schließlich zu den bekannten Kunstbegriffen „Sozialarbeit/Sozialpädgogik" bzw. „Soziale Arbeit" geführt hat), kam es aufgrund der zunehmenden Dezentralisierung des Sozialbereiches und den Herausforderungen durch neue soziale Probleme und Strategien, wie z. B. regionsspezifischer Ansätze zur Bekämpfung von Arbeitslosigkeit und die Notwendigkeit zur Bearbeitung der gravierenden Probleme von Jugendlichen in den Banlieues (zusammenfassend Chauvière 2004), zu immer differenzierteren Tätigkeitsbezeichnungen. Zumal häufig Titel und damit verbundene Saläre auch deshalb geschaffen wurden, um Menschen mit sozialen Fähigkeiten (aber ohne entsprechende Ausbildung) in soziale Tätigkeiten zu bringen:

- Sozialarbeiter in Managementpositionen (franz. „métiers de l'organisation sociale"): diese Sozialarbeiter des „zweiten Typus" (Ion, zitiert in Jovelin 2010, S. 60) verfügen über Zusatzausbildungen in den Bereichen Management/Administration und nehmen meist mittlere Positionen ein.
- Sozial Intervenierende (franz. „intervenants social"): sie unterstützen die Nachbarschaft, schlichten Streit und sorgen für Befriedung von Vorstädten bei Nacht, etc.
- Lokale Berater (franz. „conseillers des missions locales") und Berufsbegleiter (franz. „professionels de l'insertion par l'économie"): sie unterstützen die 16–25-Jährigen bei der Berufswahl und Berufsqualifikation im Rahmen der gesetzlichen Vorgaben des Loi 2002.
- Berufe sozialer Präsenz (franz. „métiers de présence sociale") oder Frontberufe (franz. „métiers du front"): hierbei handelt es sich um Sozialarbeiter, die für die Entwicklung eines Netzes an lokalen Hilfen verantwortlich sind.
- Nachbarschaftsberater bzw. -mediatoren (franz. „métiers de la médiation sociale") oder Berufe des Nahraumes (franz. „métiers de proximité"): ähnlich wie die sozial Intervenierenden sorgen sie für Sicherheit und Ausgleich in den Nachbarschaften, vor allem in den Vorstädten.
- Die „Vermittlerinnen" (franz. „femmes de relais"): sie unterstützen Familien bei der soziokulturellen Integration und erleichtern den Dialog zwischen Klienten und sozialen Diensten.
- Projektverantwortliche (franz. „agents de développement" und „chefs de projet"): sie sind für die Durchführung und Überprüfung der zahlreichen

Projekte verantwortlich, die vor allem regional und kurzfristig aufgelegt und daher auch zeitnah überprüft werden müssen.

Mit dieser Aufzählung wird sicher deutlich, wie sehr sich die verschiedenen, unter dem Begriff Sozialarbeit zusammengefassten Berufsfelder in Frankreich aufspalten und wie wenig systematisch die Entwicklung der Sozialarbeit betrieben wird.

> „Die Aufspaltung der Sozialarbeit, die Schwächung ihres Monopols, das Aufgreifen neuer Funktionen und Aufgaben, die Destabilisierung der kollektiven Normen des Handelns, alles das macht eine tief greifende Veränderung der Sozialpolitik und des sozialen Berufsfeldes deutlich." (Jovelin 2005, S. 261, Übersetzung P. E.)

Das Land steht insofern für eine Politik, bei der die Entwicklung der Sozialarbeit – im Rahmen eines Prozesses der Sektoralisierung bzw. Territorialisierung (Dhume 2001) – zunehmend den lokalen sozialpolitischen Interessen und auch den Interessen des Marktes überlassen wird. Dass in einer solchen Landschaft die Weiterentwicklung der Theorien, Modelle und Methoden der Sozialarbeit als eher zweitrangig erscheint, ist evident. So geht z. B. ein vom Ministerium für Arbeit, Solidarität und öffentliche Aufgaben (franz."Ministère du travail, de la solidarité et de la fonction publique") in Auftrag gegebener Bericht zur Situation der Sozialarbeit in keiner Weise auf konkrete Fragen der Disziplin Sozialarbeit ein, sondern thematisiert nur deren Bedeutung in sehr allgemeinen Äußerungen. Was Sozialarbeiter leisten sollen und können, wird in keiner Weise thematisiert (Rapport CSTS 2008). Ersichtlich wird die Tendenz, Sozialarbeit weniger als personzentrierte Hilfe (franz. „intervention sociale d'aide à la personne"), sondern stärker als allgemeine soziale Aktion (franz. „intervention sociale d'intérêt collectif") zu konzipieren und damit die Möglichkeit zu schaffen, damit verbundene Aufgaben an alle Bürger zu übertragen. Dies geschieht in Frankreich häufig in der Weise, dass Arbeitslose, die über keine soziale Ausbildung verfügen, aber der jeweiligen Gruppe oder Ethnie angehören, für die die jeweiligen Hilfen oder die entsprechende Interventionen bestimmt sind, eingestellt werden (Jovelin 2005, S. 262). Die theoretisch nie wirklich vollzogene Trennung der Begriffe „travail social" (als Sozialarbeit im dienstleistenden Sinne) und „action sociale" (verstanden als gemeinschaftlich von Professionellen, Ehrenamtlichen und Bürgern betriebene zivilgesellschaftliche Gestaltung des Sozialen) leistet der Unklarheit weiter Vorschub (Autès 1999, S. 77 ff.). Es ist deshalb erstaunlich, dass es in Frankreich trotzdem Bestrebungen gibt, Sozialarbeit als Wissenschaft zu begründen und dass es einen ersten Erfolg bei dieser Mission mit der Gründung eines Lehrstuhles in Paris an der CNAM (franz. „Conservatoire Nationale des Arts et des Métiers") bereits gibt.

Was in Frankreich nicht existiert, ist eine klare Unterscheidung zwischen der grundständigen Qualifikation eines im sozialen Bereich arbeitenden Professionellen und den weiteren, möglicherweise individuell und auf einem Markt von Zusatzausbildungen erworbenen zusätzlichen Kompetenzen. Daher fordert Jovelin dazu auf, zunächst überhaupt einmal die verschiedenen Aufgaben und Kompetenzen unter dem Dach der Sozialarbeit systematisch abzubilden (Jovelin 2005,

S. 263). Allerdings wird das nicht einfach werden. Denn die Sozialarbeit in Frankreich ist in hohem Maße von zwei Elementen abhängig:

1. von der Gesellschaft und ihrem ständig sich verändernden Willen, bestimmte soziale Probleme staatlich zu bearbeiten oder sie der Zivilgesellschaft zu überlassen;
2. dem Bürger, für den die Hilfen gedacht sind, der aber nicht zur Annahme von Hilfe gezwungen werden kann, da dessen im Rahmen der französischen Revolution errungene bürgerliche Freiheit in keiner Weise eingeschränkt werden darf.

Sozialarbeit kann insofern nur Hilfe vermitteln und weder Gesellschaft noch Individuum zur Annahme von Lösungen drängen (Castel 2009, S. 29). Häufig werden viele Formen der Sozialarbeit deshalb mit dem Begriff „action sociale" (dt. Sozialaktion) umschrieben (Gacoin 2006). Es sei denn, der Staat nimmt die Sache in die Hand: dann aber wird der Sozialarbeiter lediglich zum ausführenden Beamten, und muss mit einer entsprechenden Gegenwehr durch den Bürger rechnen (Lafore 2009).

Aufgrund der Abhängigkeit der Sozialarbeit von kurzfristig getroffenen politischen Entscheidungen sind die Beschäftigten (mit Ausnahme der im staatlichen Bereich Tätigen) kaum in der Lage, ihre Position klar zu definieren und sich persönlich kontinuierlich zu entwickeln. Das hat Auswirkungen auf die Qualität der Tätigkeiten und auf die finanzielle Situation der Sozialarbeiter; nicht wenige arbeiten unter prekären Bedingungen und sind selbst von Exklusion bedroht. Der Verzicht auf eine weitgreifende Professionalisierung, den Brigitte Bouquet (2007) vorschlägt, erscheint insofern nur konsequent, trägt aber sicher nicht zur Überwindung der Verunsicherung der Praxis bei (Autès 2004). Allerdings gibt es auch Versuche für die französischsprachige Schweiz, diese verschiedenen Tätigkeiten zu strukturieren und entsprechende Kompetenzprofile zu entwickeln (Libois/Stroumza 2007).

6.1.2 England: die „ausführende" Profession

Die Entwicklung der sozialen Professionen in England ist sehr stark von der Ideologie des Third Way beeinflusst worden. Wie in Kapitel 8.3 eingehend dargestellt wird, hat sich der Charakter der sozialen und gesundheitlichen Dienste – auf der Basis des National Health Service and Community Care Act von 1990 – von einer staatlich organisierten und für soziale Problemlagen umfassend verantwortlichen Form der 70er und 80er Jahre in ein zunehmend nicht-staatlich organisiertes, extrem fragmentiertes System sozialer Dienste gewandelt. Im Rahmen dieser Entwicklung wurden folgende widersprüchliche Themen sehr kontrovers debattiert:

- „A growing loss of confidence in professional competence and professional ethics.
- An ideological attack on professional power and dominance.
- The desire and need (pratical) for central control at a time of fragmentation of service delivery.
- A high level of concern (moral) with ,equity'.
- A concern with promoting the rights of individual service users as consumers.
- A concern with the right of taxpayers to value for money." (Banks 2007, S. 153 f.)

Als Antwort darauf wurde ein System der „mixed economy of welfare" entwickelt, das es nun entsprechend umsichtig zu steuern galt. Dabei sollten sich die Verantwortlichen an insgesamt vier Prinzipien bzw. Vorgaben orientieren (Shardlow 2004):

- „Multiplicity of organisations": eine Vielzahl von sozialen Dienstleistern soll eine möglichst flächendeckende und hoch spezialisierte Versorgung sichern.
- „Interlocking responsibilities often granted by statute": im Rahmen von klar definierten Regelungen sollen die verschiedenen Verantwortlichkeiten eng miteinander verzahnt werden.
- „Overlaps in areas of competence": die verschiedenen Kompetenzen sollten so ausgerichtet sein, dass sie sich überschneiden und somit einen interprofessionellen Dialog ermöglichen.
- „Government by ,agency' – at ,arms length'": die Steuerung des Systems soll konkret vor Ort durch Agenturen (regional social services departments) erfolgen, um entsprechend bedarfsorientiert geplant und umgesetzt werden zu können (Shardlow 2004, S. 42).

Auf den ersten Blick sind damit die Voraussetzungen geschaffen, dass vielfältige Hilfen sehr nahe an den Bedürfnissen der potentiellen Klienten entstehen können. Will man aber die dafür erforderlichen Mittel sehr sparsam, gezielt und nur für die wirklich bedürftige Klientel vorhalten, dann sind damit gravierende Steuerungsprobleme der verschiedenen Dienste, der Regulierung der Qualität und der Vermeidung von Risiken verbunden. Denn nach wie vor fühlt sich der Zentralstaat verantwortlich für die Erfolge oder Misserfolge dieses Systems.

Für die Folgekosten dieses modernen Systems des New Public Management (siehe Kap. 4.1.3), bei dem der Staat einen optimalen Welfare Mix verspricht und gewährleistet, müssen jedoch die Sozialarbeiter (1) und die Manager der Sozialarbeit (2) aufkommen.

(1) Folgen für die Sozialarbeiter

Der Sozialarbeiter ist sowohl für die Zuweisung wie für die Umsetzung des jeweiligen Hilfepakets im direkten Kontakt mit dem Klienten zuständig. Da dies unter den Bedingungen von Knappheit und Gerechtigkeit geschehen muss, gilt es genau festzulegen, wer wann welche Form der Hilfe bekommt. Auf diese Weise wird von der Regierung eine Vielzahl an Vorgaben entwickelt, die ihn bei der Entscheidungsfindung unterstützen sollen. Was als Hilfe gedacht ist, wird aber als Kontrolle erlebt:

> „There is a presumption, in a significant number of countries, that self-regulation through shared professional values, ethical codes and professional associations provide either actual or inspirational mechanism for the regulation of professional practice. (...) In (the UK, P. E.) new forms of regulation are being developed that do not depend upon the belief in a set of professional values, ethics or codes of practice." (ebd. S. 43)

Zusätzlich soll ein vom General Social Care Council (GSCC) entwickelter „Code of Practice for Social Care Workers" dazu dienen, die Prozessgestaltung zu optimieren. Dieser Code ist für alle Sozialarbeiter verbindlich und trägt zu einem nicht unerheblichen Statusgewinn bei. Denn der Beruf Sozialarbeiter wird dadurch gegenüber allen anderen Berufen geschützt, niemand kann ohne entsprechende Ausbildung Mitglied im GSCC werden und darf die damit verbundene Berufsbezeichnung führen. Allerdings umfassen die verschiedenen Regulierungen nicht nur Aussagen über Werte der Sozialarbeit, sondern auch sehr konkrete Vorgaben über Qualitätsstandards, die einzuhalten sind. Damit werden die Sozialarbeiter jedoch nicht nur in ihrem Handlungs- und Entscheidungsspielraum enorm eingeschränkt, gleichzeitig wird es aufgrund der Differenziertheit der Standards den Managern möglich, die Mitarbeiter fast lückenlos zu kontrollieren. Nicht gesehen wird dabei, dass es durch die Standardisierung von Leistungen und Prozessen zu Einheitsgrößen kommt, die nicht auf alle Klienten gleich passen können (Banks 2007, S. 169). Ungeachtet dessen werden die Fähigkeiten der Sozialarbeiter ignoriert, solche Angebote auf die einzelnen Klienten zuzuschneiden. Denn letztendlich geht es darum, ein nationales Serviceideal („social welfare") nicht nur bezüglich seiner jeweiligen Zielsetzung zu formulieren, sondern auch noch mit den jeweiligen dafür geeignet erscheinenden Methoden einer Good Practice zu verbinden. Der einzelne Sozialarbeiter und seine Expertise bleiben in diesem System unbeachtet, ihm wird offensichtlich die Fähigkeit zu einer autonomen Übersetzungsleistung nicht zugetraut.

(2) Folgen für die Sozialarbeitsmanager

Aber nicht nur die Sozialarbeiter, auch die Sozialarbeitsmanager werden an der kurzen Leine gehalten. So wurden für die Führung und Steuerung von sozialen Diensten nationale Performance Indicators entwickelt. Jeder lokale soziale Dienst wird regelmäßig nach 50 Schlüsselzielen bewertet. Als Ergebnis ergibt sich dann über einen Umrechnungsschlüssel eine Endnote von zwischen 3 (exzellent) und 0 (nicht geeignet) Sternen.[62]

Bei schlechten Ergebnissen finden selten genauere Analysen statt, meist wird lediglich die Direktorenposition ausgewechselt. Als Folge entsteht ein ungeheurer Druck, den die Manager an die praktischen Sozialarbeiter weitergeben. Was dazu führen kann, dass auch die praktizierenden Sozialarbeiter die vorgegebenen Ziele

---

62 Siehe dazu folgende Homepage: http://www.doh.gov.uk/pssratings/index.htm

(engl. „performance targets") als Orientierung für ihre eigene Arbeit übernehmen, da sie ja der Organisation helfen wollen, ein gutes Ergebnis zu erzielen. Auf diese Weise entsteht eine gestresste und defensiv agierende Praxis, die über wenig Spielraum für Anpassungsleistungen verfügt.

> „(...) it's hard in quantitative terms, to measure things like the nature and the quality of relationships between practitioners and young people for instance, how do you measure, the sorts of level of the exchanges, you know the good relationships, things like empathy and trust and warmth and openness, respect and courtesy and all those kinds of things" (Auszug aus Interviews mit einem Sozialarbeiter, in: Shardlow 2004, S. 44).

Insgesamt führen diese Vorgaben zu einer entsprechend vorsichtigen Haltung der Sozialarbeiter. Sie müssen jetzt insbesondere darauf achten, sämtliche Vorgaben zu befolgen und keine Fehler zu machen. In einer Kultur, die wesentlich von den Prinzipien des „Naming, Shaming, Blaming" geprägt ist und in der jede Art von Fehlverhalten standesrechtliche Konsequenzen haben kann oder in gravierenden Fällen (bei verschiedenen Fällen von Kindestötung) zu öffentlichen Anhörungen und Reports führt, ist kein Raum für Diskussion und Reflexion. Die Sozialarbeit gerät in eine fast aussichtslose Situation: viele Sozialarbeiter fühlen sich entsprechend überarbeitet und deprimiert.[63]

So sehr es also in England gelungen ist, den Status der Sozialarbeiter über eine Kammer abzusichern und über Qualitätsstandards zu vereinheitlichen, so geschwächt wird dieser Status auf der anderen Seite wiederum durch die engen Vorgaben und Vorschriften, die von nationalen Agenturen häufig auf den Rat von Experten hin erlassen werden. Aufgrund von Misserfolgen im Bereich des Kinderschutzes werden momentan wieder Anstrengungen unternommen, Sozialarbeiter zum Weiterstudium zu animieren und Sozialarbeit stärker zu einer Reflective Practice werden zu lassen. Die Vielzahl der Vorschriften und die hohe Arbeitsbelastung der Sozialarbeiter in einem unter hohem ökonomischen Druck stehenden Land lassen aber die Zukunft der Profession eher düster erscheinen (siehe dazu auch Kap. 8.3.).

6.1.3 Finnland: die „systemverbessernde" Profession

Bereits in den frühen 1980er Jahren wurde in Finnland die Ausbildung der Sozialarbeiter an die Universität verlegt. Im Rahmen von Masterstudiengängen konnte dort das Fach Sozialarbeit in Verbindung mit anderen sozialwissenschaftlichen Fächern, insbesondere Sozialpolitik studiert werden. Seit Mitte der 1990er Jahren kann Sozialarbeit auch als Hauptfach studiert werden.

Im Gegensatz zu Schweden, wo die Sozialarbeit sehr früh den Rang einer eigenständigen Wissenschaft erhalten hat (siehe dazu Kap. 8.2), herrscht in Finnland ein eher pragmatisches Wissenschaftsverständnis vor. Dieses geht davon aus, dass unbeschadet aller wissenschaftlichen Erkenntnisse letztendlich der Sozialarbeiter

---

63 Siehe dazu: Stanley/Manthorpe/White 2007).

konkret vor Ort Entscheidungen treffen und arbeiten muss und dass es dazu eines Freiraums für Reflexion und sozialraumorientierte Forschung bedarf (Hämäläinen/Niemälä/Vornanen 2010, S. 48).

Das daraus resultierende „kontextuelle Wissen" ist deshalb von Bedeutung, da die finnischen Sozialarbeiter nicht nur im direkten Austausch mit dem Klienten arbeiten, sondern auch für die Verbesserung des sozialen Sicherungssystems mit verantwortlich sind. Die Aufgabenbeschreibung der Sozialarbeiter umfasst folgende Bereiche:

1. Die Unterstützung von Klienten im Rahmen des existierenden Sicherungssystems: Zuweisung und Organisation von Hilfen aufgrund von legitimen Ansprüchen.
2. Die psychosoziale Unterstützung von Klienten mit dem Ziel, sie darin zu unterstützen, ihre Probleme selbständig zu lösen.
3. Die anwaltschaftliche Vertretung von Klienten, die ihre Rechte nicht selbständig vertreten können.
4. Die kritische Beteiligung an der Entwicklung und Gestaltung sozialpolitischer Programme.
5. Die Produktion von wissenschaftlich gesichertem Wissen und Information.
6. Die multi-disziplinäre Zusammenarbeit im interprofessionellen Team (Hämäläinen/Niemelä/Vornanen 2010, S. 45).

Da die Sozialarbeit weitgehend auf kommunaler Ebene organisiert und in Form von Kontrakten mit Anbietern und Klienten durchgeführt wird (Alavaikko 2008, S. 64), kommt der Profession bzw. dem einzelnen Professionellen die wichtige Aufgabe zu, wissenschaftliches Wissen wahrzunehmen und auf die eigene Praxis hin zu reflektieren. Zu einem solchen „Wissenstransfer" ist aber nach Auffassung der finnischen Politik nur ein akademisch gebildeter Sozialarbeiter fähig. Daher fordert das Gesetz (The Act on Qualification Requirements) aus dem Jahre 2005, dass „the qualification requirements for the post of a social worker is a masters university degree including, or in addition to which the person has completed major subject studies in social work, or university studies in social work corresponding to the major subject" (Hämäläinen/Niemelä/Vornanen 2010, S. 49).

Vor dem Hintergrund einer stark empirisch ausgerichteten universitären Ausbildung wird die Sozialarbeit damit zu einer forschungsbasierten Profession, die nicht nur die Ergebnisse der universitären Forschung zur Kenntnis nimmt und umsetzt, sondern die auch eigenständig praktisch forscht, so wie es im Übrigen die Ärzte und andere Professionen nicht nur in Finnland zumindest früher getan haben.

> „The position of social work as a profession is founded on research-based education combining relevant knowledge and values. Knowledge from practice experience, reflexivity in terms of critical assessment of professional action and interactional knowledge production together with clients has been brought into focus in the recent debate in Finland." (ebd. S. 47)

Allerdings wird diese klare Positionierung des finnischen Sozialarbeiters als Experte auch durchaus ambivalent gesehen. Denn, natürlich wird auch im Rahmen der neuen Ideologie des Activating Welfare State in Finnland von den Sozialarbeitern erwartet, dass sie ihre wissenschaftlichen Qualitäten in die neue Strategie einbringen: „Highly educated, and also administratively clever, social workers have potential to swiftly and professionally carry out the new social legislation and – hopefully – in the same time minimize the social costs of retrenchment" (Kokkonen 2010, S. 225)[64].

Damit wird das Dilemma deutlich, in das eine Profession gerät, der vom Staat und der Gesellschaft via Ausbildung ein hoher Status eingeräumt wird. Denn ein solch hoher Status wird immer von den gesellschaftlich Mächtigen verliehen und bringt verschiedene Gefahren mit sich, wie z. B.

- die Gefahr der Sozialtechnologisierung der Sozialarbeit,
- die Gefahr der Entsolidarisierung mit den Schwachen und Exkludierten,
- die Gefahr der Kritiklosigkeit gegenüber gesellschaftlichen Missständen und Ungerechtigkeiten.

Hämäläinen/Niemlä haben deshalb darauf hingewiesen, dass eine allzu pragmatische Sozialarbeit in Finnland Gefahr laufen kann, sich lediglich den jeweils aktuellen politischen Themen zuzuwenden, ohne eine eigenständige Sichtweise einzubringen. Mit der Folge, dass „social work research and education are at risk to be at the mercy of occasional practical needs and trends in fashion" (2008, S. 50). Es wird also interessant sein zu sehen, wie die finnischen Sozialarbeiter ihre professionelle Rolle wahrnehmen werden, wenn möglicherweise einmal politische Entwicklungen eintreten, die es erforderlich machen, dass die Sozialarbeit Partei ergreift und wenn Probleme entstehen, die sich nicht lediglich pragmatisch bearbeiten lassen. Übergreifend betrachtet zeigen sich erneut die Paradoxien oder Dilemmata der Sozialarbeit, die mit dem doppelten Mandat verbunden sind und die es auszuhandeln gilt. Möglicherweise muss es den finnischen Sozialarbeitern gelingen, ihre Position nicht nur wissenschaftlich, sondern auch politisch genauer zu formulieren.

6.1.4 Deutschland: die „unzeitgemäße" Profession

Die Situation der Profession Sozialarbeit in Deutschland ist vor allem dadurch geprägt, dass es den Absolventen der Fachhochschulgänge für Soziale Arbeit (eingeführt seit 1972) nicht nur gelungen ist, sich von anderen sozialen Berufen, wie z. B. Heimerziehern, Erziehern, Sozialassistenten, Heilpädagogen, etc. abzusetzen und eine eigene Berufsgruppe als Diplomsozialarbeiter (FH) bzw. Diplomsozial-

---

64 Zur Entwicklung eines „Welfare Mix von unten" in Finnland siehe Matthies 1998.

pädagoge (FH) zu begründen.[65] Zusätzlich haben die „neuen" Lehrenden der Sozialarbeit es erreicht, den bis dahin von wenigen, dafür aber umso prominenteren Vertretern der universitären Sozialpädagogik vertretenen, stark theorielastigen Ansatz (z. B. Dewe/Otto 2002) der Sozialarbeit zu pragmatisieren.

Heute überwiegt in Deutschland an Universitäten wie Fachhochschulen eine überwiegend theorieoffene und handlungsorientierte Ausrichtung (siehe z. B. Heiner 2007, Spiegel 2004, Müller 1994), die insofern unproblematisch zu sein scheint, da die meisten Sozialarbeiter in Deutschland in kommunalen, kirchlichen und verbandlichen Organisationen beschäftigt sind, für die fast ausschließlich praktische Fragen im Vordergrund stehen. Eine Notwendigkeit zur wissenschaftlichen Begründung von Strategien und Konzepten wird kaum gesehen, mithin auch keine Notwendigkeit zur weiteren Akademisierung und Verwissenschaftlichung des Berufsfeldes.

Natürlich kann auf dieser Basis keine volle Anerkennung als Profession erreicht werden. Dies schien den Betreffenden aber auch nicht wichtig, da sich die Sozialarbeiter einer angemessenen Grundvergütung und eines akzeptablen gesellschaftlichen Status sicher sein konnten (Erath 2002). Allerdings ist seit geraumer Zeit eine Situation entstanden, die diesen Konsens aufzulösen droht:

1. Durch die zunehmenden Hilfeversprechungen des modernen Sozialstaates treten an die Stelle unverhoffter Hilfeleistungen jetzt Erwartbarkeit und Zusicherung von Hilfeansprüchen. Ein umfassendes, differenziertes und teilweise kaum mehr zu durchschauendes Angebot an Hilfen entsteht.
2. Hilfeleistungen werden heute auf unzählig viele Helferprofessionen verteilt. Außerdem entwickeln Ehrenamtliche zunehmend Kompetenzen. Damit sinkt der Status der Sozialarbeit enorm, es kommt zu interner Konkurrenz und nicht nur zum Auftreten, sondern auch zur Aufdeckung von Fehlern und Schlamperei.
3. Aufgrund der genannten Entwicklungen, insbesondere des mit dem Hilfeversprechen des modernen Sozialstaats verbundenen Dienstleistungsgedankens, sinkt sowohl die Bereitschaft der Gesellschaft als auch der Klientel, gegenüber den sozialen Berufen Dankbarkeit zu zeigen;
4. Aufgrund der Reform von Bologna verkürzt sich die Ausbildung der Sozialarbeiter in Deutschland um ein bis zwei Semester. Dies führt in vielen Fällen zu einer Herabstufung in den gängigen öffentlichen und kirchlichen Tarifen. Dazu tritt die zunehmende Beschäftigung im Rahmen von Kurzzeitkontrakten und Praktikumstätigkeiten, die insgesamt die Gefahr einer Prekarisierung der Situation der Beschäftigten in sich bergen.

Damit scheint das bisherige Konsensmodell in der Sozialarbeit in Deutschland infrage gestellt, so dass sich die Profession neu positionieren muss. Allerdings stellt

---

65 In der Praxis hat sich dabei gezeigt, dass diese Gruppe teilweise sogar noch in der Lage war, in Konkurrenz zu den universitären Diplompädagogen zu treten und auch Stabs- und Führungspositionen einzunehmen.

sich hier nun das Problem, dass die deutsche Sozialarbeit derzeit kein praktikables Professionsmodell zur Verfügung hat, das als Ersatz für das aufgegebene reflexive, Theorie-Praxis vermittelnde Modell herhalten könnte. Denn als Lösung bietet sich (will man das französische Modell einer Zersplitterung vermeiden) nur entweder eine stärkere Wissenschaftsorientierung mit empirischer Ausrichtung (nordisches Modell) oder eine stärkere Praxisorientierung, mit explizit methodischer Ausrichtung (Modell England oder Niederlande) an.

Man wird sich also in Deutschland zunehmend mit der Frage auseinandersetzen müssen, wie man die Bachelor-Studiengänge weiter entwickeln kann. Die Abbildung vielfältiger Kompetenzprofile, wie sie derzeit betrieben wird, wird in jedem Falle nicht ausreichen, um der Profession einen gesellschaftlich akzeptablen Status zu verleihen. Außerdem wird man die Bedeutung von Master- und Promotionsstudiengängen diskutieren und den Stellenwert der Forschung überdenken müssen.

6.1.5 Italien: die „formalisierte" Profession

Italien soll hier für diejenigen Länder (wie z. B. auch Spanien[66], Portugal, etc.) stehen, in denen die Sozialarbeit im eigentlichen Sinne erst nach dem Zweiten Weltkrieg entstanden ist. Im Vordergrund stand dabei vor allem die Erwartung, Sozialarbeit und demzufolge Sozialarbeiter könnten bei der kognitiven Aufarbeitung der Kriegsfolgen, bei der Demokratieentwicklung und zur Selbstbestimmung der Individuen beitragen. Allerdings ist die Etablierung relevanter Systeme und Institutionen in Italien auf nationaler Ebene lange aus drei Gründen verhindert worden:

1. Von Anfang an fehlte in Italien ein Gesamtkonzept des wohlfahrtsstaatlichen Systems. Alle öffentlichen Maßnahmen trugen stets stark fragmentarischen Charakter.
2. Private Aktivitäten im sozialen Bereich waren meist mit kirchlichen Einrichtungen deckungsgleich; eine fehlende Dynamik des Systems war die Folge.
3. Den Differenzen und Disparitäten zwischen den verschiedenen Regionen versuchte man mit einer „zentralistisch-bürokratischen Mentalität" zu begegnen. Auf diese Weise konnte kein organisches sozialpolitisches Konzept entstehen (Guerra/Sandner 1993, S. 1 ff.).

---

66 Tomasa Báñez charakterisiert die Situation in Spanien wie folgt: „However, the profession still needs to improve in many ways. It needs to achieve a greater professional authority, and to gain greater control of social work education. Spanish social workers find it difficult to fill posts of responsibility within social services. (...) Another importan issue is that the Spanish Association of Social Workers is hardly present either in the media or in the administration. The government acknowledges the existence of this Association in the different official bodies of participaton, but only in a formal way." (2004, S. 197)

Charakteristischerweise entwickelte sich die Profession daher nicht wie in anderen Ländern von der Praxis aus, sondern vor allem im Rahmen eines politisch-ideologischen Säkularisierungsprozesses, in dem es darum ging, sich von der weitgehend kirchlich organisierten sozialen Hilfe „in a top-down fashion, largely in the context of social work schools" (Fargion 2008, S. 2208) zu emanzipieren. In Italien versuchte man (ähnlich wie in Spanien) im Rahmen der Entwicklung des Wohlfahrtsstaates und der Einführung eines rudimentären Systems von Sozialdiensten lediglich das zunächst vom Ausland übernommene Berufs- und Ausbildungsprofil an die Erfordernisse des nationalen Kontextes anzupassen (Filtzinger 1993, S. 141). Da die Sozialarbeit zuvor weitgehend in Form karitativer und ehrenamtlicher Hilfe geleistet worden war, gab es keine eigene Tradition, an der man hätte ansetzen können. So wurde auch die Akademisierung der Sozialarbeit nur durch den Druck der Berufsorganisationen möglich: seit 1990 im Rahmen eines vierjährigen grundständigen bzw. dreijährigen Aufbaustudiums (zusätzlich gab es ein „research doctorate in sociology and in the theory and methodology of social work seit 1994 an der Universität von Triest, Campanini 2004, S. 130) und seit 2000 als grundständiger Bachelor- und weiterführender Masterstudiengang (ähnlich in Spanien, siehe dazu Höffer-Mehlmer 1994, S. 139 f.). Möglicherweise ist diese in politischen Prozessen erzwungene Akademisierung der Grund dafür, dass die Sozialarbeit bis heute weder an den Universitäten, wo sie noch zu sehr unter der Dominanz der Leitdisziplin Soziologie leidet, noch in höheren Positionen des öffentlichen Dienstes eine wichtige Rolle spielt.

Tätig sind die Sozialarbeiter (ital. „assistente sociale") vor allem im Bereich der territorialen Sozialdienste mit Schwerpunkt Gesundheitsbereich, im Bereich der Sozialdienste des Justizministeriums und in privaten Einrichtungen, z. B. Sozial- und Rehabilitationszentren, Betreuungsheimen, etc. (siehe dazu Campanini 2004, S. 135 f.). Dabei lassen sich drei mögliche berufliche Funktionen des Sozialarbeiters unterscheiden:

- als Vertreter des bürokratischen Systems, der entsprechend der vorhandenen institutionellen Logiken handelt;
- als Vertreter der Lebenswelt, der soziale Gruppierungen unterstützt und anregt;
- als Mediator, der versucht, die beiden Pole (System und Lebenswelt) miteinander zu verbinden (Fasol 2008, S. 182).

Eine eigenständige sozialarbeitswissenschaftliche Fachdebatte findet nur in Ansätzen statt, insbesondere theoretische und methodische Fragestellungen werden kaum diskutiert oder erforscht. Auch an den derzeitig aktuellen Dialogen der Sozialarbeit scheint Italien nicht sonderlich beteiligt zu sein:

„In details, even if processes usually defined by literature as liberalisation, rationalisation or managerialisation of social work and services represent a common trend and feature to most of the European countries, within the Italian context these processes appear less widespread and important, by leaving more spaces to organisational practices that allow a greater involvement and evaluation of individuals and of social work professionals." (Campanini/Fortunato 2008, S. 38)

In einem gewissen Gegensatz steht dazu die hohe Autonomie der Berufsverbände. In Italien müssen sich alle Sozialarbeiter im Rahmen der Ableistung eines zusätzlichen staatlichen Examens registrieren lassen. Der professionelle Verband ist straff organisiert und verfügt über einen eigenen professionellen Code of Ethics, nicht aber über Vorgaben für die Praxis (Fargion 2008, S. 208). Auf diese Weise ist eine Profession entstanden, die sich eher technisch-bürokratisch ausrichtet und der eine theoretische Sprache weitgehend fehlt:

> „Consistent with findings from previous studies, references to the so-called ‚social justice language' are not frequent. References to social policy, and even more to politics, are fairly rare, apparently suggesting a lack of attention and a limitation of Italian social work. Despite the focus on the social aspects and on a holistic approach, this also suggests a lack of attention to issues of power and oppression. (...) Focusing on the social aspects, then, is rather linked to technical and methodological choices about the nature of social work intervention." (ebd. S. 212)

Es wird also nicht nur von der weiteren Entwicklung des wohlfahrtsstaatlichen Arrangements, sondern vor allem auch von der Entwicklung der Disziplin Sozialarbeit im Rahmen der Universitäten abhängen, inwiefern sich die Sozialarbeit als Profession und Disziplin nicht nur formal etablieren, sondern auch inhaltlich konstituieren kann.

6.2 Zukunft der Ausbildung

Die Situation der Ausbildung im Bereich der Sozialarbeit in Europa ist durch die „Mainzer Studien" von Hamburger/Hirschler/Sander/Wöbcke (2004, 2005 a, 2005 b, 2007) sehr detailliert beschrieben worden. Hier werden daher nur einige Entwicklungs- bzw. Problemlinien aufgezeigt werden, die es möglicherweise in den nächsten Jahren zu bearbeiten gilt.

Nach Hirschler/Sander (2011) ist die Ausbildung für soziale Berufe in ganz Europa durch eine Tendenz zur Akademisierung und Verwissenschaftlichung gekennzeichnet. Dabei sind offensichtlich die osteuropäischen Hochschulen den Bologna-Prozess am wenigsten zögerlich angegangen. Hier sind in relativ kurzer Zeit die neuen Bachelor-, Master- und PhD -Strukturen entstanden, so z.B. insbesondere in Slowenien, der Tschechischen Republik und in der Slovakei. England konnte auf bereits vorhandenen Strukturen aufbauen und bietet, aufbauend auf einem achtsemestrigen Bachelor Studium auch Master- und Promotions-Studiengänge an. Die übrigen westeuropäischen Länder reagierten hier eher abwartend: In Deutschland, Österreich und der Schweiz z.B. haben die Fachhochschulen die Bachelor- und Masterebene im Bereich der Sozialarbeit zügig eingeführt; auf der universitären Ebene zeichnet sich noch keine klare Lösung ab. Man begnügt sich vorerst damit, vereinzelt zumeist praxisorientierte Masterstudiengänge anzubieten und überlässt die Ebene der Promotionen weiterhin dem Zufall. Möglicherweise typisch für die südeuropäischen Länder ist die Situation in Italien: Nach Anna-maria Campanini wurden die Bologna-Prinzipien schnell umgesetzt, allerdings in einer Weise, bei der die Sozialarbeit gegenüber anderen Disziplinen deutlich benachteiligt wurde.

> „In comparison with other European curricula, we can observe that many Italian paths did not respond as well to the requirements of a good preparation for a professional role. The social work disciplines are not in the core of the curricula, but very often represent a marginalised content in education. Also the field placement has been reduced in numbers of hours from the initial experience and is not always running in a correct way with good supervision accompanied by a reflexive process. The social work discipline doesn't have an autonomous status, but is included under ‚general sociology.'" (Campanini 2007, S. 65)

Insgesamt wird die Entwicklung, die die Sozialarbeit an den europäischen Hoch-schulen genommen hat, aber überwiegend als Erfolg gewertet, da auf diese Weise eine verstärkte akademischen Orientierung entstanden ist, die sich möglicherweise zunehmend ausbauen lässt.

> „Zentrales Interesse ist dabei die Etablierung einer wissenschaftlichen Leitdisziplin für einen als Profession verstandenen Beruf. Eine zweite, damit verbundene Tendenz ist das Bestreben, die Ausbildung für soziale Berufe weniger als Addition verschiedener Fächer zu konzipieren, sondern eine integrative Disziplin der Sozialen Arbeit, sei es Sozialpädagogik oder *social work* zu entwickeln." (Hirschler/Sander 2011. S. 50)

Bedenken gegenüber einer einfachen positiven Bewertung dieser Tatsache ergeben sich jedoch vor allem aus einer zunehmenden Diskrepanz zwischen den sich wandelnden Studienanforderungen und der Qualifikation der Studienanfänger. Während immer höhere Erwartungen an die Studierenden gestellt werden, sinkt die Qualität der Bewerber und stellt die Ausbilder vor nicht zu lösende Schwierig-keiten (Humphrey 2006). Auch für Deutschland hat Konrad Maier auf das Pro-blem der schwachen Motivation der Studierenden der Sozialarbeit hingewiesen (Maier 1995). Während die Aufnahmeanforderungen stetig abgesenkt werden, enthalten die entsprechenden Kompetenzzielkataloge immer noch mehr Anforde-rungen. Lediglich in Ländern mit einer eher hohen Arbeitslosenquote, wie z. B. Frankreich für Westeuropa oder die tschechische Republik für Osteuropa, findet noch ein Wettbewerb von Kandidaten um die vorhandenen Studien- bzw. Aus-bildungsplätze statt. Ute Straub hat in diesem Zusammenhang auch darauf hin-gewiesen, dass die Mobilitätsrate der Studierenden in den Fächern Sozialpädago-gik/Soziale Arbeit im Vergleich zu anderen Studierenden besonders gering ist.

> „Die Vorteile bzw. die Notwendigkeit eines Auslandsaufenthaltes scheinen besonders in der Fächergruppe Soziale Arbeit nicht nachvollziehbar zu sein. Bei einer Absolventen-befragung, ob Auslandserfahrung für eine erfolgreiche Stellensuche wichtig sei, bejahten dies in der Fächergruppe Soziale Arbeit nur 11 Prozent und lagen damit an letzter Stelle. Damit stehen die Studierenden der Sozialen Arbeit am unteren Ende der Skala für Aus-landsaktivität. Diese Daten sind kritisch, da zum einen interkulturelle Kompetenz eine wesentliche Schlüsselkompetenz ist, zum anderen die Aufgabenfelder Sozialer Arbeit mehr denn je in grenzüberschreitende Kontexte eingebunden sind und die Arbeit an

wirtschaftliche und politische Rahmenbedingungen geknüpft ist, die über nationale Grenzen hinausgehen." (Straub 2010, S. 1107, Straub 2008)

Dies erhärtet den Verdacht, dass Sozialarbeit als Beruf lediglich für Unentschlossene, am beruflichen Aufstieg uninteressierte Menschen der unteren Schichten attraktiv erscheint (vgl. Jovelin 2001). Eine solche Entwicklung darf jedoch nicht einfach beklagt werden, sondern muss in Zukunft bei der Gestaltung der Ausbildung berücksichtigt werden.

• Wenn eine soziale Motivation bei Studierenden nicht von Anfang an vorausgesetzt werden kann, dann muss diese während des Studiums erzeugt und stabilisiert werden;
• wenn Studierende selbst materielle und ökonomische Probleme haben, dann müssen Wege gefunden werden, wie sie Arbeit und Studium besser miteinander verbinden können;
• wenn Studierende wenig Interesse an wissenschaftlichen Fragen mitbringen, dann müssen Angebote geschaffen werden, die dazu beitragen können, ein solches Interesse zu wecken;
• wenn Studierende oftmals intellektuell nicht in der Lage sind, dem Stoff zu folgen, müssen spezifische Zusatzkurse angeboten werden.

Der tschechische Soziologe Jan Keller (2010) hat darauf aufmerksam gemacht, dass Probleme der Ausbildung der Sozialarbeit eng mit gesamtgesellschaftlichen Problemen verbunden sind. In modernen Gesellschaften kommt insbesondere dem Aspekt der Bildung eine wichtige ökonomische und den Wohlfahrtsstaat als Ganzes stabilisierende Funktion zu. Bildung aber setzt die Möglichkeit voraus, kostenfrei und über einen längeren Zeitraum zu studieren. Nur auf diese Weise wird Reflexion in ihrer vollen Form möglich. In dem Maße, in dem Bildung aber etwas kostet, verändert sich die Situation und schwindet für viele junge Menschen die Möglichkeit, sich zu bilden und damit gesellschaftlich einzubringen. Für die Sozialarbeit bedeutet dies, dass sie allen jungen Menschen den Zugang zur Ausbildung ermöglichen und im Rahmen dieser Ausbildung ein hohes Maß an Bildung vermitteln muss. Auch hier sehen viele mit Bologna die Gefahr, dass Studiengänge sich in Kompetenzbeschreibungen verlieren und zu Ausbildungen (Training!) mutieren, die nicht zureichend auf die Herausforderungen, denen sich Sozialarbeiter in Zukunft ausgesetzt sehen, vorbereiten. Auch der Franzose Philip Mondolfo (2001, S. 177) befürchtet, dass die derzeitige Ausbildung der Sozialarbeiter ungenügend ist. Sozialarbeiter müssen in Frankreich vor allem in der Lage sein, im Rahmen von sozialen Aktionen eigenständig zu denken und zu handeln, sie müssen zwischen den Erwartungen der Teilnehmer am Projekt und den Vorgaben der Organisation auf eine teilautonome Weise vermitteln. Darüber hinaus muss es ihnen gelingen, prozesshafte Entwicklungen zu unterstützen und zu bewerten. Ohne Motivation, vielfältige Kompetenzen und ohne sich als Forscher und Intellektueller zu verstehen, kann dies nicht gelingen (ebd. S. 201 ff.).

6.3 Zusammenfassung

Der Versuch, sich einen Überblick über die verschiedenen im Bereich der Sozialarbeit in Europa vorhandenen Berufsbezeichnungen zu verschaffen, vermittelt interessante Einblicke. Denn es gibt in diesem Bereich nicht nur unterschiedlichste Begriffstraditionen, sondern zunehmend auch die Tendenz, ständig neue Berufsbezeichnungen zu erfinden und ständig neue Ausbildungsgänge und Abschlusstitel zu schaffen.

Insgesamt zeigen diese verschiedenen Titel das Ringen der Profession um Anerkennung und die Versuche der verschiedenen Politiken, der Sozialarbeit einen für angemessen erachteten Stellenwert zu geben. Für die Sozialarbeit ergeben sich dadurch unterschiedliche Situationen und damit verbundene Herausforderungen. Hier in diesem Kapitel wurden folgende Typisierungen vorgenommen:

- Frankreich bietet das Bild einer „verunsicherten Profession". Hier hat sich eine inflationäre Struktur and Berufsbezeichnungen gebildet, die (mit Ausnahme des beim Staat beschäftigten Assistant Social) insgesamt zu einer Prekarisierung der Lebenslagen der Beschäftigten geführt hat.
- In England wurde seit den 1980er Jahren das Berufsbild des Social Worker stetig weiterentwickelt und schließlich gesetzlich geschützt. Ein dichtes Netz an Vorgaben und Regulierungen führt aber zu einer weitgehenden Einschränkung der individuellen Handlungsfreiheit: eine „ausführende Profession" entsteht.
- Aufgrund der universitären Vollausbildung soll der Sozialarbeiter in Finnland zur Optimierung des Systems der sozialen Sicherheit beitragen. Eine „systemverbessernde Profession" muss sich aber auch der Gefahr bewusst sein, lediglich an der Verbesserung des Systems, nicht aber auch an der Kritik der Grundlagen dieses Systems interessiert zu sein.
- Für Deutschland lässt sich das Bild einer „unzeitgemäßen Profession" zeichnen. Die alte Orientierung an der Theorie wurde zu Recht aufgegeben, jedoch fehlen jegliche Voraussetzungen für die Entwicklung einer neuen, methodisch und/ oder wissenschaftlich fundierten beruflichen Identität.
- Italien schließlich bietet uns den Typus einer „formalisierten Profession" an. Während die Sozialarbeiter hoch organisiert und in der Lage sind, ihre berufliche Position in der Gesellschaft zu vertreten, sind sie zeitgleich inhaltlich und methodisch nur gering entwickelt.

Insgesamt lässt sich für die Sozialarbeit in Europa ein gemeinsamer Trend ausmachen. Während auf der einen Seite die Anforderungen an die Sozialarbeiter permanent steigen und die Praxis einen Bedarf an entsprechend gebildeten Professionellen anzeigt, geschieht im Bereich der Ausbildung eher eine gegenläufige Entwicklung. Aufgrund des zunehmenden Mangels an Bewerbern werden die Zugangskriterien herabgesetzt und zunehmend Bewerber zugelassen, die sich nur mit viel Unterstützung die Voraussetzungen aneignen werden können, die für die Ausübung dieses Berufes erforderlich sind.

7 Sozialarbeit in Europa im intrasystemischen Dialog: Praxisentwicklung

Ein großer Teil des europäischen Dialogs in der praktischen Sozialarbeit findet heute vor allem in den Bereichen statt, die von hoher gesellschaftspolitischer Relevanz oder Brisanz sind, wie z. B. den Maßnahmen des Kinderschutzes bzw. der Erziehungshilfen (Müller/Nüsken 2010, Hämäläinen/Schieren 2010), den Hilfen für Jugendliche mit vielfältigen Integrations- bzw. Inklusionsproblemen (BIBB 2006) sowie der Altenhilfe (Bartels/Jenrich 2003). In anderen Bereichen hat sich ein Dialog vor allem auf der Ebene der Organisationen und des Managements etabliert, wie z. B. im Behinderten- und im Obdachlosenbereich.

Natürlich kann eine Darstellung solcher Fachgebiete nur unter Einbeziehung von den sich speziell mit den einzelnen Aufgabenfeldern befassenden Wissenschaftlern, Managern und Praktikern geleistet werden.

Daher wird hier im Folgenden eine andere Perspektive eingenommen. Identifiziert und dargestellt werden sollen die Fragestellungen und die damit verbundenen Dialoge, die in allen Bereichen der Praxis immer wieder – quer zu den Inhalten – thematisiert werden. Es sind dies Themen, die offensichtlich zu den aktuellen Grundfragen der Sozialarbeit gehören, Fragen, denen sich niemand entziehen kann, auf die jedes Land aber plausible Antworten finden sollte.

Ein erster aktueller Dialog findet derzeit zum Thema Evidence-Based Practice statt. Es geht dabei um die Frage, wie stark sich Sozialarbeiter in ihrem Handeln an Modellen, Methoden und Standards orientieren sollen und können, die sich wissenschaftlich bewährt haben (Kap. 7.1). Auch der Begriff Case Management stößt zunehmend auf große Resonanz. Viele sehen darin eines der zentralen Denk- und Handlungsmodelle der Sozialarbeit. Was kann es leisten und wo liegen die Grenzen? (Kap. 7.2) Vor dem Hintergrund gestiegener individueller Freiheiten werden sozialarbeiterische Interventionen, insbesondere in Bereichen, wo es Klienten zu schützen gilt, zunehmend prekär. Das Modell des Risikomanagement sucht die Frage zu beantworten, wie Sozialarbeiter die Folgen ihrer Entscheidungen und Handlungen einschätzen und ihre Klientel vor schädlichen Auswirkungen bewahren können (Kap. 7.3). Zunehmend diskutiert die europäische Sozialarbeit auch die Tendenz zur Bürokratisierung der Sozialarbeit. Moderne Steuerungsverfahren und die mit dem Dienstleistungsanspruch einhergehenden Versprechen auf Transparenz und Rückverfolgbarkeit des Hilfeprozesses führen zu einem steigenden Verwaltungsaufwand. Was muss geschehen, dass dabei die Interessen der eigenen Klientel nicht zu sehr in den Hintergrund geraten (Kap. 7.4)?

7.1 Evidence-Based Practice

7.1.1 Grundlagen der Evidence-Based Practice

Evicence-Based Practice (im Folgenden abgekürzt: EBP) ist ein Modell, das zunächst in den USA insbesondere im Bereich der Medizin entstanden ist (Sackett et al. 1997). Dabei ging es vor allem darum, sicher zu stellen, dass sich alle Aktivitäten von Ärzten aus professionellen, ethischen und ökonomischen Gründen an neuesten medizinischen Forschungsergebnissen orientieren.

Nach Trinder (2000) tragen insbesondere folgende Entwicklungen zur raschen Entwicklung dieses Konzepts innerhalb der Medizin bei:

1. Fortschritte in der Informationstechnologie: Daten und Forschungsergebnisse können leicht zusammengefasst und auf den je neuesten Stand gebracht werden.
2. Die Risikogesellschaft: In postmodernen Gesellschaften ist das Management von Risiken zu einem wesentlichen Aspekt der Politik geworden. EBP erscheint als ein Werkzeug, um Risiko zu reduzieren.
3. Ökonomie, Effizienz und Effektivität: Als Grundprinzipien des New Public Management stützen sie die Idee der EBP, wonach nur auf Evidenz geprüfte Verfahren angewandt werden sollten.
4. Professionelle Praxis und Forschung: Studien zeigen regelmäßig, dass das Wissen von Praktikern in der Regel veraltet ist und dass Praktiker in der Regel mehr ihrer Erfahrung vertrauen als neuen Forschungsergebnissen. Dies ist natürlich für die Medizin, ein Bereich, in dem sich das Wissen enorm entwickelt und sich permanent auch verändert, ein unhaltbarer Zustand.

In der Medizin wurde daraufhin eine weltweite methodologische Diskussion eröffnet und wird seitdem an der Entwicklung von zeitgemäßen Standards gearbeitet. In Europa wurde dazu unter anderem im Jahre 1992 das UK Cochrane Centre Oxford und im Jahre 2004 das Oxford Centre for Evidence-Based Medicine gegründet, in Deutschland wird diese Aufgabe seit 2000 vom Deutschen Netzwerk Evidenzbasierte Medizin wahrgenommen. Ziel aller Forschungsanstrengungen soll es sein, im Rahmen von Metanalysen und kritischen Reviews möglichst gut überprüftes Wissen zu erhalten, stetig zu aktualisieren und der Praxis mehr oder weniger verbindlich zur Verfügung zu stellen.

Die diesem Konzept zugrunde liegenden Zielsetzungen wurden dann zunehmend von anderen Bereichen und Professionen, zunächst in den Gesundheitsdiensten und später dann in der Sozialarbeit aufgegriffen. In Europa begann die Rezeption und Debatte um EBP mit Beginn der Modernisierungsagenda von New Labour und der vom Department of Health im Jahre 1998 herausgegebenen Schrift „Modernising Social Services". Ein Jahr zuvor, 1997, war bereits an den

Universitäten Plymouth und Exeter das Centre for Evidence-Based Social Services gegründet worden[67].

Viele, vor allem englische, (Sozialarbeits-)Wissenschaftler sind heute der Ansicht, dass Sozialarbeit nur über die Entwicklung von EBP eine professionelle Identität aufbauen kann:

> „Precise outcomes following practice intervention will prove useful if they can be measured. Such measurement will enable the profession to better defend its reputation. Accordingly the profession may then take control of who may use the title of ‚social worker', and under what circumstances it may be used. As a result, the status of social work as a legitimate profession may ultimately reach public perception without dispute from less informed critics." (Hall 2008, S. 28)

Dementsprechend bekräftigt auch der Code of Conduct der englischen Sozialarbeiter (GSCC 2002) die Verantwortung sowohl der Praktiker als auch ihrer Arbeitgeber, sich am je aktuellen Wissen und den damit verbundenen Kompetenzen zu orientieren.

Über England hat sich die EBP dann insbesondere in den skandinavischen Ländern und in den Niederlanden ausgebreitet. Andere Länder verhalten sich eher zurückhaltend, teilweise weil sie den Ansatz aus ideologischen Gründen für falsch halten, teilweise weil (noch) keine Forschungsergebnisse zur Verfügung stehen, die diskutiert werden könnten. Allerdings kann sich niemand mehr ernsthaft der Diskussion entziehen, insbesondere deshalb, weil die Evidenzbasierung zunehmend mit berufsethischen Maximen in Verbindung gebracht wird.[68]

Demnach kann sich eine an ethischen Standards orientierte Sozialarbeit eine „Ignorance-Led Practice" nicht leisten, wie sie Julie Taylor-Browne insbesondere für den Bereich der Hilfen bei häuslichen Gewalt vermutet, wo Mitarbeiter offensichtlich kaum über das erforderliche Grundlagenwissen verfügen, um sachgemäß zu arbeiten (Taylor-Browne 2010, S. 100).

Unter anderem wird hier auch auf die moralische Verpflichtung der Sozialarbeiter hingewiesen, „namely to keep up-to-date with research that will facilitate an understanding of individual and social problems, and of interventions to tackle them" (Prest-Shoot/Dulums/Sowers 2007, S. 39). Außerdem wird EBP vor allem in den nordischen Ländern sehr stark mit dem Wunsche nach sozialer Gerechtigkeit in Verbindung gebracht: Klienten sollten demnach ein Recht auf Gleichbehandlung durch unterschiedliche Sozialarbeiter und auf den jeweils besten Service erhalten. Auch die Qualität von Expertisen (z. B. vor Gericht) sollte gesteigert und niemand aufgrund einer Bad Practice benachteiligt werden (Soydan 2009, S. 112).

---

67 Dieses Institut existiert heute nicht mehr. Einen Überblick über vielfältige Reviews und Evaluationsstudien bietet inzwischen das Social Care Institute for Excellence (SCIE)

68 „If we look to what EBP shares with a social work perspective, we can see that the ‚best practices' in the research arena call for transparency, critical analysis, and openness to dialogue." (Shdaimah 2009, S. 28)

7.1.2 Evidence-Based Practice, Best Practice, What-works? Practice

In seiner ursprünglichen, insbesondere heute noch in den USA vertretenen Form entsteht EBP über einen Forschungsprozess, der fünf Stufen umfasst: „Formulating a practice question, searching for the best evidence, appraising the evidence thus gathered, applying the results, evaluate outcome" (Preston-Shoot et al. 2007, S. 48). Allerdings sind viele Zweifel an der Stimmigkeit und Handhabbarkeit dieses doch sehr pragmatischen und wissenschaftsmethodisch anfechtbaren Vorgehens formuliert worden (siehe zusammenfassend: Nevo/Slovin/Nevo 2011). Dies hat in Europa zu einem Paradigmenkrieg (Lishman, in Morago 2006, S. 469) geführt, vor dessen Hintergrund schließlich drei unterschiedliche methodologische Ansätze entstanden sind und heute als akzeptabel gelten:

(i) „an experimental version, which focuses on evidence derived from quantitative designs – mainly randomised controlled trials;

(ii) a pragmatist approach, which claims that findings from a broad range of quantitative research designs, complemented with qualitative studies, have to be regarded as social work's knowledge base; and

(iii) a participatory research approach, associated with greater involvement of service users, particularly those socially excluded." (Morago 2006, S. 469)

Dabei zeigen die verschiedenen Forschungsdesigns, dass eine evidenzbasierte Forschung vor allem durch zwei Fragen bestimmt wird: Zum einen durch die Frage nach der Art der zu erhebenden Daten, präziser nach der Frage *„What kinds of evidence count?"* Es besteht offensichtlich der Verdacht, dass möglicherweise nur solche Daten gesucht werden, die sich leicht finden und messen lassen. Die Forschung bliebe dann an der Oberfläche des jeweiligen Phänomens haften. Zum anderen stellt sich die Frage nach der Auswahl der zu Befragenden und damit verbunden der Gewichtung der Ergebnisse und der Rolle der verschiedenen Mitwirkenden, also nach der Frage: *„Whose evidence counts?"* (Newman 2009, S. 65, ähnlich: Hammersley 2009).

Sowohl beim Forschungsansatz wie bei der Diskussion der Praxisrelevanz der Ergebnisse stellen sich also Probleme, die sich – je nach Maßgabe ihrer wissenschaftlichen Evidenz – wie folgt klassifizieren lassen:

1. In einer forschungsorientierten Perspektive gelangt man nur über eine methodisch saubere Grundlagenforschung zu Ergebnissen, die sich als Evidence-Based Practice oder Research-Based Practice klassifizieren lassen. Dieses wissenschaftliche Niveau wäre erstrebenswert, ist aber nicht immer zu erzielen.

2. In einer fachpraktischen Perspektive gelangt man vor allem über angewandte Formen der Forschung (Handlungsforschung, Evaluationsforschung) zu wissenschaftlichen Ergebnissen mit eingeschränkter Gültigkeit und darüber zum Konzept der Best Practice oder Critical Best Practice (siehe dazu: Jones/Cooper/Ferguson 2008). Was sich in Bezug auf die Klientel (ermittelt durch Klien-

tenbefragung und stellvertretende Deutung) als fachlich sinnvoll und wirksam erweist, muss unter Aufbietung aller Ressourcen bestmöglich umgesetzt werden.
3. In einer politischen und organisationalen Perspektive gelangt man von wissenschaftlichen Ergebnissen zur What Works? Practice. Gefragt wird hier vor allem danach, welche Maßnahmen sich fachlich gesehen als praktikabel und organisational als umsetzbar und zugleich kostengünstig erweisen. Diese Fragen sind natürlich vor allem für das Management interessant, da es hier darum geht, die Bedingungen dafür zu schaffen, dass eine evidenzbasierte Praxis erfolgen kann. Allerdings wird hier deutlich, dass häufig eindeutig pragmatische Interessen im Vordergrund stehen. Ein reines Management by Measurement, das sich lediglich an quantifizierbaren Daten orientiert, könnte die Folge sein (siehe dazu z.B. Noordegraaf 2009).

Insgesamt ist die europäische Diskussion der Evidenzbasierung stark von England beeinflusst. Dies hängt auch damit zusammen, dass dort ein klares politisches Bekenntnis zur Evidenzbasierung existiert, die diesbezügliche Forschung häufig von nationalen Forschungsinstitutionen organisiert und die jeweiligen Ergebnisse mit viel Aufwand disseminiert werden. Insbesondere eine Studie von Moira Barratt über die Problematik der Implementation von EBP im Bereich der Kinder- und Familienarbeit zeigt aber, dass der Ansatz nur dann Erfolg zeitigen kann, wenn alle Ebenen der Organisation in die entsprechenden Prozesse miteinbezogen werden:

„Practitioners and teams on the front line of service delivery are pivotal agents in both generating evidence and working innovatively with it. Evidence-Based Practice, as defined by the pragmatic definition suggested above by Research in Practice, is significantly more than a focus on the dissemination of research messages. It is a process that requires staff at all levels of social care to ask searching questions about their practice and service outcomes. The answers to these questions must be informed by national research findings and locally collected data on need of an effective outcome, and must integrally involve the views and experiences of all stakeholders in the process. A range of multifaceted interventions is required if an evidence-based culture in social care is to be developed which is both inclusive and participative." (Barratt 2003, S.149)

7.1.3 Unterschiedliche Konzepte zur Umsetzung von EBP

Schweden: Ausbau der Forschung – Qualifizierung der Praxis
In Schweden gehören die Sozialarbeiter zu den am höchsten ausgebildeten Professionen, daher arbeiten viele von ihnen in leitender Stellung. Dies stellt wiederum eine große Herausforderung an die Wissensbasis der Sozialarbeit dar, denn Sozialarbeiter müssen in der Lage sein, Entscheidungen von hoher Tragweite zu treffen und Politik zu beraten. Bereits im Jahre 1974 forderte daher die schwedische Regierung dazu auf, dass „research and development should be carried out in a context of continuous follow-up and evaluation of the activities of the social services" (Sundell et al 2010, S.715). Im Jahr 1977 wurde die Königliche Akademie

der Wissenschaften mit einer eigenen Abteilung für soziale Forschung gegründet. Damit wollte man von Anfang an deutlich machen, dass man weniger auf individuelle Werte und Meinungen als auf fundiertes, wissenschaftlich geprüftes Wissen setzt. Allerdings war man offensichtlich nicht so sehr erfolgreich darin, den Zusammenhang von Ursachen und Wirkungen z. B. im Rahmen von Effektstudien nachzuweisen; als nützlicher werden heute Forschungen betrachtet, die dazu dienen, interne Abläufe und Prozesse zu optimieren (ebd. S. 716).

Systematische Untersuchungen über die Inhalte wissenschaftlicher Arbeiten und die Praxis der Evaluation in den schwedischen Einrichtungen erbrachten zunächst nur magere Ergebnisse. Darauf hin wurde im Jahre 2001 ein Forschungsprogramm mit dem Titel „Knowledge-based Social Services" aufgelegt, dessen Aufgabe es sein sollte, „to advance a national infrastructure for systematic knowledge production and effective dissemination of knowledge within various areas of education, research, and social work practice" (ebd. S. 717).

Vor diesem Hintergrund wurde dann 2004 das Institut für Evidence-Based Social Work (Insitutet för utveckling av metoder i socialt arbeite, IMS) mit dem Ziel gegründet, die Kluft zwischen Wissensproduktion und Praxis zu schießen und auf der Basis von Ethik, Evidenz und Transparenz vorhandene methodische Vorgehensweisen kontinuierlich weiter zu entwickeln. In der Folgezeit wandelte sich dann die Einstellung der Sozialarbeiter zur EBP. Inzwischen zeigen Studien, dass eine Mehrzahl der Sozialarbeiter EBP für sinnvoll erachten (Bergmark/Lundström 2007, 2008). Das Institut produziert eine beträchtliche Menge an wissenschaftlichen Ergebnissen, stellt Material zur Verfügung und lädt via Internet zur Teilnahme an Forschungsaktivitäten ein[69], Schwierigkeiten bereitet aber offensichtlich noch immer die Zusammenarbeit mit den Universitäten, da diese die pragmatische Forschungsorientierung partiell als zu wenig grundlagenorientiert ablehnen. Allerdings gibt es hier eine zunehmende Zahl an praxisorientierter Forschung im Bereich der angewandten Psychologie, der Soziologie und im Bereich Public Health (ebd.).

Nach Haluk Soydan (2009) gibt es zahlreiche Effektstudien zu Präventions- und Interventionsprogrammen in der Sozialarbeit, deren Ergebnisse sich als durchaus valide bezeichnen lassen, so z. B. im Bereich von Drogenpräventionsprogrammen und von Life Skills Training Programs (ebd. S. 116 ff.). Die Voraussetzung, um solche Schlussfolgerungen ziehen zu können, ist aber seiner Ansicht nach, dass genügend Studien durchgeführt werden, die sich dann im Rahmen von „between-studies" und „within-studies" vergleichen lassen.

„In *between-study comparisons* of experimental and non-experimental studies, researchers include multiple studies conducted with different research designs. The bias in estimations is calculated by looking at the relationship between the design and the estimates of effects. (...) *Within-study comparisons* estimate an intervention program's effect by using a randomized control group and one or several non-randomized comparison groups.

---

69 Siehe: http://www.socialstyrelsen.se/omsocialstyrelsen/organisation/fristaendeverksamheter/ims

These studies use design replication as method, which is a re-estimation of the effect by using one or several comparison groups. These types of studies are capable of explaining that the estimate differences between randomized and non-experimental study design are due to the differences in design, and not other factors such as investigator bias, differences in treatment environments, or implantation itself." (ebd. S. 119, Hervorhebungen P. E.)

Trotzdem – auch wenn noch so viele Untersuchungsergebnisse zur Verfügung stehen und analysiert werden können, wird es nach Soydan nicht möglich sein, wirklich hundertprozentig zu wissen, was funktioniert und was nicht (ebd. S. 133). Jedes Wissen muss also in einen konkreten Zusammenhang gebracht werden, innerhalb dessen wissenschaftliche Erkenntnisse, organisationale Bedingungen und Nutzerinteressen vom je verantwortlichen Sozialarbeiter miteinander vermittelt werden (Soydan 2009, S. 133).

Zusammenfassend kann gesagt werden, dass sich Schweden auf den anspruchsvollen, langwierigen und auch kostspieligen Weg der EBP eingelassen hat und diesen Weg auch weiter geht. Voraussetzung dafür sind eine entsprechend hoch qualifizierte Ausbildung von Sozialarbeitern, die als Grundlage für ein adäquates methodologisches Problem- und Handlungswissen dient, sowie genügend unabhängige Forschungsinstitute und Universitäten, die Detailstudien durchführen, die sich später zusammenfassend kritisch reviewen und vergleichen lassen.

Norwegen/Niederlande: Aufbereitung von Forschungsergebnissen für die Praxis

Auch in Norwegen ist man aufgrund der hohen Bedeutung, die die die sozialen Dienstleistungen in einer Wohlfahrtsgesellschaft spielen, sehr stark daran interessiert, eine qualitativ hochwertige und regional gleichwertige Sozialarbeit vorzuhalten (Clifford/Nordstrand 2010, S. 116). Deshalb wurde das „Nordic Campell Center" mit dem Ziel gegründet, forschungsbasiertes Wissen zusammenzutragen und allen Sozialarbeitern zur Verfügung zu stellen. Das Sekretariat der Organisation ist in Oslo am „Norwegian Knowledge Centre for the Health Services" angesiedelt und wird von diesem unterstützt. Der seit dem 10. Mai 2008 für diese „Campell collaboration (C2)" vorliegende „Plan of Governance" soll insbesondere dazu beitragen, die Praxis darin zu unterstützen, angemessene Entscheidungen im Bereich sozialer und pädagogischer Interventionen zu treffen.

„The Plan of Governance is intended to help C2 achieve its mission in accordance with agreed-upon principles, and to insure the long-term stability and vitality of C2 while providing enough flexibility to accommodate growth and change. (...) The Campbell Collaboration (C2) helps people make well-informed decisions by preparing, maintaining and disseminating systematic reviews in education, crime and justice, and social welfare."[70]

---

70 Siehe: http://www.campbellcollaboration.org/about_us/index.php. Zugriff am15. 06. 2011

Als offenes und somit internationales Forschungsnetzwerk produziert C2 systematische Reviews über die Effekte sozialer Interventionen. Fünf Koordinationsgruppen (Social Welfare, Crime and Justice, Education, Methods, User groups) sind für die Durchführung von Studien und die Qualität der dabei entstandenen Berichte verantwortlich. In der „Campbell Library of Systematic Reviews" werden Berichte von hoher Qualität entwickelt und frei zur Verfügung gestellt. Zudem können diese Reviews jederzeit auch von außen stehenden Forschern ergänzt werden, so dass ein immer besserer Status entstehen kann. Ein gutes Beispiel für die Entwicklung und Umsetzung eines EBP Programms bietet z. B. der Beitrag des Norwegian Center for Child Behavioral Development der Universtität von Oslo zur Frage der Behandlung von Verhaltensproblemen von Kindern und Jugendlichen (Ogden et al. 2009).

Norwegen stellt vielfältige Ressourcen zur Verfügung und setzt darauf, dass die norwegischen Sozialarbeiter „freiwillig" die jeweiligen Erkenntnisse wahrnehmen und umsetzen. Eine ähnliche Strategie wird auch in den Niederlanden verfolgt. Auch dort ist der Ansatz der EBP noch neu, wird aber grundsätzlich nicht infrage gestellt. Alle Autoren bekräftigen die Notwendigkeit wissenschaftlich fundierten Wissens für die Sozialarbeit, sehen aber einen wichtigen Zusammenhang mit der Fähigkeit der Professionellen, dieses Wissen auch im Rahmen von Expertisen zu nutzen und betonen, dass auch Klienten die Erwartung äußern, dass Sozialarbeiter sich an den Grundlagen der EBP orientieren (Garretsen/Bongers/Rodenburg 2005, S. 657).

Trotzdem ist die Forschungsbasis der Sozialarbeit in den Niederlanden noch schwach entwickelt. Im Rahmen einer methodisch sehr aufwändig durchgeführten Forschungsstudie wurde deutlich, dass Sozialarbeiter kaum anerkannte Methoden anwenden, auf keinerlei qualitative Standards zurückgreifen und ihre Arbeit nicht auf mögliche Effektivität hin überprüfen. Als Gründe werden dargestellt:

- Sozialarbeiter haben eigene Werte und Prioritäten;
- wissenschaftlichen Begründungen wird häufig misstraut;
- rechtliche Vorgaben verhindern ein fachgemäßes Vorgehen;
- EBP wird als Kritik an der eigenen Arbeit verstanden und daher abgelehnt;
- Sozialarbeiter verfügen nicht über das notwendige Wissen, um evidenzbasierte Studien auswerten zu können (Garretsen/Bongers/Rodenburg 2005).

Als Resultat dieser Studie wurde gefordert, die Sozialarbeit bezüglich ihrer methodischen Dimension deutlich zu professionalisieren, Forschungsergebnisse bezüglich ihrer Ergebnisdimension zu profilieren und die Distanz zwischen der Forschung, die an den verschiedenen Instituten durchgeführt wird, und der Praxis zu verringern (ebd. S. 658). Daher haben die verschiedenen Forschungsinstitute damit begonnen, systematisch Literatur und Forschungsergebnisse zu sammeln und im Rahmen von Reviews aufzuarbeiten, eine Aufgabe, die zunächst vom Netherlands Institute for Care and Welfare (NIZW) durchgeführt wurde. Am 1. Januar 2007 ist dieses Institut zusammen mit anderen aufgelöst worden. An deren Stelle sind drei andere Institute getreten:

- Het Nederlands Jeugdinstituut (NJi), the Netherlands Youth Institute (www.nji.nl).
  NJi will continue to run the programmes Xplore, Eurodesk and Youth in Action;
- MOVISIE, the Netherlands Institute for Social Policy and Support to Citizens' Independence (www.movisie.nl.). The institute will continue to support the International Council on Social Welfare (ICSW);
- Vilans, the Netherlands Institute for Long Term Care (www.vilans.nl). The institute will, amongst others, continue to support the European Forum for Primary Care and to act as mandating body for EU Twinning projects.

Außerdem spielt auch das „Verwey-Jonker Institute" eine wichtige Rolle. Es setzt sich zum Ziel, gezielt Forschungen für den sozialen Bereich zu betreiben und insbesondere die Einbeziehung von Klienten und Betroffenen zu gewährleisten.

Deutschland: Theoretische Debatte, fehlende Grundlagen
Auch in Deutschland ist das Thema EBP erst vor wenigen Jahren explizit auf-gegriffen worden (Wendt 2005). Häufig wird es dabei mit dem Konzept der Wir-kungsorientierung (Otto et al. 2010 S. 7) oder der What works? Practice (siehe Micheel 2010) gleichgesetzt und damit in unzulässiger Weise verkürzt. Aufgrund des Mangels an wissenschaftlich fundierten Forschungsergebnissen in Deutschland begnügt man sich allerdings derzeit weitgehend damit, den Ansatz aus drei Grün-den zu kritisieren:

1. Methodologisch
Folgende Argumente werden angeführt (zusammenfassend: Otto et al. 2009, 2010):

- Typische Situationen in der Sozialarbeit sind zu komplex und zu widersprüch-lich, die Ziele in der Regel multidimensional. Daher können experimentell erzeugte Ergebnisse niemals relevant für konkrete Praxis sein.
- Fachliche Entscheidungen werden vor dem Hintergrund von „practical or craft knowledge" getroffen, „learned on the job through the experience of applying the logical-scientific knowledge to particular patients in concrete situations and verified through narratives" (Otto et al. 2009, S. 474).
- Nicht die Programme sind in der Sozialarbeit entscheidend, sondern die Per-sonen.
- Das Wesentliche in der Sozialarbeit bleibt für den Betrachter unsichtbar, ins-besondere „the powers, freedoms, and agency of its clients to live a life they have reason to value" (ebd. S. 475).

2. Ideologiekritisch
Hier wird auf die Gefahr hingewiesen, dass die Debatte um die Wirkungsorien-tierung nicht zu einer „professionstypischen Relationierung von wissenschaft-lichem Wissen", sondern vielmehr zu einem wissenschaftsbürokratischen Modell (Otto et al. 2010, S. 9) führt, in dem zu sehr auf die Risikovermeidung und zu

wenig auf die Interessen der jeweiligen Risikopopulation geachtet wird. Eher symbolisch wird zwar anerkannt, dass Sozialarbeiter auf eine empirische Datenbasis (Otto et al. 2009 S. 475) nicht verzichten sollten, um ihre eigenen professionellen Konzeptualisierungen anzureichern. Jedoch Letztinstanz bei der Verwertung und Umsetzung von Wissen bleibt für die deutsche Sozialarbeit der einzelne, kritisch reflektierende Sozialarbeiter (ebd. S. 474).

Otto et al. lehnen insgesamt die Orientierung am Konzept der EBP ab und schlagen im Gegenzug einen Evidence-Based Professionalism vor, im Rahmen dessen „both *Erklären und Verstehen* are necessary in order to develop an empirically valid professional knowledge on generative mechanisms to which a particular intervention gives rise and on the contiguous contest with which these mechanism may or may not lead to a realization of specific beings and doings on the behalf of social work clients" (ebd. S. 475).

3. Normativ

Hier kommt Gert Biesta (2010) zu dem Schluss, dass es in der Erziehung und Sozialarbeit niemals nur darum gehen darf, die Frage nach dem „Was funktioniert?" zu stellen. Im Vordergrund jeder pädagogischen Überlegung muss seiner Ansicht nach die Frage nach den Zielen und Zwecken stehen. Demnach ist z. B. der Wunsch nach Steigerung der Effizienz von Maßnahmen bedeutungslos und von vorneherein auszuschließen (ebd. S. 112).

Freilich, alle dargestellten Argumente müssen formal bleiben, da eine gute Forschung im Bereich der EBP in der deutschen Sozialarbeit nicht vorhanden ist. Evidenzforschung findet in Deutschland nur als Evaluationsforschung in begrenzten Projektrahmen oder wie im Rahmen des Bundesmodellprogramms „Wirkungsorientierte Jugendhilfe" (vgl. ISA 2007) im Rahmen eines Steuerungsdiskurses statt:

> „Es handelte sich also in seiner zentralen Programmatik durchaus nicht um ein reines Wirkungsforschungsprojekt, sondern um ein Praxisentwicklungsprojekt. Auch bezogen auf die Entwicklung neuer ‚wirkungsorientierter' sozialpädagogischer Praxis lag der Schwerpunkt des Programms dabei weiniger auf einer evidenzbasierten Ausrichtung der Arbeitskonzepte im Sinne der What Works? – Agenda, sondern vielmehr in der Stärkung von lokalen Controllingverfahren, Selbstevaluation und Verfahren zur Überprüfung von Hilfeerfolgen oder Leistungen von Jugendhilfeeinrichtungen, einschließlich der Prämierung guter Arbeit mittels Bonussystemen." (Albus/Micheel/Polutta 2010, S. 232)

Ähnliches lässt sich für vorausgegangene Studien berichten, so zum Beispiel für die Jule-Studie (Thiersch et al. 1998) und die Jes-Studie (BFFSFJ 2002). Letztendlich geht es in allen Studien darum, vor dem Hintergrund eines dialogischen Verständnisses von Erfolg oder Wirkung auszuhandeln, was die beteiligten Professionen und Organisationen unter Evidenz verstehen wollen. Lorenz/Nothdurfter (2010) haben dies als einen „democratic professionalism" (ebd. S. 10) bezeichnet und gefordert, die Frage nach dem What works? im Rahmen einer professionellen und demokratischen Debatte zu führen, bei der „social work practice itself generates a valid source of street level knowledge, which should inform the development of social policies from below" (ebd. S. 12).

Nach Roland Schmidt gilt es in Deutschland ein neues Theorie-Praxis-Verständnis zu entwickeln (Schmidt 2006, S. 103). Denn alle möglicherweise berechtigten Einwände gegen eine überzogene Einführung von EBP Standards können nicht darüber hinwegtäuschen, dass es der deutschen Sozialarbeit nicht nur an guter Forschung, sondern auch an den grundlegenden Voraussetzungen dafür mangelt. So hat Finkel darauf hingewiesen, dass häufig die innerorganisationale Dokumentation und Evaluation der Prozesse und Leistungen im Bereich der Erziehungshilfen noch in den Anfängen steckt (Finkel 2007, S. 135). Auch Albus/Micheel/Polutta (2010) sprechen von einem „erheblichen Mangel" an Studien, der darauf zurückgeführt wird, „dass in Bezug auf Wirkungsforschung und -evaluation eine kurzfristig ausgerichtete Forschungsförderung dominiert" (Albus/Micheel/Polutta 2010, S. 231). Wie sollen aber belastbare Ergebnisse entstehen, wenn Forscher nicht auf bereits vorhandene Daten und Forschungsresultate zurückgreifen können?

Wie weit Deutschland in dieser Debatte zurückliegt und auf die Forschungsergebnisse anderer Nationen angewiesen ist, hat auch Heinz Kindler (2008, 2010) für den Bereich des Kinderschutzes deutlich gemacht und dabei auf drei Ursachen hingewiesen:

1. Aufgrund einer idealistischen Ausrichtung werden die eigenen Erfahrungen, die Sozialarbeiter gemacht haben, stark überbewertet.
2. Empirische Forschung wird weitestgehend vernachlässigt. So hat ein Review von 500 Artikeln in diesem Bereich ergeben, dass es fast keine Studien gibt, die wissenschaftlichen Standards standhalten.
3. Empirische Forschung wird auch politisch nicht unterstützt, wenn überhaupt, dann dient sie dazu, den jeweiligen Auftraggebern den Erfolg ihrer Maßnahmen zu bestätigen (Kindler 2008, S. 322).

Dass Forschungsanstrengungen im Sinne der EBP in Deutschland in absehbarer Zukunft unternommen werden, erscheint eher unwahrscheinlich. Das Fehlen einer Forschungslandschaft im Bereich der Sozialarbeit kann nicht durch die wenigen überregionalen, fast ausschließlich im staatlichen Auftrag forschenden Institute ausgeglichen werden, zumal etwa die Wohlfahrtsverbände im Bereich der Forschung nicht aktiv sind. Und ähnlich wie für die pharmakologische Forschung[71] muss der Verdacht geäußert werden, dass Forschung häufig nur strategisch eingesetzt wird, um eigene Interessen zu stützen und eigene Erfolge vorzuweisen, und nicht – wie im Rahmen der EBP angestrebt – um objektive erworbene Forschungsergebnisse offen zu legen, kritisch zu überprüfen und damit gegebenenfalls vorhandene Praxen zu verbessern.[72]

---

71 Siehe dazu: www.ippnw.de/commonFiles/.../IPPNW_Offener_Brief_an_Uni_Koeln.pdf
72 Josefine Meng hat versucht, die Debatte noch einmal auf einen nüchternen Punkt zu bringen: „Die EBP sucht nicht nach der ‚richtigen Antwort', eher ist sie als eine Strategie anzusehen, die

Schweiz: EBP und kooperative Wissensbildung

Im deutschsprachigen Bereich haben sich inzwischen vor allem Autoren aus der Schweiz, einem Land, in dem die Ausbildungsstätten für Sozialarbeiter erst jüngst an neu gegründete Fachhochschulen bzw. Hautes écoles verlagert worden sind, intensiv mit dem Thema EBP auseinandergesetzt (Sommerfeld 2005, Sommerfeld/Hüttemann 2007, Hüttemann/Sommerfeld 2007). Trotz des Hinweises auf die vielen epistemologischen Probleme (z.B. Hüttemann 2010, Gredig/Sommerfeld 2010) wird der Ansatz nicht völlig verworfen und werden mögliche erkenntnistheoretische Irrwege der Vergangenheit eingeräumt (Hüttemann 2010, S. 132).

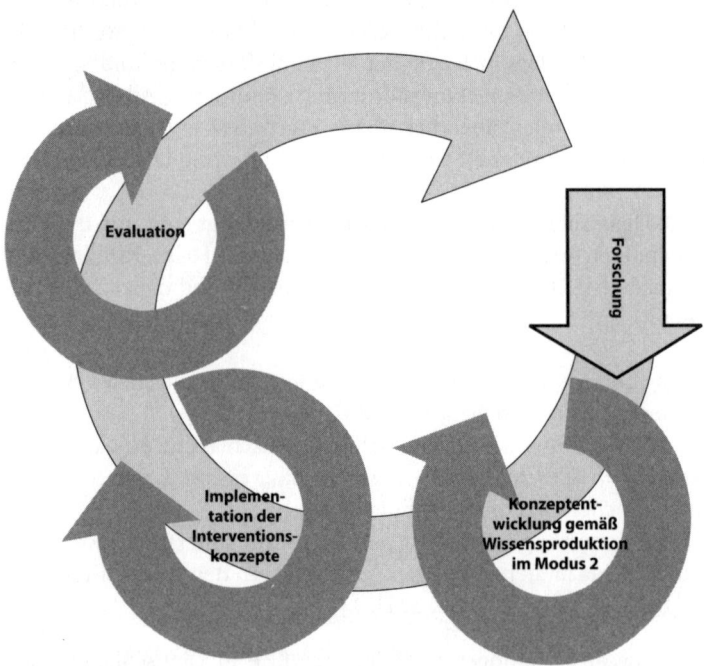

Abb. 7: Praxis-Optimierungs-Zyklus nach Gredig/Sommerfeld (2010, S. 94)

So besteht nach Gredig/Sommerfeld (2010) das Problem bei der Umsetzung einer EBP insbesondere darin, dass das im Feld und bei den Beteiligten vorhandene Wissen weitgehend unbeachtet bleibt und damit die Möglichkeit des Lernens und der Innovation verloren zu gehen droht. Ihrer Ansicht nach bildet sich die Handlungskompetenz des Professionellen im Handeln selbst aus, „in dem er unter-

---

die Maximierung der Erfolgswahrscheinlichkeit der professionellen Versorgungsstrategien im Sinne des Klienten verfolgt. EBP kann keine hundertprozentigen Sicherheiten liefern, aber sehr wohl Wahrscheinlichkeiten der Wirksamkeit erhöhen. Sie bietet ein jeweils detailliertes und aktuelles professionelles Wissen über mögliche und geeignete Versorgungsstrategien anstatt intuitiver laienhafter Handlungsweisen sowie klare Hinweise bzw. Vorschläge diesbezüglich, unberührt von versteckten Einflüssen verschiedener Interessengruppen." (Meng 2006, S. 336) schiedlichste Wissenshorizonte zu seinen individuellen Kognitions-Emotions-Verhaltensmustern verschmilzt" (ebd. S. 89). Sie fordern daher die Entwicklung von „hybriden Wissensformen in den Akteuren" (ebd. S. 91) und die Umsetzung eines Modells der „kooperativen Wissensbildung" (ebd. S. 92), welche, angelehnt an Richard von Weizsäcker, in Form eines „Kreisganges" verlaufen soll (siehe Abbildung 7). Auf diese Weise sollen unterschiedliche Formen des Wissens miteinander so verbunden werden, dass neuartiges Wissen entsteht, „um uns über den Zusammenhang des Ganzen zu belehren" (Weizäcker, zitiert in Gredig/Sommerfeld 2010, S. 95).

Natürlich hat dieses Modell noch keine erkennbaren Resultate erbracht, sondern muss erst noch erprobt werden. Indem es aber dem wissenschaftlich gewonnenen Wissen in der Sozialarbeit einen wichtigen Stellenwert einräumt, überschreitet es den bisherigen pragmatischen Horizont und schafft eine Ausgangsbasis für eine wissenschaftliches und praktisches Wissen verbindende Perspektive.

7.1.4 Diskussion und Zusammenfassung

Insgesamt kann man den Ansatz der EBP im Detail kritisieren, alles in allem aber wird es keine Alternative zu einer stärker auf Wissen basierenden Sozialarbeit geben können. Folgende Fragestellungen müssen dauerhaft diskutiert und zunehmend beantwortet werden:

Forschungsmethodisch:
Eine wichtige Frage ist, wie man den hohen Standards empirischer Forschungsdesigns gerecht werden kann, ohne die Komplexität der Lebenswirklichkeit zu sehr zu reduzieren. Meist lassen im Rahmen von Evaluationen erzielte Ergebnisse nur Schlussfolgerungen auf Personengruppen zu, die den untersuchten Personen sehr nahe kommen. Dies bedeutet, dass „die untersuchte Stichprobe genau und detailliert beschrieben werden (muss), um eine Schlussfolgerung über die Übertragbarkeit der Ergebnisse zu ermöglichen" (Menold 2007, S. 38). Dazu gilt es insbesondere folgende, in der Praxis häufig vorkommende Problemkonstellationen auszuräumen:

- Zugänglichkeit von Daten: häufig werden relevante Daten nicht zur Verfügung gestellt oder sind solche (aus politischen Gründen) gar nicht erst vorhanden.
- Mangel an organisationaler Unterstützung: viele Organisationen der Sozialarbeit haben kein Interesse oder keinerlei Kompetenzen in der Auseinandersetzung mit Forschungsprozessen und -ergebnissen. Sie suchen Lösungen für aktuelle Fragen und reagieren nur auf dringende Probleme.
- Defizit an intellektuellem Wissen: viele Sozialarbeiter können mit wissenschaftlichen Argumenten und Kritik nicht angemessen umgehen; außerdem sind sie skeptisch gegenüber Forschung, da sie befürchten, die Ergebnisse könnten eher gegen sie verwendet werden.

- Lineare Annahmen: sie verhindern häufig eine gründliche Diskussion von Forschungsbefunden und lösen unreflektierte Transfers von Ergebnissen aus (Prest-Shoot/Dulums/Sowers 2007, S. 50).

Forschungspolitisch:
Hier stellt sich zunächst die Frage, wer von wem zur Forschung beauftragt wird. Als hoch problematisch in der Sozialarbeit in Europa erweist sich dabei der Umstand, dass Forschung nur sehr selten direkt an den Universitäten angelagert ist, wie z. B. in den nordischen Ländern, England, in der Tschechischen Republik, der Slowakischen Republik oder Slowenien. Denn nur dort, wo die Sozialarbeit als wissenschaftliche Disziplin anerkannt wird, kann auch im Rahmen von Promotionen und Forschungsvorhaben wirklich frei geforscht werden. Dort wo Forschung fast ausschließlich an nationalen Forschungsinstitutionen oder auf Master-Level stattfindet, können ein ausreichendes Wissenschaftsniveau und die erforderliche Unabhängigkeit nicht gewährleistet werden. Zudem entsteht aufgrund der fehlenden Attraktivität des Studienfaches europaweit ein gravierender Mangel an sozialarbeitswissenschaftlichen Forschern (Preston-Shoot/Dulmus/Sowers 2007, S. 48).

Ideologisch:
Forschungen im Bereich der Sozialarbeit finden vor allem in den föderalen Ländern häufig im Zusammenhang mit Modellprojekten statt, die oftmals nur regionalen Charakter haben. Gerade da, wo die Politik zu sehr im Spiel ist, besteht die Gefahr, dass „the emphasis on Evidence-Based Practice risked devaluing these views (the views of service users, P.E.) encouraging an over-restrictive view of what evidence is, and giving priority to the outcomes and definitions of effectiveness that are of most interest to policy-makers" (Smith 2010, S. 17f.).

Nach Lorenz/Nothdurfter (2010, S. 7, Lorenz 2006, S. 174) wird die Sozialarbeit heute darüber hinaus durch Tendenzen des Activating Welfare State beeinflusst. Insofern stellt sich die Frage, ob EBP nicht dazu missbraucht wird, im Sinne der Politik zu handeln und weniger im Interesse des Klienten. Ideologisch und organisational begründeter Widerstand gegen EBP kommt auch aus Frankreich. Hier existiert offensichtlich das Problem, dass die Politiker und Bürokraten aus Sorge um unerwünschte Resultate an Ergebnissen überhaupt nicht interessiert sind und befürchten „shooting themselves in the foot when using this approach" (Roche 2005, S. 318).

Praktisch
EBP in der Sozialarbeit muss als Teil eines klientenzentrierten Ansatzes verstanden werden. Im Rahmen des damit verbundenen Prozesses muss der Sozialarbeiter die Bedürfnisse und Interessen der Klientel im Auge behalten. Tut er das, wird die Erforschung über solche Prozesse langsam und methodologisch gesehen schwierig.

> „Empirical findings and research knowledge are important, but they are to be used in a flexible and intuitive way to serve the client's ever-changing needs and situation in the dynamic process of the helping interview. It follows, finally, that no hierarchy of evidence

is needed, but rather a broad knowledge of empirical and clinical experience to be applied to the therapeutic process in a sensitive and creative way while paying close attention to the appropriateness of each research material to the client's experience." (Nevo/Slonim-Nevo 2011, S. 20)

Corey Shdaimah (2009) fordert daher zur Bescheidenheit im Umgang mit EBP auf: Petr/Walter (2009, ähnlich Sommerfeld 2005) fordern dazu auf, das Konzept der EBP zu einem Konzept der Multidimensional Evidence-Based Practice zu erweitern. Im Rahmen dieses Konzepts gälte es, alle verschiedenen Wissensquellen in Bezug auf verschiedene Perspektiven zusammenzutragen und vor diesem Hintergrund Best Practice Lösungen zu entwickeln, die selbst noch offen für neue Erkenntnisse sind und somit dynamisch in der Anwendung bleiben (Petr/Walter 2009, S. 229, Kindler 2007).

7.2 Case Management

7.2.1 Grundlagen

Case Management (in England verwendet man heute den Begriff Care Management) hat sich insbesondere aus zwei (zumindest theoretisch unterstellten) Gründen einen Platz unter den wichtigsten Modellen der Sozialarbeit erobert: Zum einen erlaubt es, unterschiedlichste Formen der Hilfen so miteinander zu verbinden, dass sie der individuellen Lebenssituation des jeweiligen Klienten so optimal wie möglich gerecht werden können. Zum anderen eröffnet es die Möglichkeit für den Staat als Geldgeber, Hilfen passgenau aufeinander abzustimmen und so miteinander zu vernetzen, dass der Ressourceneinsatz optimiert und dass Synergien entstehen (z. B. in Form der Zusammenarbeit zwischen professionellem und ehrenamtlichem Sektor) und genutzt werden können.

Das Modell des Case Management ist heute sowohl im Ursprungsland, den USA wie auch in allen modernen Gesellschaften im Bereich des Sozial- und Gesundheitssystems nicht mehr wegzudenken (zusammenfassend: Neuffer 2002, S. 38–48). Im Bereich der Sozialarbeit in Deutschland wurde die Diskussion über Case Management vor allem durch Wendt (1990, 2010) zunächst aus einer eher fachlichen Sicht vorangetrieben. Insbesondere seit den 1990er Jahren wird Case Management auch im Zusammenhang mit der Umgestaltung des Sozial- und Gesundheitssystems zunehmend rezipiert und diskutiert. Case Management wird dabei als ein die Sozialarbeit überschreitender „zentraler Lösungsansatz für die vielfältigen Versorgungs- und Steuerungsprobleme in modernen, komplexen und hochgradig arbeitsteiligen, damit zumeist auch ineffizienten Sozial- und Gesundheitssystemen" (Ewers 2000 a, S. 30) angesehen.

7.2.2 Case Management und Sozialarbeit

Unter Case Management versteht man heute folglich ein neutrales Instrument, das sich an jedes Fachgebiet oder jeden Gegenstand anpassen lässt (so z. B. Wendt 2009, S. 130, Wendt/Löcherbach 2011, S. V). Denkt man Case Management in der Sozialarbeit, so muss es nach Neuffer (2009, S. 60, 2010, S. 119) in den theoretischen Zusammenhang eingebunden werden, wo es vor allem um Aushandlungsprozesse zwischen individuellen Erwartungen und sozial zur Verfügung gestellten Möglichkeiten geht. Hier spielen widersprüchliche Funktionen eine Rolle, die vom Sozialarbeiter ethisch verantwortet werden müssen und sein Management erfordern (Ewers 2000 b, S. 63 ff.).

Im Kern besteht die methodische Problematik eines sozialarbeiterisch ausgerichteten Case Management darin, drei konkurrierenden Funktionen gleichzeitig gerecht zu werden:

- **Anwaltschaftliche Funktion: Advocacy**

Im Rahmen dieser Funktion nimmt der Case Manager die Aufgabe wahr, Menschen zu unterstützen und zu begleiten, die angesichts konfliktträchtiger Lebenssituationen oder Lebensverläufe nicht in der Lage sind, ihre persönlichen Interessen geltend zu machen. Die anwaltschaftliche Unterstützung soll hier dazu beitragen, dass die Betreffenden ihre Bedürfnisse erkennen, bemerkbar machen und entsprechende Hilfen auch tatsächlich erhalten.[73]

- **Vermittelnde Funktion: Broker**

Makler- und Vermittler-Funktion stellen eine Antwort auf die Unübersichtlichkeit und Desintegration moderner sozialer Dienste dar. Case Management dient hier der Vermittlung zwischen den Nutzern und Anbietern sozialer Dienstleistungen. Wichtig ist hier, dass der Case Manager nicht bei einem der Dienste angesiedelt ist, sondern aus einer neutralen Funktion heraus agiert.

- **Selektierende Funktion: Gate-Keeper**

Diese Funktion zielt auf die optimale Zugangssteuerung zu den einzelnen Diensten und Versorgungssystemen und ist deshalb insbesondere im medizinischen Bereich von Bedeutung. Der Gate-Keeper vertritt dabei die Belange einer größeren sozialen Gemeinschaft (der Steuerzahler, der Versicherungsnehmer, etc.). Das Assessment dient ihm vor allem dazu, zu entscheiden, welche Hilfen wirklich erforderlich sind. Darüber hinaus hat er „die Aufgabe, die für eine Versorgung notwendigen Mittel bei den diversen Kostenträgern zu akquirieren und anschließend eine ausgabenorientierte Steuerung des gesamten Versorgungssystems vorzunehmen" (Ewers 2000 b, S. 70).

---

73 Anwaltschaftlichkeit (advocacy) wird teilweise auch als eigenständiger Ansatz vertreten, so z. B. Rieger, G. (2003).

Methodisch betrachtet kann der Case Management-Prozess sehr unterschiedlich gestaltet werden. So schlagen Ford/Postle (2000) eine aufgabenzentrierte, Wendt (1990) eine ressourcenorientierte und Kleve (2003) eine systemische Vorgehensweise vor.

Seit etwa 2000 ist es aus verschiedenen Gründen zu einer heftigen Auseinandersetzung um das Case Management Modell gekommen.

1. Wie Galuske sehen viele Sozialarbeitswissenschaftler (Adams 2003, Galuske 2007, Hansen 2009; Lorenz 2006) die Einführung des Case Managements in einem direkten Zusammenhang mit der Einführung des aktivierenden Wohlfahrtsstaates.

> „Die doppelte Botschaft des aktivierenden Sozialstaats an die Soziale Arbeit ist deutlich: Eure Leistungen müssen effizienter, kostengünstiger und transparenter werden. (...) Die Programmatik des neoliberal gewendeten, aktivierenden Sozialstaats ist treffend erkannt und das Angebot steht: Das Case Management offeriert sich als passende Methode, um den Anforderungen einer aktivierenden sozialen Arbeit zu genügen." (Galuske 2007, S. 411, ähnlich Hansen 2009, S. 508)

Darüber ist der Eindruck entstanden, Case Management diene nur zur Kürzung von Leistungen und zur Steuerung der Klientel.

2. Irritationen bei der Diskussion des Konzepts sind vor allem dadurch ausgelöst worden, dass es zu einem inflationären Gebrauch des Begriffs gekommen ist. Nicht nur in sozialarbeitsnahen Bereichen, sondern auch z.B. im Bereich des Arbeitsamtes, des Sozialamtes und des Jugendmigrationsdienstes (Hansen 2009), also in Bereichen, wo oftmals Leistungen eher gekürzt oder die Leistungsinanspruchnahme erzwungen wird, ist es zur Verwendung des Begriffs Case Management oder „Fallmanagement" gekommen.

3. Gerade im Bereich der Arbeitsverwaltung verfügen die jeweiligen „Fallmanager" oftmals über keinerlei Ausbildung und werden für ihre Tätigkeit nur kurzfristig geschult. Außerdem machen rechtliche Vorgaben ein Aushandeln von Hilfen, wie dies in der Sozialarbeit üblich ist, unmöglich (Galuske 2007, S. 413). Auf diese Weise fehlen fachliche Standards fast völlig und ist eine ganzheitliche Gestaltung der Hilfen nicht machbar (Hansen 2009, S. 519).

4. Eckhard Hansen (2009, S. 511 ff.) hat zu Recht die Frage gestellt, ob das Case Management Modell immer und überall im sozialen Bereich herangezogen werden darf und für den Fall der Verhinderung von Kindeswohlgefährdung deutlich gemacht, dass z.B. Krisen- und Risikobewältigung nicht nur „Teamarbeit", sondern auch organisationale Bedingungen, wie z.B. Standards und Verfahrensgrundsätze voraussetzt. Forschungen in Norwegen haben zudem gezeigt, dass es außerdem oftmals hilfreich sein kann, eine Rollenteilung vorzunehmen:

> „Although every social worker should be an advocate for children and young people, the complexities of case management and of professional responsibility for child and family welfare mean that there is frequently a need for someone whose sole responsibility it is to

speak for the child, or to support the child in speaking for her or himself." (Vis/Thomas 2009, S. 166)

5. Belastbare empirische Daten im Rahmen von systematischen Reviews und Metaanalysen zum Case Management liegen kaum vor. Die wenigen aussagekräftigen Daten lassen derzeit eher den Schluss zu, dass Case Management bei Klienten zu einer höheren Zufriedenheit mit der Versorgung, nicht aber zu einer Verringerung der jeweiligen Problemlagen und Symptomen führt (zusammenfassend Schmid/Schu 2011).

7.2.3 Case Management in ausgewählten Ländern

Deutschland

In Deutschland hat die Rezeption des Case Management Ansatzes zu zwei Lagern geführt, die sich kritisch gegenüber stehen.

Da sind zum einen die eher euphorischen Befürworter des Case Management Ansatzes. Sie halten diesen für ein ideales Mittel zur Lösung aller relevanten Fragen im Gesundheits- und Sozialbereich. Demnach können vorhandene Mittel und Hilfen auf diese Weise nicht nur schnell und verlässlich, sondern auch gerecht verteilt bzw. zugewiesen werden (Wendt/Löcherbach 2009, 2011). Da (offensichtlich) davon ausgegangen wird, dass immer genügend Mittel für die Bereitstellung von Hilfen in allen relevanten Systemen zur Verfügung stehen, bleiben die problematischen Aspekte des Ansatzes (wer bekommt was und wer finanziert?) eher ausgeklammert. Auf diese Weise kann das fürsorgliche Denken konserviert werden: Der Case Manager „sorgt" für den Klienten, die Vorgehensweise ist „konsiliar" und wird im „Miteinander" vollzogen. Klassische Fragen der Sozialarbeit nach gesellschaftlichen Widersprüchen und Macht werden hier nicht thematisiert, sondern harmonisiert (siehe dazu Nestmann/Engel 2002, S. 21).

Zum anderen sind da die Kritiker des Ansatzes, die die Gefahr sehen, dass ein quasi theoretisch losgelassenes Case Management sozialpolitisch instrumentalisiert wird und sich damit selbst diskreditiert, zum Schaden der Klientel und der Sozialarbeit (Hansen 2009, S. 520). Denn im Rahmen dieser Perspektive wird Case Management zu einem Allzweckmittel, dessen Anwendung keinerlei professioneller Expertise bedarf und in wenigen Wochen bereichsspezifisch erlernt werden kann.

Fruchtbarer als diese Diskussion erscheint es daher, den Ansatz mithilfe sozialarbeitstheoretischer Elemente zunehmend zu konkretisieren und zu präzisieren (Neuffer 2010) und damit ein Gegengewicht gegenüber ökonomischen und organisationstheoretischen Zugriffsweisen zu entwickeln. Da in Deutschland noch kaum Forschungsergebnisse vorliegen, muss sich aber erst noch beweisen, wie weit in einer durch Subsidiarität geprägten Landschaft via Case Management eine optimale Koordination von Versorgungsangeboten und eine stärkere Ausrichtung des Leistungsgeschehens an Kriterien der Ergebnisorientierung überhaupt möglich ist. Eine Studie von Löcherbach/Mennemann/Hermsen (2009) kommt zu dem Ergebnis, dass Hilfen in Jugendämtern da effektiver sind, wo „Case

Management-Strukturen" aufgebaut worden sind, ohne allerdings den Nachweis zu erbringen, dass hier auch Kosten eingespart werden können.

Inzwischen hat eine neu gegründete Deutsche Gesellschaft für Care und Case Management entsprechende ethische Standards für Case Manager formuliert. Darin werden die Case Manager nicht nur dazu verpflichtet, effizient und effektiv zu arbeiten, sondern auch sowohl auf Situationen aufmerksam zu machen, „wo Mittel unzulänglich sind oder wo die Verteilung von Mitteln durch Verordnungen und Praxis repressiv, ungerecht oder schädlich ist", als auch sozialen Bedingungen entgegen zu treten, „die zu sozialem Ausschluss, Stigmatisierung oder Unterdrückung führen" (Neuffer 2010, S. 122).

England

Der Begriff Care Management ist in England im Jahre 1993 als ein Modell für die Zurverfügungstellung von sozialen und gesundheitlichen Diensten eingeführt worden (Lloyd 2002). Erstmals erwähnt wurde es im „White Paper: Caring for People" (Department of Health 1989) sowie im „National Health Service and Community Care Act 1990". Die entscheidende Frage im englischen System drehte sich dabei vor allem darum, ob für solche Tätigkeiten überhaupt Sozialarbeiter benötigt werden. Denn im Rahmen des englischen Sicherungssystems ergeben sich hier Spannungen:

> „It is not hard to see how severe resource constraints might push social services departments towards a bureaucratic, administrative approach which separates the core elements for the purposes of budgetary planning and the monitoring of outcomes. This is clearly at odds with the social work tradition which cherishes the professional relationship and feels comfortable with a casework approach." (Lloyd 2002, S. 161 f.)

Neben eher allgemeinen Fragen, wie z.B. „Was machen die Sozialarbeiter in der Praxis aus diesem Ansatz?" oder „Benötigt man überhaupt ein solches Modell, wenn es doch darum geht, lediglich seinen Job zu machen?" fokussierte sich die Diskussion vorwiegend auf die Suche nach „sozialarbeiterischen" Elementen im Care Management:

Peter Ford und Karen Postle (2000) bringen Care Management daher in einen engen Zusammenhang zur klassischen Methode des Case Work und den damit verbundenen Werten, wie z.B. „client-centred", „counseling", „listening" „spending time", „using yourself", „therapy" etc. Verschiedene Forschungsergebnisse zeigen, dass Sozialarbeiter trotz Kostendruck von ihren Klienten durchaus als kompetent und klientenzentriert wahrgenommen wurden und dass diese sich von ihnen als gleichwertig behandelt sahen und offen Alternativen diskutieren konnten (Bauld et al. 2000).

Entscheidend ist nach Roberts-DeGennaro, dass auf Dauer insbesondere der Aspekt der „advocacy" in den Vordergrund gerückt wird, aber nicht in einem paternalistischen Sinne: es geht darum, dass jeder Klient die von ihm geforderte bestmögliche Unterstützung und Versorgung bekommt (Roberts-DeGennaro 1993, S. 111).

Ob Case Management wirklich Hilfeleistungen optimieren hilft, erscheint nach Ergebnissen von Untersuchungen der renommierten Cochrane Collaboration zumindest fragwürdig (Schmid/Schu 2011, S. 266 f.). Offensichtlich tendieren Sozialarbeiter (ähnlich wie Ärzte) eher dazu, im Zweifel zusätzliche Hilfemaßnahmen auszulösen und weniger die Frage nach deren Effektivität zu stellen.

Schweden

Die Einführung des Case Management in Schweden war vor allem mit der Zielsetzung verbunden, „to provide for a coordinator who could support and guide the person in a social service landscape hard to grasp" (Markström/Linquvist/Sandlund 2009, S. 496). Diese Koordinationsfunktion steht in enger Verbindung mit der Neugestaltung der sozialen Dienste im Rahmen des New Public Management. Durch die Einführung der Unterscheidung in „purchaser/provider" (d.h. die Kommune „kauft" die verschiedenen Dienste bei den Organisationen ein, die Organisationen „verkaufen" ihre Dienste an die Kommune) war es erforderlich geworden, die verschiedenen Hilfen, auf die die Klienten einen Anspruch hatten (engl. Care Packages), zu koordinieren und aufeinander abzustimmen. Im Rahmen von drei Phasen wurde dieses Modell entwickelt:

1. Phase: durch die Marktorientierung im Rahmen des New Public Management wurde eine Koordination der Dienste für den Klienten (care management) zwingend erforderlich.
2. Phase: aufgrund der zunehmenden Verrechtlichung der Ansprüche der Klienten musste eine gesetzlich einwandfreie Praxis gesichert werden; niemand sollte zu wenig, niemand zu viel Hilfe erhalten.
3. Phase: hier ging es darum, die verschiedenen Zuweisungskriterien („rules in the assessment of needs, i.e. a *cost-efficiency discourse*") genauer zu definieren (Blomberg/Petersson 2010, S. 6).

Eine besondere Dringlichkeit für Case Management entstand im Rahmen der „Swedish Mental Health Reform of 1995" (ebd.), da die Klienten eine alltagsnahe Unterstützung beim Wohnen, Haushalten und Leben in der Kommune benötigten. Dabei wusste man aus Forschungen, dass alltagsnah arbeitende, als „Street Level Bureaucrats" (Lipsky 1980) bezeichnete Sozialarbeiter häufig dazu tendieren, völlig frei zu arbeiten und dass Regulierungen dabei helfen können, dass „professionals may operate with less ambivalence and do not need to develop coping mechanisms to deal with uncertainty or with unclear goals" (Markström et al. 2009, S. 498). Forschungen ergaben auch, dass in städtischen Gebieten ein intensives Case Management erfolgreich war, bei dem der Case Manager nicht nur die verschiedenen Dienste koordiniert, sondern auch direkte Hilfe zur Verfügung stellen kann. Dagegen wurde deutlich, dass in ländlichen Gebieten eine solch kompakte Form der Hilfeleistung kaum möglich ist; Case Manager müssten hier sehr viel transparenter arbeiten und offen mit den jeweiligen anderen Diensten kommunizieren (Markström et al. 2009, S. 507).

Weil Schweden pragmatisch an Hilfe herangeht, gibt es bis heute keine kritische Diskussion um Case Management. Dieses Modell wird als fundamental für die Erzeugung und Sicherung von Verteilungsgerechtigkeit verstanden und entsprechend prozessiert.

Tendenzen in weiteren europäischen Ländern
Case Management scheint insbesondere ein Modell der Sozialarbeit für die Länder zu sein, die über eine umfassende Struktur an sozialen Diensten verfügen, die es erforderlich macht, Klienten darin zu unterstützen, geeignete Hilfen zu erhalten und zu nutzen. Dies ist natürlich neben den o. a. Ländern auch in allen übrigen nordischen Ländern, in Österreich und der Schweiz der Fall. Dort, wo Länder aber nicht über entsprechend komplexe Strukturen verfügen, zum einen, weil es nur wenige spezialisierte Hilfeformen gibt, die direkt erreichbar sind, zum anderen weil im System gar nicht die Mittel vorhanden sind, um differenzierte und hoch spezialisierte Hilfe zu leisten, ist Case Management weder nötig noch möglich.

7.2.4   Zusammenfassung

Case Management hat sich zu einem wichtigen Modell für die Sozialarbeit in Ländern mit hoch differenzierten Hilfesystemen entwickelt. Dabei steht der Gedanke Pate, dass eine Optimierung von sozialen Hilfen dadurch entstehen kann, wenn die dem betreffenden Klienten zustehenden Hilfen optimal ausgewählt und koordiniert werden. Denn nur so entsteht neben dem Nutzen für den Klienten auch ein Nutzen für die Gesellschaft, da vorhandene, kostengünstige und möglicherweise partiell von Ehrenamtlichen zur Verfügung gestellte Hilfen entdeckt und eingesetzt werden können. Damit eignet sich Case Management da, wo es vor allem um Fragen der Versorgung vor dem Hintergrund klarer Rahmenbedingungen geht; wichtige Bereiche sind hier vor allem die Betreuung alter und pflegebedürftiger Menschen sowie von Menschen mit Behinderungen.

Indem Case Management allerdings sehr stark steuernd in die jeweilige Lebenssituation des Klienten eingreift, kann sie seitens des Klienten eine Versorgungsmentalität bewirken, die im Widerspruch zu zentralen Zielsetzungen der Sozialarbeit, wie etwa Autonomie und Solidarität steht. Es wird also im Rahmen von grundlagenorientierten Studien noch zu prüfen sein, in welchen Bereichen ein solches Modell für die Sozialarbeit wirklich relevant und Ziel führend sein kann. Insgesamt tendiert daher die Fachdiskussion dahin, das Case Management stärker methodisch zu spezifizieren: als aufgabenorientiertes Case Management, als ressourcenorientiertes Case Management oder als systemisches Case Management.

7.3 Risikomanagement

7.3.1 Ausgangssituation

Die durch individualisierende Tendenzen der modernen Gesellschaft verstärkte Forderung nach Selbstbestimmung und Eigenverantwortung der Bürger hat dazu beigetragen, dass Fragen der Risikobewertung und des Risikomanagements sozialarbeiterischer Interventionen zunehmend an Bedeutung gewinnen. Wenn jede Intervention auch als Eingriff in die Privatsphäre von Menschen betrachtet werden kann, dann gilt es den möglichen Nutzen stets gegenüber dem möglichen Nachteil bzw. gegenüber möglichen ungewollten Nebenwirkungen abzuwägen.

Fragen der Risikobewertung sind insbesondere deshalb europaweit aktuell geworden, weil es in England (Department of Education 2011), den Niederlanden (Montfoort 2010) und Deutschland (Hansen 2005) zu gravierenden Vorfällen im Bereich des Kindesschutzes kam, bei denen Kinder trotz Beaufsichtigung durch das Jugendamt in ihren Familien zu Tode kamen und Sozialarbeiter anschließend vor Gericht gestellt wurden. Zwar wurde z. B. in den Niederlanden der betreffende Sozialarbeiter nicht schuldig gesprochen, „aber das zugrunde liegende Prinzip dieses Gerichtsbeschlusses ist es, dass ein Sozialarbeiter, der die gerichtlich verfügte Aufsichtskontrolle ausübt, für die Sicherheit des Kindes verantwortlich ist und daher belangt werden kann. Der Druck von Seiten des Staates und der Gesellschaft auf die Fachleute in der Kinderschutzarbeit blieb hoch und ist heute immer noch hoch" (Montfoort 2010, S. 101).

Auch für Finnland stellen Harrikari und Satka (2006, siehe auch Satka/Harrikari/Hoikkala/Pekkarinen 2011) einen Wechsel von einer Politik wohlfahrtsstaatlicher Arrangements hin zu einer Politik fest, die gesellschaftliche Risiken, wie z. B. Kindeswohlgefährdung, Drogen, Jugendkriminalität in den Mittelpunkt stellt und diese direkt zu bearbeiten versucht. Damit verbunden sind drei kritische Aspekte:

- „The timing of intervention: social workers are intervening either too early – violating families' right to privacy – or too late – endangering children's well-being.
- Morally or legally questionable practice: social workers are either too strict – encroaching on citizens' civil rights – or too lenient – pampering misfits and encouraging maladjustment.
- Non-effective professional skills: social workers are over-educated – academic training is too theoretical and thus a waste of resources – or unskilled – degenerating social problems and multi-professional co-operation requires better theoretical skills." (Satka/Harrikari/Hoikkala/Pekkarinen 2011, S. 214)

Unter offensichtlich schwierigsten Bedingungen muss der verantwortliche Sozialarbeiter die umfassende Betreuung und Unterstützung des Klienten garantieren. Dazu muss er das Risikoumfeld der Nutzer systematisch ausleuchten und sich fragen, welche Möglichkeiten und Stärken ein Nutzer hat und welche Gefahren und Schwächen zu berücksichtigen sind, um Risiken für diese selbst oder die Gesellschaft zu minimieren. Dem stehen gerade im sozialen Bereich konträre Erfahrungen entgegen, nämlich dass jede Risikobewertung höchst individuell ausfallen kann und insbesondere von eigenen Risikobewertungen, aber auch von Einstellungen, Geschlecht, Gemütsverfassung etc. abhängt (Littlechild 2005, S. 34 ff.).

7.3.2 Methoden des Risikomanagements

Insgesamt wird heute versucht, Risiken mit folgenden Methoden zu erfassen und damit zu begrenzen:

Entwicklung von Risikoskalen
Um Risiken von der subjektiven Bewertung von Sozialarbeitern unabhängiger zu machen, wurden Modelle entwickelt, bei der die Sozialarbeiter bestimmte Daten erheben und entsprechend einer Skala bewerten müssen. Über eine Quantifizierung von verschiedenen Teilergebnissen erhalten sie dann eine Risikobewertung.

FRAGEN	Nein/Ja	Wenn ja, Punkte
Hat der Klient oder die Klientin bestimmte Personen genannt, denen er oder sie Schaden zufügen möchte?		12
War der Klient oder die Klientin zuvor in einem Hochsicherheitstrakt untergebracht?		9
War der Klient oder die Klientin in einem Sicherheitstrakt mittlerer Stufe oder niedriger Stufe untergebracht?		9
Gibt es Beweise dafür, dass der Klient oder die Klientin anderen gegenüber gefährlich impulsiv sein kann?		7
Sind Übergriffe auf andere bekannt, denen ein medizinischer Eingriff folgte?		5
Hat der Klient oder die Klientin jemandem physische/psychische Gewalt angedroht?		5
Hat der Klient oder die Klientin sich über gewalttätiges Verhalten anderen gegenüber nur geäußert, dieses aber nicht aufgeführt?		5
Hat der Klient oder die Klientin über paranoide Wahnvorstellungen zu bestimmten Personen gesprochen?		4
Gibt es Beweise oder Berichte über sexuell unangemessenes Verhalten?		4
Ist der Klient oder die Klientin schon einmal aufgrund gewalttätigen Verhaltens (sexuell unangemessenem) Verhalten von einem Gericht verurteilt worden?		3
Sind Auslöser für Gewalt bekannt?		3
Nimmt der Klient oder die Klientin Beruhigungsmittel?		1
Trinkt der Klient oder die Klientin exzessiv Alkohol?		3
Hat der Klient oder die Klientin sich gegen Behandlungen, die gewalttätiges Verhalten reduzieren sollen, gewehrt?		3

Abb. 8: Skala zur Einschätzung des Risikos „Gewalttätigkeit" (in: Littlechild 2005, S. 36)

Tabelle 8 zeigt die Möglichkeiten des Einsatzes von klaren Kriterien im Rahmen des Risikomanagement, macht aber zugleich auch deutlich, dass es innerhalb sozialarbeiterischer Entscheidungsverfahren zu einer zunehmend „defensiven Praxis" gegenüber Risiken kommen könnte, insbesondere dann, wenn Gerichte zunehmend die Entscheidung der Experten einengen und den Klienten ein Klagerecht gegen jede vermeintlich schädliche Entscheidung einräumen (ebd. S. 37).

Festlegung von Verfahrensschritten

Da das klassische, positivistisch motivierte Risikomanagement davon ausgeht, dass Risiken bewältigt werden können, wenn die beteiligten Individuen „richtig" handeln, tendiert es dazu, Risiken mathematisch zu bewerten und daraus entsprechende Vorgaben abzuleiten. Risiken sollen dann dadurch ausgeschlossen werden, dass alle möglichen Fehlhandlungen durch Verfahrensvorschriften antizipiert werden. In der Folge entsteht mehr und mehr eine Regulierungsdichte, die dazu führen muss, dass sich die Sozialarbeiter fast ausschließlich darauf konzentrieren, die jeweiligen Vorgaben „abzuarbeiten" (Munro 2010, S. 1147). Die zusätzliche Optimierung solcher Systeme durch entsprechende Assessmentprozeduren, diese wiederum gestützt durch die entsprechende Software, bilden dann nur eine konsequente Weiterentwicklung dieser Strategie.

Wissenszuwachs durch Schadensanalysen

Obwohl es darum geht, Risiken zu vermeiden, entsteht der eigentliche Wissensgewinn im Risikomanagement durch die retrospektive Betrachtung von Schadensereignissen. Paradoxerweise muss zunächst ein Risiko übersehen worden sein, um als solches definiert werden zu können. Das also, was dem einzelnen Sozialarbeiter als Fehlverhalten attestiert und nach außen als Skandal kommuniziert wird, dient gerade einem positiven Zweck, nämlich der Vermeidung genau dieses Verhaltens. Die Problematik bei dieser Vorgehensweise liegt allerdings darin, dass der Öffentlichkeit nicht vermittelt wird, dass Fehler auch dazu da sind, um aus ihnen zu lernen. Im Gegenteil, wie der Fall England zeigt, kann es im Rahmen einer Blame Culture zu äußerst negativen Auswirkungen auf die gesamte Sozialarbeit kommen (Masson 2010).

Risiko und Organisation

Unbeschadet der Bedeutung solcher Studien und Erkenntnisse reicht es aber nicht aus, lediglich die technische Seite der Risikobewertungsprozesse zu verbessern.

> „Knowledge-based behaviour is needed, however, in complex situations where it is not clear what needs to be done and the worker has to draw on their expertise and make judgements about the best course of action. (...) If, however, the desirable action is not so specific, then professional judgement will be more appropriate." (Munro 2010, S. 1147)

Risikomanagement als Professional Judgement darf deshalb nicht die Problematik übersehen, die darin besteht, dass auch solche Entscheidungen häufig durch organisationale Muster und Kulturen bestimmt werden.[74] Gerade im Rahmen moderner Managementsysteme besteht die Gefahr, dass Mitarbeiter sich an den Vorgaben der Organisation orientieren und ihr eigenes Urteil relativieren. Als Fehler gelten dann insbesondere Verstöße gegen die Vorgaben der Organisation; mit „Dienst nach Vorschrift" wird dann meist versucht, möglichen Anschuldigungen zuvor zu kommen (Munro 2010, S. 1149).

Insofern müssen Wege gefunden werden, die der professionellen Expertise einen wichtigen Status einräumen. Allerdings setzt dies voraus, dass die Profession in der Lage ist, forschungsorientiert zu denken und wissensbasiert zu handeln.

7.3.3 Anforderungen an ein fachgerechtes Risikomanagement

Um zu einem realistischen Risikomanagement zu gelangen, müssen verschiedene theoretische und methodische Voraussetzungen kommuniziert und gelöst werden:

1. Risiko als Teil der modernen Gesellschaft betrachten

Wenn sich die moderne Gesellschaft dadurch auszeichnet, dass sie dem Einzelnen mehr Freiheitsgrade zubilligt, so liegen darin neben möglichen zusätzlichen Gewinnen auch damit einhergehende und zu kalkulierende Risiken für das Individuum. Für den Sozialarbeiter entsteht nun eine schwierige Situation: er kann sich nicht länger auf ein „expertokratisches Selbstverständnis und alte Begrifflichkeiten" berufen, sondern muss „eine weitaus reflexivere Grundhaltung" (Hansen 2005, S. 18) einnehmen. In Frankreich wird in diesem Zusammenhang teilweise der Begriff „Partenariat" (dt. Partnerschaft) verwendet; hier sollen im Rahmen gemeinsamer Abmachungen Risiken kommuniziert und vermieden werden (Dhume 2001, S. 73). Damit wird versucht, der Tatsache Rechnung zu tragen, dass die Effekte einer Intervention meist kaum absehbar sind, da alle Individuen und Arrangements ihren eigenen Gesetzen folgen. „Mit anderen Worten: Der organisierte Zugriff auf den privaten Raum ist ein im Extremfall anarchisch erzeugtes Gemeinschafts- und somit vielfach auch ein Zufallsprodukt" (Albert/Bode/Bühler-Niederberger 2010, S. 493). Oder anders gesagt: Kein Risiko einzugehen, könnte insofern u. U. das größte Risiko für eine an den Interessen der Nutzer orientierte Sozialarbeit sein (Littlechild 2005).

2. Einbeziehung der Sichtweise der Klienten

Um die Kommunikation mit dem Klienten zu verbessern, ist in den Niederlanden das Verfahren der „Eigen-Kracht-Konferenz" entwickelt worden. Dabei geht es darum, Menschen zusammenzuführen, die mit einem Fall vertraut sind. Ein Koordinator hat dann die Aufgabe, im Rahmen eines Gruppengesprächs die Beteiligten

---

74 Von unterschiedlichen Vorgehensweisen in Schweden und Kroatien berichten Brunnberg/Pécnik (2007).

angemessen über die Situation und mögliche Hilfen zu informieren. Nach einer Phase der Beratschlagung (in Abwesenheit der Fachleute) wird schließlich ein Plan entwickelt, wobei der Koordinator die getroffenen Vereinbarungen schriftlich festhält. Alle Beteiligten verpflichten sich, an der Umsetzung der Vereinbarungen aktiv mitzuwirken (Joanknecht 2010).

Aus Skepsis gegen die Wirksamkeit managerieller Programme und Standards schlagen auch Alberth/Bode/Bühler-Niederberger (2010) vor, „Prozeduren für netzwerkförmige, tentative Lösungssuchprozesse zu entwickeln" (ebd. S. 494). Möglicherweise macht es mehr Sinn, sich die Lebenswelt zunutze zu machen, als zu konkret in sie hinein zu intervenieren. Über eine ähnliche und erfolgreiche Vorgehensweise der Einbeziehung der Familien und weiterer Betroffener in den Child in Need – Reviewing Prozess berichtet Stanely (2009). Dabei wird der Reviewprozess vom Sozialarbeiter mit Hilfe von Genogrammen und Ecomaps sorgfältig vorbereitet. Beim Treffen erhalten dann die Beteiligten Raum, um ihre Einschätzungen der Lage und Vorschläge für die weitere Praxis einzubringen (Stanley 2009, S. 116).[75]

3. Entwicklung protektiver Strategien

Die beiden nordirischen Sozialarbeitswissenschaftler Macdonald/Macdonald (2010) weisen darauf hin, dass der Versuch, Risikofaktoren zu identifizieren, häufig deshalb problematisch ist, da die jeweils zugrunde liegenden Fallzahlen (z. B. im Rahmen von Kindestötungen) zu gering sind, um repräsentative Aussagen machen zu können. So zeigte z. B. eine Reviewstudie von Brandon et al. (2008) über die Jahre 2003 bis 2005 hinweg, „that the child abuse examined was ‚essentially unpredictable' and could not have been anticipated, even if the ‚whole picture' were available to decision makers" (ebd. S. 107). Stroud (2008) kommt gar zu dem Ergebnis, dass „a psychosocial analysis of the pre-offence experiences of 68 adults (mostly parents or carers) who killed or attempted to kill a child, identified complex, intricate and heterogeneous processes in respect of their interpersonal relationships, stress and mental health and the relationship of these factors to the offence" (ebd. S. 482).

Folglich macht es nicht so sehr Sinn, solche Fälle allein auf konkrete Fehlhandlungen hin zu untersuchen, sondern sich stärker kontextuellen Faktoren zuzuwenden[76], wie z. B.

---

75 Eine sehr aufwändige Form der Einbeziehung der Klienten wurde in Österreich vom SOS-Kinderdorf entwickelt. Im Rahmen eines „Gastfamilienkonzepts" können Familien mit besonderen Bedürfnissen ein bis zwei Jahre in einem SOS-Kinderdorf verbringen. In einem intensiven Begleitprogramm, das Unterstützung bei der Tagesstruktur, Wochenpläne, regelmäßige Besprechungen etc. umfasst, sollen sie dazu gebracht werden, „nach ein bis zwei Jahren wieder ein eigenständiges, dem Kindeswohl zuträgliches Familienleben gestalten (zu) können" (Bickel 2010, S. 277).

76 Siehe dazu Kapitel 7.4.

1. „Identifying children whose welfare is compromised;
2. Adressing the causes of concern;
3. Recognising the critical stages of children's development;
4. Enabling social worker for professional judgement"
   (Macdonald/Macdonald 2010, S. 1180 ff.).

4. Verbesserung der Ausbildung
Nach dem Tode eines Kleinkindes in den Niederlanden wurden nicht nur verschiedene Maßnahmen zur besseren Begleitung von Risikofamilien entwickelt, sondern insbesondere darauf Wert gelegt, die Ausbildung der Sozialarbeiter in diesem Bereich zu verbessern und vor allem zu akademisieren. Denn Fachleute benötigen, um gute Entscheidungen zu treffen, einen „Bewegungsfreiraum" (Montfoort 2010, S. 104), innerhalb dessen sie ihr methodisches und wissenschaftliches Wissen reflektieren können, um dann eine den Einzelfall begründende Entscheidung treffen zu können. Außerdem wurden Qualitätsstandards entwickelt und ein Disziplinarrecht eingeführt.

7.3.4 Zusammenfassung

In einer Gesellschaft, die dem Einzelnen immer mehr Freiheitsrechte gibt, die den Familien die Erziehung der Kinder und die Betreuung der alten und behinderten Menschen weitgehend unbeaufsichtigt überlässt, muss Sozialarbeit die dabei entstehenden Risiken erkennen und bezüglich ihrer negativen Auswirkungen einschätzen können.[77] Insgesamt besteht heute unter den Sozialarbeitswissenschaftlern Einigkeit darüber, dass im Rahmen des Risikomanagementprozesses stets wissenschaftlich begründetes Wissen, praxisbezogenes indizienorientiertes Erfahrungswissen und die Orientierung an bestimmten explizit formulierten Werten miteinander verbunden werden müssen (Montfoort 2010, S. 106, ähnlich: Littlechild 2008, Ruch 2007).

Voraussetzung dafür ist jedoch, dass Sozialarbeiter ihre Wissensgrundlagen offen legen und die dabei zur Sprache kommenden Ungewissheiten mit der Öffentlichkeit kommunizieren. Betrachtet man die europäische Sozialarbeit als ein riesiges Potential an Wissen, so wird verständlich, warum man gerade in diesem Bereich heute die gemeinsame Kooperation sucht.

---

[77] Zur noch in den Anfängen stehenden Situation in Deutschland siehe Hinterwälder/Schnorr 2010.

7.4 Bürokratisierung

7.4.1 Bürokratisierung und New Public Management

In allen Ländern, die eine starke Servicekultur im Bereich der Sozialarbeit entwickelt haben, machen Sozialarbeiter und Sozialarbeitswissenschaftler auf ein Problem aufmerksam, das als Bürokratisierung bezeichnet wird. Offensichtlich führt die Einführung moderner Managementstrukturen in der Sozialarbeit nicht nur zu einer Stärkung der Eigeninitiative der Mitarbeiter, sondern zeitigt zugleich Tendenzen der Regulierung und Formalisierung. So beklagen nicht wenige Sozialarbeiter eine Zunahme an Verwaltungsaufgaben und damit verbunden eine zunehmende Distanz zum Klienten und sehen professionstypische Orientierungen und Werte, wie z. B. Beziehung, Solidarität, Empathie, Kommunikation, durch solche Entwicklungen an den Rand gedrückt bzw. bedroht. Da wo formale Tätigkeiten in den Vordergrund treten, droht offensichtlich die Selbstwahrnehmung des Sozialarbeiters und dessen Wahrnehmung des Klienten als einzigartiges Individuum in den Hintergrund zu treten. Was dabei vom Management aufgrund seiner Gesamtverantwortung als gut und richtig betrachtet wird, wird von den operativ Tätigen als belastend und kontrollierend empfunden.

7.4.2 Situation in ausgewählten Ländern

Für Norwegen beklagen Clifford/Nordstrand (2010, S. 114 ff.) die Zunahme staatlicher Regulierungen in der Sozialarbeit seit den 1990er Jahren. Demnach verwenden Sozialarbeiter zunehmend mehr Zeit für administrative Tätigkeiten:

> „Atempts to reorganise and combine services in more integrated structures have been offset by the recent tendency toward new styles of management which require much more routine reporting, coordination, and interagency communication. Commentators in Norway have suggested that we are seeing the advent of a *hyper-bureaucracy*; local services are over-regulated, with too much emphasis on the administrative pursuits that information technology facilitates, and with resources unnecessarily diverted from truly productive activity." (ebd. S. 115)

Eine Folge davon ist, dass Sozialarbeiter oftmals der Ansicht sind, dass sie aufgrund dieser bürokratischen Zwänge nicht genügend in der Lage sind, ihrer eigentlichen Aufgabe, der methodisch fundierten Begleitung und Unterstützung von Klienten in schwierigen Lebenssituationen, nachzukommen (ebd. S. 118). Natürlich muss eine solche Entwicklung auch Auswirkungen auf die berufliche Zufriedenheit von Sozialarbeitern und die Anerkennung des Berufes durch die Gesellschaft zeitigen.

Aufgrund der Tatsache, dass Sozialarbeit in Schweden staatsnah angelegt ist, muss die Einführung des New Public Management ähnlich wie in Norwegen weit gravierendere Auswirkungen haben als in Ländern, wo Sozialarbeit näher an der Zivilgesellschaft organisiert ist. Neben einer Stärkung des ökonomischen Denkens in der Sozialarbeit (auf Grund des Gleichheitsgrundsatzes) wird ein Verwaltungsmodell befördert, das aufgrund seiner „Rationalität" von niemandem mehr in Frage gestellt werden kann (Blomberg/Petersson 2010). Dies führt dann dazu, dass alle Verwaltungen der öffentlichen Hand ähnlich agieren, was wiederum zu einer Normierung sozialer Dienste führen muss. Diese Gleichschaltung geschieht dadurch, dass

a) Case Management den klassischen Hilfeprozess umkehrt: nicht das Problem steht im Vordergrund, für das eine Lösung gesucht wird, sondern die Lösungsmöglichkeiten werden daraufhin abgesucht, ob sie auf ein Problem passen könnten. Daher erklärt sich möglicherweise auch die Tatsache, dass das Case Management im ländlichen Raum nicht funktioniert, und Case Manager dort zu „Street-level Entrepreneurs" werden müssen (Markström et al. 2009, S. 505 ff.);
b) in diesem Modell nicht die Probleme, die eine bestimmte Kommune hat, diskutiert und mit Problemen anderer Kommunen verglichen werden, sondern Lösungsangebote und damit verbundene Kosten und Effekte;
c) solche Vergleiche natürlich nicht nur national, sondern auch europäisch oder international geführt werden können. Die Folge davon ist, dass die damit verbundenen Konflikte „de-politisiert" (ebd. S. 9) werden.

Nach Svensson (2010, S. 51) kommt es in diesem Zusammenhang zu einem stark normierenden Einfluss auf die Praxis. Dieser führt schließlich dazu, dass die lebensweltlichen Lösungsstrategien und Ressourcen der Adressaten, z. B. im Falle von Migranten (siehe dazu Montesino 2010) kaum Beachtung finden (können):

> „Caring power is exercised with kindness and in a spirit of doing what is supposed to be the best for the person helped. The helper defines what is best for the one who is to be helped and then offers him a better life if he follows the advice given by the helper. In this way, the helper dictates the conditions and the one who wants help has to accept the conditions." (Svensson 2010, S. 51)

Diskutiert wird in Schweden vor allem die Frage, inwiefern neue Formen der Supervision einen Beitrag für eine Kultur der lernenden Organisation bieten können. Denn hier wird allemal deutlich, dass die mit der Bürokratisierung verbundenen Folgeprobleme nicht durch die einzelnen Sozialarbeiter, sondern nur organisational beziehungsweise kollektiv gelöst werden können (Bradley/Höjer 2009).

In England wird die Tendenz zur Bürokratisierung der Sozialarbeit vor allem im Zusammenhang mit der Modernisierungsagenda gesehen. Nach Adrian Adams ergibt sich der Widerspruch insbesondere daraus, dass der moderne Staat glaubt, die sozialen Realitäten im Rahmen eines hierarchischen „Governments" steuern zu können. Dies kann seiner Ansicht aber gerade in modernen Gesellschaften nicht gelingen, in denen die Individuen zunehmend unterschiedlich und widersprüchlich sind und wo nur Individuen in Form von „Professionellen" konkrete Entscheidungen treffen und verantworten können (Adams 2003, S. 48). Insbesondere im Bereich des Kinderschutzes ist es in England zu einer Auseinandersetzung um die vielen staatlich definierten Vorgaben, die das Handeln des einzelnen Sozialarbeiters bestimmen, gekommen. Da Sozialarbeiter wissen, dass sie wegen Verfehlungen im Rahmen von solchen Begleitprozessen leicht ihre Karriere aufs Spiel setzen können, handeln sie sehr korrekt und entsprechend den definierten Vorgaben, was dann negative Effekte nach sich ziehen kann.

Für Finnland hat Ari Salminen (1991) eine Analyse der zentralistischen und bürokratisierenden Tendenzen vorgestellt. Demnach hat die seit den 1950er Jahren zu konstatierende, stetig zunehmende Verantwortungsübernahme des Staates über die sozialen Dienste dazu geführt, dass „the management structures of these welfare bureaucracies are primarily administrative in a conventional sense" (Salminen 1991, S. 160). Damit ist seiner Ansicht nach ein rein bürokratisches System entstanden, in dem Entscheidungen weitgehend vor dem Hintergrund von administrativen Vorgaben durchgeführt werden. Seiner Ansicht nach muss eine Reorganisation des Wohlfahrtssystems vor allem unter den drei folgenden Fragestellungen vorgenommen werden:

1) „A solution to the ‚old' problem of public service productivity and the finance of welfare systems by selective welfare decisions and by asking people and clients in particular, how they view services and what they actually want.
2) Increased flexibility, participativeness and client-sensitivity of the formal, hierarchical and legalistic welfare bureaucracies through, among other things, closer links among welfare administrative organs.
3) To make the welfare bureaucracy more responsive by moving decisions about service alternatives as close as possible to points of need." (Salminen 1991, S. 161 f.)

Für die osteuropäischen Länder hat Katarzyna Pawelek (2010, S. 127) zusätzlich auf den Umstand hingewiesen, dass Sozialarbeiter häufig – vor dem Hintergrund schnell sich verändernder gesetzlich-administrativer Vorgaben – unter großem Zeitdruck handeln müssen, dazu extrem viel Papierarbeit durchzuführen haben und oftmals wegen des Datenschutzes nicht über alle Informationen verfügen, die erforderlich wären, um sachgemäße Entscheidungen zu treffen.

7.4.3 Klientenorientierung zwischen Gleichbehandlung und Anerkennung

Damit stellt sich insgesamt die Frage, wie der Sozialarbeit der Spagat gelingen kann, sowohl die menschliche Perspektive eines zu bearbeitenden Falles „anzuerkennen" als auch zugleich die Gleichbehandlung jedes Klienten zu garantieren. Søren Juul (2009) hat dazu im Rahmen einer sehr umfangreichen empirischen Untersuchung versucht, die Notwendigkeit einer guten Beziehung zwischen Sozialarbeiter und Klient vor dem Hintergrund einer anerkennungstheoretischen Position von Axel Honneth (2003) zu belegen.

„The empirical data of the study consists of 25 qualitative interviews with social clients who have had a long and complicated career in the social system and 16 qualitative interviews with social workers, including front line workers, as well as professional and administrative leaders. In addition, we carried out comprehensive investigations of social records, which make it possible to compare the narratives of the clients with the written records made by the social workers." (Juul 2009, S. 404)

Dabei konnte er zunächst zeigen, dass Sozialarbeiter wider besseren Wissens und aufgrund von managerialen Zwängen dazu tendieren, Klienten in einer despektierlichen und wenig wertschätzenden Weise zu behandeln. Zugleich konnte er zeigen, dass sich Klienten

1. häufig nicht als einzigartige Individuen anerkannt erleben;
2. als Person und bezüglich ihrer individuellen Sichtweisen nicht genügend in den jeweiligen Akten repräsentiert sehen; und
3. mit ihren Sorgen und Hoffnungen nicht ernst genommen fühlen.

Für Juul lässt sich eine solchermaßen ausgeprägte sozialarbeiterische Haltung zumindest teilweise durch Systemzwänge erklären, die insbesondere im Zusammenhang mit den neuen Steuerungstechniken des New Public Management stehen, denn „from such a perspective social workers are regarded as system representatives aiming to discipline or normalise the clients in accordance with the prevailing institutional values and ideas" (ebd. S. 409). Offensichtlich tendieren Sozialarbeiter im Rahmen der neuen Philosophie des Activating Welfare State eher als vorher dazu, „to shoot down the unrealistic visions of clients, that is, ideas which do not result in labour market participation and self-provision as fast as possible" (ebd. S. 411).

„In our research we found examples of offences against almost all the rules which aim at protecting the citizens against unjust treatment: missing information, unexplained decisions, slipshod and incoherent case work, insufficient guidance and the unacceptably long time under which the case is under consideration." (ebd. S. 413)

Yehesekel Hasenfeld (1992) hat in diesem Zusammenhang auf den wesentlichen Widerspruch hingewiesen, der sich für Sozialarbeiter im Rahmen dieser Situation ergibt:

„To the human service workers, these organisations reflect their own commitment and dedication to improve the quality of life of people in need, and offer them the opportunity to practice their professional and occupational skills. They provide them not only with extrinsic benefits but also with the intrinsic rewards that come from helping people. But these organisations also are a source of great frustration, by constraining them from serving their clients in accordance with their professional norms and values, by denying them the resources they need to serve clients, by burdening them with too many rules and regulations, and by discounting their own views on the best ways to serve clients." (Hasenfeld 1992, S. 55)

Sozialarbeiter benötigen also, um einer authentischen Kommunikation mit den Klienten willen, einen Handlungs- und Ermessensspielraum, der ein professionelles Urteil zulässt und den sie vor allem dazu nützen können und müssen, um zu verhindern, dass die persönliche Ziele und Visionen des Klienten von einem „guten Leben" verdeckt werden. Sozialarbeit muss dazu da sein, demokratische Werte zu festigen und den Klienten als Menschen anzuerkennen, der eine eigene Würde und eigene Ziele hat.

In diesem Zusammenhang berichtet Petra Linderoos (2010) über die finnische Praxis des „Neuvola", einem ambulanten Gesundheitsdienst, im Rahmen dessen alle Schwangeren von Gesundheitspflegern medizinisch und sozial betreut werden. Im Rahmen einer eher partnerschaftlichen Beziehung begleitet der Gesundheitspfleger die gesamte Periode der Schwangerschaft (im Rahmen von 10–15 Treffen), versorgt die Schwangeren mit einem „Gesundheitspaket" und zeigt sich auch nach der Geburt noch für die gesunde Entwicklung des Kindes mit verantwortlich. Der Gesundheitspfleger berät die Familie auch in Fragen der Erziehungsarbeit und stellt die Verbindungen zu evtl. erforderlich werdenden Sprach- und Physiotherapeuten, Psychologen, Sozialarbeitern, etc. her. Nach einer landesweiten Untersuchung wurde dieser Dienst von den Eltern positiv bewertet und wurden insbesondere folgende Stärken hervorgehoben: „die gesundheitspflegerische Arbeit, die Unterstützung der Eltern bei der frühkindlichen Erziehungsarbeit und die sehr hohe Motivation des Personals, sich fortzubilden und mit den Eltern effektiv zusammenzuarbeiten" (ebd. S. 75).

7.4.4 Folgerungen

Es ist davon auszugehen, dass sich das Problem der Bürokratisierung der Sozialarbeit insbesondere auch durch die Möglichkeiten der modernen Datenverarbeitung noch verstärken wird (Dunlop/Holosko 2007). Je mehr Möglichkeiten bestehen, Daten zu erfassen und zu bearbeiten, umso mehr wird die Notwendigkeit entstehen, diese mit Hilfe moderner Rechnersysteme zu bearbeiten. Dies kann zumindest teilweise zu unangemessenen fachlichen Schlussfolgerungen führen. Die Sozialarbeit muss diese Gefahren sehen und die damit verbundenen Risiken diskutieren, ohne sich der Entwicklung der modernen Informationssysteme völlig zu verschließen.

Sozialarbeiterische Interventionen kommunizieren
Was zunächst als banal erscheint, muss neu betont werden. Die Aufgabe von Sozialarbeitern ist es nicht nur, konkrete Interventionen durchzuführen oder bestimmte Entscheidungen im Sinne des Klientenwohls zu treffen. Da die Effektivität der Hilfemaßnahme immer auch von der Bereitschaft des Klienten abhängt, sie nicht nur in Anspruch zu nehmen, sondern auch aktiv im Sinne einer „Hilfe zur Selbsthilfe" zu nutzen, muss der Hilfevorgang als solcher stets mit dem Klienten kommuniziert und reflektiert werden. Entscheidungen müssen offen gelegt werden, so dass sich der Klient ein Bild machen und vor diesem Hintergrund bewusste Entscheidungen treffen kann.

Entscheidungen im Konsens treffen

Wo immer möglich, sollten Entscheidungen von wichtiger Tragweite stets im Konsens mit dem Hilfeberechtigten getroffen werden. So fordert Juul drei Leitprinzipien, an denen sich eine „Sozialarbeit der Anerkennung" orientieren sollte:

- Schaffung und Aufrechterhaltung einer gemeinsamen Verständigungsbasis;
- Anerkennung des Klienten als ein „equal communication partner";
- Übernahme von Verantwortung für die eigene institutionelle Praxis, einschließlich der Bereitschaft, intern Kritik zu üben und falsche Praxen zu verändern (Juul 2009, S. 415).

In ähnlicher Weise fordert auch Eckard Hansen dazu auf, wichtige Entscheidungen im Rahmen von Case Management Prozessen im Konsens zu treffen und als Case Manager keinesfalls eine Expertenrolle zu übernehmen (2009, S. 510 ff.).

Transparenz durch Rollenvielfalt schaffen

Nach Ansicht des niederländischen Kinderschutzexperten Adri van Montfoort (2010) ist es extrem schwierig, im Bereich der Sozialarbeit das Gleichgewicht von Expertentum und Bürokratie herzustellen. Als Lösung schägt er bei der Fallbearbeitung eine Unterscheidung zwischen Sachbearbeiter („Key Worker") und Fall-Verwalter („Case Manager") vor (ebd. S. 108). Eine ähnliche Rollendifferenzierung wird auch im Kinderschutz in Norwegen vorgenommen. Demnach ist ein Case Manager für die Form des Prozesses und den damit verbundene Entscheidungen verantwortlich, wohingegen der Sozialarbeiter den regelmäßigen Kontakt mit den bereffenden Klienten, Kindern etc. hat und konkrete Hilfe und Unterstützung geben kann (Vis/Thomas 2009, S. 157).

7.4.5 Zusammenfassung

Ein sachgemäßer Umgang mit bürokratischen Vorgaben scheint eine zunehmend wichtige fachliche Herausforderung für die Sozialarbeit zu sein. Denn so sehr bestimmte Formen der Standardisierung, Dokumentation etc. gerade um der Transparenz und Fachlichkeit willen unverzichtbar sind, so sehr stehen sie auch in der Gefahr, zum Selbstzweck zu werden.

Für das Management und den einzelnen Sozialarbeiter erscheinen Regulierungen zunächst als positiv, da sie es möglich machen, Prozesse so vorzudefinieren, dass sie nur noch ausgeführt werden müssen. Die Aufmerksamkeit der Ausführenden und Kontrollierenden kann dann ganz auf den jeweiligen Prozess gerichtet bleiben, Fehlerfreiheit kann die positive Folge sein. Vergessen wird aber dabei, dass damit die Verantwortung für das den einzelnen Prozessen zugrunde liegende Konzept ins System (z.B. die Organisation, die Wissenschaft, das Ministerium) verlagert wird, das selbst nicht mehr hinterfragt und auch nicht sichtbar wird. Damit aber kommt es zu ethisch problematischen Situationen: alle haben nach den Vorschriften gehandelt, und trotzdem ist das Ergebnis falsch oder nicht akzeptabel.

Es muss also gelingen, entgegen der Tendenzen zur Technologisierung und Verwissenschaftlichung von Entscheidungen den Anteil des Persönlichen und Sozialen in der Sozialarbeit zu bewahren. Unverzichtbare Voraussetzungen dafür sind die Einbeziehung der Klientel, das Bemühen um eine gemeinsame Entscheidungsfindung und die Schaffung von Transparenz bezüglich vorhandener Rollen und Verantwortlichkeiten.

8 Transnationale Entwicklungen

In diesem Kapitel soll die Entwicklung der Sozialarbeit in den vier Ländern Tschechische Republik, Schweden, England und Deutschland vorgestellt und auf transnationale Entwicklungen hin untersucht werden. Dabei kann zugleich gezeigt werden, wie sich die verschiedenen nationalen Systeme der Sozialarbeit gegenüber der europäischen Dimension unabhängig und abhängig zugleich verhalten.

Dies gilt in hohem Maße für die Sozialarbeit in der Tschechischen Republik. Diese verfügte einerseits über eine starke eigene Tradition, sah und sieht sich aber andererseits aufgrund der politisch-ökonomischen Veränderungen gezwungen, sich schnell mit den verschiedenen europäischen Tendenzen der Sozialarbeit auseinander zu setzen und eine eigene Form zu finden (Kap. 8.1). Europäische Einflüsse lassen sich auch in Schweden nachweisen, einem Land, in dem die Sozialarbeit eine sehr starke und – an fachlichen Kriterien gemessen – möglicherweise sogar vorbildliche Stellung einnimmt. Jedoch hat auch dort insbesondere die Einführung der europäischen Philosophie des New Public Management zu enormen Veränderungen geführt (Kap. 8.2). Auch die Sozialarbeit in England scheint sich, nachdem sie viele Jahre sehr direkt von der nationalen Politik beeinflusst worden war, inzwischen wieder stärker auf die Autonomie sozialarbeiterischen Denkens zu besinnen und sich unter europäischem Einfluss zu einer nach wie vor empirisch fundierten, aber zugleich auch reflexiven und kritischen Profession zu entwickeln (Kap. 8.3). Nur zögerlich verändert sich die Sozialarbeit in Deutschland. Hier hat der europäische Dialog zwar deutlich dazu beigetragen, sich aus der Umklammerung durch das sozialpädagogische Paradigma zu befreien. Trotzdem ist es ihr aufgrund des gravierenden Mangels an Forschung noch nicht in ausreichendem Maße gelungen, die volle fachliche Anschlussfähigkeit herzustellen (Kap. 8.4).

8.1 Sozialarbeit in der Tschechischen Republik

8.1.1 Sozialarbeit in der Tschechoslowakei von 1918–1990[78]

Die Tschechoslowakei (als Vorläufer der tschechischen Republik) ist nach dem Ende des ersten Weltkriegs im Jahre 1918 entstanden, zuvor war das Gebiet Teil der österreich-ungarischen Monarchie gewesen. Ein damals entstandenes Minis-

---

78 Diese Darstellung erfolgt hier exemplarisch für die Entwicklung in den osteuropäischen Ländern. Einen Überblick über die Geschichte der Sozialarbeit in Osteuropa bietet Chytil/Gojová/Nedělniková 2010.

terium für Sozialwesen war zunächst vor allem mit Fragen des Arbeitsschutzes von Jugendlichen, der Absicherung der Arbeitslosen und der Wohnungspolitik befasst. Zunehmend entwickelte sich dann aber ein System der sozialen Sicherung. Bereits 1918 wurde auch die erste Schule für Sozialarbeit in Prag gegründet, der dann weitere in Brno und Trucinsky folgten. Ziel der Sozialarbeit in diesen Anfängen war es, die verschiedenen staatlichen, verbandlichen und privaten Hilfen aufzubauen und zu vernetzen. Bereits zwischen den beiden Weltkriegen gab es erste Bemühungen, Sozialarbeit auf eine wissenschaftliche Grundlage zu stellen. Insbesondere war es Marie Krakesová, die eine erste Form der psychosozialen Sozialarbeit entwickelt und systematisch begründet hat (Chytil 2006, S. 2).

Nach 1945 wurde zunächst wieder an dieser universitären Tradition angesetzt, es entstanden Fakultäten in Prag und Brno und sogar „soziale Kliniken" waren im Entstehen (Chytil 2006, S. 2).

So entstand das Buch von Marie Krakesová über die „Formal Social Therapy", eine Form der Intervention, die sich zum Ziel setzt, dem Klienten alternative Erfahrungen zu bieten, die dann als Ressourcen für den Aufbau neuer Kompetenzen dienen sollen. Im Rahmen des Hilfeprozesses geht es dann vor allem darum, konkrete externe Faktoren und erzieherische Hilfen miteinander zu verbinden (siehe dazu Kapitel 5.3.1).

Als Folge der kommunistischen Machtübernahme im Jahre 1948 wurden die beiden Hochschulen dann 1953 geschlossen und bis 1989 mussten sich die Sozialpolitik und Sozialarbeit an die Bedingungen der kommunistischen Ideologie anpassen. Vordringlichstes Ziel der damaligen Gesellschaft war es, die Erreichung der staatlichen Produktionsziele zu sichern und gleichzeitig die Beschäftigung aller Bürger zu garantieren. Deshalb wurden insbesondere diejenigen Beschäftigungsbereiche besonders bevorzugt, die für den Staat von besonderer Bedeutung waren, wie z. B. die Schwerindustrie, die chemische Industrie und die Metallindustrie. Eine Ungleichverteilung der Gehälter war die Folge: ein Arbeiter in der Schwerindustrie bekam ein mehrfach höheres Gehalt als zum Beispiel ein Arzt oder ein Universitätsprofessor. Konsequenterweise kam dem Bildungssystem keine besondere Priorität zu. Die Steigerung der Bildungsmotivation des Volkes lag gar nicht im Interesse des Staates und eine gute Ausbildung war nicht notwendigerweise Voraussetzung, um in eine höhere berufliche Position zu gelangen. Allerdings entstanden zu dieser Zeit vielfältige soziale Hilfen für Mütter, die als Arbeitskräfte gebraucht wurden, vor allem in Form qualitativ hochwertiger Betreuungsangebote für deren Kinder.

Von 1945–1953 war eine universitäre Ausbildung im Bereich der Sozialarbeit durchgeführt worden, nach 1953 gab es nur noch eine zweijährige Ausbildung, insbesondere für den Bereich der Kinder- und Jugendhilfe sowie für die Institutionen für Kranke und Alte. Faktisch wurde damit die Sozialarbeit in ihrer vormaligen Gestalt liquidiert und der gesamte Bereich fand kaum mehr Beachtung (Chytil 2006, S. 3).[79] Erst ab 1968 wurde wieder stärker anerkannt, dass auch im

---

79 Dies war aber nicht in allen sozialistischen Ländern der Fall: „The development of social work was scaled down or came to a halt altogether especially in Romania, Czechoslovaki, Hungary

Sozialismus soziale Probleme existieren und erinnerte man sich an die Tradition der Sozialarbeit. So kam es dann 1968 zu einem für die Sozialarbeit entscheidenden Ereignis:

> „The Ministry of Work and Social Affairs was re-instated. Programmes for work with families, sick and elderly, ex-prisoners and homeless people were drafted, based on the experience gained in West European countries. Social work was developed in companies, schools, the health system, prisons and social care institutions. Many people with university education, teachers, psychologists, sociologists and lawyers, had been forced to resign after the occupation of Czechoslovakia and during the political oppression of the early 1970s. Many of these now became social workers, making a great impact on the development of social work." (Gojová/Holasová 2007, S. 20)

Von da an entwickelte die Sozialarbeit sehr schnell ein durchaus professionelles und vor allem theoretisches Niveau, an dem sie dann nach 1989 ansetzen konnte.

8.1.2 Sozialpolitik/Sozialarbeit seit Gründung der Tschechischen Republik

Bereits im Rahmen der „samtenen Revolution" seit dem Jahre 1989 und besonders seit 1993, in dem Jahr, in dem die Aufteilung der Tschechoslowakei in die Tschechische und in die Slowakische Republik vollzogen wurde, haben sich in der Tschechischen Republik grundlegende wirtschaftliche und gesellschaftspolitische Veränderungen ereignet. Zum einen wurde ein ökonomischer Übergang von einer staatlich kontrollierten Wirtschaft zu einer freien Marktwirtschaft vollzogen, zum anderen fand ein politischer Wechsel von einem totalitären zu einem demokratischen Regime statt. Dieser Wandel wurde begleitet durch eine Anpassung an teilweise von außen aufgezwungene rechtliche Regelungen, die zwar formal Geltung besitzen, konkret aber nicht immer den je gegenwärtigen Stand der gesellschaftlichen Situation widerspiegeln. Unglücklicherweise sind damit – verstärkt insbesondere durch die überhastete Art der Durchführung der Privatisierung – viele Ungleichheiten entstanden, die die gegenwärtige Gesellschaft prägen und sich in Form von Armut, Arbeitslosigkeit, steigender Kriminalität, einer abnehmenden Geburtenrate und einem Anstieg der Zahl älterer Menschen bemerkbar machen (Chytil/Popelková 2000, S. 9).

Waren die ersten Jahre dieser postkommunistischen Periode noch von der Auseinandersetzung um eine „soziale Doktrin" geprägt, wurde diese aufgrund der drängenden fiskalischen Probleme aber nicht weiter verfolgt. Im Gegenteil: Nach Jan Keller (in: Gojová et al. 2010, S. 19f.) hat sich im Rahmen von drei Stadien eine gesellschaftliche Entwicklung vollzogen, die dazu geführt hat, dass die Mehrheit der Bevölkerung in eine prekäre Lebenslage versetzt wurde:

and the Soviet Union. (…) But the communist coups did not bring the end of social work university studies to every country in the region – there were exceptions – like Poland or Yugoslavia." (Chytil/Gojová/Nedělniková 2010, S. 27)

195

1. Das Stadium der „großen Privatisierungen" vormals staatlicher Betriebe: Die Gewinne aus diesen Privatisierungen wurden weder zur Entwicklung des Bildungssystems noch zur Stützung des staatlichen Pensionssystems genutzt. Im Gegenteil: Das Geld wurde verwendet, um insolvente Firmen und Banken zu stützen.

2. Das Stadium der „Flexibilisierung des Arbeitsmarktes": Durch zunehmende Teilzeitbeschäftigung und Kurzzeitkontrakte kam es zu großen Einnahmeausfällen im Bereich des sozialen Sicherungssystems. Gleichzeitig benötigten immer mehr Menschen zusätzliche Hilfen durch die Versicherungssysteme und den Staat. Unternehmen erhielten im Gegenzug dazu staatliche Hilfen in Form von Steuererleichterungen und Subventionen.

3. Das Stadium der „Verarmung der öffentlichen Hand": Aufgrund zusätzlicher Steuerkürzungen insbesondere für Betriebe und Reiche ist der Staat immer weniger in der Lage, soziale Ausgaben zu tätigen: derzeit liegt die Rate der sozialen Ausgaben bei 19 Prozent des Bruttosozialprodukts, der Durchschnitt in der EU liegt bei 27 Prozent.

Alle sozialen Hilfen wurden so mehr oder weniger auf ein Minimum reduziert und an Haushaltsvorgaben orientiert. Zugleich wurden neue Formen der sozialstaatlichen Steuerung zügig übernommen, ohne dass dafür die entsprechenden Voraussetzungen vorlagen. Für den Aufbau von sozialen Hilfen war dies natürlich eine denkbar ungeeignete Situation.

> „The difficulties with public finance in the Czech Republic are the result of reckless tax cuts made already by previous governments. Today, this experiment is to be paid for by those who gained practically nothing from these tax cuts and who will now have to pay for them in the form of higher prices for the basic necessities of life, the markedly reduced or totally eliminated welfare benefits paid out, through distinctly higher fees for medical treatment or through additional tuition fees for their children's education." (Chytil 2011, S. 81)

Zunehmend etablierte sich dann die moderne Sozialarbeit. Wobei die Zielgruppen der Sozialarbeit in etwa die gleichen geblieben sind. Allerdings gab es Spezifizierungen; neben den klassischen Zielgruppen wie Behinderte, Alte, Familien, etc. kamen neue, bislang unbekannte Problemgruppen, wie z. B. Arbeitslose, Obdachlose, Drogensüchtige und Arme, hinzu. Was sich weiterhin grundlegend verändert hat, ist die Rolle der nichtstaatlichen Organisationen. Hier wurde zunächst versucht, die westeuropäische Struktur des Welfare Mix zu adaptieren, was nicht immer gelang. Denn in der Tschechischen Republik gehören nur ca. 32 Prozent der Bevölkerung einer Religion an, möglicherweise sind hier gar nicht die Voraussetzungen gegeben, um Wohlfahrtsverbände in einer Weise zu installieren, wie dies z. B. in Deutschland der Fall ist. Trotzdem sind heute dort die Caritas, die Diakonie und die Heilsarmee landesweit vertreten, zudem sind viele kleinere vereinsähnliche Organisationen entstanden, die sich teilweise in sehr innovativer Weise um Menschen am Rande der Gesellschaft kümmern. Damit ist es allerdings auch zu einer Ausweitung der Zahl an Nicht-Professionellen gekommen, eine Entwicklung die für die Fachlichkeit der Sozialarbeit durchaus als problematisch gesehen wird (Chytil 1998, S. 50 f.).[80]

8.1.3 Transnationale Einflüsse

Im Bereich der Sozialarbeit war man in der Tschechischen Republik bis in die 1990er Jahre hinein vor allem an psycho-edukativen, das heißt person- und aufgabenorientierten Konzepten orientiert. Erst später begann ein kontinuierlicherer Austausch mit anderen Konzepten, insbesondere den europäischen Ländern und den USA, der zu wichtigen Erkenntnissen führte. Der Verlauf dieser Austauschprozesse zeigt zugleich, dass die tschechische Sozialarbeit durchaus nicht nur Opfer, sondern vielmehr selbstbewusster Akteur war und ist. Insbesondere wurden anfängliche Versuche zurückgewiesen, die tschechische Sozialarbeit mit Hilfe von privaten Stiftern stark an das US-amerikanische Modell anzupassen. So versuchten nach der Wende nicht wenige amerikanische Universitäten mithilfe von opulenten Aufbauprogrammen in der Tschechischen Republik Fuß zu fassen, scheiterten aber im Bereich der Sozialarbeit an der eigenständigen und durchaus kritischen Denkweise, die sich seit 1968 gebildet hatte.

(1) Rascher Anschluss und kontinuierliche Wissenschaftsentwicklung
Insgesamt hat die tschechische Sozialarbeit schnell Anschluss an die europäische Diskussion gefunden. Gründe für die starke Wissenschaftsorientierung der tschechischen Sozialarbeit liegen vor allem in einigen nationalen Besonderheiten, wie

- der universitären Tradition insbesondere der Jahre 1945–1953;
- der Gegenwart von Professionellen mit einer Universitätsausbildung z. B. in Psychologie, Soziologie, etc., die während der Jahre des Kommunismus keine andere Möglichkeit hatten, als im sozialen Bereich zu arbeiten;
- dem Vorhandensein von universitären Fakultäten, die bereit waren, die Sozialarbeit als eigenständige Disziplin aufzunehmen (Chytil 2006, S. 7).

In der Theoriebildung wurde dazu kurzzeitig das aus den Niederlanden stammende Modell der Andragogik diskutiert und dann von anderen Ansätzen zurückgedrängt. Chytil/Hubrik setzen sich mit der kommunikativen Theorie von Habermas und Bachtin auseinander, andere Ansätze betonen den Service-Charakter der Sozialarbeit bzw. rekurrieren auf postmoderne bzw. konstruktivistische Ansätze. Insgesamt favorisieren die tschechischen Hochschulen einen Ansatz, der einen nicht-medizinischen und nicht-paternalistischen Zugang zum Klienten vorsieht und die Autonomie des Klienten in den Vordergrund rückt (Gojová et al. 2010). Forschungsmethodisch kann die Sozialarbeit in der Tschechischen Republik auf eine lange Tradition zurückblicken. Bereits 1919 war das „Social Institute of the

---

80 Zur Problematik des Einsatzes von Nichtprofessionellen in Altenheimen siehe Musil et al. 2008.

Czechoslovak Republic" gegründet worden. Dieses Forschungsinstitut existiert weiter und beschäftigt sich insbesondere mit Fragen des Arbeitsmarktes, der sozialen Sicherheit, der Familien und der Gleichstellung. Von diesem Institut wurde auch die Implementierung der Qualitätsstandards im Bereich der sozialen Dienste – orientiert am englischen Vorbild – wissenschaftlich begleitet. Die Sozialarbeitsforschung an Universitäten ist breit aufgestellt und entwickelt sich in Richtung Evidenzbasierung. Thematisch geht es dabei vor allem um die Bearbeitung von Exklusionsprozessen und Problemen in den Familien. Da die Fakultäten der Sozialarbeit das Promotions- und teilweise auch ein Habilitationsrecht haben, entsteht zunehmend eine umfangreiche Forschungsliteratur.

Im methodischen Bereich gibt es eine klassische Orientierung an der Philosophie des Social Case Work und der Milieutherapie (zusammenfassend: Chytil 1998), heute wird diese zunehmend durch systemische und ressourcenorientierte Ansätze ergänzt. Von großer Bedeutung sind auch gemeinwesenorientierte Ansätze, die insbesondere darauf abzielen, Minderheiten, wie z. B. Roma zu integrieren (Gojová 2011).

(2) Akademisierung der Ausbildung

Die Ausbildung findet im Bereich höherer Fachschulen und auf Bachelor- und Masterniveau an den Universitäten statt und entspricht bereits dem Bologna-Modell. Ein besonderer Wert kommt dabei der wissenschaftlichen Grundlegung der Sozialarbeit zu. Forschung bildet einen wichtigen Schwerpunkt in einem System, das auch ein Doktorat und an manchen Universitäten auch die Habilitation in Sozialarbeit ermöglicht. 1993 wurde die Vereinigung der Ausbilder im Bereich der Sozialarbeit der Tschechischen Republik gegründet und schließlich wurden 1997 entsprechende Mindeststandards für die Ausbildung formuliert. Die tschechische Gesellschaft für Sozialarbeit und eine tschechisch-slovakische Fachzeitschrift (Sociální Práce) haben sich sehr rasch etabliert.

(3) Entwicklung nationaler Service Principles und fachlicher Standards

Im Jahre 2003 wurde eine „White Book on Social Services" publiziert, in dem die dominanten Prinzipien für die sozialen Dienste formuliert worden sind. Hier lassen sich deutlich englische Einflüsse erkennen, so fallen Begriffe wie „service user" oder „responsibility of the individual" auf, zudem wurden die Methoden des New Public Management aufgegriffen und die sozialen Dienste entsprechend kommunalisiert bzw. regionalisiert.

> „A new phenomenon is the involvement of market principles and private agencies in the provision of services. A greater role in the provision of assistance is to be assumed by the ,informal sector'. This trend was reinforced by the passing of the Act on Social Services which contains a definition of a social services provider, stipulates the provider's obligation to conclude contracts on service provision and observe quality standards." (Gojova et al. 2010, S. 22)

In dem 2006 erlassenen „Act on Social Services" wurden auch fachliche Qualitäts-standards formuliert und bestimmte Vorgaben gemacht: auf diese Weise sollten die Dienste stärker zielgruppenorientiert, transparent, dezentral und effizient aus-gerichtet sein (Gojová et al. 2010, S. 21 f.). Kritiker bemängeln aber, dass das Gesetz den einzelnen Klienten in den Mittelpunkt stellt und das familiäre und soziale Umfeld nicht genügend in Betracht zieht. Außerdem wird beklagt, dass sich die Tschechische Republik damit an den Standards der westlichen Länder orien-tiert, ohne dass sich jedoch die Qualität der Ausbildung im gleichen Maße mit entwickelt hätte (Nedelnikova 2004, S. 40).

(4) Bürokratisierung der Praxis
Die Zielgruppen der Sozialarbeit entsprechen dem residualen englischen Modell. Hilfen erhalten nur diejenigen, die unverschuldet in eine Notlage geraten sind, wie insbesondere z. B. Kinder, ältere Menschen, Menschen mit Behinderungen, Obdachlose, etc. Die Tatsache, dass viele dieser Dienste gesetzlich nur formal definiert sind und auf finanzielle Unterstützungsleistungen zielen, „with no atten-tion paid to a detailed examination of the client's situation and without goal-oriented application of social work methods that are based on social work theory", könnte dazu führen, „that welfare officers focus solely on the partial aspects of the client's situation which are important form the organisational and administrative point of view and that they proceed according to a predefined procedure" (Musil, zitiert ebd. S. 25).

Erschwerend kommt hier noch hinzu, dass alte, aus dem Sozialismus stammen-de Organisationsstrukturen auch heute noch latent vorhanden sind:

> „Oft kann diese alte Struktur deshalb so gut überleben, weil die Menschen im Laufe der Zeit gelernt haben, in gewohnten Bahnen zu arbeiten. Die Administration entlastete ihre Mitarbeiter von jeglicher persönlichen Verantwortung. Alles wurde und wird zum Teil immer noch ‚von oben' geregelt und die Mitarbeiter konnten, unabhängig von den Fol-gen, unmittelbar über die Schicksale der Menschen entscheiden. (...) Auch heute ist es für viele Angestellte im Sozialbereich bequemer, alles von ihrem Büro aus zu steuern und zu regeln. Sie vertreten die Position, dass nur sie am besten wissen, was für den Klienten richtig ist und dass nur sie – wenn auch ohne relevante Informationen – über die Schick-sale der Menschen entscheiden können." (Gabura 2001, S. 44)

(5) Sozialarbeiter oder Welfare Officer?
Im Act on Social Services werden verschiedene Qualifikationsvoraussetzungen an die Durchführenden gestellt, die als „Welfare Officers" bezeichnet werden. Damit koppelt sich das Gesetz von der Logik der Sozialarbeit ab, die ja nicht nur darauf abzielt, soziale Dienste zu vermitteln, sondern auch aktiv das Soziale mitzugestal-ten (Gojová et al. 2010, S. 27).

Bereits die verwendete Sprache macht deutlich, wie stark dieses Gesetz und die damit verbundenen staatlichen Überlegungen vom Geiste der englischen Sozial-arbeit des New Labour geprägt worden sind, denn offensichtlich fällt die Kritik am Modell ähnlich aus wie in England. Dies gilt auch für den 2006 formulierten

„Code of Ethics for Welfare Officers". In diesem Code werden Verhaltensgrundsätze formuliert, die insbesondere in kritischen Situationen eine ethische Fundierung geben sollen. Allerdings ist die Verbindlichkeit nicht wirklich abgesichert und so die öffentliche Aufmerksamkeit eher gering (Gojová et al. 2010, S. 26).

8.1.4 Zukünftige Herausforderungen

Deutlich geworden ist, dass die Tschechische Republik als relativ junges Mitglied der Europäischen Union auf vielfältige Weise versucht, Anschluss an den fachlichen Diskussionsstand zu gewinnen. Allerdings geschieht dies offensichtlich nicht immer in der Weise, wie sich Sozialarbeiter dies wünschen würden, da die Sozialpolitik aufgrund der schwierigen wirtschaftlichen Lage mit den Mitteln des liberal orientierten Wohlfahrtsstaates agiert.

Für die sich neu konstituierende Sozialarbeit ergibt sich dadurch eine paradoxe Situation. Sie wird nämlich durch die Knappheit an öffentlichen Mitteln in ein Paradigma gezwungen, welches davon ausgeht, dass der Klient für sein eigenes Schicksal und für den Weg aus den damit verbundenen Problemen heraus verantwortlich ist (Chytil 2011, S. 83 ff.). Die Verantwortung des Staates und die Rolle der Gesellschaft werden dabei nicht thematisiert. Die Sozialarbeit ist aber nicht in der Lage, Arbeitsplätze zu schaffen und Steuern zu erhöhen, sondern bedarf spezifischer Voraussetzungen und Bedingungen, um optimal intervenieren zu können. Zumal die Sozialarbeiter selbst – im Rahmen einer schwindenden Mittelklasse – mit finanziellen Problemen zu kämpfen haben.

Im Rahmen einer zukünftigen Ausrichtung der Sozialarbeit rät Alice Gojová daher dazu, dem Begriff der „Inklusion", wie er üblicherweise verstanden wird, mit Misstrauen zu begegnen und über die gängigen und unverzichtbaren individuumsorientierten Hilfen hinaus auch neue gemeinwesenorientierte Interventionsformen zu setzen, die in der Lage sind, soziale Netzwerke zu stärken und einen „channel to policy" (Gojovà 2011, S. 428) zu schaffen. Sozialarbeiter sollten demnach „strive to create room for participation and articulation of clients' needs, create and develop social networks, proceed from concrete definitions of situations formulated by the clients themselves, and rely on local sources and local specifics" (ebd.).

8.2 Sozialarbeit in Schweden

8.2.1 Entwicklung und Ausrichtung

Der Sozialstaat in Schweden, der dem Modell des „advanced comprehensive welfare state" (Bergkmark 2010, S. 160) entspricht, wird häufig durch folgende Faktoren charakterisiert: Universalismus, Vollbeschäftigungsziel, Serviceorientierung, Steuerfinanzierung und hohe Legitimität (Windwehr 2009, S. 191 ff.). Demzufolge liegt die politische, finanzielle und administrative Verantwortung für soziale Sicherheit in den Händen des Zentralstaates, die Umsetzung dagegen findet in der Regel auf kommunaler oder regionaler Ebene statt. Dies führt zu einer hohen Dichte an gesetzlichen sowie administrativen Vorgaben und Regelungen.

Seit Beginn des 20. Jahrhunderts veränderte sich Schweden vom Agrar- zum Industriestaat. Begünstigt durch ein hohes Tempo an Industriealisierung und ein Jahrhundert ohne Krieg kam es zu einem schnellen wirtschaftlichen Wachstum. Dabei war es das Anliegen der sozialdemokratischen Bewegung, dafür zu sorgen, dass der Wohlstand gerecht verteilt wurde, und das Bemühen der philanthropischen Vereinigungen, dafür zu sorgen, dass dieser Wohlstand auch wirklich alle Bürger erreichte (Svensson 2010, S. 49 f.). Seit etwa 1960 und vor dem Hintergrund einer Phase relativ günstiger ökonomischer Entwicklungen haben die schwedischen Regierungen in ihrem Bemühen nicht nachgelassen, stetes wirtschaftliches Wachstum mit der Ausweitung der sozialen Absicherung einschließlich von Gesundheitsleistungen für alle zu verbinden (siehe Windwehr 2009, S. 191). Allerdings haben die 1990er Jahre dann der bis dahin stetigen Ausweitung sozialer Dienste ein Ende gesetzt.

> „In the early 1990 s Sweden, as many other countries had its deepest recession since the 1930 s. The industrial era was over, as well as the era of the specific Swedish welfare state. Some of the ideas still last, but more and more institutions that used to give general assistance are now turned into selective and needs-testing institutions and become more and more heterogenic. Now, the former welfare state is criticised for being paternalistic and incompatible with contemporary life where the freedom of the individual as well as the personal responsibility is in focus." (Svensson 2010, S. 50)

Sozialarbeit war und ist vor allem mit der Aufgabe betraut worden, Individuen und Familien in konkreter materieller, aber auch instrumenteller Weise zu unterstützen. Dabei ist die Hilfe lokal organisiert, es ist die Aufgabe der Kommunen, jedem zu helfen, dem nicht auf eine andere, nichtstaatliche Weise geholfen werden kann. Ca. 90 Prozent der Sozialarbeiter in Schweden arbeiten für Kommunen, insbesondere im Bereich der drei Formen individueller und familiärer Dienste (zusammenfassend Bergmark 2010).

(a) Social assistance

Dieser Bereich umfasst insbesondere monetäre Hilfen für Individuen und Familien. Aufgabe der Sozialarbeiter ist es, Entscheidungen über Hilfezuweisungen zu treffen, die Bedingungen für Hilfeerhalt und die Höhe der Hilfe zu definieren und über flankierende Maßnahmen (wie z. B. Therapie, Beratung, etc.) zu entscheiden. Dieser Bereich ist bei den Sozialarbeitern nicht sehr beliebt und dient oft nur als erster Einstieg in den Beschäftigungssektor.

(b) Child and Youth welfare

Ziel ist es hierbei, die sozialen Bedingungen innerhalb der Stadtteile, Regionen, etc. zu schaffen, die notwendig und wichtig sind, damit Kinder, Jugendliche und Familien in ihrem regionalen Umfeld gut leben und sich entfalten können. Dabei geht es zunächst vor allem um die Zurverfügungstellung von präventiven Hilfen, wie z. B. Kinderbetreuung, Erziehungsberatung und Erziehungshilfe. Der Kinderschutz dient auch dazu, gefährdeten Familien „proaktiv" zu helfen und Kindeswohlgefährdungen zu verhindern.[81] Schließlich zielen die Hilfen für Heranwachsende vor allem darauf, diese in ihrer Entwicklung zu unterstützen und im Falle von Problemen familiennahe und freiwillige Formen der Hilfen anzubieten.

(c) Treatment of substance abusers

In Schweden sind die Kommunen für die Bereiche Alkohol- und Drogenmissbrauch zuständig. Aus historischen Gründen ist die Sozialarbeit sehr eng mit diesem Bereich verbunden. Dabei geht es vor allem darum, den einzelnen Klienten Hilfen anzubieten und dazu die notwendigen Assessments und Untersuchungen durchzuführen. Dabei haben die sozialen Dienste umfassende Befugnisse und können über die Zuweisung und Finanzierung vielfältiger Hilfen entscheiden.

Neben diesen drei Hauptsträngen gibt es noch mehr oder weniger unspezifische Formen der Sozialarbeit, z. B. im Bereich der Altenbetreuung, der Tagesbetreuung von psychisch Kranken oder im Bereich der Behindertenarbeit. In diesen Einrichtungen nehmen die Sozialarbeiter oftmals spezifische Aufgaben war, wie z. B. das Management oder die fachliche Begleitung von einzelnen Personen. Außerdem arbeiten Sozialarbeiter auch in Freiwilligeneinrichtungen und Nichtregierungsorganisationen.

Seit 1977 ist Sozialarbeit eine akademische Disziplin in Schweden, was dazu geführt hat, dass der Einfluss der Disziplinen Soziologie und Psychologie eher zurückgegangen ist, da viele Dozenten in Sozialarbeit promoviert haben. Ziel dieser Akademisierung ist die Sicherung eines hohen professionellen Status der Sozialarbeiter. Die Grundausbildung in Schweden bildet ein 3 1/2 Jahre dauernder Bachelor-Studiengang (Socionomexamen), daran kann ein Master- bzw. Promotionsstudiengang angeschlossen werden. Hohe Erwartungen werden auch an die Funktion der Professorenschaft geknüpft. Sie soll nicht nur dazu beitragen, soziale Probleme zu lösen, sondern sollte auch in einer Weise organisiert werden, „that the results can be implemented in practical social work" (Soydan 1999, S. 24).

Ein wichtiges Merkmal der Sozialarbeit in Schweden zeichnet sich durch den Versuch aus, Praxis und Forschungsaktivitäten in der Figur des „research-oriented professional" (Bergmark 2001 0, S. 164) miteinander zu verbinden. Nicht nur die Wissenschaft im Rahmen ihrer Forschungsinstitute, sondern auch die Praxis soll an Forschungsaktivitäten beteiligt werden, wobei offensichtlich unterschiedliche Bewertungen über den Erfolg dieser Maßnahmen vorliegen. So kritisieren die

---

81 Zu den neueren, gemeinwesenorientierten Strategien des Kinderschutzes in Schweden siehe Forkby 2008.

einen eine Orientierung im Rahmen dieser Studien an nicht genügend relevanten Forschungsfragen, andere beklagen ein zu geringes Interesse der Praktiker am Bereich der Forschung. Im Rahmen von Evaluierungsmaßnahmen wird daher versucht, Praktiker und Wissenschaftler miteinander zu vernetzen.

8.2.2   Transnationale Einflüsse

Aufgrund der spezifischen Ausrichtung des Wohlfahrtssystems in Schweden und der damit verbundenen Aufgaben in der Praxis, ergeben sich nicht nur spezifische nationale, sondern auch transnationale Dialoge:

New Public Management
Auch Schweden war insbesondere während der 1990er Jahre gezwungen, administrative und organisationale Veränderungen durchführen. So wurde, ähnlich wie in den meisten Staaten Westeuropas, die Philosophie des New Public Management eingeführt, eine Entwicklung, die nach Lijegren/Dellgran/Höker (2008) einen immensen Einfluss auf Gesellschaft und Sozialarbeit ausgeübt hat. Zwar hat diese neue Form der Steuerung nicht zu einer wesentlichen Zunahme an privaten Anbietern geführt, dafür ist aber nach Bergmark (2010) die Zahl der selbständigen Sozialarbeiter deutlich angestiegen. Nach Lijegren et al. (2008, S. 205 f.) lässt sich die Debatte vor allem durch eine nachlassende Polarisierung von Befürwortern und Gegnern charakterisieren: Nachdem anfänglich die Diskussion um die Einführung neuer Steuerungselemente (wie z.B. Dezentralisierung, Marktorientierung, Privatisierung, Contracting out, etc.) noch im Wesentlichen ideologisch geführt wurde, setzte sich zunehmend eine konstruktivere Haltung durch, die zu einer ambivalenten und pragmatischen, aber nicht länger feindlichen Haltung führte. Schließlich bildeten sich zwei „produktive" Umgangsformen mit dem Thema Privatisierung heraus, die Lijegren et al. als „Metaphern" bezeichnen:

> „The *heroine* is a skilled and successful small-scale, self-employed social worker who has, not without a certain degree of hesitation, left the public sector and its bureaucracy for professional reasons in search of methodological freedom and greater responsibility. The *capitalist*, on the other hand, is presented as an enterprise that is dedicated to generating profits and employing unskilled workers. These enterprises often go bankrupt with the result that union members' jobs are lost. In line with the capitalist metaphor, public organisations, rhetorically speaking, represent democratic values and responsibilities for weak groups." (ebd. S. 206, kursiv P. E.)

Hier lässt sich die Spannung erkennen, die auch im Wohlfahrtsstaat Schweden latent zum Ausdruck kommt: Offensichtlich tendiert man dazu, soziale Dienste auch im Rahmen der Privatisierung zu akzeptieren, solange sie funktional dienlich sind und die Professionalität im Vordergrund steht (ebd.). Damit bleibt die entscheidende Frage, ob die Einführung solcher Maßnahmen zu einer Verbesserung der Sozialarbeit und der sozialen Dienste führt, noch unbeantwortet. Allerdings lässt sich für Schweden zeigen, dass diese Maßnahmen nicht nur der Sozialarbeit auferlegt worden sind, sondern dass die Sozialarbeit auch aktiv in die Entwicklung dieser Maßnahmen involviert war und ist.

Spezialisierung

Die Einführung des New Public Management führte schließlich (ähnlich wie in Deutschland) zu einem Prozess der Spezialisierung der Sozialarbeiter und sozialen Dienste (Bergmark/Lundström 2007). Klassischerweise galt für die Sozialarbeit eine generalisierende und ganzheitliche Vorgehensweise als typisch, wie sie noch im schwedischen Dienstleistungsgesetz aus dem Jahre 1982 zum Ausdruck kommt. Zwei Prinzipien galten für besonders wichtig:

> „The first underlines the importance of assessing the clients' whole situation instead of classifying according to type of problem. This means that the client will meet a generalist instead of an expert, which is assumed to reduce stigma and save time for those with multiple problems. The second notion concerns geographical proximity and the perceived need to not only handle individual problems, but to also participate in efforts to create a good social environment in the neighbourhood." (Bermark 2010, S. 165)

Heute dagegen herrscht oftmals eine spezialisierte, methodisch eng definierte Hilfe vor. Mit der Spezialisierung der Organisationen geht zugleich ein Trend zur Ausdifferenzierung der sozialarbeiterischen Tätigkeit einher. Sozialarbeiter gehen zunehmend klientenspezifisch (z. B. alleinerziehende Mütter, Multiproblemfamilien, etc.), methodenspezifisch (z. B. systemisch, transaktional, ressourcenorientiert) oder bereichsspezifisch (Durchführung von Diagnosen, von Planungsaufgaben, etc.) vor. An diesen Erwartungen orientieren sich heute auch zunehmend die verschiedenen Zusatz- und Weiterbildungen. Der Grund für diese Form der „horizontalen Spezialisierung" (die vertikale geht ungleich langsamer vonstatten) ist vor allem den neuen Formen der Finanzierung geschuldet: Je mehr der Staat bzw. die Kommunen ihre Mittel knapp und zielgerecht einsetzen müssen, umso mehr werden solche sozialen Dienste bevorzugt, die klare Zielgruppen- und Ergebniskriterien vorweisen können (ebd. S. 166).

Freilich kann man dahinter auch eine Strategie zur Professionalisierung der Sozialarbeit im Kampf um gesellschaftliche Anerkennung sehen. Spezialisierung erlaubt es, sich methodisch und technisch von anderen Sozialarbeitern abzusetzen und damit an Profil zu gewinnen.

> „To what extent this is purely an intraprofessional problem or whether it has consequences for people meeting social work is, however, an open question. What seems unavoidable, though, is that clients to a higher degree will encounter a number of specialists instead of one or two social workers. These professionals may be more competent and well equipped to solve the problems at hand, but the flipside is not only increased complexity for the client but also a diversified structure of interprofessional relationships where accountability can easily be obscured." (Bergmark/Lundström 2007, S. 70)

Evidence-Based Practice

Bereits seit den Anfängen der 1990er Jahre wurde dieser Ansatz von der schwedischen Regierung zur nationalen Strategie erklärt und entsprechend vorgegeben.

In diesem Zusammenhang wurde das CUS (Centre for Evaluation of Social Work) im Jahre 1992 gegründet (es gibt zudem ein „Institute for Evidence-Based Social Work Practice" [IMS] als Teil des National Board of Health and Welfare) und dazu bestimmt, die Wissensbasis der Sozialarbeiter zu verbreitern und eine forschungs-basierte Denkweise voranzutreiben (siehe dazu zusammenfassend Soydan 2010 bzw. Kap. 7.1). Trotz vielerlei Kritik am Konzept machen heute mehr und mehr Organisationen und Sozialarbeiter von dem zur Verfügung gestellten Wissen Gebrauch, zumal die meisten Kommunen eine solche Orientierung heute vor-schreiben. Positiv dazu bei trägt hier nicht nur die Tatsache, dass in Schweden die Forschungslandschaft sehr gut aufgestellt und außergewöhnlich aktiv ist, son-dern auch der Umstand, dass die Ergebnisse breit und vor allem auch kritisch diskutiert werden. Offensichtlich ist vor allem in Schweden eine Sozialarbeitsland-schaft entstanden, die sich als angewandte Disziplin und Profession ein eigen-ständiges Profil gesichert hat.

8.2.3 Zukunftsperspektiven

Die Darstellung der Situation in Schweden kann nur in Ansätzen deutlich machen, dass und wie es dort gelungen ist, die Relevanz wissenschaftlichen Wissens für die Sozialarbeit deutlich zu machen. Dabei gab es im Laufe der Entwicklung verschie-dene Erkenntnisse:

1. „The discourse on the use of knowledge in social work has, over time, shifted to the question of what kinds of knowledge serve high-quality and effective social work practice").
2. Aus einem „top down, policy-driven process", bei dem es darum ging, wissenschaft-liches Wissen zu entwickeln und an die Praxis zu disseminieren, hat sich ein „relationship model" im Sinne eines „reciprocal and balancing bottom up, practioner-diven process supported by central agencies" entwickelt (Soydan 2010, S. 189).

   „This development might be the beginning of a more accomplished relationship model to bridge knowledge to policy and practice, one where there is a productive exchange of concerns, ideas and high-quality evidence between all key stakeholders." (ebd. S. 190)

Die kritische Auseinandersetzung mit den Ergebnissen der jeweiligen Entwicklun-gen und der stete Versuch, neue Erkenntnisse auch empirisch zu fundieren, kenn-zeichnen die schwedische Sozialarbeit. Sozialarbeit wird damit zu einer angewand-ten Disziplin, die sich den politischen Vorgaben – die ja immer Ergebnisse von demokratischen Prozessen sind – zunächst stellt, deren Umsetzung aber dann kritisch-analytisch verfolgt und empirisch auswertet. Auf diese Weise entwickelt sie eine eigene Autonomie als Wissenschaft und Praxis, die möglicherweise einzig-artig in Europa ist.

8.3 Sozialarbeit in England

8.3.1 Die Entwicklung der Sozialarbeit bis zur Modernisierungsagenda

Das Vereinigte Königreich (United Kingdom) setzt sich aus England, Northern Ireland, Scotland und Wales zusammen. Ähnlich wie in Deutschland für die einzelnen Bundesländer besteht auch dort eine große Bandbreite an unterschiedlichen rechtlichen und organisationalen Regelungen für den sozialen Bereich. Deswegen liegt im Folgenden der Fokus der Argumentation auf England und Wales.

Nach Eric Blyth (2009) beginnt die Entwicklung der englischen Sozialarbeit in der Mitte des 19. Jahrhunderts. Um die Mittel für Hilfen sorgfältig einzusetzen und nicht Müßiggang und Laster zu unterstützen, mussten bereits die ersten professionellen Sozialarbeiter Klienten nach den Merkmalen „deserving" und „undeserving" unterscheiden und denjenigen, die der Hilfe würdig waren, Unterstützung zukommen lassen. Dies geschah vor allem im Rahmen einer auf die einzelne Person gerichtete Fallarbeit, wobei es aus Effizienzgründen auch darum ging, individuelle und soziale Ressourcen zu mobilisieren.

Nach dem zweiten Weltkrieg entwickelte sich dann auf der Basis der Reformen von William Beveridge ein umfassendes Wohlfahrtssystem, im Rahmen dessen die Sozialarbeit vor allem als Psychodynamic Casework fungierte, „heavliy influenced by the work of Freud and the ‚post-Freudians'" (ebd. S. 133). Während der folgenden 25 Jahre spielte die Sozialarbeit nur eine bescheidene Rolle bei der Umsetzung der für England bedeutenden sozialen und wirtschaftlichen Aufgaben, nämlich der Bearbeitung der „Five Giants" (Disease, Idleness, Ignorance, Squalor, Want) und der Umsetzung einer wachstumsorientierten Beschäftigungs- und Wohlstandspolitik. Trotzdem gelang es ihr, universelle Dienste zu entwickeln, die von der Mehrzahl der Bevölkerung geschätzt wurden.

Erst in der Mitte der sechziger Jahre wuchs die Kritik an einer zu wenig spezifisch problem- und klientenorientierten Ausrichtung, eine Kritik, die schließlich im Seebohm Report (1968) zusammengefasst wurde. Lord Seebohm schlug vor, die sozialen Dienste stärker personal auszurichten und in lokalen Social Services Departments zu vereinigen. Dies sollte dazu dienen, die verschiedenen Hilfen effektiver zu organisieren und mit mehr Ressourcen auszustatten (Adams/Shardlow 2005, S. 146). Dazu wurde von Seebohm eine kommunal gesteuerte, sozialraumorientierte Ausrichtung der Sozialarbeit vorgeschlagen, innerhalb deren die zukünftigen „generalist social workers" in pragmatischer und unideologischer Weise dazu beitragen sollten, das soziale Leben in England zu befördern.

> „We recommend a new local authority department, providing a community based and family oriented service, which will be available to all. This new department will, we believe, reach far beyond the discovery and rescue of social casualties; it will enable the greatest number of individuals to act reciprocally, giving and receiving service for the well-being of the whole community." (Seebohm 1968, S. 11)

Als Konsequenz entstand auf diese Weise im Jahr 1970 der „Local Authority Social Services Act". Damit schien es so, als würde sich die Sozialarbeit als „major profession in local authorities and for people's welfare" (Dickens 2011, S. 29) etablieren können. Im gleichen Jahre wurde die nunmehr vereinte Berufsorganisation „British Association of Social Workers" und mit ihr die Zeitschrift „British Journal of Social Work" gegründet. Auch theoretisch begann sich die Sozialarbeit zu verändern und sich u. a. der Systemtheorie und den kognitiven Therapien zu öffnen (Blyth 2009, S. 134).

Die ökonomische Krise am Ende der 1970er Jahre beendete jedoch die damit verbundene Aufbruchstimmung: mit Margret Thatcher sollte es vor allem darum gehen, soziale Hilfe bezogen auf die Gesamtpopulation stark einzugrenzen, durch die Etablierung eines Welfare Market den privaten Sektor zu stärken und durch zusätzlichen moralischen und monetären Druck auf die noch verbleibende Klientel die Effizienz der jeweiligen Hilfeleistung zu steigern (Adams 2003). Damit ging zugleich eine Veränderung vom Wohlfahrtsstaat zum Wohlfahrtsmarkt einher, der Staat wechselte nun seine Rolle: aus einem Versorger wurde ein Unterstützer (engl. enabler). Aus dem Klienten sollte nun ein Konsument werden, eine ideologische Wende, die sich aber nicht wirklich umsetzen ließ (siehe dazu zusammenfassend Harris 2004). Insgesamt resultierten aus dieser ideologischen Wende insbesondere vier für die Sozialarbeit gravierende Veränderungen:

1. Die für eine Hilfeform einzusetzenden Kosten dürfen künftig nicht so sehr vom Prozess, sondern müssen jetzt deutlicher vom jeweiligen Ergebnis (engl. „outcomes" oder „benefit") bestimmt werden.
2. Der Schwerpunkt der Aufmerksamkeit der Sozialarbeiter liegt jetzt stärker im Bereich der rationalen Planung, der Diagnose von Problemen und der Entwicklung von Auswahlkriterien für Interventionsbedürftigkeit.
3. Die vormals individuelle Verantwortung aller Beteiligten für den Hilfeprozess wird durch Kontrakte, Leistungsvereinbarungen und Kostenkontrolle erheblich eingeschränkt.
4. Die neue Terminologie vom „service user" oder „consumer", verbunden mit dem Schlagwort der individuellen Autonomie führt zu einer zunehmenden Konsumhaltung seitens der Klienten und einer Befriedigungshaltung seitens der Sozialarbeiter (Adams/Shardlow 2005, S. 149 f.).

Aus den vormals sich für einzelne Klienten und deren Probleme sehr umfassend verantwortlich verstehenden Case Workers werden nun Care Managers, mit weitreichenden Folgen:

> „The adoption of ‚care management' by local authority social services departments, and the impersonal application of a contractually based procedures and criteria for resource gate-kepping and allocation, have been instrumental in shifting workers' sense of responsibility away from the client and towards the organization through its emphasis upon quantifiable intermediate outcomes related to the achievement of targets being privileged over ‚soft' final outcomes related to client well-being." (ebd.S. 151)

Care Management bedeutet nun vor allem, die Situation eines Klienten zu bewerten und auf legitime Hilfeansprüche hin zu überprüfen. In diesem Konzept spielt die professionelle Expertise fast keine Rolle mehr, da die jeweiligen Organisationen im Rahmen vorhandener Schemata entsprechende Indikatoren objektiv ausweisen.

Seit 1997 hat dann die Labour Regierung unter Tony Blair versucht, einige der Probleme der Sozialen Dienste, die unter Thatcher entstanden sind, unter dem Stichwort der „Modernisierung des Wohlfahrtsstaates" und vor dem Hintergrund der Theorie des „Third Way" von Anthony Giddens zu beheben (siehe dazu auch Kapitel 4.1.3). Verstanden wurde darunter insbesondere die Erkenntnis, dass der moderne Staat nicht länger in der Lage ist, das Soziale umfassend zu steuern. Daher müsse, so wurde gefordert, die Verantwortung in diesem Bereich vom Kollektiv auf das Individuum übergehen. Die Aufgabe der sozialen Dienste könne es nur sein, im Rahmen eines leistungsorientierten Systems ausgewählten Klienten zielgenaue Hilfen anzubieten. Die Aufgabe des Klienten ist es dann, diese Hilfe anzunehmen und sie entsprechend zu nutzen.

Dabei wird sehr deutlich zwischen Self-Care (d. h. der Selbsthilfe) und Professional Care unterschieden, wobei der Self-Care in der Regel der Vorzug zu geben ist. Im Rahmen dieser Strategie sind dann eine Fülle an nationalen Maßnahmen eingeleitet worden, die alle dazu dienen sollen, Hilfeleistungen zu optimieren, auf einander abzustimmen und unter dem Stichwort Evidence-Based Practice wissenschaftlich abzusichern.[82] Verschiedene Bausteine wurden entwickelt und umgesetzt (Adams/Shardlow 2005, S. 154):

- Das 1988 ins Leben gerufene Programm „Quality protects" sollte der Verbesserung der Lebensbedingungen von Kindern dienen, die mit dem staatlichen Hilfesystem in Berührung kamen;
- das „Framework for the Assessment of Children in Need and their Families" wurde im Jahr 2000 als Richtlinie und Handlungsanweisung für die Förderung des Wohls des Kindes herausgegeben;
- das „Children Act 2000" fördert Adoptionen und Pflegefamilien, und das „Care Standards Act 2000" regelt Leistungen und Anforderungen an Ausbildung und Personal im Bereich der sozialen Dienste. Die GSCC (General Social Care Council) und das NCSC (National Care Standards Commissions) werden institutionalisiert;
- 2002 entstehen erste nationale verbindliche „Codes of Practice", Sozialarbeiter sind verpflichtet, sich in ein Berufsregister einzuschreiben und die Standards zu respektieren;
- 2004 wird die Commission for Social Care Insepection (CSCI) gegründet. Sie überprüft und bewertet die Leistungserbringung im sozialen Bereich (Block/ Kleipoedszus/Wildensee 2007, S. 245);

---

82 Vorausgeschickt werden muss noch, dass der Status und das Image der Local Authorities zuvor auf dem denkbar niedrigsten Stand lagen (Block/Kleipoedszus/Wildensee 2007, S. 243).

- „Every Child Matters" und das „Children Act 2004": Die Effizienz der Zusammenarbeit zwischen den verschiedenen Hilfeeinrichtungen im Bereich der Arbeit mit Kindern und Familien wird gestärkt;
- das „Social Care Institute for Excellence" wird (2008) gegründet und soll die Umsetzung von Best Practice Standards gewährleisten (siehe auch zusammenfasssen Block/Klepoedszus/Wildensee 2007).

Alle diese Maßnahmen sollen dazu beitragen, die Sozialen Dienste effektiv und effizient zu machen. Sogar Freiwilligenorganisationen wurden jetzt in die Kontraktbildung einbezogen und gezwungen, etwaige Hilfe- und Leistungszusagen rechtlich verbindlich zu gewährleisten (Kendall/Knapp 2001). Die Hoffnung, Sozialarbeit lasse sich derart politisch instrumentalisieren, war groß, weil davon ausgegangen wurde, Praxis lasse sich letztendlich technologisch beschreiben und mit Hilfe von Wissenschaft bezüglich ihrer Effekte absichern. Theorie und Kritik galten demgegenüber als überflüssig und zeitraubend.

Adams/Shardlow (2005) kritisieren diese Entwicklung vor allem aus zwei Gründen: Zum einen befürchten sie, dass vor dem Hintergrund dieses wohlfahrtsstaatlichen Verständnisses nur noch wenige Zielgruppen Hilfen bekommen können (so u. a. Kinder, Behinderte und Gebrechliche). Zum anderen sehen sie die Gefahr, dass die betroffenen Klienten nicht mehr als Menschen wahrgenommen, sondern zunehmend nur noch als Problemfälle aus der Sicht der damit befassten Organisationen (ebd. S. 154 f.).

8.3.2   Zunehmende Zweifel am Konzept der Tough Love

Zunehmende Zweifel an der mit diesen Regelungen eingeschlagenen Richtung sollen anhand einiger Beispiele kurz beleuchtet werden. Es handelt sich hier im Grunde um vorsichtige Hinweise darauf, dass die Modernisierungsagenda und der damit verbundene Weg der „tough love" (d. h. der Logik des „Förderns und Forderns", Jordan 2001) möglicherweise mit hohen Kollateralschäden für die praktische Bewältigung von Problemen verbunden sein könnten.

So hat z. B. Jonathan Dickens (2011) ausgehend vom Abschlussbericht der „Social Work Task Force" im Jahr 2009 die Situation der Sozialarbeit in England diskutiert und vor allem den mit dem Modernisierungskonzept verbundenen Fortschrittsglauben kritisiert. Anlass für diesen Bericht waren Berichte in den Medien über erschreckend brutale elterliche Misshandlungen und schließlich der Tod von Kindern und damit verbundene Vorwürfe gegen Sozialarbeiter und Manager der betreffenden Child Protection Unit. Nach Meinung von Dickens lassen sich solche Vorfälle nicht allein durch immer differenziertere Diagnose und Risk-Assessment Verfahren vermeiden, sondern fordern professionelle Fähigkeiten und die Bereitschaft zur Übernahme von Risiken.

Auch Paul Stepney (2009) sieht die englische Sozialarbeit insgesamt an einer wichtigen Wegkreuzung. Die Suche nach Sicherheit, „that largely complements the modernising discourse" (ebd. S. 12) hat seiner Ansicht nach eine allzu enge Ausrichtung am Konzept der Evidence-Based Practice zur Folge. Seiner Ansicht nach kann man das Scheitern der Modernisierungsagenda beispielhaft an der Art der Durchführung des sozialpolitischen Kampfes gegen die Antisocial Familiy erkennen.

Ausgangspunkt dafür war ein zunehmendes Unbehagen der Bürger gegenüber dem antisozialem Verhalten und verschiedenen, teilweise mit Todesfolge verbundenen Gewaltäußerungen von Kindern und Jugendlichen in den Vorstädten. Die darauf hin formulierte „Respect Agenda" sollte die Möglichkeit schaffen, mit Hilfe polizeilicher Daten schnell und direkt auf die „antisocial family"[83] einzuwirken (Respect Task Force 2006). Diese zeichnet sich nach Regierungssicht vor allem dadurch aus, dass sie nicht bereit ist, ihre Kinder ordentlich zu erziehen (engl. bad parenting). Daher spielen in dieser Agenda nicht so sehr (sozialpädagogische) Hilfen, sondern vor allem Strafen für Kinder und Eltern eine wichtige Rolle. Allerdings mit wenig Erfolg. Kritiker sprechen im Rahmen dieses Programms von einer „punitive turn" und weisen darauf hin, dass auf diese Weise ganze Bevölkerungsgruppen kriminalisiert würden und Sozialarbeit zu sehr in eine kontrollierende und intervenierende Funktion kommt. Und damit ihrer Aufgabe zu helfen und zu unterstützen nicht mehr gerecht werden kann (Parr 2009, S. 1262).

8.3.3 Sozialarbeit als unbeliebte Profession

Auch eine Folge des hohen Drucks durch die Modernisierungsagenda sind die gravierenden Schwierigkeiten bei der Ausbildung von Sozialarbeitern. In England begann die klassische Karriere eines Sozialarbeiters in der Regel damit, dass Mitarbeiter von sozialen Diensten, die überdurchschnittlich motiviert und engagiert waren und die über gute schulische Zeugnisse verfügten, von ihren Dienstgebern zum Studium der Sozialarbeit aufgefordert wurden. Dadurch, dass das Einstiegsalter für einen Job als Sozialarbeiter 23 Jahre betrug, waren die Studierenden auch nicht zu jung, um an die verantwortungsvollen Aufgaben herangeführt zu werden. Dies änderte sich im Laufe der 1990er Jahre mit der Einführung der Diploma-Studiengänge. Dazu wurden niedrigere Zulassungskriterien formuliert, die verhindern sollen, dass zu viele Kandidaten scheitern:

1. Die Studierenden müssen Schlüsselkompetenzen in „literacy" (dt. Leseverständnis) und „numeracy" (dt. Rechenverständnis) nachweisen, in der Regel durch einen Secondary School Abschluss, nötigenfalls durch Bestehen eines Multiple Choice Tests.

---

83 Darunter werden Familien verstanden, „who terrorise the communities in which they live" or „who disrupt the quality of life of whole communities and make the lives of residents around them miserable" (Parr 2009, S. 1258).

2. Alle Studierenden müssen fähig sein, in englischer Sprache zu schreiben und zu sprechen. Der Nachweis erfolgte im Rahmen einer schriftlichen Bewerbung und einem Bewerbungsgespräch.

3. Alle Bewerber müssen die für den Beruf „appropriate personal and intellectual qualities" nachweisen, in der Regel durch den Nachweis praktischer Kompetenzen im Rahmen eines Praktikums (Humphrey 2006, S. 358).

Gründe für die Herabstufung der Zugangskriterien waren vor allem der steigende Bedarf an Sozialarbeitern und die Not der Universitäten, Studierende zu akquirieren, zumal deren Ausbildung vom Staat finanziert wurde. Die Konsequenz war, dass insbesondere Studierende mit „disadvantaged backgrounds" angezogen werden sollten. Dabei muss man jetzt aber in Kauf nehmen, dass diese oftmals nicht über ausreichend intellektuelle Fähigkeiten verfügen, um diesen Beruf auch auszuführen. Nimmt man die geringe Stundenzahl, die diese Studierenden an den Universitäten verbringen (200 Tage an der Hochschule, 200 Tage in der Praxis), dann stellt sich die Frage, wie sie das mit vielem Spezialwissen überladene Curriculum bewältigen sollen.

> „It may seem obvious that all what educators can do is to expose students to a range of simplified models about things like the stages of human development, the sources of social inequalities, varieties of organisational systems and the contemporary policy framework, whilst encouraging them to reflect upon all this in placements, and ensuring that they submit an essay or project on a few specialist topics." (Humphrey 2006, S. 363)

Insofern zeigen Untersuchungen, dass neu qualifizierte Praktiker kaum Kenntnisse über die Theorien haben, die sie anwenden, und zwischen Theorien, Modellen und Methoden nicht unterscheiden können. Was hier Not tut, ist ein Klärung der Frage, welches disziplinäre und methodische Wissen in welcher Tiefe verfügbar gemacht werden soll. Möglicherweise müssen Kenntnisse in Psychologie Vorrang genießen vor solchen in Soziologie und werden Kenntnisse in Organisationstheorie in Masterstudiengänge verlagert werden müssen. Und möglicherweise sind Studierende nur in der Lage, exemplarisch zu lernen und müssen später in der Praxis dann weiter geschult werden. Insgesamt ergibt sich so ein Missverhältnis zwischen dem Umstand, dass eigentlich jeder, ohne große Voraussetzungen, Sozialarbeiter werden kann, andererseits aber höchste Anforderungen in der Praxis gestellt werden (ebd. S. 371).

8.3.4　Transnationale Entwicklungen

Hatte die englische Sozialarbeit bislang eine Sonderrolle in Europa gespielt, weil sie sehr stark auf die Modernisierung setzte und eher dem amerikanischen als europäischen Mainstream im Bereich der Sozialarbeit folgte, so zeigen nun die Reaktionen der letzten Jahre, dass sich die fachliche Debatte auch in England – nach einer „Situation der Ungewissheit" (Hansen 2003) – wieder stärker in Richtung des mit Niklas Luhmann als „alteuropäisch" zu charakterisierenden Denkens verschiebt. Dabei lässt sich, wie im Folgenden gezeigt werden soll, leicht belegen, dass diese Entwicklung nicht ausschließlich durch die inner-englischen Debatten ausgelöst worden ist, sondern sehr stark auch durch Einflüsse vom europäischen Ausland.

Re-Interpretation des Sozialarbeiterischen

Insbesondere die Diskussion der Bearbeitung des Problems der Anti Social Familiy führt in Zusammenhang mit dem Social Work Task Force – Projekt zu einer Wiederbelebung des Präventionsgedankens und zur Forderung nach einer zunehmenden Personalisation of Public Services (Dickens 2011, S. 30). Außerdem wurde empfohlen, ein „National College of Social Work" zu gründen, das die Aufgabe hat, Fragen der professionellen Qualität zu diskutieren, aber auch als Stimme und Vertretung der Sozialarbeit im Rahmen nationaler Debatten zu fungieren.

Für Dickens kommt es dabei vor allem darauf an, dass (endlich) zugegeben wird, dass Sozialarbeit komplex und widersprüchlich ist, und dass ihre Gestalt niemals (wie die Modernisierungstheoretiker glaubten) ein für allemal fixiert werden kann.

> „Whatever the social conditions, political circumstances and organisational arrangements, social workers still have to balance care and control in their work with service users, empowerment and protection, support and surveillance; they face the tensions of working for change in individuals and in society, casualty work and preventive work; they have to balance the wishes of service users with their needs and abilities, the interests of others, resources and legal duties. (...) Social work cannot escape these challenges, no matter how many times it calls for greater public awareness or tries to produce easy-to-understand accounts of what it is and does." (Dickens 2011, S. 35)

Offen wird heute auch die Problematik einer adäquaten Bezeichnung des Hilfeempfängers, als „,client', ,patient', ,customer', ,consumer', ,epert by experience', ,service user'" (McLaughlin 2009) diskutiert. Offensichtlich ist die englische Sozialarbeit wieder zunehmend bereit, Fragen zu stellen und der Praxis theoretisch begründete Pardoxien und Widersprüche zuzumuten.

In diesem Zusammenhang plädiert Gillian Ruch (2009) für ein stärker reflexives Modell der Sozialarbeit im Rahmen einer „relationship-based practice" (S. 350) und schlägt die Einführung eines „relationship-based model of reflection" vor. Im Rahmen dieses Modells beraten sich 8–10 Sozialarbeiter in regelmäßigen Sitzungen über bestimmte Fälle, die von Berichterstattern vorgetragen und dann in der Gruppe offen diskutiert werden sollen. Auf diese Weise können die Berichterstatter sich mit ihren Gefühlen, die der jeweilige Fall bei ihnen auslöst, in einem geschützten Raum auseinandersetzen. Zudem erhalten sie ein vielfältiges fachliches Feedback und sind damit besser in der Lage, reflektiert und auf multimodaler Basis zu handeln.

Anerkennung des sozialpädagogischen Paradigmas

Im Rahmen eines Interventionsprogramms für Familien („Signpost") hat Sadie Parr zu zeigen versucht, dass antisoziales Verhalten von Kindern besser bearbeitet werden kann, wenn man präventive Maßnahmen in den Vordergrund stellt und den Sozialarbeitern ermöglicht, freier zu arbeiten und fachlich begründete Entscheidungen selbständig zu treffen (Parr 2009, S. 1262). Auch andere Modellprojekte, wie z. B. „The Sure Start Children's Centres" oder das Programm der Regierung „Every Child Matters" (2006), setzen inzwischen eher präventiv und erzieherisch an. Jedoch sind diese Ansätze meist noch nicht genügend theoretisch fundiert und nach Aussagen von Praktikern durch prozessuale staatliche Vorgaben und wenig ausgebildete Mitarbeiter in ihrer Leistungsfähigkeit wesentlich eingeschränkt (Petrie/Cameron 2009).[84]

Der Grund dafür ist nach Mark Smith and Bill Wythe (2008) darin zu sehen, dass die englische Denkweise jahrzehntelang durch die angloamerikanische Tradition beeinflusst war, wonach Probleme in der Regel selbstverschuldet und Glück eine Folge der eigenen Leistung war. Demgegenüber wurden sozialpolitische und soziologische Erwägungen an den Rand gerückt (ebd. S. 23). Sie fordern deshalb eine Öffnung der englischen Sozialarbeit zum Konzept der Sozialpädagogik bzw. Social Education.[85]

Smith and Wyhte (2008) sehen verschiedene Möglichkeiten, wie sich ein solches sozialpädagogisches Paradigma auf die Sozialarbeit in England auswirken könnte:

• Professionelle Identität: eine sozialpädagogische Sichtweise auf die Klientel könnte eine entlastende Funktion gegenüber einer neoliberalen Sichtweise übernehmen, die den Klienten atomisiert und gesellschaftlich isoliert.
• Ganzheitlichkeit: Auf diese Weise könnte „the whole child" (Smith/Wyhte 2008, S. 24) wiederentdeckt und deutlich gemacht werden, dass die Kinder multimodale, systemübergreifende und ganzheitliche Hilfen im Rahmen multiprofessioneller Teams benötigen.
• Beziehung: Es könnte wieder stärker darum gehen, zusammen „mit" den Kindern und Jugendlichen zu arbeiten und sie nicht zu klientelisieren und spezialisieren.
• Kinderrechte: Auf diese Weise wird ein Zugang zu den Kinderrechten möglich, „that is not limited to procedural matters or legislated requirements" (Boddy, zitiert in Smith/Wythe 2008, S. 26).

Im Rahmen dieses Ansatzes sehen Smith/Wythe keine Spannung zu den anderen Ansätzen der Sozialarbeit (ebd. S. 26), sondern lediglich eine methodische Ergänzung für die Arbeit mit bestimmten Klientengruppen.

Zunehmende Betonung der kritischen Funktion der Sozialarbeit
Dass die englische Sozialarbeit die Entwicklungen der letzten Jahre auch durchaus kritisch diskutiert, zeigt etwa die Auseinandersetzung zwischen den Befürwortern und Gegnern einer harten Vorgehensweise im Bereich des Kinderschutzes. Die

---

84 Auch der Munro-Report zu Verhinderung von Kindesmisshandlung befürwortet sehr stark den Einsatz von präventiven Maßnahmen (Department of Education 2011).
85 Zum Konzept der Sozialpädagogik siehe Hämäläinen (2003).

kritischen Argumente zielen auf zwei Punkte: Zum einen wird darauf hingewiesen, dass insbesondere die Modernisierungsstrategie von New Labour mitverantwortlich für eine strukturell bedingte Arbeitslosigkeit ist, die viele Menschen dazu zwingt, „subsisting on the edge' through a combination of petty crime, begging, and prostitution, supported by nongovernmental organisations (NGOs)" (Stepney 2009, S. 17). Zum anderen wird die enge Ausrichtung am Konzept der Evidence-Based Practice als mitverantwortlich für solche sozialen Erscheinungen gesehen, da das Konzept ausschließlich auf Kurzzeitinterventionen, lerntheoretische Maßnahmen und aufgabenzentrierte Hilfen setzt (Harris 2005).

8.4 Sozialarbeit in Deutschland

8.4.1 Zur Geschichte des Helfens in Deutschland

Versteht man Sozialarbeit (in dem in diesem Buche unterstellten Sinne, siehe Kap. 2) als Funktion bzw. Teilsystem moderner Gesellschaften und die damit verbundenen Interventionen als Hilfen bzw. Strategien zur professionellen Bearbeitung psychosozialer Probleme, so lassen sich die entsprechenden Spuren in Deutschland – ähnlich wie in vielen anderen europäischen Ländern – bis ins Mittelalter verfolgen (Hering/Münchmeier 2007). So gab es bereits damals insbesondere religiös motivierte Hilfe für die Ärmsten der Armen, z. B. dadurch dass Kirchen, Klöster, Landesherren und wohlhabende Privatleute Stiftungen ins Leben riefen und freiwillige Bruderschaften sich gegenseitige Selbsthilfe leisteten.

Später – insbesondere seit dem Zeitalter der Industriealisierung – wurden diese Hilfen dann stärker organisiert und moralisiert: von den Hilfesuchenden wurde zunehmend eine Gegenleistung erwartet: Arbeit wird zur „neuen Medizin" gegen Armut (Sagebiel 2010, S. 4). In den Städten wird die Hilfe schließlich strukturiert und die Armenfürsorge zum Instrument der Arbeitserziehung. Eine Abkehr von einer rein materiellen Hilfe erfolgte, wobei insbesondere zwei die Sozialarbeit in Deutschland besonders prägende Linien entstanden:

- Bürokratisierung: In dem Maße, in dem Armut staatlich erfasst wird, wird die Almosenvergabe demzufolge zunehmend organisiert, dokumentiert und überprüft.
- Pädagogisierung: Der Almosenempfänger wird nicht nur zum Objekt altruistischer, sondern immer mehr auch erzieherischer Bemühungen. Er muss gefördert werden, um arbeiten und ein sittliches Leben führen zu können.

Als eine besonders gelungene Form der Organisation von Hilfen in Deutschland gilt das Elberfelder System, das auf der Basis verschiedener Grundsätze eine für damalige Verhältnisse offensichtlich hohe Optimierung der Armenversorgung erreichte. Im Rahmen dieses Modells wurden insbesondere vier Grundsätze praktiziert:

(1) Eine „strikte Individualisierung der Unterstützung (Einzelfall);
(2) die Dezentralisierung der Entscheidungskompetenzen zugunsten von vor Ort arbeitenden ehrenamtlichen Armenpflegern;
(3) die Beauftragung ehrenamtlicher Kräfte (Armenpfleger) mit der Durchführung;
(4) die Aufteilung des Stadtgebiets in gut überschaubare Bezirke (‚Quartierssystem')" (Münchmeier 2005, S. 358).

Ähnlich wie in anderen europäischen Ländern gab es dann um die Jahrhundertwende sowohl Bestrebungen der sozialistischen Bewegung, um insbesondere die Arbeiterschaft an den wirtschaftlichen Erfolgen der Industrialisierung teilhaben zu lassen, als auch Bemühungen eines sozial engagierten Bürgertums und insbesondere wohlhabender Frauen, konkrete Hilfen auch den Ärmsten und Benachteiligsten zukommen zu lassen. Da sich auch die bürgerliche Frauenbewegung für soziale Reformen eingesetzt hatte, entstanden allmählich weibliche Helferberufe, die zunehmend um gesellschaftliche und politische Anerkennung rangen (Engelke 2003, S. 125).

8.4.2 Unterlassene Akademisierung

Insbesondere Alice Salomon hat das Berufsbild der Fürsorger und Sozialarbeiter gefördert (Salomon 1927) und damit zugleich Frauen (da diese oftmals keinen Zugang zur Universität bekamen) einen qualifizierten Ausbildungsweg eröffnet. So wurden in Berlin, Hannover, München und Frankfurt um die Jahrhundertwende soziale Frauenschulen gegründet und später die sozialpädagogischen Institute in diese eingegliedert (ebd. S. 126). Offenkundig entwickelte sich aus dieser Konstellation dann eine ablehnende Haltung gegenüber den Universitäten. Salomon und ihre Mitstreiter standen einer akademischen Ausbildung skeptisch gegenüber; sie suchten einen ganzheitlichen und praxisorientierten Ansatz, wobei ihnen die Hilfe der damaligen Wissenschaft nicht nützlich erschien. Ähnlich wie in Österreich, der Schweiz oder Frankreich sollte es noch lange dauern, bis eine begriffliche Klarheit innerhalb der Profession geschaffen werden konnte.

Parallel mit der sich nur schleppend vollziehenden Professionalisierung des Hilfesektors entwickelte sich auch der Bereich der wissenschaftlichen Durchdringung der Sozialarbeit nur zögerlich. Dabei gab es trotz der Widerstände, die von bedeutenden Frauen wie z. B. Alice Salomon ausgingen, bereits im ersten Drittel des 20. Jahrhunderts Versuche, den Bereich der sozialen Hilfe an den Universitäten zu etablieren (siehe dazu Engelke 2003, S. 127).

• 1919 wurde an der Theologischen Fakultät der Universität Freiburg ein Lehrstuhl für Caritaswissenschaft eingerichtet;

- 1920 wurde Christian J. Klumker zum ersten ordentlichen Professor für Fürsorgewesen und Sozialpädagogik an der Universität Frankfurt/M. ernannt;
- 1922 wurde der Münsteraner Caritasdirektor Heinrich Weber zum Ordinarius für soziales Fürsorgewesen und Gesellschaftslehre an der Universität Tübingen ernannt;
- spezielle universitäre Ausbildungsgänge für (männliche) Wohlfahrtspfleger wurden von Herman Nohl an der Universität Göttingen durchgeführt.

Und auch nach dem zweiten Weltkrieg war zunächst unter dem Einfluss der westlichen Siegermächte an eine Ausbildung für Sozialfürsorger an Universitäten gedacht worden. Letztendlich verblieb diese dann aber doch an den Höheren Fachschulen für Sozialarbeit/Sozialpädagogik, bis schließlich am 31. Oktober 1968 die damals noch elf Ministerpräsidenten Deutschlands ein „Abkommen der Länder in der Bundesrepublik Deutschland zur Vereinheitlichung auf dem Gebiet des Fachhochschulwesens" verabschiedeten, auf dessen Grundlage dann ab 1971 die ersten Fachhochschulen gegründet und der Bereich „Sozialwesen" als der einzige nichttechnische Bereich in deren Kanon aufgenommen wurde.

Trotz weiterer Versuche, den Wissenschaftscharakter der Sozialarbeit zu stärken (siehe ausführlich Engelke 2003, S. 129 f.), ist es dann erst im Rahmen des Bologna-Vertrages gelungen, eine stärkere Wissenschaftsorientierung im Bereich der Sozialarbeit durchzusetzen. Dies ist zum einen auf die Einführung der Masterstudiengänge auch im Bereich der Fachhochschulen zurückzuführen, zum anderen auf eine zunehmende Orientierung an europäischen Ausbildungsmaßstäben. Man wird den weiteren Gang der Entwicklungen in Deutschland abwarten und sehen müssen, ob es zu einem Promotionsrecht für Fachhochschulen kommt, die sich inzwischen als „Hochschulen für angewandte Wissenschaften" bezeichnen und innerhalb derer die Soziale Arbeit seit 2001 durch einen Beschluss der Kultusminister- und der Hochschulrektorenkonferenz den Rang einer „Fachwissenschaft" einnimmt.

8.4.3   Zögerliche Professionalisierung

In der Weimarer Republik wurden die ersten für die Sozialarbeit relevanten Gesetze (Reichsjugendwohlfahrtsgesetz 1922, Jugendgerichtsgesetz 1923, Fürsorgepflichtverordnung 1924) sowie die „Reichsgrundsätze über Voraussetzung, Art und Maß der öffentlichen Fürsorge" erlassen und dann nach dem zweiten Weltkrieg weitergeführt (Münchmeier 2005, S. 360). Damit waren die Bedingungen für eine Modernisierung der Hilfeformen geschaffen und konnte sich eine neue Form des Helfens ausbilden (Luhmann 1973). Diese verzichtet aus Effizienzgründen auf eine moralische Beeinflussung der Klientel und reduziert die Ambition der Hilfeleistung auf die Daseinsnachsorge (ebd. S. 359). Aufgrund dieser engen Bestimmung von Hilfe können sich dann – gemäß der systemtheoretischen Prämissen Autonomie und Autopoiesis – hoch spezialisierte Strategien und Methoden ausbilden, die von den vorhandenen Organisationen verwaltet und gestaltet und von der Profession dann umgesetzt werden. Auf diese Weise werden Erwartbarkeit und Passgenauigkeit der jeweiligen Hilfen garantiert. Zudem werden Hilfeleistungen, die bislang vor allem durch Ordensleute, Ärzte, Pfarrer und Ehrenamtliche erbracht wurden, professionalisiert und von Helferprofessionen ausgeführt. Die moderne Gesellschaft setzt ihre Maßstäbe der Rationalität und Effektivität gegen die der Lebenswelt durch und damit wird Helfen ohne Programm jetzt zum Problem für die Profession. Denn „durch Programmierung der sozialen Hilfe gerät nichtprogrammiertes Helfen in die Hinterhand. Es kann organisationsintern sogar ausgesprochen zur Störung werden, wenn jemand programmlos hilft" (ebd. S. 36). Da wo nun trotzdem geholfen wird, obwohl keine Hilfe möglich ist, „die sich aus ihren Effekten heraus begründet", kann es nach Luhmann keine professionelle Hilfe mehr geben. Hier können aber Ehrenamtliche oder die Kirchen „sich gerade darauf spezialisieren, bei Fehlen eines Programms zu helfen" (ebd.).

Interessanter- oder bedauerlicherweise hat sich die deutsche Sozialarbeit nun gerade nicht diesen Hinweis von Luhmann zu Eigen gemacht und eine strikte Trennung zwischen professioneller und nicht-professioneller Hilfeleistung vollzogen. Im Gegenteil: unter den Bedingungen von Subsidiarität und des starken normativen Einflusses der Wohlfahrtsverbände sowie der Verweigerungshaltung des Wissenschaftssystems wurde die Professionalisierung der Sozialarbeit nur schleppend und teilweise widerwillig vorangetrieben. Eine immer noch ausschließlich dem karitativen Motiv sich verpflichtet fühlende Sozialarbeiterschaft wollte jedem Hilfebedürftigen professionelle Hilfe zukommen lassen, und es war der Sozialarbeit dabei gleichgültig, dass sie sich damit spezifischen Verdachtsmomenten aussetzen musste (Baecker 1994). Bis in die 1990er Jahre hinein war diese Haltung aus zwei Gründen nicht zum Problem geworden:

1. Die Sozialarbeiter wussten sich in ihrem beruflichen Status und bezüglich ihrer materiellen Absicherung durch die Wohlfahrtsverbände geschützt. Die Schaffung einer straffen und einflussreichen Standesorganisation war deshalb nicht erforderlich.
2. Die Steuerung und Kontrolle ihrer Aufgaben geschah durch die Kommunen im Rahmen runder Tische im Einvernehmen mit den Wohlfahrtsverbänden und auf der Basis sozialpolitischer und parteitaktischer Überlegungen. Der Nachweis von erzielten Wirkungen der durchgeführten Programme wurde nicht erwartet.

Allerdings ist heute davon auszugehen, dass sich die Situation der Profession drastisch verändern wird (Erath 2002). Insbesondere aufgrund der sich im Bereich der sozialen Hilfen durchsetzenden Dienstleistungsperspektive haben sich die Bedingungen der Steuerung und Erbringung sozialarbeiterischer Leistungen verändert. Semiprofessionelle Kompetenzen reichen in Zukunft für ein aktives Mitwirken im modernen Welfare Mix auf der Basis von Markt und Konkurrenz bei Weitem nicht mehr aus (siehe dazu Kap. 4.4).

Außerdem mehren sich die Anzeichen, dass die Verkürzung der Studienzeiten im Rahmen der neuen Bachelorstudiengänge eine niedrigere Eingruppierung in die entsprechenden Tarife nach sich ziehen wird und zu einer Prekarisierung der Lebenslagen von Sozialarbeitern führen wird. Man darf insofern skeptisch sein, ob es angesichts der zunehmend schwierigen Situation des Berufsstandes gelingen wird, genügend Bewerber für die bereits unter Studentenschwund leidenden Masterstudiengänge zu gewinnen. Wie anders aber soll die Sozialarbeit sich in die Lage versetzen können, ihren Rückstand im Breich der Professionsentwicklung gegenüber anderen europäischen Ländern aufzuholen?

8.4.4   Transnationale Entwicklungen

Relativierung des Stellenwerts der Sozialpädagogik

Charakteristisch für die deutsche Sozialarbeit ist, dass sie ihre Aufgabenstellung nie wirklich umfassend wissenschaftlich durchdrungen, sondern lediglich theoretisiert hat. In dieser Tradition werden auch heute noch alle Fragen der Sozialarbeit als „Hilfe zur Kunst des Lebens" (Thiersch 1996, S. 9) verstanden und wissenschaftlich gesehen der Sozialpädagogik zugeordnet. Die strukturellen Gründe dafür liegen nach Thiersch in einer zeitgemäßen Definition der zentralen pädagogischen Begriffe von Heinrich Roth, nämlich „Bildsamkeit" und „Bestimmung" (Thiersch 2002, S. 107).

Erst die Rezeption der europäischen Diskussion hat dann deutlich gemacht, dass Sozialpädagogik nur von wenigen Vertretern, wie z.B. Walter Lorenz (2006) in Italien, Peter Pantucek (1998) in Österreich oder Ewa Marynowicz-Hetka (2007) in Polen (siehe dazu Kap. 5.1.3), als die alleinige Theorie der Sozialarbeit verstanden wird. Ansonsten scheint weitgehend Einigkeit darüber zu bestehen, dass es sich hierbei um ein durchaus interessantes „Paradigma" der Sozialarbeit handelt, das aber in Konkurrenz zu anderen Paradigmen gesehen und auf seine spezifische Leistungsfähigkeit, z.B. im Bereich der Prävention und der betreuenden Arbeit untersucht werden muss.

Problematisierung einer fast ausschließlich reflexiven Praxis

Nach Dewe/Otto (2002) ist für ein professionelles Handeln in der Sozialarbeit „nicht wissenschaftsbasierte Kompetenz als solche konstitutiv, sondern vielmehr die jeweils situativ aufzubringende reflexive Fähigkeit, einen lebenspraktischen Problemfall kommunikativ auszulegen" (ebd., S. 188). Wie in Kapitel 7.1.3. bei der Debatte um die Evidence-Based Practice gezeigt wurde, wird jedoch eine solche professionelle Attitüde, die dem Sozialarbeiter eine völlige methodische Beliebigkeit zugesteht, heute im europäischen Dialog in keiner Weise mehr akzeptiert und auch in Deutschland immer weniger toleriert (siehe dazu u.a. Schmidt 2006, S. 103). So wird auch die deutsche Sozialarbeit zunehmend stärker nach professionellen Handlungsmustern suchen müssen, die in der Lage sind, empirisch gesichertes Wissen und theoretisch geleitete Reflexion miteinander zu verbinden.

Schleppender Ausbau der Forschung
Dabei liegt die unbefriedigende Situation der deutschen Sozialarbeitsforschung vor
allem darin begründet, dass die Forschung in Deutschland finanziell unangemessen ausgestattet ist und methodischen Standards selten entspricht. Auf diese Weise
ist eine Situation entstanden, in der eine Zusammenarbeit im Rahmen europäischer Forschungsvorhaben oder ein Austausch von Forschungsergebnissen mit
anderen Ländern nur sehr schwer möglich ist (siehe dazu Kap. 7.1.3).[86] Auch
hier hat die deutsche Sozialarbeit einen Nachholbedarf, den es aufzuholen gilt,
soll Anschlussfähigkeit an Europa erreicht werden.

Zögerliche Entwicklung von Qualitätsstandards
Gleichfalls nur zögerlich wird über die Notwendigkeit diskutiert, organisationale,
regionale und wo möglich nationale Standards für bestimmte Aufgabenfelder zu
entwickeln und durch Beschluss z. B. von Standesorganisationen oder Kommunen
für verbindlich erklären zu lassen (Pfeifer-Schaupp 2001, S. 21). Denn inzwischen
verfügen nicht nur England, die nordischen Staaten und die Niederlande über
vielfältige insbesondere pflegerische, medizinische und sozialarbeiterische Standards, auch Länder wie die Tschechische Republik, die Slowakei, Polen, etc. haben
solche Vorgaben diskutiert und überregional festgelegt. In Deutschland liegen
inzwischen lediglich einige Vorschläge für mögliche nationale Standards etwa
für den Kindergartenbereich oder den ‚Altenpflegebereich vor (Erath/Eszlinger/
Schwarzkopf 2005). Solche nationalen Standards und damit verbundene ethische
Codes sind aber erforderlich, sowohl um eine gute oder sehr gute Praxis ausweisen
als auch um schlechte oder unzumutbare Praxis erfassen und entsprechend sank-
tionieren zu können.

8.4.5 Zukünftige Herausforderungen

Indem sich die deutsche Sozialarbeit gesellschaftskritisch und reflexiv positioniert,
bringt sie wichtige theoretische Erkenntnisse in die europäische Diskussion ein.
Aber geht man davon aus, dass eine gute Profession auch in der Lage sein muss,
ihre Ziele und damit verbundenen Aufgaben selbständig und auf der Grundlage
objektiver (und damit wissenschaftlicher) Erkenntnisse ständig weiter zu entwickeln, dann hat sie noch einen enormen Rückstand gegenüber anderen Systemen, wie zum Beispiel den nordischen Ländern, der Niederlande und England.
   Aufgrund der spezifischen Bedingungen im subsidiären Wohlfahrtsstaat, in dem
die Frage nach „sozialer Gerechtigkeit" eine zentrale Rolle spielt, tendiert die

---

86 Siehe dazu Engelke et al. 2007. Ein Beispiel dafür ist etwa der Umgang mit dem Modell der
„Family Group Conference": Während z. B. in den Niederlanden dazu Forschungen durchgeführt werden, wird das Modell in Deutschland kleinsträumig umgesetzt, ohne entsprechende Rahmenbedingungen zu schaffen und ohne die Projekte miteinander zu vernetzen (Straub
2009).

deutsche Sozialarbeit dazu, theoretische und normative Fragen („Was ist sozial gerecht?") in den Mittelpunkt zu stellen und empirische und praktische Fragen („Wie kann soziale Gerechtigkeit erzeugt und umgesetzt werden?" „Welche Methoden eignen sich dafür am besten?", etc.) als zweitrangig zu apostrophieren.

Das europäische Ausland kann hier deutlich machen, dass eine solche Sichtweise defizitär bleiben muss. Sozialarbeit muss sich auch mit Fragen nach konkreter Praxis befassen und sie muss dazu auch eine technologische Perspektive einnehmen. Erst wenn man die technologisch-empirische und die reflexiv-theoretische Seite als gleichberechtigt bewertet, kann man der Forderung nach einer Critical Practice gerecht werden.

8.5 Zusammenfassung

Die verschiedenen fachlichen Dialoge der Sozialarbeit in Europa erzeugen nicht nur eine eigene Dynamik und führen auf diese Weise zu Erkenntnisfortschritten, zugleich wirken sich diese Dialoge auch auf die Entwicklung der nationalen Sozialarbeitssysteme aus. In diesem Kapitel wurden am Beispiel verschiedener Länder transnationale Entwicklungen aufgedeckt und dargestellt. So hat sich die Sozialarbeit in der Tschechischen Republik in den wenigen Jahren nach der samtenen Revolution sehr schnell gegenüber verschiedenen europäischen Einflüssen geöffnet und Anschluss an die entsprechenden Dialoge gefunden: vor allem im Bereich der Wissenschaftsentwicklung durch eine durchgängige Akademisierung der Sozialarbeit, im Bereich der Methoden durch eine konsequente Zuwendung zu gemeinwesenorientierten Ansätzen und im Bereich der Entwicklung von Service Principles und nationalen Standards durch eine Orientierung an englischen Vorbildern.

In Schweden, dessen Sozialarbeit fachlich gesehen als führend bezeichnet werden kann, sind transnationale Einflüsse und Entwicklungen vor allem im Bereich der Adaption des New Public Management Ansatzes nachzuweisen. Ohne große ideologische Diskussion wurden hier die wichtigsten Grundsätze von den Kommunen übernommen und durch die Sozialarbeit pragmatisch umgesetzt: Sozialarbeiter arbeiten jetzt zunehmend selbständig, gründen kleinere Sozialunternehmen oder bilden sich zu Spezialisten aus und sichern sich so ihre Chancen am auf diese Weise entstandenen Sozialmarkt.

Die Sozialarbeit in England hat sich erst jüngst für europäische Anregungen geöffnet. Ausgelöst durch verschiedene gravierende Vorfälle im Bereich des Kinderschutzes ist eine Debatte entstanden, die zu einer Wiederentdeckung verschiedener, längst vergessener sozialarbeiterischer Dimensionen geführt haben: die Problematik der Vermittlung von Hilfe und Kontrolle, die Notwendigkeit einer reflexiven und kritischen Praxis und die Bedeutung präventiver Maßnahmen insbesondere im Bereich der Arbeit mit Familien und mit Jugendlichen.

In Deutschland hat die europäische Debatte insbesondere die Position der Fachhochschulen gestärkt und zu einer Relativierung des sozialpädagogischen Paradigmas und dem damit verbundenen reflexiven Praxisverständnis beigetragen. Aufgrund der Tatsache, dass es eine methodisch ausgewiesene Sozialarbeitsforschung kaum gibt, ist ein Austausch mit anderen Ländern bei der Diskussion von Best Practice und damit verbundenen Qualitätsstandards aber nur rezeptiv möglich. Ein deutlicher Schub in Richtung Wissenschaftsorientierung wird hier erforderlich, um Anschluss an die europäische Gesamtentwicklung zu finden.

9 Sozialarbeit in Europa – Europäische Sozialarbeit

In diesem abschließenden Kapitel sollen noch einmal die wissenschaftstheoretische Position, die diesem Buch zugrunde liegt, dargestellt und einige zentrale Thesen zum Verhältnis von Sozialarbeit und Europa formuliert werden.

1. Europa – gesellschaftliche Realität für die Sozialarbeit

Seit Beginn der Montanunion hat das Thema Europa die Politiker und Bürger der jeweils betroffenen Länder vor allem auch emotional beschäftigt. Und bis heute ist Europa ein Reizthema geblieben, zu dem jeder politische Zeitgenosse seine eigene Meinung hat. Solche persönlichen Standpunkte sind wichtig, sie ändern aber nichts an der Tatsache, dass Europa für die Sozialarbeit, insofern sie sich als angewandte Disziplin, professionelle Tätigkeit und fachlich begründete Praxis versteht, vor allem eine gesellschaftliche Realität darstellt. Als solche darf sie nicht nur diskutiert, sondern muss sie auch zur Kenntnis genommen werden. Und kein Sozialarbeitssystem in Europa kann und darf sich insofern der Frage entziehen, welche Chancen die Einbeziehung der europäischen Dimension für die Weiterentwicklung der Qualität der eigenen Arbeit bietet.

2. Sozialarbeit – wichtiges Teilsystem moderner Gesellschaften

Die Sozialarbeit in den verschiedenen Ländern kann teilweise auf eine lange professionelle Tradition verweisen, auf vielfältige praktische und theoretische Erkenntnisse, auf anerkannte methodische Verfahren und gelungene Praxen und nicht zuletzt auf ihre Unverzichtbarkeit. Einschränkungen müssen an einem anderen Punkt gemacht werden, nämlich da, wo sich die Sozialarbeit zu sehr in den Mittelpunkt rückt und so tut, als böte sie die einzig mögliche und moralisch richtige Perspektive, von der aus man die Gesellschaft beobachten und kritisieren kann. Dagegen gilt: die Sozialarbeit ist nicht das Zentrum, sondern lediglich ein Teilsystem der modernen Gesellschaft. Und sie muss die damit verbundene Relativierung ihrer Position anerkennen und zugleich versuchen, sich im Rahmen einer intersystemischen Kommunikation mit den anderen Teilsystemen zu bewähren.

3. Sozialarbeit: Wissenschaft – Profession – Praxis

Um eine adäquate Kommunikation mit anderen Teilsystemen aufnehmen zu können, muss die Sozialarbeit jedoch zuerst eine autonome intrasystemische Kommunikation entwickeln. Dazu muss sie sich zeitgleich als Wissenschaft, Profession und Praxis verstehen und die entsprechenden Codes sowie die damit verbundenen Kommunikationsformen ausbilden.

Als *Sozialarbeitswissenschaft* muss sie sich an den Regeln des Wissenschaftssystems orientieren. Wissenschaftliches Wissen wird nach bestimmten Methoden erworben und muss nicht immer von unmittelbarem praktischem Nutzen sein. Es handelt sich um ein Wissen das – da es den Regeln des Wissenschaftssystems entspricht – allein durch die Scientific Community legitimiert wird.

Als *Sozialarbeitsprofession* muss sie sich dem Wettbewerb mit anderen Professionen stellen. Dazu gilt es, die eigenen Interessen zu erkennen und zu schützen, zum Beispiel durch die Formierung einer Standesorganisation, die Definition klarer Zugangskriterien, die Entwicklung professioneller Standards und die Durchsetzung der mit der professionellen Ausrichtung verbundenen Ziele und Werte.

Als *Sozialarbeitspraxis* muss sie sich mit der Frage nach der Relevanz ihrer Konzepte und Methoden auseinander setzen. Hier geht es darum, zu diskutieren, was in einer bestimmten Situation als fachlich richtig erkannt worden ist und daher umgesetzt werden muss. Hier geht es um die Auseinandersetzung mit den konkreten Erfahrungen der Praktiker, mit der Problematik situativer Entscheidungen der jeweils Handelnden und um die Reflexion ethischer Prinzipien. Eine solche Praxis muss sich der Tatsache bewusst sein, dass sie immer einmalig und damit nie völlig standardisierbar ist.

4. Auf der Suche nach Synergien

Auf der Basis des gegenseitigen Respekts gegenüber den je unterschiedlichen Codes gilt es, wo immer möglich, die drei Teilbereiche Wissenschaft – Profession – Praxis miteinander sachgemäß zu verbinden und damit das Gesamtsystem Sozialarbeit zu stärken. Dies kann da gelingen, wo z. B.

- Theorien als Modelle bzw. Methoden so konkretisiert und im Rahmen von empirischen Verfahren allgemein und in Bezug auf bestimmte Zielgruppen der wissenschaftlichen Bewährung so ausgesetzt werden, dass praktische Einsichten entstehen;
- praktische Erfahrungen im Lichte von wissenschaftlichen Erkenntnissen beleuchtet bzw. diese bei der Gestaltung der eigenen Praxis berücksichtigt werden;
- forschende Sozialarbeiter den Spagat zwischen wissenschaftlichem und praktischem Denken durch eigene Felduntersuchungen ausführen, mit der bewussten Einsicht, dass die Orientierung an wissenschaftlichen Standards nur eingeschränkt erfolgen kann;
- empirische Methoden zur Verbesserung der eigenen organisationalen Praxis durch Datenanalyse und Feedback genutzt werden.

Voraussetzungen für erfolgreiche Koppelungen sind allerdings stets der Respekt vor den unterschiedlichen Codes – und nicht der Hang zur vorschnellen Harmonisierung oder Nivellierung von Differenzen.

5. Sozialarbeit in Europa – eine rückständige Disziplin?

Für die Sozialarbeit ergibt sich allerdings das Problem, dass es ihr momentan nur in wenigen Ländern zufriedenstellend gelungen ist, eine wissenschaftlichen Ansprüchen angemessene Forschungslandschaft zu entwickeln. Eine solche müsste über ausreichend empirisch gewonnene Daten verfügen, um im Rahmen von Metaanalysen die jeweiligen Erkenntnisse kritisch zu sichten und gültige Ergebnisse zu formulieren. Der Grund dafür, dass dies nicht der Fall ist, liegt vor allem darin, dass sich die Sozialarbeit aus zweierlei Gründen nicht als eine akademische und damit voll gültige Profession etablieren konnte:

1. Die Mehrzahl der Sozialarbeiter bildet im Rahmen ihrer persönlichen und beruflichen Entwicklung eine starke Neigung zur Praxisorientierung aus. Berufserfahrung entsteht demnach vor dem Hintergrund eines langjährigen persönlichen Umgangs mit der Klientel, analytisch-empirisches Denken findet darin keinen Platz.
2. Das Management der Sozialarbeit folgt in der Regel dieser Argumentation und hält dementsprechend Sozialarbeitsforschung für weder Ziel führend noch effektiv. Damit verbundene Kosten werden als Geldverschwendung betrachtet, investiert wird eher in Unterstützungsformen, die von der Praxis erwünscht sind, wie z.B. Supervision, Coaching, Teamberatung.

6. Sozialarbeit braucht europäischen Wissenstransfer

Will die Sozialarbeit in den verschiedenen Ländern Europas nicht nur eine wichtige gesellschaftliche, sondern auch eine den eigenen fachlichen und ethischen Maximen entsprechende Aufgabe erfüllen, dann muss sie bereit sein, sich wissenschaftlichen Erkenntnissen zu öffnen und ihre Methoden auf einen „systematic body of evidence-based knowledge derived from research and practice evaluation, including local and indigenous knowledge specific to its context" (IFSW, 2000, S. 1) zu gründen.

Da in den meisten Ländern die dafür erforderlichen Voraussetzungen nicht gegeben sind, ist ein europäischer Dialog dringend erforderlich. Dieser muss zunächst vor allem dazu genutzt werden, das vorhandene Wissen zu sammeln, zu erweitern und zu diskutieren. Im Rahmen von aufeinander abgestimmten Forschungsprojekten können dann im Rahmen von Metaanalysen neue Erkenntnisse entwickelt und der Praxis zur Verfügung gestellt werden.

7. Die Zukunft der Sozialarbeit in Europa: evidenzbasiert – reflexiv – kritisch

Ein Gesamtergebnis des europäischen Dialogs, wie er hier dargestellt wurde, besteht insbesondere in der Erkenntnis, dass Sozialarbeit nicht nur als eine evidenzbasierte, sondern auch zugleich reflexive und kritische Praxis konstruiert werden muss. Angemessenes berufliches Handeln muss sich heute zweifellos auf wissenschaftlich fundiertes Wissen stützen. Dieses Wissen muss aber in einer reflexiven, d. h. eigene Erfahrungen und die Erfahrungen anderer berücksichtigenden Weise (engl: appraisal of evidence, siehe dazu Morago 2006, S. 473) eingesetzt werden. Im Rahmen der jeweils zu treffenden Entscheidungen gilt es somit, dem Sozialarbeiter einen Spielraum zuzugestehen, im Rahmen dessen er fachlich abgewogene Entscheidungen treffen kann.[87]

Als kritisch kann schließlich die Vorgehensweise des Sozialarbeiters klassifiziert werden, wenn es ihm gelingt, die dominierenden Diskurse mit den Klienten auch auf Probleme, die mit Unterdrückung oder fehlender Emanzipation verbunden sein könnten, zu hinterfragen. Eine solchermaßen evidenzbasierte, reflexive und kritische Praxis stellt eine zentrale Herausforderung für die Sozialarbeit der Zukunft dar!

8. Sozialarbeit als akademische Profession

Wenn Professionelle, um gute Entscheidungen treffen zu können, einen „Bewegungsfreiraum" (Montfoort 2010, S. 104) benötigen, dann müssen sie auch in die Lage versetzt werden, sich in ihrer Praxis an wichtigen Handlungsprinzipien, wie z. B. „Complexity", „Accountability", „Legitimacy" und „Scientific orientation" zu orientieren (Tepstra/Veer 2008, S. 60 f.). Voraussetzung dafür ist aber die Fähigkeit zur Reflexion und zur wissenschaftlichen Durchdringung der jeweiligen Prozesse.

Die dafür erforderlichen Metakompetenzen können nicht nur im Rahmen von praktischen Studien erlernt werden, sondern erfordern eine wissenschaftliche Grundbildung. Sozialarbeit muss wie z. B. in Finnland als akademische Profession verstanden werden, „in which research methodological competences (are) seen as basic elements of professional skills" (Hämäläinen/Niemelä/Vornanen 2010, S. 47, siehe auch Bessin 2005).

9. Vollstudium als unverzichbare Voraussetzung

Wer am Leitbild des selbständig denkenden und forschungsbasiert handelnden Sozialarbeiters festhält, dem ist klar, dass Sozialarbeiter über ein vollständiges Hochschulstudium verfügen müssen. Entgegen der sich durch Bologna abzeichnenden Tendenzen einer zeitlichen Verkürzung und inhaltlichen Ausdünnung der Studienzeit gilt es, ein Ausbildungssystem einzufordern, das an den klassischen Orientierungen des universitären Systems festhält. Wenn dafür zur Zeit nicht im ausreichenden Maße genügend qualifizierte Studierende zur Verfügung stehen,

---

87 „The reflective social worker uses evidence from outside her own profession and personal experience (for example, through considering what empirically grounded theories might help in understanding a pattern of family interaction), but she also treats her experience as itself a source of evidence (for example, by considering what connects the current situation with others she has encountered, how she might interpret the language being used by the family members as a way of understanding their perception of themselves and others, or how she should interpret the emotions that are aroused in her by the interaction of the family members." (Smith 2011, S. 13 f.)

dann gilt es die Ausbildungsanstrengungen zu erhöhen, Karrierechancen deutlich zu machen und auf Dauer mit geeigneten Mitteln motivierte und wissenschafts-orientierte Studierende anzuziehen.

10. Sozialarbeit in Europa – Europäische Sozialarbeit

Ein Vergleich der Sozialarbeit in Europa zeigt deutliche Unterschiede bezüglich des jeweiligen Standes der Wissenschafts-, Professions- und Praxisentwicklung auf. Diese sind – insofern sie nicht nur auf spezifischen kulturellen Traditionen beruhen – weder aus fachlich-ethischen, noch aus politischen Perspektiven heraus auf Dauer akzeptabel. Wenn es wissenschaftliche Erkenntnisse gibt, die eine Unterscheidung zwischen einer Good und einer Bad Practice, einer Evidence-Based Practice und einer Ignorance-Led Practice erlauben, dann muss es auf Dauer das Ziel aller Anstrengungen sein, die jeweils bessere Praxis für ganz Europa einzufordern und zu implementieren.

> „On this view, (all European, P.E.) practitioners are encouraged to be knowledgeable about findings coming from all types of studies and to use them in their work in an integrative manner, taking into consideration clinical experience and judgement, clients' preferences and values, and context of intervention." (Neve/Slonim-Nevo 2011, S. 18)

Um dieses Ziel zu erreichen, gilt es, den europäischen Austausch noch intensiver zu betreiben, gemeinsame Forschungsvorhaben durchzuführen und vor allem sich innerhalb der einzelnen nationalen Systeme an den sich daraus ableitenden Resultaten mit noch mehr Ernsthaftigkeit zu orientieren. Damit kommt keine Geringschätzung gegenüber einer weltweiten Perspektive der Sozialarbeit zum Ausdruck. Aber möglicherweise ist die Sozialarbeit in Europa erst dann wissenschaftlich angemessen in der Lage, sich national zu bewähren und gobal auszutauschen, wenn sie sich auf ein gemeinsames europäisches Niveau begibt!

Literaturverzeichnis

Adams, A./Heasman, P. (1998): *Reflecting well on social work practice: professional competence, reflecting and research.* Education Action Research 6, S. 337–342.

Adams, R./Dominelli, L./Payne, M. (2002): *Critical Practice in Social Work.* Houndmills, Basingstoke, Hampshire: Palgrave.

Adams, A. (2003): *The Modernisation of Social Work Practice and Management in England.* Materialien zur vergleichenden Sozialarbeitswissenschaft und zur interkulturellen/internationalen Sozialarbeit. Band 2. ISIS e. V. Eichstätt: Eigenverlag.

Adams, A./Shardlow, S. (2005): *The Construction of Social Work in England. A Critical Review.* In: Littlechild, B./Erath, P./Keller, J. (Hrsg.): De- and Reconstruction in European Social Work. ISIS e. V. Eichstätt: Eigenverlag. S. 143–158.

Adick, C. (2009): *Reflexionsebenen und Wissensformen in der Vergleichenden Erziehungswissenschaft.* In: Hornberg, S./Dirim, I./Lang-Wojtasik, G./Mecheril, P. (Hrsg.): Beschreiben – Verstehen – Interpretieren. Stand und Perspektiven International und Interkulturell Vergleichender Erziehungswissenschaft in Deutschland. Münster, New York, München, Berlin: Waxmann. S. 129–158.

Aiginger, K./Guger, A. (2006): *The European Socioeconomic Model.* In: Giddens, A./Diamond, P./ Liddle, R. (Hrsg.): Global Europe, Social Europe. Malden/Cambridge: Polity Press. S. 124–150.

Alberth, L./Bode, I./Bühler-Niederberger, D. (2010): *Kontingenzprobleme sozialer Interventionen. Kindeswohlgefährdung und der organisierte Eingriff in den privaten Raum.* In: Berliner Journal für Soziologie 20, S. 475–497.

Alavaikko, M. (2008): *Community, Identity and ‚Civil Society from Above': The Arrival of Individual Responsibility and Local Social Policy.* In: Fortunato, V./Friesenhahn, G. J./Kantowicz, E. (Eds.). Social Work in Restructured European Welfare Systems. Roma: Carocci editore. S. 56–65.

Alber, J. (2006): *Das europäische Sozialmodell und die USA.* In: Leviathan 34, S. 208–241.

Albus, S./Micheel, H. G./Polutta, A. (2010): *Empirie der Wirkungsorientierung – Perspektiven einer evidenzbasierten Professionalisierung.* In: Otto, H. U./Polutta, A./Ziegler, H. (Eds.): What Works – Welches Wissen braucht die Soziale Arbeit. Zum Konzept evidenzbasierter Praxis. Opladen&Farmington Hills: Barbara Budrich Publishers. S. 231–244.

Allemann-Ghionda, C. (2004): *Einführung in die Vergleichende Erziehungswissenschaft.* Weinheim, Basel: Beltz Verlag.

Amiguet, O./Julier, C. R. (2007): *L'intervention systémique dans le travail social. Repères épistémologiques, étiques et méthodologiques.* Genève: IES Editions.

Anheier, H./Kumar, S. (2003): *Social Services in Europe. An Annotated Bibliography.* Updated and Extended Edition. Frankfurt/M.: ISS e. V.

Ansen, E. (2007): *Changing ‚Multi-problem Families' – Developing a Multi-Contextual Systemic Approach.* In: Seibel, F. W./Otto, H. U./Friesenhahn, G. J. (Eds.): Reframing the Social. Boskovice: Verlag Albert. S. 67–84.

Archambault, E. (1997): *Der Dritte Sektor in Frankreich – Vom Jacobinismus zur Dezentralisierung.* In: Jung, R. H./Schäfer, H. M./Weibel, F. W. (Hrsg.): Economie Sociale. Fakten und Standpunkte zu einem solidarwirtschaftlichen Konzept. Frankfurt/M: IKO-Verlag. S. 38–67.

Autès, M. (2004): *Les paradoxes du travail social. 2ᵉ édition.* Paris: Dunod.

Baecker, D. (1994): *Soziale Hilfe als Funktionssystem der Gesellschaft.* In: Zeitschrift für Soziologie 23, S. 93–110.

Bánez, T. (2004): *European Social Work. Commonalities and Differences.* In: Campanini, A./ Frost, E. (Eds.): Roma: Carocci Editore. S. 193–201.

Banks, S. (2007): *Between Equity and Empathy: Social Professions and the New Accountability.* In: Seibel, F. W./Otto, H. U./Friesenhahn, G. J. (Eds.): Reframing the Social. Boskovice: Verlag Albert. S. 151–172.

Barratt, M. (2003): *Organizational support for evidence-based practice within child and family social work: A collaborative study.* In: Child and Family in Social Work 8, S. 143–150.

Bartels, A./Jenrich, H. (2003): *Alt werden in Europa. Entwicklungen in der europäischen Altenhilfe.* Frankfurt/M: Mabuse.

Bauer, R./Pfaffenberger, H. (2004): *Wie steht es um eine Sozialpolitik der Europäischen Union und was folgt daraus für die Sozialarbeit/Sozialpädagogik? Zu Geschichte, Analyse und Perspektive der sozialpolitischen Entwicklung auf europäischer Ebene.* In: Homfeldt, H. G./Brandhorst, K. (Hrsg.): International vergleichende Soziale Arbeit. Sozialpolitik – Kooperation – Forschung. Hohengehren, Baltmannsweile: Schneider Verlag. S. 52–77.

Baum, D. (2010): *The relationship between social exclusion and spatial segregation in urbanised modern societies.* In: Soziale Professionen für ein Soziales Europa. Gemeinsame Herausforderungen und Diskurse. Chytil, O./Friesenhahn, G.J/Seibel, F. W./Windheuser, J. (Hrsg.): Ostrava: ECSPRESS-Edition 6. Verlag Albert. S. 125–136.

Bauld, L./Chesterman, J./Davies, B./Judge, K./Mangalore, R. (2000): *Caring for Older People. An Assessment of Community Care in the 1990s.* Alderhot: Ashgate.

Belardi, N. (1996): *Untersuchungsvariablen vergleichender Sozialer Arbeit. Die Beispiele China und Hongkong.* In: Treptow, R. (Hrsg.): Internationaler Vergleich und soziale Arbeit. Rheinfelden, Berlin: Europäischer Hochschulverlag. S. 151–188.

Beck, U. (1986): *Risikogesellschaft. Auf dem Weg in eine andere Moderne.* Frankfurt/M: Suhrkamp.

Berg, I. K. (1992): *Familien – Zusammenhalt(en). Ein kurz-therapeutisches und lösungs-orientiertes Arbeitsbuch.* Dortmund: Verlag modernes Leben.

Berg, W. (2006): *Anregungen zur Komparativen Sozialarbeitswissenschaft. Der internationale Vergleich.* In: Soziale Arbeit 52, S. 242–249.

Berkel, v. R./Hornemann-Møller, I. (2002): *Active Social Policies in the EU. Inclusion through participation?* Bristol: Policy Press.

Bergmark, A. (2010): *Social Work in Sweden.* In: Erath, P./Littlechild, B. (Eds.): Social work across Europe. Accounts from 16 countries. Ostrava: Albert Publisher. S. 160–170.

Bergmark, Q./Lundström, T. (2007): *Unitarian ideals and professional diversity in social work practice – the case of Sweden.* In: European Journal of Social Work 10, S. 55–72.

Berridge, C. (2007): *Theory and explanation in child welfare: education and looked-after children.* In: Child and Family Social Work 12, S. 1–10.

Bessin, M. (2005): *Le travail social est-il féminin?* In:Ion, J. (Ed.): Le travail social en débats. Alternatives sociales. Paris: La Découverte. S. 152–169.

BFFSFJ (2002): *Effekte erzieherischer Hilfen und ihre Hintergründe.* Schriftenreihe 219. Stuttgart.

BIBB (2006): *Lernen von Europa. Europäische Ansätze zur Benachteiligtenförderung. Eine Expertise für das Good Practice Center zur Förderung von Benachteiligten in der beruflichen Bildung.* Von Pohl, A./Walter, A. Bundesinstitut für Berufsbildung. Bonn.

Bickel, K. (2010): *Das Gastfamilienkonzept als präventive Maßnahme im Kinderschutz.* In: Müller, R./Nüsken, D. (Hrsg.): Child Protection in Europe. Von den Nachbarn lernen – Kinderschutz qualifizieren. Münster, New York, München, Berlin: Waxmann. S. 277–287.

Biesta, G. J. J. (2010): *Evidenz und Werte in Erziehung und Bildung. Drei weitere Defizite evidenzbasierter Praxis.* In Otto, H. U./Polutta, A./Ziegler, H. (2010): What Works – Welches Wissen braucht die Soziale Arbeit? Opladen & Farmington Hills: Barbara Budrich Publishers. S. 99–115).

Biever, R. (2010): *L'éducation citoyenne comme processus de compréhension et du partage des savoirs.* In: Chytil, O./Friesenhahn, G. J./Seibel, F. W./Windheuser, J. (Hrsg.): Soziale Professionen für ein Soziales Europa. Gemeinsame Herausforderungen und Diskurse. Ostrava: ECS-PRESS-Edition 6. Verlag Albert. S. 253–264.

Bilodeau, G. (2005): *Traité de travail social.* Paris: ENSP.

Bilson, A. (Ed.) 2005: *Evidence-based Practice in Social Work.* London: Whiting&Birch.

Bilson, A./Ruch, G./Lymbery, M./Cooper, A. (2008): *Social Work. An Introduction to contemporary Practice.* Harlow: Pearson.

Blair, T./Schröder,G. (1999): *Der Weg nach vorne für Europas Sozialdemokraten.* Glasnost Archiv. Berlin: Eigenverlag SPD.

Block, I./Klepoedszus, S./Wildensee, K. (2007): *Soziale Arbeit auf den britischen Inseln. Herausforderung und Chance zugleich.* In: Soziale Arbeit 56, S. 242–249.

Blomberg, S./Petersson, J. (2010): *The Increasing Importance of Administrative Practices in the Shaping of the Welfare State.* In: http://www.socwork.net/2010/1blomberg (v.24.01. 2011), S. 1–14.

Blomkvist, K. (1999): *Mafiaansprüche – Aktive Arbeitsmarktpolitik in Dänemark.* In: Zeitschrift Analyse und Kritik 10, S. 11–15.

Blyth, E. (2009): *The professionalisation of social work in England.* In: China Journal of Social Work 2, S. 131–141.

Boeßenecker, K. H. (2006): *Soziale Dienstleister als Marktakteure. Der Gesundheitssektor als Trendsetter auch für die Jugendhilfe?* In: Hensen, G. (Hrsg.): Markt und Wettbewerb in der Jugendhilfe. Ökonomisierung im Kontext von Zukunftsorientierung und fachlicher Notwendigkeit. Weinheim, München: Juventa Verlag. S. 43–60.

Bommes, M./Scherr, A. (1996): *Soziale Arbeit als Exklusionsvermeidung, Inklusionsvermittlung und/oder Exklusionsverwaltung.* In: Merten, R (Hrsg.): Sozialarbeitswissenschaft – Kontroversen und Perspektiven. Berlin: Luchterhand. S. 93–119.

Bouquet, B. (2007): *Le travail social à l'épreuve. Face aux défis, dynamiques et reconquête de sens?* In: Empan 68, S. 35–42.

Bouquet, B./Garcette, C. (2006): *Assistante sociale. Aujourd'hui. 3. éd. rev. et augm.* Paris: Maloine.

Bourdieu, P. (1998): *Praktische Vernunft. Zur Theorie des Handelns.* Frankfurt/M: Suhrkamp.

Bradley, G./Höjer, S. (2009): *Supervision reviewed: reflections on two different social work models in England and Sweden.* In: European Journal of Social Work 12, S. 71–85.

Brafield, H./Eckersley, T. (2007): *Service User Involvement: Reaching the Hard to Reach in Supported Housing.* London: Jessica Kingsley.

Brandon, M. et al. (2008): *Analysing Child Deaths and Serious Injury Through Abuse and Neglect: What can we learn? A Biennial Analysis of Serious Case Reviews 2003–2005.* London: Department for Children, Schools and Families.

Brunnberg, E./Pécnik, N. (2007): *Assessment processes in social work with children at risk in Sweden and Croatia.* In: International Journal of Social Welfare 16, S. 231–241.

Bryderup, I. M. (2005): *Understandings of the Concept of Effect in Research.* In: Sommerfeld, P. (Ed.): Evidence-Based Social Work – Towards a New Professionalism? Bern, Berlin, Bruxelles, Frankfurt/M, New York, Oxford, Wien: Peter Lang. S. 61–72.

Bundesverband (2008): *Social Franchising. Eine Methode zur systematischen Vervielfältigung gemeinnütziger Projekte.* Hrsg. vom Bundesverband Deutscher Stiftungen. Berlin: Eigenverlag.

Butterwege, C. (2003): *Nicht Abbau, sondern Umbau des Sozialstaates ist die politische Aufgabe.* In: Theorie und Praxis der Sozialen Arbeit 4, S. 4–9.

Campanini, A. (2004): *Italy.* In: Campanini, A./Frost, E. (Eds.): European Social Work. Commonalities and Differences. Roma: Carocci Editore. S. 129–137.

Campanini, A. (2006): *Dictionaries as Representations of the State of the Social Professions – Some Preliminary Observations from an Italian Perspective.* In: Social Work & Society 4, S. 301–307.

Campanini, A. (2007): *Europeanization Process in Italian Social Work Education.* In: Seibel, F. W./Otto, H. U./Friesenhahn, G. J. (Eds.): Reframing the Social. Boskovice: Verlag Albert. S. 47–66.

Campanini, A./Frost, E. (Eds.) (2004): *European Social Work. Commonalities and Differences.* In: CNAF. Informationes sociales 152. Roma: Carocci. S. 24–29.

Campanini, A./Fortunato, V. (2008): *The Role of Professional Social Work in the Light of the Italian Welfare Reform.* In: Fortunato, V./Friesenhahn, G. J./Kantowicz, E. (Eds.): Social Work in Restructured European Welfare Systems. Roma: Carocci editore. S. 27–40.

Candeias, M. (2008): *Prekarisierung und prekäre Soziale Arbeit.* In: Spatscheck, C. et al. (Eds.): Soziale Arbeit und Ökonomisierung. Analysen und Handlungsstrategien. Berlin, Milow, Strasbourg: Schibri-Verlag. S. 94–110.

Castel, R. (2009): Les ambiguités de l'intervention sociale face à la montée des incertitudes. CNAF. Informations sociales 152, S. 24–29.

Chauvière, M. (2004): *Le travail social dans l'action publique. Sociologie d'une qualification controversée.* Paris: Dunod.

Chytil, O. (1998): *Social Work in the Czech Republic.* In: Social Work in Europe 5, S. 48–54.

Chytil, O. (2006): *Czech Republic: Is Social Work a Science or is it just a Profession?* In: http://www.socwork.net/2006/2/countrynotes/chytil. (Zugriff 05. 04. 2011).

Chytil, O. (2011): *Does the Czech theoretical discourse in social work reflect the transformations of society's structure?* In: Seibel, F. W./Friesenhahn, G. J./Lorenz, W./Chytil, O. (Eds.): European Developments and Social Professions. Community, Education, Research, Professionalisation. Ostrava: ECSPRESS-Edition 7. Verlag Albert. S. 77–88.

Chytil, O./Popelková, R. (2000): *Social Policy and Social Work in the Czech Republic.* In: Adams, A./Erath, P./Shardlow, S. (Eds.): Fundamentals of Social Work in Selected European Countries. Historical and political context, present theory, practice, perspectives. Dorset: Russel House. S. 9–24.

Chytil, O./Gojová, A./Nedělniková, D. (2010): *Assessing the development in social work in the countries of Central and Eastern Europe.* In: Chytil, O./Friesenhahn, G. J./Seibel, F. W./Windheuser, J. (Hrsg.): Soziale Professionen für ein Soziales Europa. Gemeinsame Herausforderungen und Diskurse. Ostrava: ECSPRESS-Edition 6. Verlag Albert. S. 26–43.

Chytil, O./Seibel, W. (Hrsg.) (1999): *Europäische Dimensionen in Ausbildung und Praxis der Sozialen Professionen: ERASMUS-TNP-Konferenz, Ostrava 28.31. August 1998.* ECSPRESS-Edition 1. Ostrava: Verlag Albert.

Cigno, K./Bourn, D. (Eds.) (1998): *Cognitive-behavioural Social Work in Practice.* Aldersho USA: Ashgate Arena.

Clarke, K. (2010): *The Best Start in Life? Safeguarding as part of the Sure Start programme in England.* In: Müller, R./Nüsken, D. (Hrsg.): Child Protection in Europe. Von den Nachbarn lernen – Kinderschutz qualifizieren. Münster, New York, München, Berlin: Waxmann. S. 77–92.

Coulshed, V./Orme, J. (1998): *Social Work Practice. An Introduction.* Third Edition. London: Macmillan.

Clifford, G./Nordstrand, M. (2010): *A changing Context for Social Work: Norway.* In: Erath, P./Littlechild, B. (Eds.): Social Work across Europe. Accounts from 16 countries. ERIS Monographs 1. Ostrava: Publisher Albert.

CSTS (2009): *Développer et réussir l'intervention sociale d'intérêt collectif. Ministère du travail, de la solidarité et de la fonction publique. Conseil supérieur du travail social.* Paris: Presse de l'EHESP.

Dahme, H. J./Otto, H. U./Trube, A./Wohlfahrt, N. (2003): *Soziale Arbeit für den aktivierenden Staat.* Opladen: Leske & Budrich.

Dahme, H. J./Wohlfahrt, N. (2004): *Entwicklungstendenzen einer neuen Sozialstaatlichkeit in Europa.* In: Homfeldt, H. G./Brandhorst, K.(Hrsg.): International vergleichende Soziale Arbeit. Sozialpolitik – Kooperation – Forschung. Hohengehren, Baltmannsweiler: Schneider Verlag, S. 24–38.

Department of Education (2011): *The Munro Review of Child Protection*: Final Report. A child-centred system. London: The stationery officer.

Dewe, B./Otto, U. (2002): *Reflexive Sozialpädagogik*. In: Thole, W. (Hrsg.): Grundriss Soziale Arbeit. Ein einführendes Handbuch. Opladen: Leske und Budrich, S. 179–198.

DeGEval (2004): *Deutsche Gesellschaft für Evaluation e.V. Standards für Evaluation*. In: URL: http://www.degeval.de/. (Stand 2004).

Dhume, F. (2001): *Du travail social au travail ensemble. Le partenariat dans le champ des politiques sociales*. Paris: Editions AHS.

Dickens, J. (2011): *Social Work in England at a Watershed – As Always: From the Seebohm Report to the Social Work Task Force*. In: British Journal of Social Work 41, S. 22–39.

Doel, M. (1998): *Task-centred work*. In: Adams, R./Dominelli, L./Payne, M. (Eds.): Social Work. Themes, Issues and Critical Debates. London: Macmillan Press Ltd.

Dominelli, L. (2002): *Anti-oppressive Social Work. Theory and Practice*. Houndmills, Basingstoke, Hampshire: Palgrave.

Döring, D. (2010): *Gerechtigkeitsprofile, Sozialstaatsstrategien und Beschäftigung – Ergebnisse eines westeuropäischen Neun-Länder-Vergleichs*. In: Benz, B./Boeckh, J./Mogge-Grotjahn, H.(Hrsg.): Soziale Politik – Soziale Lage – Soziale Arbeit. Wiesbaden: Verlag für Sozialwissenschaften, S. 192–206.

Dörner, D. (1984): *Modellbildung und Simulation*. In: Roth, E. (Ed.): Sozialwissenschaftliche Methoden. München: Oldenbourg. S. 337–350.

Dubois, V. (2005): *Le guichet des organismes sociaux ou l'institution des pauvres*. In: Ion, J. (Ed.): Le travial social en débats. Alternatives sociales. Paris: La Découverte. S. 205–218.

Dunlop, J.M./Holosko, M.J. (Eds.) (2007): *Information Technology and Evidence-Based Social Work Practice*. London, New York: Routledge.

Eichenhofer, E. (2007): *Geschichte des Sozialstaats in Europa. Von der „sozialen" Frage bis zur Globalisierung*. München: C.H.Beck.

Eichhorn, P. (2005): *Ökonomische Herausforderungen an soziale Dienste in Europa*. In: Linzbach, C./Lübking, U./Scholz, S./Schulte, B. (Hrsg.): Die Zukunft der sozialen Dienste vor der Europäischen Herausforderung. Baden-Baden: Nomos. S. 106–113.

Elsen, S. (2007): *Die Ökonomie des Gemeinwesens. Sozialpolitik und soziale Arbeit im Kontext von gesellschaftlicher Wertschöpfung und -verteilung*. Weinheim, München: Juventa Verlag.

Engel, R.J./Schutt, R.K. (2009): *The Practice of Research in Social Work*. Second Edition. Los Angeles, London, New Delhi, Singapore, Washington D.C: Sage.

Engelke, E. (2003): *Die Wissenschaft Soziale Arbeit. Werdegang und Grundlagen*. Freiburg/Br.: Lambertus.

Engelke, E./Maier, K./Steinert, E./Borrmann, S./Spatscheck (Hrsg.) (2007): *Forschung für die Praxis. Zum gegenwärtigen Stand der Sozialarbeitsforschung*. Freiburg/Br: Lambertus.

Erath, P. (2002): *Sozialarbeit als gute Tat und effiziente Praxis. Perspektiven einer zukunftsfähigen Theorie der Sozialarbeit*. In: Sozialmagazin 27, S. 30–36.

Erath, P. (2004): *Wissenschafts- und Praxisentwicklung der Sozialen Arbeit/Sozialarbeit in Deutschland. Situation und Perspektiven*. In: Sozialmagazin 29, S. 37–46.

Erath, P. (2006): *Sozialarbeitswissenschaft. Eine Einführung*. Stuttgart: Kohlhammer.

Erath, P. (2010): *Soziale Arbeit in Europa – Europäische Sozialarbeit?* In: Benz, B./Boeckh, J./Mogge-Grotjahn, H.(Hrsg.): Soziale Politik – Soziale Lage – Soziale Arbeit. Wiesbaden: Verlag für Sozialwissenschaften, S. 225–244.

Erath, P./Hämäläinen, J. (2001): *Theory in Social Work*. In: Adams, A./Erath, P./Shardlow, S. (Eds.): Key Themes in European Social Work. Theory, practice, perspectives. Dorset: Russell House Publishing. S. 15–26.

Erath, P./Hämäläinen, J./Sing, H. (2001): *Comparing Social Work from a European Perspective: Towards a Comparative Science of Social Work*. In: Adams, A./Erath, P./Shardlow, S. (Eds.):

Key Themes in European Social Work. Theory, practice, perspectives. Dorset: Russell House Publishing, S. 1–4.

Erath, P./Puhl, R. (2005): *Stichwort: Soziale Arbeit in Europa.* In: Kreft, D./Mielenz, I. (Hrsg.): Wörterbuch Soziale Arbeit. 5. Auflage. Weinheim, München: Juventa. S. 793–796.

Erath, P./Eszlinger, N./Schwarzkopf, F. (2005): *Qualitätsstandards in der Sozialen Arbeit. Fachliche Autonomie, Selbstachtung und Glaubwürdigkeit sichern.* In: Blätter der Wohlfahrtspflege 152, Heft 5. S. 163–167.

Esping-Andersen, G. (1998): *The Three Worlds of Welfare Capitalism.* Cambridge: Polity Press.

Esping-Andersen, G. (2001): *A Welfare State for the 21st Century.* In: Giddens, A. (Ed.): The Global Third Way Debate. Cambridge: Polity Press. S. 134–156.

Ewers, M. (2000): *Case Management im Schatten von Managed Care: Sozial- und gesundheitspolitische Grundlagen.* In: Ewers, M./Schaeffer, D. (Hrsg.): Case Management in Theorie und Praxis. Bern, Göttingen, Toronto, Seattle: Hans Huber. S. 29–52.

Ewijk, H. v. (2009): *European Social Policy and Social Work. Citizenship-based social work.* London, New York: Routledge.

Fargion, S. (2008): *Reflections on social work's identity. International themes in Italian practitioners' representation of social work.* In: International Social Work 51, S. 206–219.

Fasol, R./Frey, S. (2004): *Networking: institutional frame, conceptual basis and practical translation.* In: Erath, P./Littlechild, B./Vornanen, R. (Eds.): Social Work in Europe – Descriptions, Analysis and Theories. Eichstätt: ISIS e. V. S. 27–40.

Fasol, R. (2008): *Histoire du travail social en Italie.* In: Jovelin, E. (Ed.): Histoire du travail social en Europe. Paris: Vuibert. S. 175–186.

Ferrer-Riba, J. (2010): *Grundsätze und Aussichten für ein Europäisches System zum Kinderschutz.* In: Müller, R./Nüsken, D. (Hrsg.): Child Protection in Europe. Von den Nachbarn lernen – Kinderschutz qualifizieren. Münster, New York, München, Berlin: Waxmann. S. 307–332.

Ferrera, M./Hemerijck, A./Rhodes, M. (2001): *The Future of Social Europe: Recasting Work and Welfare in the New Economy.* In: Giddens, A. (Hrsg.): The Global Third Way Debate. Cambridge: Polity Press. S. 114–133.

Ferrera, M. (2006): *Friends, Not Foes: European Integration and National Welfare States.* In: Giddens, A./Diamond, P./Liddle, R. (Hrsg.): Global Europe, Social Europe. Malden, Cambridge: Polity Press. S. 257–278.

Filtzinger, O.(1993): *Berufsprofile und Ausbildung sozialer Fachkräfte in Italien.* In: Guerra, L./ Sander, G. (Hrsg.): Sozialarbeit in Italien. Studien zur vergleichenden Sozialpädagogik und internationalen Sozialarbeit, hrsg. von F. Hamburger. Band 6. Rheinfelden/Berlin: Schäuble Verlag. S. 135–157.

Finkel, M. (2007): *Was man aus der Jule-Studie – auch heute noch – lernen kann?* In: Münster: ISA. Band 01. S. 32–40.

Fook, J./Johannessen, A./Psoinos, M. (2011): *Partnership in Practice Research: a Norwegian Experience.* In: Social Work & Society 9, S. 29–44.

Ford, P/Postle, K. (2000): *Task-centred Practice and Care Management.* In: Sepney, P./Ford, D. (Eds.): Social Work Models, Methods and Theories. A framework for practice. Dorset: Russell House Publishing. S. 52–64.

Forkby,T. (2008): *Towards Community-Based Interventions in Swedish Child Welfare.* In: Fortunato, V./Friesenhahn, G. J./Kantowicz, E. (Eds.): Social Work in Restructured European Welfare Systems. Roma: Carocci editore. S. 81–93.

Foster, L. (2011): *Older people, pensions and poverty: An issue for social workers?* In: International Social Work 54, S. 344–360.

Foucault, M. (1980): *Power/Knowledge. Selected Interviews and other Writings 1972–1977.* Gordon, C (Ed.): Sussex: Harvester Press.

Freire, P. (1971): *Pädagogik der Unterdrückten. Bildung als Praxis der Freiheit.* Stuttgart: Kreuz-verlag.

Freire, P. (1985): *The Politics of Education. Culture Power and Liberation. Introduction by Henry A. Giroux.* Massachusetts: Bergin & Garvey.

Friesenhahn, G. J./Kniephoff-Knebel, A./Rickert, J. (2007): *Grenzen und Chancen transnationaler Beziehungen in der Sozialen Arbeit.* In: Wagner, L./Lutz, R. (Hrsg.): Internationale Perspektiven Sozialer Arbeit. Frankfurt/M, London: IKO Verlag. S. 245–262.

Friesenhahn, G. J./Kniephoff-Knebel, A. (2011): *Europäische Dimensionen Sozialer Arbeit.* Schwal-bach: Wochenschau Verlag.

Friesenhahn, G. J./Seibel, F. W./Kniephoff-Knebel, A. (2011): *Europeanising the Social Professions – Networking in Practice and Education.* In: Seibel, F. W./Friesenhahn, G. J./Lorenz, W./Chy-til,O.(Eds.): European Developments and Social Professions. Community, Education, Research, Professionalisation. ECSPRESS-Edition 7. Ostrava: Verlag Albert. S. 181–209.

Fröhlich-Gildhoff, K./Engel, E. M. (2007): Evaluationsforschung in der Sozialen Arbeit. In: Engel-ke, E./Maier, K./Steinert, E./Borrmann, S./Spatscheck (Hrsg.) 2007: *Forschung für die Praxis. Zum gegenwärtigen Stand der Sozialarbeitsforschung.* Freiburg/Br: Lambertus. S. 297–304.

Frost, N./Parton, N. (2009): *Understanding Children's Social Care: Politics, Policy and Practice.* London: Sage.

Fuchs, M./Lamnek, S./Luedtke, J./Baur, N. (2005): *Gewalt an Schulen 1994–1999–2004.* Wiesba-den: VS Verlag für Sozialwissenschaften.

Gabura, J.(2001*): Ausbildung und Praxis Sozialer Arbeit in der Slowakei.* In: Sozialmagazin 26, S. 44–46.

Gacoin, D. (2006): *Conduire des projets en action sociale.* Paris: Dunod.

Galuske, M. (2002): *Methoden der sozialen Arbeit. Eine Einführung.* 4. Auflage. Weinheim, Mün-chen: Juventa.

Galuske, M. (2007): *Case Management und aktivierender Sozialstaat. Kritische Anmerkungen zu einer Erfolgsgeschichte.* In: Soziale Arbeit 56, S. 409–432.

Ganßmann, H. (2009): *Politische Ökonomie des Sozialstaats.* 2. überarbeitete Auflage. Münster: Westfälisches Dampfboot

Garretsen, H./Bongers, I./Rodenburg, G. (2005): *Evidence-Based Work in the Dutch Welfare Sector.* In: British Journal of Social Work 35, S. 655–665.

Germain, C. B./Gitterman, A. (1988): *Praktische Sozialarbeit. Das „Life Model" der sozialen Arbeit.* 2. unveränderte Auflage. Gekürzte Fassung. Stuttgart: Ferdinand Enke.

Giddens, A. (1997): *Jenseits von links und rechts: die Zukunft radikaler Demokratie.* Frankfurt/M.: Suhrkamp.

Giddens, A. (Ed.) 2001: *The Global Third Way Debate.* Cambridge: Polity Press.

Giddens, A. (2006): *A Social Model for Europe?* In: Giddens, A./Diamond, P./Liddle, R. (Eds.): Global Europe, Social Europe. Malden/Cambridge: Polity Press, S. 14–36.

Gögercin, S. (2001): *Soziale Arbeit in der Türkei.* In: Sozialmagazin 26, S. 54–63.

Gojová, A. (2011): *Community Work and the Ideas of Empowerment and Participation in the changing Social Context.* In: Seibel, F. W./Friesenhahn, G. J./Lorenz, W./Chytil, O.(Eds.): Euro-pean Developments and Social Professions. Community, Education, Research, Professionali-sation. ECSPRESS-Edition 7. Ostrava: Verlag Albert. S. 413–432.

Gojová, A./Holasová, V. (2007): *Die Ausbildung für soziale Berufe: Tschechische Republik.* In: Sozial Extra 31, S. 56–57.

Gojová, A./Holasová, V./Chytil, O./Keller, J./Krausová, A./Sýkorová, D. (2010): Social *Work in the Czech Republic.* In: Erath, P./Littlechild, B. (Eds.): Social work across Europe. Accounts from 16 countries. Ostrava: Albert Publisher. S. 19–30.

Gojová. A.,/Nedálniková, D. (2010): *Inclusive Potential for Empowerment and participation in Community Work.* In: Chytil, O./Friesenhahn, G. J./Seibel, F. W./Windheuser, J. (Hrsg.): Soziale

Professionen für ein Soziales Europa. Gemeinsame Herausforderungen und Diskurse. Ostrava: ECSPRESS-Edition 6. Verlag Albert. S. 166–177.

Gredig, D./Sommerfeld, P.(2010): *Neue Entwürfe zur Erzeugung und Nutzung lösungsorientierten Wissens.* In: Otto, H. U./Polutta, A./Ziegler, H. (Eds.): What Works – Welches Wissen braucht die Soziale Arbeit. Zum Konzept evidenzbasierter Praxis. Opladen&Farmington Hills: Barbara Budrich Publishers. S. 83–98.

GSCC (2002): *General Social Care Council, Code of Practice.* see: http://www.gscc.org.uk/page/35/Codes+of+practice.html

Guerra, L./Sander, G.(Hrsg.) (1993): *Sozialarbeit in Italien.* Studien zur Vergleichenden Sozialpädagogik und Internationalen Sozialarbeit, hg. Von F. Hamburger. Band 6. Rheinfelden, Berlin: Schäuble Verlag.

Haas, H.-S./Hanselmann, P. G. (2005): *Qualitätsmanagement im Kontext der Gestaltung Sozialer Dienste in Europa.* In: Linzbach, C./Lübking U./Scholz, S./Schulte, B. (Hrsg.): Die Zukunft der sozialen Dienste vor der Europäischen Herausforderung. Baden-Baden: Nomos. S. 463–487.

Habermas, J. (1968): *Erkenntnis und Interesse.* Frankfurt/M: Suhrkamp.

Hacker, B. (2009): *Varianz statt Typenbildung – die Transformation der Wohlfahrtspolitiken in Mittelosteuropa.* In: Gawrich, A./Knelangen, W./Windwehr, J. (Hrsg.): Sozialer Staat – soziale Gesellschaft? Stand und Perspektiven deutscher und europäischer Wohlfahrtsstaatlichkeit. Opladen & Farmington Hills MI: Barbara Budrich. S. 209–230.

Hacker, B. (2010): *Das liberale Europäische Sozialmodell. Rentenreformen in der EU und die Offene Methode der Koordinierung.* Baden-Baden: Nomos.

Hämäläinen, J. (2003): *The concept of social pedagogy in the field of social work.* Journal of Social Work 3, S. 69–80.

Hämäläinen, J./Niemälä, P. (2000): Social Policy and Social Work in Finland. In: Adams, A./Erath, P./Shardlow, S. (Eds.): Fundamentals of social work in selected European countries. Dorset: Russell House Publishing. S. 25–36.

Hämäläinen, J./Niemelä, P. (2008): *Aspects of Research of Social Work in Finland.* In: Adams, A./Erath, P./Jovelin, E. (Eds.): Social Work and Science. An uneasy relationship? Contributions on the occasion of the conference on „social work in scientific debates", Lille, March 12–14, 2007. Eichstätt: ISIS. S. 35–56.

Hämäläinen, J./Niemelä, P./Vornanen, R. (2010): *Social Work in Finland.* In: Erath, P./Littlechild, B. (Eds.): Social work across Europe. Accounts from 16 countries. Ostrava: Albert Publisher. S. 43–54.

Hämäläinen, J./Schieren, S. (2010): *Der Staat und ‚seine' Kinder – Kinderschutz in Deutschland und Finnland.* In: Zeitschrift für Kindschaftsrecht und Jugendhilfe 5, S. 130–135.

Hall, R. E. (2008): *Evidence-based practice as social work ‚technology'.* In: Irish Journal of Applied Social Studies 8, S. 21–29.

Hamburger, F. (2000): *Europäische Integration. Internationalisierung des Studiums und aktive Professionalisierung.* In: Müller, S. u. a.(Hrsg.): Soziale Arbeit. Gesellschaftliche Bedingungen und professionelle Perspektiven. Neuwied: Luchterhand. S. 337–349.

Hamburger, F. (Hrsg.) (2009): *Innovation durch Grenzüberschreitung. Studien zu vergleichender Sozialpädagogik und internationaler Sozialarbeit und Sozialpolitik,* Band/Vol. V. Nachdruck der Originalausgabe von 1994. Bremen: Europäischer Hochschulverlag.

Hamburger F./Hirschler, S./Sander, G./Wöbcke, M. (2004): *Ausbildung für Soziale Berufe in Europa. Band 1.* Frankfurt/M: ISS-Verlag.

Hamburger F./Hirschler, S./Sander, G./Wöbcke, M. (2005a): *Ausbildung für Soziale Berufe in Europa. Band 2.* Frankfurt/M: ISS-Verlag.

Hamburger F./Hirschler, S./Sander, G./Wöbcke, M. (2005b): *Ausbildung für Soziale Berufe in Europa. Band 3.* Frankfurt/M: ISS-Verlag.

Hamburger F./Hirschler, S./Sander, G./Wöbcke, M. (2007): *Ausbildung für Soziale Berufe in Europa. Band 4.* Frankfurt/M: ISS-Verlag.

Hammerschmidt, P./Rock, J. (2007): *Internationale Perspektiven der deutschen Wohlfahrtsverbände.* In: Wagner, L./Lutz, R. (Hrsg.): Internationale Perspektiven Sozialer Arbeit. Frankfurt/M, London: IKO Verlag. S. 191–206.

Hammersley, M. (2009): *What is Evidence for Evidence-Based Practice?* In: Otto, H. U./Polutta, A./ Ziegler, H. (Eds.): Evidence-based Practice – Modernising the Knowledge Base of Social Work? Opladen & Farmington Hills: Barbara Budrich Publishers. S. 139–149.

Hansen, E. (2003): *Mythos und Realität sozialstaatlicher Aktivierungsideologien. Entwicklungstendenzen personenbezogener Sozialer Dienstleistungen in England und Deutschland.* In: Dahme, H. J./Otto, H. U./Trube, A./Wohlfahrt, N. (Hrsg.): Soziale Arbeit für den aktivierenden Staat. Opladen: Leske&Budrich. S. 393–418.

Hansen, E. (2005): *Risiken in der Sozialen Arbeit.* In: Sozialmagazin 25, S. 13–36.

Hansen, E. (2009): *Das Case Management als „‚Art'of the State".* In: neue praxis 39, S. 507–522.

Harrikari, T./Satka, M. (2010): *A New Regime of Governing Childhood? Finland as an Example.* In: Social Work and Society. The International Online-Only Journal 8, S. 1–9.

Harris, J. (2004*): Konsumerismus und Sozialarbeit.* In: neue praxis 34, S. 6–15.

Harris, J. (2005): *Scientific management, bureau-professionalism, new managerialism: The labour process of state social work.* British Journal of Social Work 28, S. 839–862.

Hasenfeld, Y. (Ed.) (1992): *Human services as complex organisations.* London: Sage.

Hatton, K. (2011): *Changing professional Identities: Towards a structural social pedagogy.* In: Seibel, F. W./Friesenhahn, G. J./Lorenz, W./Chytil, O. (Eds.): European Developments and Social Professions. Community, Education, Research, Professionalisation. Ostrava: ECSPRESS-Edition 7. Verlag Albert. S. 127–150.

Haupert, B./Kraimer, K. (1991): *Die Heimatlosigkeit der SA/SP. Stellvertretende Deutung und typologisches Verstehen als Wege zu einer eigenständigen Profession.* In: Pädagogische Rundschau 45, S. 177–196.

Heckhausen, H. (1972): *Discipline and Interdisciplinarity.* In: OECD (Ed.): Interdisciplinarity: Problems of Teaching and Research in Universities. Paris: OECD Centre for Education, Research and Innovation. S. 83–89.

Heiner, M. (2007): *Soziale Arbeit als Beruf. Fälle – Felder – Fähigkeiten.* München: Ernst Reinhardt.

Hensen, G. (Hrsg.) (2006): *Markt und Wettbewerb in der Jugendhilfe. Ökonomisierung im Kontext von Zukunftsorientierung und fachlicher Notwendigkeit.* Weinheim, München: Juventa.

Hering, S. (2004): *Die Geschichte der Sozialen Arbeit in Osteuropa 1900–1960. Forschungsstand, erste Befunde und komparative Aspekte.* In: Homfeldt, H. G./Brandhorst, K. (Hrsg.): Grundlagen der Sozialen Arbeit Band 10. International vergleichende Soziale Arbeit. Baltmannsweiler: Schneider Verlag Hohengehren. S. 122–136.

Hering, S./Münchmeier, R. (2007): *Geschichte der Sozialen Arbeit. Eine Einführung.* 4. Auflage. Weinheim, München: Juventa Verlag.

Herrmann, P. (2005): *Soziale Dienste in Europa – ein etwas unkonventioneller Ansatz zur Bestimmung sozialer Dienste.* In: Linzbach, C./Lübking, U./Scholz, S./Schulte, B. (Hrsg.): Die Zukunft der sozialen Dienste vor der Europäischen Herausforderung. Baden-Baden: Nomos. S. 260–276.

Herrmann, P./Maucher, M. (2005): *Gesamtbericht.* In: Die Zukunft des Europäischen Sozialmodells. Eine deutsche Perspektive. 3./4. 11. 05 Berlin. Hrsg. vom Bundesverband Deutscher Stiftungen. Berlin: Eigenverlag. S. 141–156.

Hesse, J. (1999): *Die lösungs- und ressourcenorientierte Kurztherapie in Deutschland und den USA.* In: Döring-Meijer, H. (Hrsg.): Ressourcenorientierung – Lösungsorientierung. Etwas mehr

Spaß und Leichtigkeit in der systemischen Therapie und Beratung. Göttingen: Vandenhoeck & Ruprecht. S. 47–69.

Hinrichs, K. (2008): *Rentenreform in Europa – Konvergenz der Systeme?* In: Busch, K. (Hrsg.): Wandel der Wohlfahrtsstaaten in Europa. Baden-Baden: Nomos Verlag. S. 155–178.

Hinterwälder, M./Schnorr, V. (2010): *Wohin entwickeln sich Profile von Kinderschutzfachkräften in Deutschland.* In: Müller, R./Nüsken, D. (Hrsg.): Child Protection in Europe. Von den Nachbarn lernen – Kinderschutz qualifizieren. Münster, New York, München, Berlin: Waxmann. S. 255–266.

Hirschler, S./Sander, G. (2011): *Ausbildung für soziale Berufe.* In: Seibel, F. W./Friesenhahn, G. J./ Lorenz, W./Chytil, O. (Eds.): European Developments and Social Professions. Community, Education, Research, Professionalisation. Ostrava: ECSPRESS-Edition 7. Verlag Albert. S. 47–51.

Höffer-Mehlmer, M. (1994): *Modernisierung und Sozialarbeit in Spanien. Studien zur Vergleichenden Sozialpädagogik und Internationalen* Sozialarbeit. Hrsg. von Franz Hamburger, Band 5. Rheinfelden, Berlin: Schäuble Verlag.

Högnabba, S. et al. (2005): *Steps into Realistic Evaluation in Social Work in Finland.* In: Sommerfeld, P.(Ed.): Evidence-Based Social Work – Towards a New Professionalism? Bern, Berlin, Bruxelles, Frankfurt/M, New York, Oxford, Wien: Peter Lang. S. 109–126.

Höjer, S./Forkby, T. (2011): *Care for Sale: The Influence of New Public Management in Child Protection in Sweden.* In: British Journal of Social Work 41, S. 93–110.

Homann, K./Suchanek, A. (2000): *Ökonomik. Eine Einführung.* Tübingen: Mohr Siebeck.

Homfeldt, H. G./Brandhorst, K. (2004): *International vergleichende Soziale Arbeit. Sozialpolitik – Kooperation – Forschung.* Hohengehren, Baltmannsweiler: Schneider Verlag.

Homfeldt, H. G./Schneider, M. (2006): *Internationale Soziale Arbeit – Rundschau und Rückblick.* In: Neue Praxis 36, S. 5–27.

Homfeldt, H. G./Walser, V. (2004): *Vergleichen – Facetten zu einer sozialpädagogischen Komparatistik.* In: Homfeldt, H. G./Brandhorst, K. (Hrsg.): Grundlagen der Sozialen Arbeit Band 10. International vergleichende Soziale Arbeit. Sozialpolitik – Kooperation – Forschung. Baltmannsweiler: Schneider Verlag Hohengehren. S. 196–218.

Honneth, A. (2003): *Kampf um Anerkennung. Eine Grammatik zur Lösung sozialer Konflikte.* Erweiterte Ausgabe. Frankfurt/M: Suhrkamp.

Höpner, M. (2010): *Warum betreibt der EuGH Rechtsfortbildung? Die Politisierungshypothese.* In: Sozialer Fortschritt 59, S. 141–151.

Hornstein, W. (1985): *Die Bedeutung erziehungswissenschaftlicher Forschung für die Praxis sozialer Arbeit. Anmerkungen zu einer notwendigen Bestandsaufnahme.* In: Neue Praxis 15, S. 463–477.

Howe, D. (1993): *On Being a Client: Understanding the Process of Counselling and Psychotherapy.* London: Sage.

Hüttemann, M. (2010): *Woher kommt und wohin geht die Entwicklung evidenzbasierter Praxis?* In: Otto, H. U./Polutta, A./Ziegler, H. (Eds.): What Works – Welches Wissen braucht die Soziale Arbeit. Zum Konzept evidenzbasierter Praxis. Opladen&Farmington Hills: Barbara Budrich Publishers. S. 119–135.

Hüttemann, M./Sommerfeld, P. (2007): *Forschungsbasierte Praxis.* In: Sommerfeld, P., Hüttemann, M. (Hrsg.): Evidenzbasierte Soziale Arbeit. Nutzung von Forschung in der Praxis. Baltmannsweiler: Schneider Verlag Hohengehren. S. 40–57.

Humphrey, C. (2006): *Tomorrow's social workers in the UK.* In: European Journal of Social Work 9, S. 357–373.

IFSW (2000): *Definition of Social Work.* See: http://www.ifsw.org/f38000032.html

IFSW (2006): *Social Work and social Cohesion in Europe. A Project of the International Federation of Social Workers – European Region.* Final Report. IFSW Europe.

ISA (2007): *Wirkungsorientierte Jugendhilfe. Beiträge zur Wirkungsorientierung von erzieherischen Hilfen.* Struzyna, K. H. et al. (Hrsg.): Schriftenreihe des ISA zur Qualifizierung der Hilfen zur Erziehung Band 01. Münster: ISA Planung und Entwicklung GmbH.

Jack, G./Jack, D. (2000): *Ecological Social Work: The Application of a Systems Model of Development in Context.* In: Stepney, P./Ford, D. (Eds.): Social Work Models, Methods and Theories. A framework for practice. Dorset: Russell House Publishing. S. 93–104.

Jakob, G. (1997): *Sozialpädagogische Forschung. Ein Überblick über Methoden und Ergebnisse qualitativer Studien in Handlungsfeldern der Sozialen Arbeit.* In: Jakob, G./Wensierski, H-J. v. (Hrsg.): Rekonstruktive Sozialpädagogik. Konzepte und Methoden sozialpädagogischen Verstehens in Forschung und Praxis. Weinheim, München: Juventa. S. 125–160.

Jarhag, S. (2010): *Contradictions in social work – Codes of Ethic and Empowerment.* In: Chytil, O./ Friesenhahn, G. J./Seibel, F. W./Windheuser, J. (Hrsg.): Soziale Professionen für ein Soziales Europa. Gemeinsame Herausforderungen und Diskurse. Ostrava: ECSPRESS-Edition 6. Verlag Albert. S. 265–279.

Jarré, D. (2005): *Soziale Dienste und der „Zivile Dialog" in der Europäischen Union. Ein politischer Essai.* In: Linzbach, C./Lübking U./Scholz, S./Schulte, B. (Hrsg.): Die Zukunft der sozialen Dienste vor der Europäischen Herausforderung. Baden-Baden: Nomos. S. 239–259.

Jepsen, M./Serrano Pascal, A. (2005): *A European Social Model: an exercice in deconstruction.* In: Journal of European Social Policy 15, S. 231–245.

Joanknecht, L. (2010): *Auseinandersetzung mit der Vielfalt im Kinderschutz durch Einsatz der Eigen-Kracht-Konferenz.* In: Müller, R./Nüsken, D. (Hrsg.): Child Protection in Europe. Von den Nachbarn lernen – Kinderschutz qualifizieren. Münster, New York, München, Berlin: Waxmann. S. 157–168.

Jonckheere, C.de (2010): *83 mots pour penser l'intervention en travail social.* Genève: IES Editions.

Jonckheere, C. de/Mezzena, S./Molnarfi, C. (2008): *Les entreprise sociales d'insertion par l'économique. Des politiques, des pratiques, des personnes et des paradoxes.* Genève: IES Editions.

Jones, K./Cooper, B./Ferguson, H. (2008): *Best Practice in Social Work. Critical Perspectives.* London: Palgrave Macmillan.

Jordan, B. (2001): *Tough love: Social work, social exclusion and the Third Way.* British Journal of Social Work Vol. 31, S. 527–546.

Jordan, B. (2000): *Social Work and the Third Way. Tough Love as Social Policy.* With Charlie Jordan. London, Thousand Oaks, New Delhi: Sage.

Jovelin, E. (2001): *Social work as career: choice or accident? The French example.* In: Adams, A./ Erath, P./Shardlow, S. (Eds.): Key Themes in European Social Work. Theory, practice, perspectives. Dorset: Russell House Publishing. S. 95–102.

Jovelin, E. (2008): *Histoire du travail social en France.* In: Histoire du travail social en Europe, dirigé par E. Jovelin. Paris: Vuiber. S. 23–42.

Jovelin, E. (2010): *The evolution of social work as profession in France.* In: Erath, P./Littlechild, B. (Eds.): Social Work across Europe. Accounts from 16 countries. Ostrava: Albert Publisher. S. 55–66.

Jovelin, E./Bouquet, B. (2005): *Histoire des Métiers du social en France.* Paris: ASH éditions.

Jurkowski, E. T./Tracy, M. B. (2000): *Comparative International Research.* In: Thyer, B. A. (Ed.): The Handbook of Social Work Research Methods. Thousand Oaks, London, New Delhi: Sage Publications. S. 455–472.

Juul, S. (2009): *Recognition and judgement in social work.* In: European Journal of Social Work 12, S. 403–417.

Kallinikaki, T. (1998): *Social Work: Introduction to the theory and the practice of Social Work.* Athens: Ellinika Grammata.

Kaufmann, F. X. (2002): *Die freie Wohlfahrtspflege in der wohlfahrtsstaatlichen Entwicklung Europas.* In: Güntert, B. J./Kaufmann, F. X./Krolzik, U. (Hrsg.): Freie Wohlfahrtspflege und europäische Integration. Gütersloh: Chr. Kaiser. S. 49–67.

Kaufmann, F. X. (2008): *Nationale Traditionen der Wohlfahrtsstaatlichkeit und das „Europäische Sozialmodell".* In: Busch, K. (Hrsg.): Wandel der Wohlfahrtsstaaten in Europa. Baden-Baden: Nomos Verlag. S. 17–28.

Keel, B.(2008): *Die Bedeutung der Europäischen Sozialcharta für die Soziale Arbeit und die Wirtschaft. – Soziale Rechte als Investition.* In: Spatscheck, C. et al. (Hrsg.): Soziale Arbeit und Ökonomisierung. Analysen und Handlungsstrategien. Berlin, Milow, Strasbourg: Schibri-Verlag, S. 141–156.

Keller, J. (2010): *The social impact of reforms.* In: Chytil, O./Friesenhahn, G. J./Seibel, F. W./Windheuser, J. (Hrsg.): Soziale Professionen für ein Soziales Europa. Gemeinsame Herausforderungen und Diskurse. Ostrava: ECSPRESS-Edition 6. Verlag Albert. S. 229–234.

Kendall, J./Knapp, M. (2001): *Providers of care for older people: The experience of community care.* In: Harris, M./Rochester. C. (Eds.): Voluntary organisations and social policy in Britain. Basingstoke: Palgrave. S. 108–123.

Kenny, L./Kenny, B. (2000): *Psychodynamic Theory in Social Work: A View from Practice.* In: Stepney, P./Ford, D. (Eds.): Social Work Models, Methods and Theories. A framework for practice. Dorset: Russell House Publishing. S. 30–39.

Kessl, F. (2009): *Critical reflexivity, social work, and the emerging European post-welfare states.* In: European Journal of Social Work 12, S. 305–317.

Kilbrandon, L. (1964): *The Kibrandon Report: Children and Young Persons Scotland.* Edinburgh: Scottish Home and Health Department.

Kindler, H. (2007): *Empirisch gestützte Diagnostik und Intervention bei Kindeswohlgefährdung.* In: Sommerfeld, P., Hüttemann, M. (Hrsg.): Evidenzbasierte Soziale Arbeit. Nutzung von Forschung in der Praxis. Baltmannsweiler: Schneider Verlag Hohengehren. S. 92–115.

Kindler, H. (2008): *Developing Evidence-Based Child Protection Practice: A View from Germany.* In: Research on Social Work Practice 18, S. 319–324.

Kindler, H. (2010): *Kinderschutz in Europa. Philosophien, Strategien und Perspektiven nationaler und transnationaler Initiativen zum Kinderschutz.* In: Müller, R./Nüsken, D. (Hrsg.): Child Protection in Europe. Von den Nachbarn lernen. Münster, New York, München, Berlin: Waxmann. S. 11–29.

Klammer, U./Leiber, S. (2008): *Wohlfahrtsstaatswandel in Europa: Konvergenz der Aktivierungspolitiken?* In: Busch, K. (Hrsg.): Wandel der Wohlfahrtsstaaten in Europa. Baden-Baden: Nomos. S. 95–130.

Kleve, H. (2008): *Sozialraumorientierung – eine neue Kapitalismuskritik in der Sozialen Arbeit?* In: Spatscheck, C. et al. (Hrsg.): Soziale Arbeit und Ökonomisierung. Analysen und Handlungsstrategien. Berlin, Milow, Strasburg: Schibri-Verlag. S. 76–93.

Klimentová, E. (2009): *Marie Krakesová and her psychological educational social therapy.* In: European Journal of Social Work 12, S. 523–533.

Kluge, S. (1999): *Empirisch begründete Typenbildung. Zur Konstruktion von Typen und Typologien der qualitativen Sozialforschung.* Opladen: Leske + Budrich.

Klüser, A. (2009): *Selbstständige in der Sozialen Arbeit: Bedingungen, Chancen, Probleme.* In: Klüser, A./Maier, H. (Hrsg.): Selbstständige in der Sozialen Arbeit. Grundlagen und Projekte. Baden-Baden: Nomos. S. 85–96.

Klüser, A./Maier, H. (2009): *Einleitung.* In: Klüser, A./Maier, H. (Hrsg.): Selbstständige in der Sozialen Arbeit. Grundlagen und Projekte. Baden-Baden: Nomos. S. 7–12.

Knuth, N. (2010): *Zwischen Fachlichkeit und Kostenersparnis: Fremdplatzierungspolitiken in Deutschland und England.* In: Jugendhilfe 48, S. 315–326.

Kokkonen, T. (2010): *Comprising the Status of a citizen – Social work as an agent of activation policy in Finland.* In: Chytil, O./Friesenhahn, G. J./Seibel, F. W./Windheuser, J. (Hrsg.): Soziale Professionen für ein Soziales Europa. Gemeinsame Herausforderungen und Diskurse. Ostrava: ECSPRESS-Edition 6. Verlag Albert. S. 217–228.

Kollmorgen, R. (2009): *Postsozialistische Wohlfahrtsregime in Europa – Teil der „Drei Welten" oder eigener Typus? Ein empirisch gestützter Rekonzeptualisierungsversuch.* In: Pfau-Effinger, B./Magdalenić, S./Wolf, C.(Hrsg.): International vergleichende Sozialforschung. Wiesbaden: VS Verlag für Sozialwissenschaften. S. 65–92.

Konrad, F-M. (2009): *„Ob das amerikanische Beispiel nachgeahmt werden kann..., lässt sich noch nicht abschließend beurteilen." Die Bedeutung des Auslands in den sozialpädagogischen Reformdebatten in Deutschland 1900–1933. Eine quantitativ-qualitative Untersuchung.* In: Hamburger, F. (Hrsg.): Innovation durch Grenzüberschreitung. Studien zu vergleichender Sozialpädagogik und internationaler Sozialarbeit und Sozialpolitik. Band/Vol. V. Nachdruck der Originalausgabe von 1994. Bremen: Europäischer Hochschulverlag. S. 19–60.

Kornbeck, J./Rosendal Jensen, N. (Eds.) (2009): *The Diversity of Social Pedagogy in Europe. Studies in Comparative Social Pedagogy and International Social Work and Social Policy.* Vol. VII. Darmstadt: Europäischer Hochschulverlag.

Korpi, W./Palme, J. (1998): *The Paradox of Redistribution and Strategies of Equality: Welfare State Institutions, Inequality and Poverty in the Western countries.* American Sociological Review 63 (5), S. 661–687.

Kraav, I. (2004): *Social Pedagogy – a Challenge to Social Work in Estonia.* In: Erath, P./Littlechild, B./Vornanen, R. (Eds.): Social Work in Europe – Descriptions, Analysis and Theories. Eichstätt: ISIS. S. 11–26.

Kraimer, K. (1994): *Die Rückgewinnung des Pädagogischen. Aufgaben und Methoden sozialpädagogischer Forschung.* Weinheim, München: Juventa.

Kreidenweis, H./Treptow, R. (1990): *Internationalität. Fragen an eine vergleichende Sozialarbeit/ Sozialpädagogik.* In: Neue Praxis 20, S. 36–49.

Kröger, S. (2010): *Die Offene Methode der Koordinierung: Zehn Jahre später und (k)ein bisschen weiser?* In: Sozialer Fortschritt 59, S. 134–141.

Kromrey, H. (2009): *Empirische Sozialforschung.* 12. Auflage. Stuttgart: Lucius & Lucius.

Kronauer, M. (2010): *Exklusion. Die Gefährdung des Sozialen im hoch entwickelten Kapitalismus.* 2. aktualisierte und erweiterte Auflage. Frankfurt/M, New York: Campus Verlag.

Kruse, E. (2007): *Zur Geschichte der internationalen Dimension in der Sozialen Arbeit.* In: Wagner, L./Lutz, R. (Hrsg.): Internationale Perspektiven Sozialer Arbeit. Frankfurt/M, London: IKO Verlag. S. 15–32.

Krieger, W. (2010): *Die Pluralität systemischer Ansätze in der Sozialen Arbeit. Grundlagen, historische Linien, Entwicklungsprozesse und Forschungsperspektiven.* In: Gahleitner, S. B./Effinger, H./Kraus, B./Miethe, I./Stövesand, S./Sagebiel, J. (Hrsg.): Disziplin und Profession Sozialer Arbeit. Entwicklungen und Perspektiven. Theorie, Forschung und Praxis Sozialer Arbeit. Band 1. Opladen & Farmington Hills, MI: Barbara Budrich. S. 139–154.

Krumm, V. (1983): *Kritisch-rationale Erziehungswissenschaft.* In: Lenzen, D./Mollenhauer, K. (Hrsg.): Enzyklopädie Erziehungswissenschaft Band 1. Theorien und Grundbegriffe der Erziehung und Bildung. Stuttgart: Klett-Cotta. S. 139–154.

Laan, G. v. d. (2000): *Social work in the Netherlands.* In: Adams, A./Erath, P./Shardlow, S. (Eds.): Fundamentals of social work in selected European countries. Dorset: Russell House Publishing. S. 83–101.

Laan, G. v. d. (2001): *Social Work and Economic Policy: The Netherlands an Example.* In: Adams, A./Erath, P./Shardlow, S. (Eds.): Key Themes in European Social Work. Theory, practice, perspectives. Dorset: Russell House Publishing. S. 57–68.

Labonté-Roset, C. (2007): *EASSW and social work training in Europe*. In: European Journal of Social Work 10, S. 117–123.

Lafore, R. (2009): *Le travail social à l'épreuve d'un environnement institutionnel en recomposition*. In: CNAF. Informations sociales 152, S. 14–22.

Lagae, W. (2005): *Sports sponsorship and market communications. A European perspective*. New Jersey: Prentice Hall.

Libois, J./Stroumza, K. (Eds.) (2007): *Analyse de l'activité en travail social. Actions professionnelles et situation de formation*. Genèves: IES Editions.

Libois, J./Loser, F. (2010): *Travailler en réseau. Analyse de l'activité en partenariat dans les domaines du social, de la santé et de la petite enfance*. Genèves: IES Editions.

Liljegren, A./Dellgran, P./Höjer, S. (2008): *The heroine and the capitalist: the profession's debate about privatisation of Swedish social work*. In: European Journal of Social Work 11, S. 195–208.

Linderoos, P. (2010): *Neuvola – von Finnland lernen?* In: Müller, R./Nüsken, D. (Hrsg.): Child Protection in Europe. Von den Nachbarn lernen – Kinderschutz qualifizieren. Münster, New York, München, Berlin: Waxmann. S. 71–75.

Lipsky, M (1980): *Street-level bureaucracy. Dilemmas of the individual in public services*. New York: Sage.

Littlechild, B. (2005): *Gefahren und Nutzen von Risikobewertung und Risikomanagement in der Sozialen Arbeit*. In: Sozialmagazin 3, S. 31–39.

Littlechild, B. (2008): *Child Protection Social Work: Risks of Fears and Fears of Risks – Impossible Tasks from Impossible Goals?* In: Social Policy & Administration 47, S. 662–675.

Littlechild, B. (2008a): *The Use of Research Results in Social Work: The Causes, Effects and Effective Responses of client violence against Social Workers*. In: Adams, A./Erath, P./Jovelin, E. (Eds.): Social Work and Science – An uneasy relationship? Contributions on the occasion of the conference on „Social work in scientific debates". Lille, March 12.–14. 2007. Eichstätt: ISIS. S. 105–120.

Littlechild, B./Lyons, K. (2010): *Social Work in England and Wales*. In: Erath, P./Littlechild, B. (Eds.): Social Work across Europe. Accounts from 16 countries. University of Ostrava, ERIS: Publisher Albert. S. 31–42.

Littlechild, B./Sender, H. (2010): *The introduction of restorative justice approaches in young people's residential unit: A critical evaluation*. University of Hertfordshire: Centre for community Research.

Lloyd, M. (2002): *Care Management*. In: Adams, R./Dominelli, L./Payne, M. (Eds.): Critical Practice in Social Work. Houndsmill, New York: Palgrave. S. 159–168.

Löchermann, P./Mennemann, H./Hermsen, T. (2009): *Case Management in der Jugendhilfe*. München: Reinhardt.

Lorenz, W. (1993): *Social Work in a Changing Europe*. London, New York: Routledge.

Lorenz, W. (1996): *Sozialarbeit in Europa*. In: Treptow, R. (Hrsg.): Internationaler Vergleich und Soziale Arbeit. Theorie, Anwendung und Perspektive. Rheinfelden, Berlin: Schäuble. S. 51–63.

Lorenz, W. (2000): *Möglichkeiten einer europäischen Sozialen Arbeit*. In: Müller, S. u. a. (Hrsg.): Soziale Arbeit. Gesellschaftliche Bedingungen und professionelle Perspektiven. Neuwied, Kriftel: Luchterhand, S. 61–78.

Lorenz, W. (2004): *Soziale Arbeit und der Umgang mit Grenzen*. In: Homfeldt, H. G./Brandhorst, K. (Hrsg.): International vergleichende Soziale Arbeit. Sozialpolitik – Kooperation – Forschung. Hohengehren, Baltmannsweiler: Schneider Verlag. S. 40–51.

Lorenz, W. (2006): *Perspectives on European Social Work. From the Birth of the Nation State to the impact of Globalisation*. Opladen & Farmington Hills: Barbara Budrich Publishers.

Lorenz, W. (2008): *Towards a European Model of Social Work*. In: Australian Social Work 61, S. 7–24.

Lorenz, W. (2008): *Paradigms and Politics: Understanding Methods Paradigms in an Historical Context: The Case of Social Pedagogy.* In: British Journal of Social Work 38, S. 625–644.

Lorenz, W./Nothdurfter, U. (2010): *Beyond the Pro and Contra of Evidence-Based Practice: Reflections on a Recurring dilemma at the Core of Social Work.* In: Social Work and Society 8, S. 1–15.

Luhmann, N. (1973): *Formen des Helfens im Wandel gesellschaftlicher Bedingungen.* In: Otto, H. U./Schneider, S. (Hrsg.): Gesellschaftliche Perspektiven der Sozialarbeit. Neuwied/Berlin: Luchterhand. S. 21–43.

Luhmann, N. (1997): *Die Gesellschaft der Gesellschaft.* 2 Bände. Frankfurt/M: Suhrkamp.

Lyons, K. (2006): *Globalization and Social Work: International and Local Implications.* In: British Journal of Social Work 36, S. 365–380.

Macdonald, G./Macdonald, K. (2010): *Safeguarding: A Case for Intelligent Risk Management.* In: British Journal of Social Work 40, S. 1174–1191.

Maas, U./Puhl, R. (1997): *Soziale Arbeit in Europa. Organisationsstrukturen, Arbeitsfelder und Methoden im Vergleich.* Weinheim, München: Juventa.

Maier, H. (2009): *Selbstständigkeit und Soziale Arbeit.* In: Klüser, A/Maier, H. (Hrsg.): Selbstständige in der Sozialen Arbeit. Grundlagen und Projekte. Baden-Baden: Nomos. S. 97–118.

Maier, K. (1995): *Berufsziel Sozialarbeit/Sozialpädagogik. Biographischer Hintergrund, Studienmotivation, soziale Lage während des Studiums, Studierverhalten und Berufseinmündung angehender SozialarbeiterInnen/SozialpädagogInnen.* Freiburg: FEL Verlag.

Markström, U./Lindqvist, R./Sandlund, M. (2009): *Case management for people with psychiatric disabilities in rural Sweden; experiences from the implementation of a national policy.* In: European Journal of Social Work 12, S. 495–508.

Marynowicz-Hetka, E. (2007): *Towards the Transversalism of Social Pedagogy.* In: Seibel, F. W./Otto, H. U./Friesenhahn, G. J. (Eds.): Reframing the Social. Boskovice: Verlag Albert. S. 85–102.

Mason, T. (2004): *Denmark.* In: Campanini, A./Frost, E. (Eds.): European Social Work. Commonalities and Differences. Roma: Carocci Editore. S. 45–52.

Masson, J. (2010): *Facing failures in the child protection system in England.* In: Müller, R./Nüsken, D. (Hrsg.): Child Protection in Europe. Von den Nachbarn lernen – Kinderschutz qualifizieren. Münster, New York, München, Berlin: Waxmann. S. 289–306.

Matthies, A. L. (1998): *Von der öffentlichen Dominanz sozialer Dienste zum Aufbau intermediärer Instanzen? Finnland und die neuen Bundesländer im Vergleich.* In: Soziale Welt 49, S. 57–70.

Matthies, A. L./Närhi, K./Ward, D. (Eds.) (2001): *The eco-social approach in social work.* SoPhi 58. Jyväskylä: University of Jyväskylä.

McLaughlin, H. (2009): *What's in a Name: ‚Client', ‚Patient', ‚Customer', ‚Consumer', ‚Expert by Experience', ‚Service User' – What's Next?* In: British Journal of Social Work 39, S. 1101–1117.

McNamara, P./Neve, E. (2009): *Engaging Italian and Australian social workers in evaluation.* In: International Social Work 52, S. 22–35.

Meeuwisse, A./Swärd, H. (2007): *Cross-national comparisons of social work – a question of initial assumptions and levels of analysis.* In: European Journal of Social Work 10, S. 481–496.

Meng, J. (2006): *Evidence-Based Social Work Practice. Wissenschaftlich fundierte Versorgungspraxis der Sozialen Arbeit.* Oldenburg: Paulo Freire Verlag.

Menold, M. (2007): *Methodische und methodologische Aspekte der Wirkungsmessung.* In: Sommerfeld, P./Hüttemann, M. (Hrsg.): Evidenzbasierte Soziale Arbeit. Nutzung von Forschung in der Praxis. Baltmannsweiler: Schneider Verlag Hohengehren GmbH. S. 26–39.

Merz, E./Gutzler, S. (2011): *Das Sozialrecht auf dem Weg von den römischen Verträgen zum Lissabon-Vertrag.* In: Die Sozialgerichtsbarkeit. Zeitschrift für das aktuelle Sozialrecht 58, S. 65–72.

Merkur, B. (2004): *Der Preis der Gerechtigkeit.* In: Deutsche Zeitschrift für europäisches Denken 58, S. 983–997.

Micheel, H. G. (2010): *Die Leistungsfähigkeit empirischer Sozialforschung im Kontext sozialpädagogischer Praxis.* In: Otto, H. U./Polutta, A./Ziegler, H. (Eds.): What Works – Welches Wissen braucht die Soziale Arbeit. Zum Konzept evidenzbasierter Praxis. Opladen&Farmington Hills: Barbara Budrich Publishers. S. 151–164.

Midgley, J. (2007): *Soziale Entwicklung. Die Rolle der Sozialen Arbeit.* In: Wagner, L./Lutz, R. (Hrsg.): Internationale Perspektiven Sozialer Arbeit. Frankfurt/M., London: IKO Verlag, S. 129–147.

Miethe, I./Schneider, A. (2010): *Sozialarbeitsforschung – Forschung in der Sozialen Arbeit. Traditionslinien – Kontroversen – Gegenstände.* In: Gahleitner, S. B./Effinger, H./Kraus, B./Miethe, I./ Stövesand, S./Sagebiel, J. (Hrsg.): Disziplin und Profession Sozialer Arbeit. Entwicklungen und Perspektiven. Theorie, Forschung und Praxis Sozialer Arbeit. Band 1. Opladen & Farmington Hills. MI: Barbara Budrich. S. 61–76.

Minas, R. (2010): *Sozialpolitik im europäischen Vergleich. Internationale Politikanalyse.* Friedrich Ebert Stiftung. Berlin: Eigenverlag.

Mitchell, D. (1991): *Income Transfers in Ten Welfare States.* Sydney: Avebury.

Mitter, W. (2009): *Vergleichende Erziehungswissenschaft und Bildungspolitik: Missverständnisse, Möglichkeiten, Perspektiven.* In: Hornberg, S./Dirim, I./Lang-Wojtasik, G./Mecheril, P. (Hrsg.): Beschreiben – Verstehen – Interpretieren. Stand und Perspektiven International und Interkulturell vergleichender Erziehungswissenschaft in Deutschland. Münster, New York, München, Berlin: Waxmann. S. 19–38.

Mondolfo, P. (2001): *Travail social et développement.* Paris: Dunod.

Montensino, N. (2010): *Social Integration and New Realities in the Swedish Welfare Society.* In: http://www.socwork.net/2010/1/montesion. S. 2–11. (Zugriff 24. 01. 2011).

Montfoort, A. J. van (2010): *Das Streben nach integrierter Jugendhilfe in einem geteilten Gebiet. Kinderschutz und Jugendhilfe in den Niederlanden.* In: Müller, R./Nüsken, D. (Hrsg.): Child Protection in Europe. Von den Nachbarn lernen – Kinderschutz qualifizieren. Münster, New York, München, Berlin: Waxmann. S. 93–109.

Moraga, P. (2006): *Evidence-based practice: from medicine to social work.* European Journal of Social Work 9, S. 461–477.

Moser, H./Müller, E./Wettstein, H./Willener, A. (2004*): L'animation socioculturelle. Fondements, modèles et pratiques.* Genève: ies éditions.

Mücke, K. (1998): *Systemische Beratung und Psychotherapie. Ein pragmatischer Ansatz.* Berlin: Öko-Systeme.

Müller, B. (1994): *Sozialpädagogisches Können: ein Lehrbuch zur multiperspektivischen Fallarbeit.* 2. veränderte Auflage. Freiburg im Breisgau: Lambertus.

Müller, B. (2002): *Professionalisierung.* In: Thole, W. (Hrsg.): Grundriss Soziale Arbeit. Ein einführendes Handbuch. Opladen: Leske und Budrich. S. 725–744.

Müller, R. (2010): *‚Child Protective Service' im Vergleich. Ein Modell der wohlfahrtsstaatlichen Verortung der Fachkräfte im Kinderschutz.* In: Müller, R./Nüsken, D. (Hrsg.): Child Protection in Europe. Von den Nachbarn lernen – Kinderschutz qualifizieren. Münster, New York, München, Berlin: Waxmann. S. 31–54.

Müller, R./Nüsken, D. (2010): *Child Protection in Europe. Von den Nachbarn lernen – Kinderschutz qualifizieren.* Münster, New York, München, Berlin: Waxmann.

Münchmeier, R. (2005): *Geschichte der Sozialarbeit/Sozialpädagogik.* In: Kreftund, D./Mielenz, I. (Hrsg.): Wörterbuch Soziale Arbeit. Weinheim, München: Juventa. S. 358–364.

Munro, E. (2010): *Learning to reduce risk in Child Protection.* In: British Journal of Social Work 40, S. 1135–1151.

Musil,L. et al. (2008): *Dilemmas Faced by Frontline Workers in Statutory and Non-Governmental Care for Elderly.* In: Fortunata, V./Friesenhahn, G. J./Kantowicz, E. (Eds.): Social Work in Restructured European Welfare Systems. Roma: Carocci editore. S. 95–113.

Nedálniková, D. (2004): *The Czech Republic.* In: Campanini, A/Frost, E. (Hrsg.): European Social Work. Commonalities and Differences., Roma: Carocci Editore. S. 37–44.

Nestmann, F./Engel, F. (2002): *Die Zukunft der Beratung.* Tübingen: dgvt-Verlag.

Neuffer, M. (2009): *Case Management. Soziale Arbeit mit Einzelnen und Familien.* 4. überarbeitete Auflage. Weinheim, München: Juventa.

Neuffer, M. (2009a): *Die Rezeption der amerikanischen Methoden der Sozialarbeit nach 1945 in Westdeutschland.* In: Hamburger, F. (Hrsg.): Innovation durch Grenzüberschreitung. Studien zu vergleichender Sozialpädagogik und internationaler Sozialarbeit und Sozialpolitik. Band/Vol. V. Nachdruck der Originalausgabe von 1994. Bremen: Europäischer Hochschulverlag. S. 122–147.

Neuffer, M. (2010): *Sozialarbeitswissenschaft und Case Management – eine (notwendige) Kontroverse und Perspektive.* In: Gahleitner, S. B./Effinger, H./Kraus, B./Miethe, I./Stövesand, S./Sagebiel, J. (Hrsg.): Disziplin und Profession Sozialer Arbeit. Entwicklungen und Perspektiven. Theorie, Forschung und Praxis Sozialer Arbeit. Band 1. Opladen & Farmington Hills: Barbara Budrich. S. 115–124.

Nevo, I./Slonim-Nevo, V. (2011): *The Myth of Evidence-Based Practice: Towards Evidence-Informed Practice.* In: British Journal of Social Work 41, S. 1–22.

Newman, J. (2009): Re-evaluating Knowledge, Refraiming Problems; ‚What Works‘ and the Modernisation of Adult Social Care. In: Otto, H. U./Polutta, A./Ziegler,H. (Eds.): Evidence-based Practice – Modernising the Knowledge Base of Social Work? Opladen&Farmington Hills: Barbara Budrich Publishers. S. 61–75.

Niemälä, P. (2004): *Theory of Human Action – A Basis to Analyse Social Work Theoretically.* In: Erath, P./Littlechild, B./Vornanen, R. (Eds.): Social Work in Europe – Descriptions, Analysis and Theories. Eichstätt: ISIS. Eigenverlag. S. 161–176.

Niemälä, P./Hämäläinen, J. (2000): *Social Policy and Social Work in Finland.* In: Adams, A./ Erath, P./Shardlow, S. (Eds.): Fundamentals of social work in selected European countries. Dorset: Russell House Publishing. S. 25–36.

Niemälä, P./Hämäläinen, J. (2001): *The Role of Social Policy in Social Work.* In: Adams, A./ Erath, P./Shardlow, S. M. (Hrsg.): Key Themes in European Social Work. Theory, practice, perspectives, Lyme Regis. Dorset: Russell House Publishing. S. 6–14.

Nordegraf, M. (2009): *Managing by Measuring? Professional organising in and around public service delivery.* In: Otto, H. U./Polutta, A./Ziegler, H. (Eds.): Evidence-based Practice – Modernising the Knowledge Base of Social Work? Opland&Farmington Hills: Barbara Budrich Publishers. S. 185–209.

Nospickel, C. (2005): *Die Entwicklung der Sozialen Dienste in den neuen und künftigen Mitgliedsstaaten Mittel- und Osteuropas.* In: Linzbach, C./Lübking U./Scholz, S./Schulte, B. (Hrsg.): Die Zukunft der sozialen Dienste vor der Europäischen Herausforderung. Baden-Baden: Nomos. S. 488–520.

Obrecht, W. (1996): *Ein normatives Modell rationalen Handelns. Theoretisches Wissen im professionellen Handeln der Sozialen Arbeit.* In: Verein zur Förderung der sozialen Arbeit als akademische Disziplin. (Hrsg.): Symposium Soziale Arbeit. Beiträge zur Theoriebildung und Forschung in Sozialer Arbeit. Bern: Edition Soziothek. S. 109–201.

Observatory for the Development of Social Services in Europe. (2000): *Daseinsvorsorge in Europa heute und morgen – die Zukunft der kommunalen und freigemeinnützigen sozialen Dienste.* Tagung vom 14.–15. November 2000. Deutscher Verein für öffentliche und private Fürsorge. Frankfurt: Eigenverlag.

Ogden, T./Hagen, K. A./Askeland, E./Christensen, B. (2009): *Implementing and Evaluating Evidence-Based Treatments of conduct Problems in Children and Youth in Norway.* In: Research on Social Work Practice 19, S. 582–591.

Osborne, D./Gaebler, T. (1992): *Reinventing government: how the entrepreneurial spirit is* transforming *the public sector.* Reading MA: Addison-Wesley.

Otto, H. U./Polutta, A./Ziegler, H. (2007): Evidence-based Practice. Modernising the Knowledge Base of Social Work? Opladen & Farmington Hills: Barbara Budrich Publishers.

Otto, H. U./Polutta, A./Ziegler, H. (2009): *Reflexive Professionalism as a Second Generation of Evidence-Based Practice. Some Considerations on the Special Issue „What Works? Modernizing the Knowledge-Base of Social Work".* In: Research on Social Work Practice 9, S. 472–478.

Otto, H. U./Polutta, A./Ziegler, H. (2010): *What Works – Welches Wissen braucht die Soziale Arbeit?* Opladen & Farmington Hills: Barbara Budrich Publishers.

Pantucek, P. (1998): *Lebensweltorientierte Individualhilfe. Eine Einführung für Soziale Berufe.* Freiburg/Br: Lambertus.

Parr, S. (2009): *Family Intervention Projects: A Site of Social Work Practice.* In: British Journal of Social Work 39, S. 1256–1273.

Parton, N. (2003): *Rethinking Professional Practice: The contributions of Social Constructionism and the Feminist ‚Ethics of Care'.* In: British Journal of Social Work 33, S. 1–16.

Parton N./O'Byrne, P. (2000): *Constructive Social Work.* Basingstoke: Macmillan.

Pawelek, K. (2010): *Social work in Poland.* In: Erath, P./Littlechild, B. (Eds.): Social work across Europe. Accounts from 16 countries. Ostrava: Albert Publisher. S. 121–129.

Pawson, R. (2006): *Evidence Based Policy. A Realist Perspective.* London: Sage.

Payne, M. (2005): *Modern Social Work Theory.* Third Edition. London: Palgrave Macmillan.

Peters, K. (2008): *Local Government and the Reform of Health and Social Care in the Netherlands.* In: Fortunato, V./Friesenhahn, G. J./Kantowicz, E. (Eds.): Social Work in Restructured European Welfare Systems. Roma: Carocci editore. S. 41–54.

Petr, C. G./Walter, U. M. (2009): *Evidence-based practice: a critical reflection.* In: European Journal of Social Work 12, S. 221–232.

Petrie, P./Cameron, C. (2009): *Importing Social Pedagogy?* In: Kernbeck, J./Rosendal J. N.(Eds.): The Diversity of Social Pedagogy in Europe. Studies in Comparative Social Pedagogies and International Social Work and Social Policy. Vol. VII. Frankfurt/M: Europäischer Hochschulverlag. S. 145–168.

Pfaffenberger, H. (1998): *Folgen der Supranationalisierung und Globalisierung für die Sozialpolitik und für die Rolle und Funktion der Sozialarbeit/Sozialpädagogik.* In: Herrmann, P./Kusche, C. (Hrsg.). Unter Mitarbeit von Schreyer, S.: Sozialarbeit in der EU: Wege zur Entwicklung eines Professionsbewusstseins. Rheinfelden: Schäuble. S. 70–92.

Pfaffenberger, H. (2001*): Zukunftsperspektiven der Sozialarbeit/Sozialpädagogik im vereinten Europa. Folgen und Auswirkungen des EU-isierungsprozesses.* In: Sozialmagazin 26, S. 33–43.

Pfaffenberger, H. (2009): *Zeitgeschichtliche Abläufe und Entwicklungen der internationalen Dimension der deutschen Sozialpädagogik/Sozialarbeit.* In: Hamburger, F. (Hrsg.): Innovation durch Grenzüberschreitung. Studien zu vergleichender Sozialpädagogik und internationaler Sozialarbeit und Sozialpolitik. Band/Vol. V. Nachdruck der Originalausgabe von 1994. Bremen: Europäischer Hochschulverlag. S. 7–18.

Pincus, A./Minahan, A. (1973): *Social Work Practice: Model and Method.* Itasca IL: Peacok.

Ponticelli, M. D. P. (Ed.) (2005): *Dizionario di servizio sociale.* Roma: Carocci Faber.

Preston-Shoot, M./Bulmus, C. N./Sowers, K. M. (2007*): Evidence-Based Social Work: Challenges for Policy, Practice and Professional Education.* In: Borrmann, S./Klassen, M./Spatscheck, C. (Eds.): International Social Work. Social Problems, Cultural Issues and Social Work Education. Opladen & Farmington Hills: Barbara Budrich Publishers. S. 37–54.

Respect Task Force. (2006): *Respect action plan.* London: The Home Office.

Ranquet, M. du. (1996): *Los modelos en Travaj Social. Intervención con personas y familias.* Madrid: Siglo veintiuno editores.

Ricoeur, P. (2004): *Parcours de la reconnaissance. Trois études.* Paris: Editions Stock.

Riehle, E. (2007): *Europäisches Sozialrecht.* In: Wagner, L./Lutz, R.(Hrsg.): Internationale Perspektiven Sozialer Arbeit. Frankfurt/M, London: IKO Verlag. S. 169–190.

Ritzer, G. (2010): *The McDonalization of Society.* 6. Edition. Los Angeles, London, New Dehli, Singapore, Washington DC: Sage.

Rixen, S. (2010): *Die Dienstleistungsrichtlinie – ein trojanisches Pferd zur ‚Deregulierung' sozialer Dienstleistungen.* In: Zeitschrift für Europäisches Sozial- und Arbeitsrecht 7, S. 5–12.

Robertis, C. d. (2007*): Méthodologie de l'intervention en travail social.* Nouvelle édition. Paris: Bayard.

Roche, S. (2005): *The Transferability of Evaluation and the ‚What Works' Approach in France.* In: European Journal on Criminal Policy and Research 11, S. 297–320.

Rock, J. (2010): *Wohlfahrt im Wettbewerb. Europarecht kontra Daseinsvorsorge und soziale Dienste?* Hamburg: VSA Verlag.

Rogers, C. (1992): *Entwicklung der Persönlichkeit.* Stuttgart: Klett-Cotta.

Romm, N. R. A. (2001): *Accountability in Social Research. Issues and Debates.* New York, Boston, Dordrecht, London, Moscow: Kluwever Academic/Plenum Publishers.

Roose, R./Coussée, F./Bradt, L. (2010): *Going Beyond the Bounds of Possibility: Questioning the Delimitation of the Social in Social* Work. In: Social Work & Society 8, S. 1–5.

Rosendal Jensen, N. (2009): *Will Social Pedagogy become an Academic Discipline in Denmark?* In: Kornbeck, J./Rosendal Jensen, N. (Eds.) (2009): The Diversity of Social Pedagogy in Europe. Studies in Comparative Social Pedagogy and International Social Work and Social Policy. Vol. VII. Darmstadt: Europäischer Hochschulverlag. S. 189–210.

Roth, H. (1976): *Pädagogische Anthropologie I.* Hannover: Schroedel.

Ruch, G. (2007): *Reflective Practice in Contemporary Child- Social Work: The Role of containment.* In: British Journal of Social work 37, S. 659–680.

Ruch, G. (2009): *Identifying ‚the critical' in a relationship-based model of reflection.* In: European Journal of Social Work 12, S. 349–362.

Rullac, S. (2011): *L'ère de scientification.* In: Lien social. Le forum social du jeudi 1000–1001, S. 48–49.

Sagebiel, J. (2010): Geschichte der Sozialen Arbeit – Die Mütter der Sozialen Arbeit. In: http//www.aix3.fh-bielefeld.de/.../Geschichte%20der%20Sozialen%20Arbeit.pdf (Zugriff 06.04.2010)

Sabater, J. (2005): The Social welfare regimes in Europe (with special attention to the Spanish case). In: Littlechild, B./Erath, P./Keller, J. (Eds.): De- and Reconstruction in European Social Work. Eichstaett: ISIS. S. 113–130.

Sackett, D. L./Richardson, S./Rosenberg, W./Haynes, R. B. (1997): Evidence-based Medicine. How to Practice and Teach. EBM. Edinburgh: Churchill Livingstone.

Salomon, A. (1926): *Soziale Diagnose.* Berlin: Heymanns.

Salomon, A. (1927): *Die Ausbildung zum sozialen Beruf.* Berlin: Heymanns.

Sanicola, L. (1995): *Rei sociali e intervention professionale.* Napoli: Liguori Editore.

Salminen, A. (1991): *Organized Welfare. The Case of Finland's Welfare Bureaucracy – A Nordic Comparison.* Frankfurt/M, Bern, New York, Paris: Peter Lang.

Salustowicz, P. (2007): *Internationale Soziale Arbeit zwischen Kolonialisierung, Ethnisierung und Transnationalisierung.* In: Wagner, L./Lutz, R. (Hrsg.): Internationale Perspektiven Sozialer Arbeit. Frankfurt/M, London: IKO Verlag. S. 55–74.

Sandermann, P. (2010): *Die Kontinuität im Wandlungsprozess des bundesrepublikanischen Wohlfahrtssystems.* In: neue praxis 40, S. 447–464.

Sandu, D. (Ed.) 2010: European Societies in Transition. Social Development and Social Work. Berlin. LIT Verlag.

Satka, M./Harrikari, T./Hoikkala, S./Pekkarinen, E. (2007): *The diverse impacts of the neo-liberal social Policies on Children's Welfare and Social Work with young people: the Finish Perspective.* In: Seibel, F. W./Otto, H. U./Friesenhahn, G. J. (Eds.): Reframing the Social. Boskovice: Verlag Albert. S. 201–220.

Schefold, W. (1996): *Sozialwissenschaftliche Aspekte international vergleichender Forschung in der Sozialpädagogik.* In: Treptow, R. (Hrsg.): Internationaler Vergleich und Soziale Arbeit. Rheinfelden, Berlin: VS Verlag für Sozialwissenschaften/Springer. S. 89–106.

Schlippe, A. von/Schweitzer, J. (2002): *Lehrbuch der systemischen Therapie und Beratung.* 8. Auflage. Göttingen: Vandenhoeck & Ruprecht.

Schlüter, B./Scholz, S. (2007): *Rollenwandel der Wohlfahrtspflege in der Europäischen Union: Organisatorische und rechtliche Aspekte.* In: Linzbach, C./Lübking, U./Scholz, S./Schulte, B. (Hrsg.): Globalisierung und Europäisches Sozialmodell. Baden-Baden: Nomos. S. 189–214.

Schmid, J. (2005*): Sozialstaatsmodelle in der EU – Vielfalt und Wandel.* In: Färber, G./Schupp, J. (Hrsg.): Der Sozialstaat im 21. Jahrhundert. Ökonomische Anforderungen, europäische Perspektiven, nationaler Entscheidungsbedarf. Ein Werkstattbericht. Münster: Waxmann. S. 47–56.

Schmid, M./Schu, M. (2011): *Forschung zu Case Management: Stand und Perspektiven.* In: Wendt, W. R./Löcherbach, P. (Hrsg.): Case Management in der Entwicklung. Stand und Perspektiven in der Praxis. 2. überarbeitete Auflage. Heidelberg: Medhochzwei, S. 261–273.

Schmidt, G. (1999): *Hypno-systemische Kompetenzentfaltung. Nutzungsmöglichkeiten der Problemkonstruktion.* In: Döring-Meijer, H. (Hrsg.): Ressourcenorientierung – Lösungsorientierung. Etwas mehr Spaß und Leichtigkeit in der systemischen Therapie und Beratung. Göttingen: Vandenhoeck & Ruprecht. S. 70–129.

Schmidt, R. (2006): *Auf dem Weg zur evidenzbasierten Sozialen Arbeit. Ein Impuls zu mehr und zu anderer Fachlichkeit.* In: Blätter der Wohlfahrtspflege 151, S. 99–103.

Schmidt-Grunert, M. (1997): *Soziale Arbeit mit Gruppen. Eine Einführung.* Freiburg im Breisgau: Lambertus.

Schönig, W. (2006): *Soziale Arbeit als Intervention. Versuch einer integrierten Definition mit Blick auf Sozialpolitik und soziale Dienste.* In: Sozialmagazin 31, S. 38–45.

Schriewer, J. (2000): *Comparative Education Methodology in Transition. Towards a Science of Complexity.* In: Schriewer, J. (Hrsg.): Discourse Formation in Comparative Education. Frankfurt/M: Peter Lang. S. 3–52.

Schulz-Nieswandt, F. (2007): *Behindertenhilfe im Wandel. Zwischen Europarecht, neuer Steuerung und Empowerment.* Mensch und Sozialordnung der EU. Band 2. Berlin: LIT.

Schwehr, B. (2001): *The Increasing Importance of Law to Social Work Practice: UK an Example: The Netherlands an Example.* In: Adams, A./Erath, P./Shardlow, S. (Eds.): Key Themes in European Social Work. Theory, practice, perspectives. Dorset: Russell House Publishing. S. 47–56.

Seebohm (1968): *The Report of the Committee on Local Authority and Allied Personal Social Services* (The Seebohm Report). Cmnd 3703. London: HMSO.

Seithe, M. (2010): *Schwarzbuch Soziale Arbeit.* Wiesbaden: Verlag für Sozialwissenschaften.

Shaw, I. F. (2003): *Cutting Edge Issues in Social Work Research.* In: British Journal of Social Work 33, S. 107–116.

Shdaimah, C. S. (2009): *What does Social Work have to offer Evidence-based Practice?* In: Ethics and Social Welfare 3, S. 18–31.

Shardlow, S. (2004): *Emergence of New Modes of Regulation as a Response to Risk: A Brief Note of Concern.* In: Erath, P./Littlechild, B./Vornanen, R. (Eds.): Social Work in Europe – Descriptions, Analysis and Theories. Eichstätt: ISIS. S. 41–48.

Shardlow, S./Cooper, S. (2000): *A Bibliography of European Studies in Social Work.* Dorset: Russell House Publishing.

Sheldon, B. (2001): *The Validity of Evidence-Based Practice in Social Work: A Reply to Stephen Webb.* In: British Journal of Social Work 31, S. 801–809.

Sheldon, B./Chilvers, R. (2002): *Evidence-based Social Care: A Study of Prospects and Problems.* Lyme Regis: Russell House.

Simon, F. B. (1993): *Unterschiede, die Unterschiede machen. Klinische Epistemologie: Grundlagen einer systemischen Psychiatrie und Psychosomatik.* Frankfurt/M: Suhrkamp.

Simon, F. B. (2000): *Zirkuläre Fragen. Systemische Therapie in Fallbeispielen: Ein Lehrbuch.* Heidelberg: Carl-Auer-Systeme.

Sing, H./Erath, P. (2005): *De- and Reconstruction of European Welfare Regimes – The Consequences for Social Work Theory and Practice.* In: Littlechild, B./Erath, P./Keller, J. (Eds.): De- and Reconstruction in European Social Work. Materialien zur vergleichenden Sozialarbeitswissenschaft. Band 5. Eichstätt: ISIS. S. 3–16.

Skuban, R. (2004): *Pflegesicherung in Europa. Sozialpolitik im Binnenmarkt.* Wiesbaden: VS Verlag.

Smith, M./Whyte, B. (2008): *Social education and social pedagogy: reclaiming a Scottish tradition in social work.* In: European Journal of Social Work 11, S. 15–28.

Smith, D. (Ed.) (2010): *Social Work and Evidence-Based Practice.* London, Philadelphia: Jessica Kingsley Publishers.

Sommerfeld, P. (1998): *Erkenntnistheoretische Grundlagen der Sozialarbeitswissenschaft und Konsequenzen für die Forschung.* In: Steinert, E./Sticher-Gil, B./Sommerfeld, P./Maier, K. (Hrsg.): Sozialarbeitsforschung: was sie ist und leistet. Freiburg/Br: Lambertus. S. 13–31.

Sommerfeld, P. (1998 a): *Spezifische Sozialarbeitsforschung. Ein Resümee zu den dargestellten Forschungsprojekten.* In: Steinert, E./Sticher-Gil, B./Sommerfeld, P./Maier, K. (Hrsg.): Sozialarbeitsforschung. Was sie ist und leistet. Freiburg/Br: Lambertus. S. 182–192.

Sommerfeld, P. (Ed.) (2005): *Evidence-Based Social Work – Towards a New Professionalism?* Bern, Berlin, Bruxelles, Frankfurt/M, New York, Oxford, Wien: Peter Lang.

Sommerfeld, P. (2010): *Entwicklung und Perspektiven der Sozialen Arbeit als Profession.* In: Gahleitner, S. B./Effinger, H./Kraus, B./Miethe, I./Stövesand, S./Sagebiel, J. (Hrsg.): Disziplin und Profession Sozialer Arbeit. Entwicklungen und Perspektiven. Theorie, Forschung und Praxis Sozialer Arbeit. Band 1. Opladen & Farmington Hills, MI: Barbara Budrich. S. 29–44.

Sommerfeld, P./Hollenstein, L./Calzaferri, R./Schiepek, G. (2005): *Real-time Monitoring – New Methods for Evidence-based Social Work.* In: Sommerfeld, P. (Ed.): Evidence-Based Social Work – Towards a New Professionalism? Bern, Berlin, Bruxelles, Frankfurt/M, New York, Oxford, Wien: Peter Lang. S. 199–232.

Sommerfeld, M./Hüttemann, M. (2007): *Evidenzbasierte Soziale Arbeit. Nutzung von Forschung in der Praxis.* Baltmannsweiler: Schneider Verlag Hohengehren GmbH. S. 26–39.

Soydan, H. (2009): *Towards the gold standard of impact research in Social Work – avoiding threats to validity.* In: Otto, H. U./Polutta, A./Ziegler, H. (Eds.): Evidence-based Practice – Modernising the Knowledge Base of Social Work? Opland & Farmington Hills: Barbara Budrich Publishers. S. 111–137.

Soydan, H. (2010): *Evidence and policy: the case of social care services in Sweden.* In: Evidence and Policy 6, S. 179–193.

Spiegel, H. v. (2004): *Methodisches Handeln in der Sozialen Arbeit.* München, Basel: Ernst Reinhardt.

Spörer, T. (1987): *Die Abschaffung der Jugendgefängnisse oder Illusion einer Reform? Leinfelden.*

Stanley, T. (2009): *Safeguarding ‚Children in Need‘: An Initial Evaluation of a Child in Need Reviewing Service.* In: Practice: Social Work in Action 21, S. 107–118.

Stanley, N./Manthrope, J./White, M. (2007): *Depression in the Profession: Social Workers' Experiences and Perceptions.* In: British Journal of Social Work 37, S. 281–298.

Staub-Bernasconi, S. (1995): *Systemtheorie, soziale Probleme und Soziale Arbeit: lokal, national, international. Oder: vom Ende der Bescheidenheit.* Stuttgart, Wien: Haupt Verlag.

Staub-Bernasconi, S. (2007): *Soziale Arbeit als Handlungswissenschaft. Systemtheoretische Grundlagen und professionelle Praxis – Ein Lehrbuch.* Bern, Stuttgart, Wien: Haupt Verlag.

Steindorff-Classen, C. (2011): *Europäischer Kinderrechtsschutz nach dem EU-Reformvertrag von Lissabon.* In: Europarecht 46, S. 19–38.

Steinert,E. (1999): *Sozialarbeit an der Grenze und über die Grenze hinaus. Grenzüberschreitende Vernetzung Sozialer Arbeit in der Euroregion Neisse.* Frankfurt/M, Berlin, Bern, New York, Paris, Wien: Lang.

Stepney, P./Ford, D. (2000): *Social Work Models, Methods and Theories. A framework for practice.* Dorset: Russell House Publishing.

Stepney, P. (2009): *English Social Work at the Crossroads: A Critical View.* In: Australian Social Work 62, S. 10–27.

Stichweh, R. (2000): *Die Weltgesellschaft.* Frankfurt/M: Suhrkamp.

Straub, U. (2006): *Jenseits der Mobilität. Internationalisierung fängt zu Hause an.* In: Sozialmagazin 31, S. 10–19.

Straub, U. (2009): *Family Group Conference in Europa. Neue Entwicklungen in der Familienhilfe: Erfahrungen, Schwierigkeiten, Fortschritte.* In: Sozialmagazin 34, S. 36–47.

Straub, U. (2010): *Internationale Soziale Arbeit und Internationalisierung des Studiums.* In: Thole, W. (Hrsg.): Grundriss Soziale Arbeit. 3. überarbeitete und erweiterte Auflage. Wiesbaden: VS-Verlag. S. 1105–1109.

Strengmann – Kuhn, W. (2007): *Armut und soziale Ausgrenzung in Europa.* In: Linzbach, C./Lübking, U./Scholz, S./Schulte, B. (Hrsg.): Globalisierung und Europäisches Sozialmodell. Baden-Baden: Nomos. S. 273–292.

Stroud, J. (2008): *A psychosocial analysis of child homicide.* In: Critical Social Policy 28, S. 482–505.

Sundell, K./Soydan, H./Tengvald, K./Anttila, S. (2009): *From Opinion-Based to Evidence-Based Social Work: the Swedish Case.* In: Research on Social Work Practice 20, S. 714–722.

Svensson, K. (2010): *Performing Caring Power in a Scandinavian Welfare State.* In: Revista de Asistentä Socialá IX, S. 49–58.

Taylor-Browne, J. (2010): *Domestic Violence.* In: Smith, D. (Ed.): Social Work and Evidence-Based Practice. London, Philadelphia: Jessica Kingsley Publishers. S. 87–105.

Terpstra, J.A./Veer, F.v.d. (2008): *Social Work in the Netherlands: the possible tension between Science and Practice.* In: Adams, A./Erath, P./Jovelin, E. (Eds.): Social Work and Science. An uneasy relationship? Contributions on the occasion of the conference on „social work in scientific debates". Lille, March 12–14, 2007. Eichstätt: ISIS. S. 57–68.

Thiersch, H. (1978): *Alltagshandeln und Sozialpädagogik.* In: Neue Praxis 8, S. 6–25.

Thiersch, H. (1996): *Sozialarbeitswissenschaft: Neue Herausforderung oder Altbekanntes?* In: Merten, R. (Hrsg.): Sozialarbeitswissenschaft – Kontroversen und Perspektiven. Neuwied, Berlin, Kriftel: Luchterhand. S. 1–19.

Thiersch, H. et al. (1998): *Leistungen und Grenzen von Heimerziehung. Ergebnisse einer Evaluationsstudie stationärer und teilstationärer Erziehungshilfe.* Hrsg. vom BFFSFJ. Stuttgart.

Thiersch, H. (2002): *Positionsbestimmungen der sozialen Arbeit. Gesellschaftspolitik, Theorie und Ausbildung.* Edition Soziale Arbeit. Weinheim, München: Juventa.

Thiersch, H./Grundwald, K./Köngeter, S. (2002): *Lebensweltorientierte Soziale Arbeit.* In: Thole, W. (Hrsg.): Grundriss Soziale Arbeit. Ein einführendes Handbuch. Opladen: Leske und Budrich. S. 161–177.

Tiemann, B. (2009): *Selbstständigkeit und soziale Dienstleistung in Europa.* In: Klüser, A./Maier, H. (Hrsg.): Selbstständige in der Sozialen Arbeit. Grundlagen und Projekte. Baden-Baden: Nomos. S. 13–44.

Tomka, B. (2003): *Western European welfare states in the 20th century: convergences and divergences in a long-run perspective.* In: International Journal of Social Welfare 12, S. 249–260.

Trede, W. (2004): *Heimerziehung in europäischen Ländern unter besonderer Berücksichtigung des Spannungsfeldes Hilfe – Schutz – Kontrolle.* In: Homfeldt, H. G./Brandhorst, K. (Hrsg.): Grundlagen der Sozialen Arbeit. Band 10. International vergleichende Soziale Arbeit. Baltmannsweiler: Schneider Verlag Hohengehren. S. 106–121.

Treptow, R. (1996): *Internationaler Vergleich und Soziale Arbeit. Theorie, Anwendung und Perspektive.* Rheinfelden, Berlin: Schäuble.

Treptow, R. (1996): *Wozu vergleichen? Komparatistisches Denken in der Sozialpädagogik/Sozialarbeit.* In: Treptow, R. (Hrsg.): Internationaler Vergleich und Soziale Arbeit. Theorie, Anwendung und Perspektive. Rheinfelden, Berlin: Schäuble. S. 1–22.

Treptow, R. (2001): *Kultur und Soziale Arbeit. Aufsätze.* Münster: Votum.

Trinder, L. (2000): A *critical appraisal of evicence-based practice.* In: Trinder, L./Reynolds, S. (Eds): Evidence-based Practice: A Critical Appraisal. Oxford: Blackwell Science. S. 212–240.

UNICEF (2007): *Child in Poverty in perspective: An overview of child well-being in rich countries. A comprehensive assessment of the lives and well-being of children and adolescents in the economically advanced nations.* Innocenti Research Centre. Report Card 7. Florenz: Eigenverlag.

Vogt, K. (2004): *Kindeswohlgefährdung in Deutschland und Frankreich im Vergleich.* In: Homfeldt, H. G./Brandhorst, K. (Hrsg.): Grundlagen der Sozialen Arbeit. Band 10. International vergleichende Soziale Arbeit. Baltmannsweiler: Schneider Verlag Hohengehren. S. 137–148.

Vis, S. A./Thomas, N. (2009): *Beyond talking – children's participation in Norwegian care and protection cases.* In: European Journal of social Work 12, S. 155–168.

Voorhis, R. R. (2002): *Different Types of Welfare States? A Methodological Deconstruction of Comparative Research.* In: Journal of Sociology and Social Welfare. Vol. XXIX Number 4, S. 3–18.

Vornanen, R./Pölkki, P./Pohjanpalo, H./Miettinen, J. (2011): *The possibilities for effective child protection – The Finish research perspective.* In: ERIS Web Journal 2/2011. (erscheint demnächst).

Wagner, B. (2008): *Die Vernachlässigung des Sozialen – Gesellschaftliche Konflikte in der postsozialistischen Transformation.* In: Busch, K. (Hrsg.): Wandel der Wohlfahrtsstaaten in Europa. Baden-Baden: Nomos. S. 205–230.

Wagner, L./Lutz, R. (2007): *Internationale Perspektiven Sozialer Arbeit.* Frankfurt/M, London: IKO-Verlag.

Ward, J. (2006): *Three Decades of Social Work in France: from Security with the Welfare State to a State of „Disembedded Modernity".* In: Social Work & Society 4, S. 256–268.

Waterkamp, D. (2006): *Vergleichende Erziehungswissenschaft. Ein Lehrbuch.* Münster, New York, München, Berlin: Waxmann.

Webb, S. (2003): *,Local orders and global chaos in social work'.* In: Social Work in Europe 6(2), S. 191–204.

Wendt, W. R. (1990): *Ökosozial denken und handeln. Grundlagen und Anwendungen in der Sozialarbeit.* Freiburg/Br: Lambertus.

Wendt, W. R. (2005): *Maßgaben für eine gute Praxis. Die Evidenzbasierung Sozialer Arbeit.* In: Blätter der Wohlfahrtspflege 152, S. 168–173.

Wendt, W. R. (2010): *Case Management im Sozial- und Gesundheitswesen. Eine Einführung.* 5. überarbeitete Auflage. Freiburg/Br: Lambertus.

Wendt, W. R./Löcherbach, P. (2009): *Standards und Fachlichkeit im Case Management.* Heidelberg, München, Landsberg, Frechen, Berlin, Hamburg: Economica Verlag.

Wendt, W. R. (2011): *State of the art: Das entwickelte Case Management.* In: Wendt, W. R./Löcherbach, P. (Hrsg.): Case Management in der Entwicklung. Stand und Perspektiven in der Praxis. 2. überarbeitete Auflage. Heidelberg: Medhochzwei. S. 1–37.

Wendt, W. R./Löcherbach, P.(2011): *Case Management in der Entwicklung. Stand und Perspektiven in der Praxis.* 2. überarbeitete Auflage. Heidelberg: Medhochzwei.

White, S. C. (1996): *Depoliticising development: the uses and abuses of participation.* In: Development in Practice 6, S. 6–15.

White, V. (2003): *Drei Modi des Managements sozialer Arbeit. Entwicklungen in Grossbritannien.* In: Dahme, H. J./Otto, H. U./Trube, A./Wohlfahrt, N. (Hrsg.): Soziale Arbeit für den aktivierenden Staat. Opladen: Leske & Budrich. S. 419–435.

Wilson, K. et al. ((2008): Social Work. An introduction to contemporary practice. London: Pearson Longman.

Windwehr, J. (2009): *Das nordische Sozialmodell – Erfolgsgeschichte oder Anachronismus?* In: Gawrich, A./Knelangen, W./Windwehr, J. (Hrsg.): Sozialer Staat – soziale Gesellschaft? Stand und Perspektiven deutscher und europäischer Wohlfahrtsstaatlichkeit. Opladen & Farmington Hills, MI: Barbara Budrich. S. 191–208.

Zeira, A. et al (2008): *Evidence-based social work practice with children and families: a cross national perspective.* In: European Journal of social Work 11, S. 57–72.

Züchner, I. (2007): *Aufstieg im Schatten des Wohlfahrtsstaates. Expansion und aktuelle Lage der Sozialen Arbeit im internationalen Vergleich.* Weinheim, München: Juventa.

Peter Erath

Sozialarbeitswissenschaft

Eine Einführung

2006. 262 Seiten. Kart. € 26,–
ISBN 978-3-17-019478-6

Wer heute ein Studium der Sozialen Arbeit aufnimmt, empfindet das Fach oft als unübersichtlich und ohne disziplinären Kern. Ein Überblick über die theoretischen, konzeptionellen und methodischen Grundannahmen fällt ebenso schwer wie die Orientierung hinsichtlich der später zugänglichen Berufsfelder. Ziel dieser Einführung ist es, das (auch im Rahmen der aktuellen Studienpläne) als relevant geltende theoretische und berufsspezifische Wissen der Sozialen Arbeit systematisch aufzubereiten und zu diskutieren. Auf diese Weise eröffnet das Buch nicht nur einen Zugang zu den wichtigsten Fragestellungen und Fachperspektiven der Sozialen Arbeit; es schafft zugleich auch Klarheit angesichts immer komplexerer Handlungsfelder und einer Fülle darauf bezogener Handlungsformen.

▶ **www.kohlhammer.de**

W. Kohlhammer GmbH · 70549 Stuttgart
Tel. 0711/7863 - 7280 · Fax 0711/7863 - 8430 · vertrieb@kohlhammer.de

Ursula Hochuli Freund
Walter Stotz

Kooperative Prozessgestaltung in der Sozialen Arbeit

Ein methodenintegratives Lehrbuch

2011. 336 Seiten. Kart. € 29,90
ISBN 978-3-17-021214-5

‚Kooperative Prozessgestaltung' ist eine Methodik für professionelles Handeln in der Sozialen Arbeit. Sie versteht sich als methodenintegrativer, kooperativer Ansatz und ist für den praxisfeldübergreifenden Einsatz konzipiert. Im ersten Teil des Lehrbuches werden die professionstheoretischen Grundlagen dargestellt, u.a. Strukturmerkmale des Handelns, Professionsethik, Kooperation mit allen am Hilfeprozess Beteiligten. Vor dieser Hintergrundsfolie wird im zweiten Teil das Prozessmodell Kooperativer Prozessgestaltung entwickelt. Dabei wird unterschieden zwischen Situationserfassung, Analyse, Diagnose, Ziele, Interventionsplanung, Interventionsdurchführung und Evaluation. Die Bedeutung jedes Prozessschritts wird herausgearbeitet, und es werden ausgewählte Methoden beschrieben. In einer kritischen Diskussion wird jeweils erörtert, auf welche Art und Weise diese Methoden für die gemeinsame Arbeit mit KlientInnen und für die Kooperation unter Professionellen verwendet werden können. Das Buch ist ein Studien- und Handbuch für Studierende wie für langjährige Fachkräfte und eine Arbeitsgrundlage für Organisationen der Sozialen Arbeit.

 **www.kohlhammer.de**

W. Kohlhammer GmbH · 70549 Stuttgart
Tel. 0711/7863 - 7280 · Fax 0711/7863 - 8430 · vertrieb@kohlhammer.de

Kohlhammer